U0107130

史记人物五十讲

杨 鹏

——

著

上海社会科学院出版社
SHANGHAI ACADEMY OF SOCIAL SCIENCES PRESS

图书在版编目（CIP）数据

史记人物五十讲 / 杨鹏著 . — 上海：上海社会科
学院出版社 , 2024
ISBN 978-7-5520-4296-2

Ⅰ . ①史… Ⅱ . ①杨… Ⅲ . ①《史记》—历史人物—
人物研究 Ⅳ . ① K820.2

中国国家版本馆 CIP 数据核字（2024）第 001395 号

史记人物五十讲

著　　者：杨　鹏
责任编辑：周　霈
特约编辑：粒　子
封面设计：刘　哲
出版发行：上海社会科学院出版社
　　　　　上海市顺昌路 622 号　　邮编 200025
　　　　　电话总机 021-63315947　销售热线 021-53063735
　　　　　https://cbs.sass.org.cn　　E-mail: sassp@sassp. cn
印　　刷：河北鹏润印刷有限公司
开　　本：710 毫米 × 1000 毫米　1/16
印　　张：26.5
字　　数：352 千
版　　次：2024 年 4 月第 1 版　2024 年 4 月第 1 次印刷

ISBN　978-7-5520-4296-2/K・714　　　　定价：69.80 元

版权所有　翻印必究

相信和坚守善的力量

2017 年 4 月 19 日，我开始讲《史记人物五十讲》第一讲"大禹的光明与黑暗"。2019 年 10 月 16 日，我讲到第五十讲"刘邦留下的两种精神遗产"，结束了对《史记》人物的评点课程，用了两年多时间。之后进入出版环节的编辑修订，又用了一年多时间。我之所以选择讲授《史记》，既是出于国学研究的需要，也是出于对司马迁的感激与致敬。我从司马迁及《史记》中受益良多，无论是司马迁逆袭反弹的巨大能量还是《史记》才华横溢的写作方式，都让我受益良多。

公元前 99 年，司马迁遭受宫刑摧残。《汉书·司马迁传》记载司马迁之言："是以肠一日而九回，居则忽忽若有所亡，出则不知所如往。每念斯耻，汗未尝不发背沾衣也。"司马迁之所以能在"自古而耻之"的极刑后"隐忍苟活"，是因为他心中还有"究天人之际，通古今之变"的《史记》大业要完成。他的身体被人毁坏，精神不能被人毁坏。他跌倒在残酷的现实中，但他不能跌倒进历史的黑暗中，他要用《史记》之光征服历史的黑暗，他要用《史记》之荣战胜人生之奇耻大辱。司马迁知道"人固有一死，或重于泰山，或轻于鸿毛"，知道自己不是历史的鸿毛而是历史的泰山。司马迁以那些在坎坷中奋起，在历史中永恒的生命来激励自己："盖西伯拘而演《周易》；仲尼厄而作《春秋》；屈原放逐，乃赋《离骚》；左丘失明，厥有《国语》；孙子膑脚，《兵法》修列；不韦迁蜀，世传《吕览》；韩非囚秦，《说难》《孤愤》。《诗》三百篇，大抵贤圣发愤之所为作也。"从商朝甲骨文以来三千多年的中国文字历史中，《报任安书》中以生命凝结起来的文字，给了我面对生命困境的巨大力量。有多少人的生命低谷，能低过司马迁？又有多少人的生命高峰，能高过司马迁？司马迁从生命低谷向生命高峰坚韧攀登的脚步，震动中国历史，震动中国人心。

司马迁因《史记》成为中国历史的巅峰，成为塑造中国历史的重要人物。人们习惯把司马迁定位为伟大的历史学家，定位为中国史学的奠基人，但这并非司马迁的自我定位。

《史记·太史公自序》中记载："太史公曰：'先人有言："自周公卒五百岁而有孔子。孔子卒后至今五百岁，有能绍明世，正易传，继春秋，本诗书礼乐之际？"意在斯乎！意在斯乎！小子何敢让焉。'"

《孟子·公孙丑下》记载孟子之言："五百年必有王者兴。"司马迁认为周公以后五百年而有孔子，孔子以后五百年就是司马迁自己。司马迁的自我定位，是周公、孔子以后的第三人，是与周公、孔子并列的人物，是五百年一出的精神之王。周公、孔子不是历史学家，而是天下价值秩序的缔造者。司马迁不是把自己定位为历史学家，而是以《史记》的形式，来实现《易》《春秋》《诗》《书》《礼》《乐》的指向——建构天下价值秩序。

在这个意义上，《史记》人物传记，只是司马迁建构天下价值秩序的工具，其功用只是"当一王之法"，传达精神之王的价值法典。《史记》记载了从黄帝到汉武帝3000年左右的历史，钟华先生主编的《史记人名索引》中涉及人名词条有4042条之多，如此众多的人物叙事背后的价值取向是什么？

《史记》的核心价值观，集中表达在《史记·伯夷列传》中："或曰：'天道无亲，常与善人。'若伯夷、叔齐，可谓善人者非邪？积仁洁行如此而饿死! 且七十子之徒,仲尼独荐颜渊为好学。然回也屡空,糟糠不厌,而卒蚤夭。天之报施善人,其何如哉? 盗跖日杀不辜,肝人之肉,暴戾恣睢,聚党数千人横行天下,竟以寿终。是遵何德哉? "

这是中国历史上第一篇完整质疑天道的文本。司马迁质疑老子《道德经》中"天道无亲,常与善人"的天道向善观,以伯夷、叔齐行善而饿死,颜渊好学有志而贫困早逝来否定"天之报施善人";以盗跖杀戮无辜、横行天下竟以寿终,来否定"天命有德"的周代国家神学。最后司马迁提出自己的天问:"余甚惑焉,傥所谓天道,是邪非邪?"所谓的天道,是是还是非?是善还是恶?这个质疑,是对周公、孔子、老子、墨子基本世界观的全面质疑。

《尚书》《论语》讲天命,认定天命向善;《道德经》讲天道,认定天道向善;《墨子》讲天志,认定天志向善。周公、孔子、老子、墨子都有着对世界本质向善的信心,司马迁则认为善人未必有善报,恶人未必有恶报,这是对天命、天道、天志向善的世界观的否定,这是对西周以来的本体向善的乐观主义世界观的一次解构。

唯有在司马迁这样的天道可能不善的世界观背景下,我们才能洞察其人物描写细节中的价值观体现。天道不善,世界缺德,人该怎么办?我们要在一个本性不善、本质缺德的世界中,从传统道德礼制的制约中超越出来,以自己的个性、意志与才智,活出自己的成功,显出自己的存在,实现自己的精彩,在历史中踩出自己的痕迹,留下自己的名声,如《史记·伯夷列传》中引用孔子名言"君子疾没世而名不称焉"。

司马迁因直言而受宫刑,这巨大的不公压迫在司马迁心中,他把这不公推向了世界,作为他对世界的定义。他输了当下却立志沥血赢得历史,用自己"究天人之际,通古今之变,成一家之言"的《史记》把自己推上历史的巅峰。世界不公正,历史不公正,自己要潜心立志,以成就超越世界,以名声征服历史。周公、孔子敬畏天命,老子遵循天道,墨子敬奉天志，他们相信世界根本秩序的公正性，他们对世界的根本态度是约束自己，信从支配世界的深层力量。司马迁则认为世界黑暗，生命的闪光只能靠自己，这是一种特别孤独的抗争者的设定。也许，司马迁采取纪传体、用个人传记的方式来书写历史，与他的世界观紧密相关。他重在描写个人对危险世界的回应，描写个人的性格、意志、决断、成败，而不是陈述善恶是非的道德规范，他最终指向的是成败得失超越善恶是非。

班固在《汉书》中为司马迁立传，全文引用了司马迁的《报任安书》，给我们留下了中国历史上最励志的文字。班固盛赞司马迁有"良史之材"，盛赞《史记》"其文直，其事核，不虚美，不隐恶，故谓之实录"。但同时，班固对司马迁的价值取向也有所批评："是非颇缪于圣人，论大道则先黄老而后六经，序游侠则退处士而进奸雄，述货殖则崇势利而羞贱贫，此其所蔽也。"《史记》写活了众多英雄，但其中不少英雄是无底线成功的英雄，是价值层面上虚无的英雄。这也是阅读《史记》常使人感叹，但不使人感动的原因。但无论如何，司马迁震动了中国历史，也塑造了中国历史，他是影响我们生命的力量，他的缺陷是伟人的缺陷，他的阴影是伟人的阴影，这似乎使他更有一种特殊的力量。

我基于这种对司马迁的理解，从《史记》的众多人物中选出了价值观极具影响力的几十个人物进行评点，对价值秩序进行分析。

在今天多数中国人心中，司马迁对人心的影响可能超过了周公、孔子、老子和墨子的总和。但在欣赏司马迁个人征服历史的强大力量，感叹他的伟大历史影响力的同时，我们也应看到成王败寇无底线斗争的价值取向的阴影，看到来自周公、孔子、老子和墨子对世界秩序向善的宁静信心与他们对道德律秩序的温和坚守，才能赋予人心善的稳定及善的秩序。不相信这个世界而反制这个世界，这是一种力量。相信这个世界的善而坚守善的道德律，更是一种力量。

目 录

前　言 / 相信和坚守善的力量　1

夏 商 周

第1讲 / 大禹的光明与黑暗　001

第2讲 / 中国国父商汤　009

第3讲 / 伊尹的政治神学　015

第4讲 / 商朝军事领袖妇好　023

第5讲 / 箕子谈人生之福与祸　027

第6讲 / 周人史诗中的后稷　032

第7讲 / 周文王受命于天　036

第8讲 / 周武王的革命模式　041

第9讲 / 什么是周公之道?　050

第10讲 / 姜太公的历史形象　069

第11讲 / 周穆王西行　074

第 12 讲 / 国人暴动的背后　　078

第 13 讲 / 西周崩溃的原因　　085

春 秋

第 14 讲 / 从楚文王看楚人对王权的超越　　093

第 15 讲 / 管仲、齐桓公的春秋霸业　　105

第 16 讲 / 重耳的价值观　　117

第 17 讲 / 宋襄公应该被嘲笑吗？　　127

第 18 讲 / 曹刿论战背后的春秋战争规则　　135

第 19 讲 / 楚庄王的春秋武德　　144

第 20 讲 / 秦穆公的上帝信仰　　155

第 21 讲 / 季文子：礼以顺天　　164

第 22 讲 / 子产三论之一：子产是如何坚守政商盟誓的？　　173

第 23 讲 / 子产三论之二：子产铸刑书　　181

第 24 讲 / 子产三论之三：子产为何不毁乡校？　　187

第 25 讲 / 春秋大复仇之伍子胥　　193

第 26 讲 / 伍子胥时代的闪光人物　　198

第 27 讲 / 老子的历史突破　　205

第 28 讲 / 孔子的历史突破　　214

第 29 讲 / 曾子：了不起的自由人　　224

第 30 讲 / 孔门弟子的历史影响　　230

第 31 讲 / 墨者：中国曾有过的圣徒们　　241

第 32 讲 / 春秋史官独立的原因　　249

第 33 讲 / 春秋时期的盟约传统　　257

战 国

第 34 讲 / 赵简子：战国精神之父　　263

第 35 讲 / 赵襄子：拉开战国序幕的人　　273

第 36 讲 / 战国精神的本根　　283

第 37 讲 / 从《孙子兵法》看战争观的变迁　　290

第 38 讲 / 范蠡式成功学　　294

第 39 讲 / 如何评价商鞅之法　　300

第 40 讲 / 杨朱：个体生命高于一切　　308

第 41 讲 / 庄子的五个意象　　314

第 42 讲 / 稷下学宫：中国大学的模因？　　325

第 43 讲 / 孟子引发的蝴蝶效应——兼评燕昭王　　334

第 44 讲 / 孟子思想的两面性　　341

第 45 讲 / 苏秦式读书人对价值底线的破坏　　349

第 46 讲 / 荀子的历史性破坏　　356

第 47 讲 / 屈原的献祭和端午节的由来　　365

第 48 讲 / 司马迁对孔子的褒与贬　　376

第 49 讲 / 秦始皇的思想模型　　388

第 50 讲 / 刘邦留下的两种精神遗产　　405

第 1 讲

大禹的光明与黑暗

大禹治水的传说在中国家喻户晓，这一讲我们来分析一下这个传说背后的含义。《史记·夏本纪》记载："当帝尧之时，鸿水滔天，浩浩怀山襄陵，下民其忧。""鸿水"，指洪水。"浩浩"，指浩浩荡荡。"怀山"，指环绕着山。"襄陵"，指水漫过丘陵。"襄"是高过的意思。"下民其忧"，指百姓非常忧虑。

大禹治水的传说，是中国人对上古水灾及治水的历史记忆。传说中的尧舜禹时期，在前 2000 年前后。按照战国文献《竹书纪年》的记载推算，尧的即位时间应该是前 2145 年。考古学界有一种观点认为，以河南洛阳盆地东面为中心的二里头文化可能就是夏人的遗迹。二里头已有成熟的青铜冶炼技术，有都城遗址，但由于遗址中没有发现文字，不少考古学家出于谨慎，认为尚不能确定二里头即为夏王朝遗址，但河南的二里头遗址博物馆已经取名为"二里头夏都遗址博物馆"。如果上古尧舜禹时代有大洪灾及大禹治水的事情发生，区域可能就在今天的洛阳市偃师区一带。

上古时代的黄河中下游，还没有建立中央集权的统一国家，属于相对松散的酋邦时期。"酋邦"（chiefdom）这个概念，是美国学者埃尔曼·塞维斯（Elman R. Service）在 1976 年提出的，用于描述介于部落和国家之间的社会组织状态。埃尔曼·塞维斯认为人类社会的组织状态经历过四个发展阶段。第一个阶段是游群阶段（band），社会基本单位是血缘家庭，最多到一些由血缘家庭组成的家族。几十上百人聚群生活，从事采集和渔猎。游群人口逐渐增多，就进入到部落阶段，众多家族结合成部落 (tribe)。部落有共同语言，有比较远古的共同祖先。多个部落的联合体称为酋邦。各个部落之间未必有非常紧密的血缘关系，但因为碰到了一些共同问题，需要部落联合起来共同行动，于是就形成了酋邦。酋邦开始超越血缘家族与部落。从酋邦再进化，人类社会的组织系统再扩大，就进入了酋邦联合体形态——国家（state）。国家不再以血缘划界，而是以地域划界，但国家仍会构建出一些超越不同酋邦的共同血缘祖先的叙事。例如，直到今天我们仍会自称炎黄子孙。

酋邦阶段不是君主集权制，部落联盟有大酋长这样的领袖，但各部落内部自治，各部落族长们在酋邦中都有重要发言权。酋长继承不是世袭制，而是由各部落族长推举产生。学术界将这种部落推举制称为原始民主制。在中国，则是"禅让制"。《礼记》中所讲的"天下为公，选贤与能"，是对中国曾有过的部落推举制的某种追忆。

按照埃尔曼·塞维斯对酋邦阶段的分析和界定，尧舜禹时期大体上处于酋邦阶段向国家阶段的过渡阶段。这个社会结构转型的历史过程中，大禹是一个关键人物。是大禹和他的儿子启共同完成了中国从酋邦阶段向国家阶段的转型，水灾和治水是这个转型过程的历史背景。

鲧为什么会失败？

洪水泛滥，洪灾严重，各部落遭遇了共同危机。共同危机就得共同应对，要联合起来，就得有共同组织，有共同组织就需要共同领袖来统一指挥。在抗洪的历史背景中，大禹出现在中国历史的舞台上，深刻地塑造了中国历史。

各部落族长们最初推选出来的领袖是大禹的父亲鲧。我们都知道鲧用堵塞的办法治水，结果治水失败。这是从治水技术错误的角度去解读鲧的失败。《尚书·舜典》中记载，鲧被列为四大罪人之一。舜即位为君后，"殛鲧于羽山"，在羽山处死鲧。然而在《山海经·海内经》的记载中，鲧被处死并非因为治水不力，而是因为不敬上帝："洪水滔天，鲧窃帝之息壤以堙洪水，不待帝命。帝令祝融杀鲧于羽郊。"鲧偷了上帝的息壤去堵塞洪水。"息壤"，传说中是一种见水就长的土。"以堙洪水"，"堙"的意思是堵塞。"不待帝命"，鲧没有等待上帝的命令，于是上帝命令祝融在羽山郊野杀死鲧。祝融是上帝祭司、楚人的祖先，负责管火，现在长沙的火宫殿就是祝融庙。苗族以祝融为祖先，苗绣中常有祝融形象，在红枫林中骑着火龙。祝融出手杀死鲧，可能是后来大禹夏人部落与祝融三苗部落纷争不断的原因。

除《山海经》所记的原因外，《淮南子·原道训》还记载了一个原因，说鲧引发众怒是因为他以权谋私。鲧负责治水，但是他却先修了三仞之高的城墙保护自己的部落，引发其他部落的愤怒，各诸侯背叛了鲧。原文是："昔者夏鲧作三仞之城，诸侯背之。"大禹治水的传说，由于缺少考古证据，考古学界不当成信史，只当成传说。我们可以把传说当成精神史的一部分，因为历史传说中所蕴含的精神本就是塑造历史的一股力量。

总结一下传说中鲧失败的原因，主要有三条：第一条是不听帝命，偷息壤，冒犯上帝；第二条是不顾部落联盟的利益，只顾自己部落的利益，损人利己；第三条是众所周知的原因，鲧采取了错误的治水办法，堵水不疏水。

今天讲鲧治水失败，往往只讲技术原因，但在古代文献的零星记载中，鲧的主要罪过首先在于不敬上帝，还损害部落联盟的共同利益，这是缺乏上帝信仰和公德败坏的问题。

鲧的失败教训告诉我们，要成为受人拥戴的领袖，得有三大能力：第一是信仰上必须敬畏上天，顺从上帝旨命；第二是道德上要大公无私，以共同体利益为主；第三是管理和技术等方面的专业能力要强。这三者密不可分，共同构成了中国人理解的领袖必备三大能力。这三大能力，鲧身上没有，但是他儿子禹却成长为领袖的表率。

大禹治水为什么成功？

上帝命令杀死鲧，又让禹从鲧的身上生出来，这故事很神话。禹接替了父亲鲧的工作，承担治水重任。要在父亲被杀死的地方站起来，禹就得反其道而行之。鲧缺乏公德，大禹就极有公德，大禹积极主动为酋邦共同体奉献牺牲。鲧修建高城，聚敛财富，《淮南子·原道训》说禹"坏城平池，散财物"，把城墙拆了，把池子填平，把财物散给众人。《史记·夏本纪》记载："禹伤先人父鲧功之不成受诛，乃劳身焦思，居外十三年，过家门不敢入。"大禹身体劳累，焦苦思虑，在外居住十三年，过家门都不敢进去。

《尚书·益稷》记载，大禹自己说，儿子启生下来，"呱呱而泣"，大禹不敢去照顾儿子，仍忙于挖土治水。按照今天的价值观，大禹这样的做法很不近人情，不像正常人。按常理，儿子出生，父亲路过家门，进去看一眼，这对家人是极大的安慰，也耽误不了多少公事。但为什么大禹不敢入家门呢？我们只能猜想，大灾当前，生命充满危机，众人情绪敏感脆弱、易暴易怒，因此对领袖的公德要求极高，对缺少公德的行为极度反感，这种情况古往今来都如此。

鲧因为缺少公德被处死的遭遇，对大禹造成了深重的心理影响。大禹治水十三年，过门而不敢入，是一种极端的自律状态。《史记·夏本纪》中还记载，大禹"薄衣食""卑宫室"，衣食俭朴，住房低矮，钱财全用于挖沟渠治水。这种克制私欲极讲公德的行为，我们可理解为是对父亲形象的纠偏，大禹不愿跌倒在父亲曾跌倒的地方。

大禹是中国古代史开端时最重要的政治道德榜样，他塑造了中国人心目中的领袖标准：大公无私，为社会共同体奉献牺牲，为国家不顾小家。从心理学上看，这种超越常态人情的大公无私，可能使人很有成就，也可能造成对他人的伤害。《尚书·大禹谟》中，舜提醒大禹不要"好兴戎"就证明了这一点。大禹奉献牺牲，治水有功，有德性势能，受众人拥戴，在这种情况下，大禹对触犯他规定的人，一律重刑惩处。防风氏开会迟到，大禹就杀了防风氏，这是对违背大禹意志的其他部落族长的杀戮。祝融杀死鲧，与大禹有杀父之仇，大禹就挑起攻打三苗的战争。但无论如何，中国传统上非常崇拜大禹这种大公无私的道德领袖。大禹的父亲鲧跌倒在公德上，大禹则在公德上高高站立了起来。

鲧被杀的另一个重要原因，是在宗教上不敬上帝。大禹反向而行，对宗教小心翼翼，保持虔敬。《史记·夏本纪》记载，大禹省吃俭用，重视祭祀。大禹和大舜讨论治国之道，大禹总结为："辅德，天下大应。清意以昭待上帝命，天其重命用休。"以道德的行动去辅助上天，天下人就会极大地响应。使自己的心意洁净，等待上帝天命。上天赋予重任，赐予吉祥美好。大禹把信仰上的纯净和德性上对上天的辅助，当成治理天下的根本，这与鲧"不待帝命"，偷上帝息壤，不敬畏上帝的行为完全不一样。

除了有意识地避开不敬上帝、缺乏公德这两个缺陷外，大禹在治水上也采取了截然不同的策略，由堵塞洪水转向疏导洪水。由堵转疏，这不仅是个技术问题，也是个宗教问题。为什么这么说呢？从宗教上说，上天是一切的原因，洪水源于天，堵水就是违逆上天意志，疏导洪水就是顺应上天意志。鲧的做法本身就是挑战上帝意志。大禹则顺着水势疏导，顺从上帝意志。水淹到哪儿，大禹就去哪儿疏散救人，救人不分你我。大禹超越了鲧那种狭隘的部族利益和违逆上天的心态，有了更开阔的顺天应人的共同体心态。《尚书》《史记》等文献所记载的大禹敬奉上天，保护民众的做法，深刻影响了中国传统治国理念。

鲧和大禹的命运反差告诉我们，权力来源的基础是对共同体的功绩。这在中国历史上形成了一种权力来源于道德的观念。不用太操心地位，不用太关心权位，只要去敬天爱人建功立业，上天自会赐予你合适的位置。《尚书·皋陶谟》中说："天命有德。"天命降临有德的人。《中庸》中说："故大德者必受命。"什么是德？如同大禹一样，治水有功，济世安民，对生命共同体有大贡献。上天在看着，天命会降临有德的人。只要修德以配天，敬天爱人，天命会使个人地位匹配其德性水准。

从大公无私到大私无公

治水工作，有三大挑战。一是如何动员众人全力投入，这就需要在各部落分配任务，惩罚拒绝承担治水责任的人。二是如何平均分配生活物资。《史记·夏本纪》记载大禹治水："食少，调有余相给，以均诸侯。"粮食短缺，就从有余的地方调配给缺粮的地方，在诸侯间平均分配。这就需要有统一征收和分配物资的组织权力。三是洪水横流，需要疏散人口重新安置，这就必须打破原有部落领地的划分格局。无论是组织人力救灾，还是集中物资统一分配，抑或是在不同的领地安置灾民，都需要一种超越不同部族的公正的、集中的、强制性的力量。治水的需要催生出统一集中的权力，各部落的权力开始向大禹集中，形成国家组织。而大禹公正无私的德性和高超的领导能力，又是掌握和运用这种集中权力的基础。

在克服治水困难的过程中，大禹的权力稳步上升。大禹有大功于众人，受到众人拥戴，舜就把君位禅让给了大禹。这个时候最高权力交接的形式还是选贤与能的禅让制。禅让制到了大禹这一任，过程顺畅。然而历史的诡异变化是，禅让制终结在了大禹父子手上。这是中国历史上第一次有记录的政治制度大变革。大禹的君位最后由儿子启继承，终结了原始民主的禅让制传统，开启了世袭制的家天下历史。

对于禅让制传统在大禹父子手上被破坏这件事，史书上有各种猜测，迄今仍是历史悬案。《史记·夏本纪》记载，大禹去世前，将君位禅让给了伯益，但大禹之子启贤明，"故诸侯皆去益而朝启"，众诸侯不拥戴伯益而拥戴启，所以启即位为君，开启了君位世袭制的夏朝。这种重大的政治制度变革牵涉重大权力利益调整，而且剥夺了众部落的传统权利，所以矛盾一直很尖锐。启继位后的夏政权，在冲突中动荡不宁。启去世后儿子太康继位，但东夷族首领后羿（原为有穷氏部落首领）强占夏王朝，太康失国被杀。屈原在《天问》中写道："帝降夷羿，革孽夏民。"上帝降下东夷后羿，革除祸害夏民。

在大禹和儿子启的阶段，中国完成了从酋邦到国家的历史阶段的过渡。部落联盟变为家天下的国家，即把国家政权家族私有化的君位世袭制国家。夏启终结了传说中的禅让制，开始了王权家族垄断制。《道德经》第七章中说："非以其无私邪？故能成其私。"难道不是因为他无私的奉献，最后成就了他最大的私利吗？这是不是对大禹经历的总结呢？

地位源于贡献

大禹治水的传说给了我们两条启示。

第一条：地位源于贡献。从个人角度看，一个人的社会地位与权力基础来源于他对共同体的服务和贡献。如果没有功劳却很有地位和权力，德不配位，极其危险。《史记·赵世家》记载，触龙提醒赵太后，不能让长安君"位尊而无功，奉厚而无劳"，这样会导致"近者祸及其身，远者及其子孙"。权力和地位的基础，在于建功立业，对共同体做出实质的贡献。

第二条：好社会能管住伟人。伟人之所以伟大，是因为他具有的德性和才能超越常人。但同时，没有人是天使，伟人的德才也会变化，本质上不可依赖。从社会共同体的发展来看，需要有能制约住伟人的制度。敬重对共同体有大贡献者是正常的，但从敬重走向崇拜，因崇拜而把权力赋予他们的时候，大权就向他们集中。而人性有贪欲，集中的权力就有可能扭曲他们，使他们从大公无私走向大私无公。当权力开始腐蚀他们灵魂的时候，社会可能已失去了约束他们的力量。

我们赞叹大禹丰功伟业的同时，也需要清醒地看到他和他的家族走向了集权。一个真正成熟的有尊严的社会共同体，不仅要敬重那些有功于国家的人，更要学会约束他们，这样才能走出大禹的历史循环。

第 2 讲

中国国父商汤

　　夏商周断代工程年表，将夏朝存续时间确立为前 2070 年到前 1600 年。中学历史教科书里也将夏朝定为中国历史上的第一个王朝。但是否有过一个成熟形态的夏王朝呢？这个问题在学术界有很大争论。英国考古学家格林·丹尼尔（Glyn Daniel）在 1968 年出版的《最初的文明》（*The First Civilizations*）一书中提出了成熟国家的三个标准：一要有成规模的城市；二要有系统的文字；三要有成规模的礼仪建筑。礼仪建筑，并不是服务于日常生活的实用建筑，而是服务于公共生活的宗教或政治建筑。这三个标准，是考古学界比较流行的衡量成熟国家的标准。按照这三个标准，目前还没有发现夏朝的有关文字，所以难以确认国家形态的夏王朝是否存在。剑桥大学出版社在 1999 年出版的《剑桥中国上古史》（*The Cambridge History of Ancient China*），代表着西方研究中国历史的水平。这部书由两位很有声誉的西方汉学家主编，一位是剑桥大学教授鲁惟一（Michael Loewe），另一位是芝加哥大学教授夏含夷（Edward L. Shaughnessy）。书中没有写夏朝，而是从商朝开始写起。夏含夷对此有过解释，认为夏朝的传说尚不能当成可靠的信史。

　　商朝是中国历史上第一个成熟的王朝，这个判断在全球学术界没有争议。现有的考古发现了商朝成熟的甲骨文字、都城、宗教建筑，还发现了青铜玉器等祭祀礼器及青铜冶炼场所，符合成熟文明国家的所有考古标准。商朝的存续时间为554年（前1600年—前1046年）。古代中国的国父，也就是创立中国国家形态的人，不应当是传说时代的大禹和夏启，而应当是缔造商王朝的商汤。殷墟甲骨文中，商汤是最重要的受祭者之一。陈梦家先生有一个总结，商汤的庙号是"大乙"，私名为"唐"，美名为"成"，而后人所称的"汤"，是"唐"字的借字，"成汤"即有大成就之"唐"。

关于商汤，有三件重要的事我们需要了解：一是商汤网开三面；二是鸣条之战前商汤的动员讲话《汤誓》；三是商汤桑林祈雨。

网开三面

> 汤出，见野张网四面，祝曰："自天下四方皆入吾网。"汤曰："嘻，尽之矣！"乃去其三面，祝曰："欲左，左。欲右，右。不用命，乃入吾网。"诸侯闻之，曰："汤德至矣，及禽兽。"（《史记·殷本纪》）

商汤外出，在野外看见有人四面张网捕鸟，并祈祷说："祝天下四方之鸟皆入我网中。"商汤说："哈哈，这样鸟就被捕光了。"商汤将网放开三面只留一面，然后祈祷："想往左，就往左。想往右，就往右。不想活命的，就进入我网中。"诸侯听说这件事，都说："商汤的恩德已经到极点了，甚至抵达到禽兽身上。"

汤 誓

> 汤曰："格女（汝）众庶，来，女（汝）悉听朕言。匪台小子敢行举乱！有夏多罪，予维闻女（汝）众言，夏氏有罪。予畏上帝，不敢

不正。今夏多罪，天命殛之。今女（汝）有众，女（汝）曰：'我君不恤我众，舍我啬事而割政。'女（汝）其曰：'有罪，其奈何？'夏王率止众力，率夺夏国。有众率怠不和，曰：'是日何时丧？予与女（汝）皆亡！'夏德若兹，今朕必往。

尔尚及予一人致天之罚，予其大理女（汝）！女（汝）毋不信，朕不食言。女（汝）不从誓言，予则帑僇女（汝），无有攸赦。（《史记·殷本纪》）

这是商汤在鸣条之战的战前动员讲话。王说："你们大家过来，都来听我的话。不是我个人敢起兵作乱，而是夏桀罪恶多端，上天命我消灭他。今天你们大家有这样的说法：'我们君主不体恤我们众人，要我们舍弃稼穑农事不管，去征伐夏王国。'我是听到了你们众人这样说。但夏氏有罪过，我敬畏上帝，不敢不去征讨。今天你们问：'夏桀的罪恶是如何呢？'夏王耗竭民力，残害夏国，民众怠工不合作，说：'这个太阳什么时候灭亡？愿与你一起消亡！'夏王如此败德，今天我必须去征讨他。你们辅助我，实行天罚，我会重奖你们。你们不要不信，我从不食言。如果你们不听从我的誓言，我就收你们为奴或消灭你们，绝无宽赦。"

鸣条之战是一场灭国之战，时间大约在前 1600 年，地点在今天山西夏县附近，商汤在此战中大败夏桀，建立了商王朝。美国汉学家班大为[1]在 2003 年出版的《中国上古史实揭秘》（*Astrology and Cosmology in Early China*）一书中，认为前 1576 年 12 月 26 日发生了五星连珠天象，这是商汤流放夏桀的时间。

殷墟甲骨文中，商朝的最高主宰神称为"帝"或"上帝"，有决定自然气候、年成、战争胜败、城邑安危、身体健康等全方位的权能，超越风

---

1 班大为，David W.Pankenier，是通过古代天文视角来分析中国哲学和历史的权威研究者。

雨雷电等自然神及祖先神之上。我统计发现，《甲骨文合集》[2]中词义非常明确的"帝"（主宰神）字出现过 199 次，如果加上词义有些模糊的"帝"字，出现次数就高达 600 多次。商汤誓词中"予畏上帝，不敢不正"中的"上帝"是商朝信奉的最高神，也是周朝信奉的最高神。"天命殛之"的"天命"概念，学界一般认为是西周政治神学的核心概念。商朝甲骨文中没有发现"天命"概念，但有"帝令"，"帝令"与"天命"相通。《史记·殷本纪》中的"天命殛之"是用了商朝以后的概念，如果用商朝的概念应该是"帝令殛之"。

桑林祈雨

商汤最著名的故事是桑林祈雨，但《史记·殷本纪》中没有记载这个故事，倒是《史记》之前的《吕氏春秋》中有记载。

> 昔者汤克夏而正天下，天大旱，五年不收，汤乃以身祷于桑林，曰："余一人有罪，无及万夫。万夫有罪，在余一人。无以一人之不敏，使上帝鬼神伤民之命。"于是翦其发，磨其手，以身为牺牲，用祈福于上帝，民乃甚说，雨乃大至。（《吕氏春秋·顺民》）

从前商汤征服夏朝而治理天下，天气大旱，五年收成不好，商汤亲自在桑林祈祷，说："如果我一人有罪，祈求不要殃及万民。万民若有罪，祈求由我一人承担。请不要以我一人的无能，让上帝和鬼神伤害万民之性命。"于是商汤剪了头发，磨光指甲，以自己为牺牲，向上帝祈福。民众大悦，大雨降临。

---

2 《甲骨文合集》，中国社会科学院历史研究所编，北京：中华书局，1999 年。

商汤把自己当成祭神的祭品，像牛羊肉一样献祭上帝。商汤的精诚感动上天，于是上帝降下了大雨。《道德经》第七十八章说："受国之垢，是谓社稷主；受国不祥，是谓天下王。"能够承受全国的灾祸，才能成为社稷之主；能够承受全国的不吉祥，才能成为天下之王。《道德经》的这个说法很像是对商汤事迹的总结。

为了解除国家的灾祸与不祥，商汤把自己献祭给上帝以祈雨，这种做法很容易让人感动。但感动之余，我们还需要有冷思考，仔细研究商汤的祷词就会发现其中的问题。"余一人有罪，无及万夫"，我一个人有罪，不要去殃及万民，这是正常的要求。谁有罪谁受罚，一人做事一人当。但"万夫有罪，在余一人"就有问题了，万民犯了罪，为什么要由商汤一人承担？我们可以理解为商汤道德高尚，关爱万民，希望用自己的牺牲来为万民赎罪。商汤承担了万民的罪过，万民是什么反应呢？"民乃甚说"，万民高兴了，万民可以推卸责任了，万民对商汤感恩戴德，但这样做对万民好吗？

我们可以想象一种父母和孩子的关系，孩子犯了错，父母说没事，这事我们帮你承担了。父母把孩子的罪过全给扛了，孩子今后会有承担责任的心理和自我担当的精神吗？从个人的角度来说，商汤的自我牺牲是一种非常伟大的奉献精神，但从一个民族的角度来说，这会塑造出一种不承担公共责任的民情。民众不承担责任，是因为有领袖帮民众承担，于是垄断一切责任的君王诞生了。责任对应的是权利，领袖扛下所有责任，也就意味着垄断一切权力。从"万夫有罪，在余一人"的祷词中，能看出商汤超强的个人责任心，但领袖超强的责任心很可能使民众失去责任心和公共担当。没有责任心的人，是没有资格拥有权利的。最终可能会形成一种局面，一方是承担一切责任也拥有一切权力的强大的君王朝廷，一方是失去公共担当、自私虚弱、仰望领袖的民众。

民众的权利被剥夺时，一般都会比较敏感；而当他们的责任被人承担时，民众又往往是开心的。但实际上，当一个人的责任被别人承担了，也意味着他承担责任的权利被剥夺了，他承担责任的能力被破坏了。要想拥有权利就必须承担起自己该承担的责任。不承担责任，就会失去权利。当我们面对伟大的商汤——这么一位具有巨大自我牺牲精神的领袖时，需要冷静下来想想，治理民众的目的不是让民众回避责任、仰望领袖，而是要让他们自主承担责任，变得强大起来。这才是对民众最深层的帮助。

第 3 讲

伊尹的政治神学

伊尹是商朝的开国相，大约生活在前 1649 年到前 1549 年。他辅佐商汤灭夏建国，商汤去世后，又先后辅佐了四任商王，主政商朝五十余年，对商王朝和中国历史深有影响。

伊尹是真实的历史人物，享受后代商王的祭祀。已发现的商朝甲骨文记载中，有四十多条祭祀记录与伊尹有关。例如《甲骨文合集》27655 号甲骨记载："伊尹岁十羊。"用十只羊祭祀伊尹。34240 号甲骨记载："弋于伊尹牛五。"祭祀伊尹五头牛。伊尹与商王享受同等规格的祭祀，在商王朝的地位很高。

我们可以从以下四个方面了解伊尹：一是他生于空桑的传说；二是他从家奴厨师到开国相的经历；三是他作为间谍祖师爷的传奇；四是伊尹的思想。

生于空桑

伊尹生于空桑，空桑指桑树的树洞。一字千金的《吕氏春秋》记载了伊尹出生的传奇故事：

有侁氏女子采桑，得婴儿于空桑之中，献之其君。其君令烰人养之。察其所以然，曰："其母居伊水之上，孕，梦有神告之曰：'臼出水而东走，毋顾。'明日视臼出水，告其邻，东走十里，而顾，其邑尽为水，身因化为空桑。"故命之曰伊尹。（《吕氏春秋·本味》）

有侁氏有个女子采桑叶，在桑树树洞中捡到一婴儿，献给有侁君主，有侁君主命令厨师抚养。查问婴儿来历，厨师说："他母亲住在伊水边，怀有身孕，梦见有神告诉她说：'石臼若出水，就向东走，勿回头看。'第二天，她果然见石臼出水，就告诉邻居，向东走十里路，回头一看，所居城邑尽为洪水。她的身体于是化为中空桑树。"所以将婴儿命名为伊尹。

这个故事一定广为流传，《吕氏春秋》之前的屈原《天问》中也写道："水滨之木，得彼小子。"水边的桑木中，得到一个小孩儿。我相信这类奇妙的故事在中国历史上一定不少，但后来的读书人不懂神话传说中蕴藏的精神价值，认为这些传说荒诞不经、怪力乱神，他们做官有了权力后，常常从典籍中毁掉这类记载。

《圣经·创世记》中有一个类似的故事，上帝降硫黄与火惩罚邪恶的索多玛和蛾摩拉城，但派天使救出了罗得一家，天使告诫罗得一家出逃时不准回头看，但"罗得的妻子在后边回头一看，就变成了一根盐柱"。

伊尹的出生很神奇，怀孕的母亲变成了中空的桑树，小孩就出生在树洞里，哇哇哭。伊尹是一个孤儿，没有父亲也没有母亲，但这个孤儿似乎并不孤独。按照《吕氏春秋》传说，伊尹由神而来，被神保护。这么神奇优美的故事，中国的艺术家居然没有人去画。中国绘画史上，画家们很少画历史事件，而是迷恋于山水。画家回避历史，这是一个奇怪的现象。我自己设计了一个伊尹生于空桑的徽章，正面是伊尹在桑树洞中，背面是甲骨文的"善"字。因为《尚书·伊训》记载了伊尹之言："惟上帝不常，作善降之百祥，作不善降之百殃。"上帝不会以不变的态度对待人，作善时上帝会降下百种吉祥，作不善时上帝会降下百种灾殃。伊尹从孤儿、奴隶厨师到摄政王和思想家，可谓是前无古人后无来者，他的故事堪称古代最早的励志故事。

治国若烹饪，成己以成人

伊尹跟着有侁国国君的厨师长大，成了有侁国的厨子。厨子的地位在中国历史上比较特别，因为涉及食品安全，厨子一定得可靠，所以一般都是家奴出身。屈原的《天问》中称伊尹为"小臣"，指的就是这种受信任的家奴。后来商汤娶了有侁国的公主纴妠做妻子，伊尹就作为纴妠的陪嫁来到了商国，从有侁君的厨子变成了商汤和纴妠的厨子。显然，伊尹是商汤和纴妠信任的人。

《清华大学藏战国竹简》（以下简称《清华简》）中收有《赤鹄之集汤之屋》一文（以下称《清华简·赤鹄》），文中记载了小臣伊尹以赤鹄作羹，他的女主人纴妠食用后，"邵（昭）然四亢（荒）之外，亡（无）不见也"，郊野四方的遥远之地清清楚楚，没有看不见的。小臣伊尹食用余下的赤鹄羹，"亦邵（昭）然四晦（海）之外，亡（无）不见也"，四海之外清清楚楚，没有看不见的。伊尹的厨艺出神入化，被后代厨师们尊为厨祖。

《吕氏春秋·本味》记载了商汤与伊尹的对话，伊尹借烹饪之道谈治国之道。伊尹认为各种食材，"皆有所以"，皆有自己原本的特性。烹饪之道要利用食材的特征，"无失其理"，使食材的特性得以释放，"皆有自起"。这种烹饪之道反对用外力强行扭曲食材的天然本性，要求遵循自然、顺其自然而释放自然。将这种烹饪之道引向治国之道，伊尹强调"天子不可彊（强）为，必先知道"，天子不可以自我的意志强行作为，而要先明白天道法则，顺其自然，"成己所以成人也"，成就自己是为了成就他人。烹饪是为了释放食材的自然本性，治国是为了成就天下人的自然本性，老子在《道德经》中讲"治大国若烹小鲜"，将烹饪小鱼要少翻腾的技巧与治国上无为而治的道理统一起来，有可能是伊尹思想的传承。

间谍鼻祖

《孙子兵法·用间》上说："昔殷之兴也，伊挚在夏；周之兴也，吕牙在殷。故惟明君贤将，能以上智为间者，必成大功。此兵之要，三军之所恃而动也。"殷人兴起，有伊挚在夏国为间谍。周人兴起，有吕牙在殷商为间谍。所以明君贤将，能用智谋高超之人为间谍，必能成就大功业。这是用兵之要务，三军行动所依赖的。吕牙，指周朝开国太师姜子牙。伊挚，指商朝开国相伊尹。伊尹是中国历史上最早有记载的大间谍。

《清华简·赤鸹》中记载了伊尹赴夏的细节。伊尹晕眩昏倒在路上，群鸟飞来要吃伊尹，有灵鸟制止群鸟，"是少（小）臣也，不可飤（食）也"，这是小臣伊尹，不可以吃的。灵鸟对群鸟说夏王桀已患上重病，原因是上帝命令黄蛇、白兔和"后土"作祟。伊尹赶赴夏王廷帮夏桀治好了病，取得了他的信任，成为夏桀身边的间谍。这段记载似乎是说明，伊尹有上帝护佑，是上帝拣选出来终结夏王朝的使者。

《国语》记载说："妹喜有宠，于是乎与伊尹比而亡夏。"妹喜是夏桀的妃子，受夏桀宠爱，但还是与伊尹亲近共同灭亡夏国。"比"是靠近的意思，指关系亲密，如唐代白居易的《长恨歌》："在天愿作比翼鸟，在地愿为连理枝。"《竹书纪年》上也记载："末喜氏以与伊尹交，遂以间夏。"妹喜和伊尹交好，"间夏"指颠覆夏朝的间谍活动。

伊尹为什么能把夏桀爱妃发展成间谍呢？《竹书纪年》说是因为夏桀移情别恋，妹喜妒恨而报复。但《国语》中有一段记载可能有助于我们从另外一个角度理解妹喜的行为："昔夏桀伐有施，有施人以妹喜女焉。"夏桀征伐有施人，有施人把美女妹喜送给夏桀。妹喜配合伊尹反夏，可能有国仇家恨的因素。

《吕氏春秋·慎大》记载，妹喜将夏桀做的一个怪梦告诉了伊尹："今昔天子梦西方有日，东方有日，两日相与斗，西方日胜，东方日不胜。"对伊尹时代的人来说，梦传达了神意，解梦很重要。商人在东，夏人在西，夏桀这个梦，是不是预示着东边的商王要失败，西边的夏王要胜利呢？商汤和伊尹不这么看，夏军重兵部署在东边以防商军，所以商汤和伊尹按照梦境所示，指挥商军从东方出发绕到夏人西边，从西向东，向夏桀发起进攻，夏军西面防卫空虚，"未接刃而桀走"，两军尚未交战夏桀就弃国而逃了。商汤没有经过血战，就顺利推翻了夏王朝，这与伊尹间谍工作的成就有关。夏军投降，夏桀被俘，但商汤和伊尹没有杀掉夏桀，也没有对夏王族赶尽杀绝，而是把夏桀放逐到南巢，对夏人采取怀柔团结的政策。

伊尹放逐太甲

商汤去世后，继位的第二任君王外丙、第三任君王仲壬皆在位时间不久就去世了。太甲是商汤嫡长孙，继位为第四任君王。《史记·殷本纪》记载："帝太甲既立三年，不明，暴虐，不遵汤法，乱德，于是伊尹放之于桐宫。"太甲即位三年，不贤明，行为暴虐，不遵行商汤之法，德行败乱，于是伊尹就把太甲流放到桐宫，这是停职反省。伊尹作《伊训》《肆命》《徂后》训诫太甲。太甲流放桐宫三年，能"悔过自责"，返回善道，于是伊尹摄政当国三年后主动还政于太甲。

《竹书纪年》记载："伊尹即位，放太甲七年。太甲潜出自桐，杀伊尹。"认为太甲被流放七年后，潜出桐宫杀了伊尹。但从甲骨文商王世系和商王没有中断伊尹的高规格祭祀来看,《竹书纪年》这种阴谋论说法缺少证据支持。

为君爱民,为臣恭命

伊尹思考问题深入浅出,简洁务实,《清华简·汤处于汤丘》记载了伊尹回应商汤的问话。汤问小臣:"古代圣人,何以自爱?"小臣回答:"古代圣人自爱,不行昏乱之事,处权位不让人质疑,饮食不好珍馐,五味杂食,不贪滞一味,不穿华丽衣服,用器不雕花镂纹,不虐杀人,分利于民,以此自爱。"汤又问小臣:"应如何为君?如何为臣?"小臣回答说:"为君当爱民,为臣当恭命。"汤又问小臣:"如何才是为君爱民?"小臣回答说:"外出劳役距离有限制,劳作时能想到可回家,饥荒时有食物,渡过深渊,逾越高山,远方人民急于归附,这难道不就是爱民吗?"汤又问小臣:"如何才是为臣恭命?"小臣回答说:"如果为君者睿智聪明,臣子既受君命,进退不顾死生,这不就是为臣当奉命吗?"

"处权位不让人质疑"这句译文,原文是"不处疑",指不要因能不配位而受人质疑。

伊尹的政治神学

清代《十三经注疏·尚书》的版本中,有五篇与伊尹有关,分别是《伊训》《太甲上》《太甲中》《太甲下》《咸有一德》。关于这五篇文章的形成时间,学界有不少争论,多数人认为可能编定于战国时期。

伊尹的政治神学总结下来有以下五大特点。

一、上帝向善。伊尹认为,上帝是人间命运的最高主宰神。上帝是向善的、正义的。《尚书·伊训》记载伊尹之言:"惟上帝不常,作善降之百祥,作不善降之百殃。"上帝并非不变,上帝是惩恶扬善的。

二、君权天授。《尚书·太甲上》记载,商汤去世,太甲继位,伊尹作书给太甲说,先王商汤遵循上天之命,上天监察天下,见商汤有德,将天命集中在商汤身上,用商汤来安抚平定天下四方。原文是:"天监厥德,用集大命,抚绥万方。"君权不属于君主,而是属于上天,上天降下天命,赋予君主君权,是为了善护生命。

三、敬天怀仁。《尚书·太甲下》记载伊尹之言:"惟天无亲,克敬惟亲。民罔常怀,怀于有仁。"上天并不按血亲关系亲爱谁,唯亲爱敬畏上天之人。民众没有常怀念的东西,但常怀念仁爱的德性。人当敬畏上天,尊奉上天,以仁待人,以仁治国。敬天怀仁与上帝向善、君权神授一脉相承。

四、德配上帝。上帝向善,以德选君,为君当敬天修德,以德配天。《尚书·太甲下》记载伊尹之言:"天位艰哉! 德惟治,否德乱。"保持天子之位,是艰难之事。有德则治,无德则乱。德之有无,决定了国家的治与乱。夏之所以亡国是因为君主"弗克庸德,慢神虐民",怠慢神明,虐待民众,所以"皇天弗保",另选明君。商之所以立国是因为"先王惟时,懋敬厥德,克配上帝"。商汤随时敬重修德,以匹配上帝的要求。商汤、伊尹"咸有一德",皆有德性,所以"受天明命",受天意而即帝位。

伊尹的治国理念总是从两个角度入手,一个是敬畏上帝上天,一个是顺应百姓需要。敬天者受天保佑,爱民者受民爱戴,国运长久。

五、法君法天。1973 年长沙马王堆出土的《伊尹·九主》,记载了伊尹对九种君主的分类。伊尹称最理想的君主为"法君",最差的君主为"灭社之主"。法君就是以天地为法之君,天地的特征是"覆生万物,神圣是则",覆育创生万物,以神圣之法则维系万物。法君以天地为法,即建立养生益生的法律秩序,服务于生命的繁荣。灭社之主是指毁掉国家社稷的君主,他只关心如何巩固自己的权力,只听从自己或小群体的意志,大家不顺从他，他就用杀戮和恐惧来维持权力，最后导致群臣和百姓离心离德，叛乱四起，国家崩溃。

伊尹的政治哲学可以概括为"敬天爱人"四个字，在满足上天要求和民众需求中寻求政权的合法性与安全性以及天心与民心的统一。北京留下的明清古建筑中仍然延续着"敬天保民"的传统，一个是用来敬奉皇天上帝的天坛，另一个是用来保护民众生命安全的长城。这种敬天爱人的政治神学传统对中国历史产生了深远的影响。

第 4 讲

商朝军事领袖妇好

妇好是商朝甲骨文记载的中国第一位女政治家、军事家，也是主持过重大祭祀活动的祭司，但《尚书》《左传》《国语》《史记》等史书在记录商朝历史时，只字未提妇好。在漫长的历史中，人们并不知道商王武丁时期有一位重要人物妇好的存在，直到1976年安阳殷墟考古发现妇好墓，这一页历史才被揭开。妇好是商朝第 22 任商王武丁（前 1250 年—前 1192年在位）的妻子之一，在政治、宗教和军事舞台上非常活跃，讲商朝的历史不能遗漏妇好。

女元帅与祭司

殷墟出土的甲骨中，有关妇好的卜辞有 180 多条，内容多是商王武丁卜问与妇好有关的事情以及为妇好祈祷。这些卜辞说明，妇好可以主持各种祭祀大典，同时又率军作战，显然是商王朝核心权力的重要参与者。《左传》上说："国之大事，在祀与戎。""祀"指祭祀，"戎"指军事。妇好同时掌握祭祀权与军权，在商朝位高权重。

妇好墓出土了 4 件青铜钺。其中一件大钺长 39.5 厘米，刃宽 37.5 厘

妇好双身龙纹青铜大钺：妇好墓共出土四件铜钺，是商代出土铜钺第二多的墓，其兵器占据出土青铜器的28%，由此可见妇好的军事地位。现藏于中国考古博物馆。

米，重达9千克，上刻有"妇好"二字。钺在商代是武器也是礼器，妇好青铜钺并非实战兵器，而是妇好军权的信物。甲骨文里记载，妇好亲自指挥了针对羌方、土方、巴方和夷方的战争，这些战争发生在商王朝的西部、西北部、西南部和东南部。

《库方二氏所藏甲骨卜辞》310号商王武丁卜辞："辛巳卜，贞，登妇好三千，登旅万，乎伐［羌］。"辛巳日占卜，命令妇好征召13000军士征伐羌方吗？羌方在商王朝西部。甲骨文中所记的战争一般都是3000人的出征规模，但妇好率军征伐羌方时是13000人，这是规模最大的一次。甲骨文记载了商军多次征讨羌人的战争，并将大量羌人俘虏用作人牲，商人跟羌人的冲突，几乎持续了整个商王朝。武丁时期妇好对羌人的大规模战争，并没有能从根本上动摇羌人的力量。武丁、妇好以后，羌人仍是商王朝的重要敌人。

武丁与妇好

甲骨文记载，妇好不在武丁身边时，武丁献祭求神问卜，问妇好什么时候能回来。他求上帝、祖先保佑妇好身体健康，能够生育；保佑妇好的孩子健康；保佑妇好取得战争的胜利。看着这些卜辞，似乎商王武丁与妻子妇好的分工是：王妃在外行军打仗，商王在家向神明祷告，祈求妇好的安全与成功。

妇好去世以后，武丁担心妇好的灵魂在灵界孤独无助，多次向上帝及祖先祈祷，祈求他们接纳妇好之灵。

武丁的战争

商王武丁从小生活在民间，具体
原因不明。《史记·殷本纪》记载，武
丁登基为王之后，从民间选拔了诸多
人才进入朝廷，甚至提拔了傅说这位
兼有囚徒、奴隶、建筑工人身份的人
做相。傅说善于治国，辅佐武丁带
来"武丁中兴"。有趣的是，虽然《史
记》《清华简》等文献都记载有傅说的
传奇故事，但甲骨文里却只字未提傅
说。因此有没有傅说这个人，一直是
学界争论的问题。《史记·殷本纪》中
记载："武丁修政行德，天下咸欢，殷
道复兴。"从商朝甲骨文来看，武丁中
兴主要表现在军事上。《甲骨文合集》
收录的武丁时期"军事—战争"类卜辞
有 2220 片。武丁时期战争共计 52 次，
其中早期战争 35 次，中期战争 12 次，
晚期战争 5 次。但武丁并非只使用商
王族的军事力量，而是建立统一战线，
调动诸多部族盟军的力量。其一是通
过联姻巩固与氏族、方国之间的关系，
例如妇好是武丁的妻子之一，但同时

妇好青铜斝：商代酒器，也被用作
礼器，其数量稀少，工艺复杂，只
商朝少数贵族阶层能使用。现藏于
中国国家博物馆。

商嵌绿松石象牙杯：制作精致，纹饰繁
复，为商代象牙雕刻中的珍品。现藏
于中国社会科学院考古研究所。

有自己独立的部族和自治领地。其二是在宗教上崇拜超越族群的至上神上帝，并将各联盟部族祭祀的自然神和祖先神也纳入祭祀系列中。

妇好故事的三个启示

第一，真实的历史在地下，考古资料是最重要的历史证据。商王武丁时期妇好是重要人物，但先秦传世文献都没有提到妇好，可见历史文献的写作很容易被写作者本人的主观意识所影响。史家和学者多是男性，男权叙事的史学观把妇好从历史中清除了。1925年，王国维先生在《古史新证》的演讲中提到"二重证据法"，强调历史研究要将"纸上之材料"与"地下之材料"结合起来，将文献资料与考古资料结合起来，这是历史研究的洞见。历史研究要以实物证据为先，文献记载作为参考。

第二，商朝时期女性的政治和社会地位并不低。商朝虽然已经进入以男权为主的社会，但母系社会的传统仍然强大。甲骨文记载，除妇好外，武丁的另外两位王后也有自己的独立财产。贵族女性不仅经济独立，在宗教、政治和军事上也是重要参与者。《尚书·牧誓》中记载，周武王起兵反商的誓词中所列的第一个原因，就是"商王受惟妇言是用"，商纣王听女人的话办事，这侧面说明了商朝妇女拥有政治参与的权利。西周王朝比商王朝更男权主义，女性在西周史书中的地位日益边缘化。《论语·阳货》记载孔子之言："唯女子与小人为难养也。近之则不孙，远之则怨。"这是周文化传统的表现。

第三，灵魂不灭的宗教观。妇好去世以后，武丁祈求祖先和上帝接纳妇好之灵。从中我们能看出商人的灵魂观，一个人去世以后，并不意味着生命的终结，只是灵体离开身体，回到了上帝和祖先身边。逝去的亲人成为在世亲人和上帝之间的中介，继续影响着人间。

箕子谈人生之福与祸

箕子是商王朝最后一位太师,宗教祭祀的负责人,也是箕子朝鲜的开国国君。学界主流认为箕子是商纣王的叔父,也有观点认为箕子是商纣王的庶兄,同父异母的哥哥。总之箕子在商朝的地位很高。

孔子曾经评价说:"殷有三仁焉。"他指的是箕子、微子和比干。孔子不敢称自己为仁人,可见他对箕子的评价很高。这三位仁人都是商纣王的亲戚,地位都很高,但对商纣王没有丝毫约束力,因为商朝君主集权制度已经形成。纣王无道,微子被迫出走,比干被剖心而死,箕子装疯仍被关了起来。周武王灭商纣王时,箕子还被关在牢里,最后是周武王放了箕子。

本讲我们讲讲箕子的四件事:第一件事是箕子批判商纣王使用象牙筷子;第二件事是箕子的悲歌;第三件事是箕子给周武王讲《洪范》,这是一部上古的律法典籍;第四件事是箕子朝鲜的故事。

从象牙筷子里看到放纵的危险

  纣始为象箸,箕子叹曰:"彼为象箸,必为玉杯;为杯,则必思

远方珍怪之物而御之矣。舆马宫室之渐自此始，不可振也。"(《史记·宋微子世家》)

商纣王开始使用象牙筷子时，箕子就感叹说，用了象牙筷子，一定就会用玉做的杯子。有了玉杯，就会想要把远方的那些珍贵奇异的东西拿来用。车马宫室的奢华就会渐渐开始，以后就再难振作起来了。

君主集权制下，君主的个人爱好和生活欲望，都是国家大事。箕子从商纣王用一双象牙筷子，看出商纣王奢侈放纵的未来，看到国家税收加重的未来。

欲望是人生导向，欲望管理是生命管理的中心。君王如此，个人也如此。其实放大一点看，不同的宗教或社会理论，一定程度上就是不同的欲望管理模式。中国传统文化强调人要养成自我反省和自律的习惯，防微杜渐。君王尤其不要放纵不正当的欲望，容易毁伤自己也毁伤国家。

箕子悲歌：麦秀

其后箕子朝周，过故殷虚，感宫室毁坏，生禾黍，箕子伤之，欲哭则不可，欲泣为其近妇人，乃作麦秀之诗以歌咏之。其诗曰："麦秀渐渐兮，禾黍油油。彼狡僮兮，不与我好兮！"所谓狡僮者，纣也。殷民闻之，皆为流涕。(《史记·宋微子世家》)

周灭商以后，箕子被周武王封在朝鲜，建立了箕子朝鲜。其后箕子朝周，路过商朝首都的废墟，感伤宫室毁坏，禾黍满地，箕子悲伤，想哭不能哭，想泣又感觉太像女人，就写了首麦秀之诗来歌咏。殷遗民听到这首诗，都痛哭流涕。

商朝留下的诗歌不多，主要内容是歌颂上帝和祖先。其中有"天命玄鸟，降而生商"的名句。但箕子这首表达个人悲情的诗："麦秀渐渐兮，禾黍油油。彼狡僮兮，不与我好兮！"可能是中国历史上第一首个人抒情诗。

上帝赐予《洪范》

> 箕子乃言曰："我闻在昔，鲧堙洪水，汩陈其五行。帝乃震怒，不畀洪范九畴，彝伦攸斁。鲧则殛死，禹乃嗣兴。天乃锡禹洪范九畴，彝伦攸叙。"（《尚书·洪范》）

箕子给周武王讲《洪范》，按照他的说法，《洪范》是上帝启示给大禹的一部律法。上古时期鲧堵塞洪水治水不成，扰乱了五行秩序，上帝很愤怒，不把《洪范》这部律法赐给鲧，结果人间律法和伦常大乱。"畀"就是赐予、给予。"畴"就是类别，大概《洪范》这部律法分为九个方面。后来大禹治水有成，上帝喜欢大禹，就把《洪范》赐给了大禹。这样人间秩序就顺畅了。"锡"通"赐"，"彝"就是律法，"伦"就是伦理，"攸"相当于就，"叙"就是顺畅。

屈原的《思古》一诗也提到《洪范》，他说楚怀王"背三五之典刑兮，绝《洪范》之辟纪"违背了三皇五帝的常法，拒绝了《洪范》的法纪。

关于《尚书》涉及《洪范》的内容，学术界的讨论很多。主流看法是一些内容源于上古，但也有春秋战国后人加入的一些内容。箕子在介绍《洪范》时，有一些名句如"天子作民父母，以为天下王"，治理天下要像对待自己的亲生孩子那样，对待天下万民。真这么想，就不容易去轻易伤害万民。那么，怎么才能成为天下王呢？《洪范》强调为王要中立，要公正，不能按照个人的好恶，行事不能偏袒，不能结党营私，等等。句子很对仗很美，建议大家多读多记。

> 无偏无陂，遵王之义。无有作好，遵王之道。无有作恶，遵王之
> 路。无偏无党，王道荡荡。无党无偏，王道平平。无反无侧，王道正
> 直。（《尚书·洪范》）

无偏无陂，就是执政要公正无私，不偏不倚。遵王之义，要遵从为王之义。无有作好，就是不要去按照个人的爱好去做。遵王之道，要遵守为王之道。无有作恶，不要因个人厌恶而行动。遵王之路，要遵守为王之路。不要偏私，不要结帮，王道要坦坦荡荡，王道要公平正义。不要反复无常，不要倒向一边。王道要正正直直。

这个意思就是，为天下之王，就要放弃自己的好恶偏袒，要以中立之心，以公正之心，无偏无私，坦坦荡荡对待天下之人。用今天的说法就是，没有特权集团，法律面前人人平等。

人生的五福六极

《洪范》之中还对人生进行了"五福""六极"的概括。什么叫作五福？就是人生的五种福气。一曰寿，指活着，有寿命。二曰富，指富裕。三曰康宁，指健康安宁。四曰攸好德，指爱好有德行的生活。五曰考终命，指尽享天年，寿终正寝。

《洪范》的人性分析，朴实真切。治理天下，就是帮助人实现五福。让人有寿命，让人富裕，让人健康安宁，让人有德行，让人能够尽享天年。

与五福对立的，就是六极，六种极不幸的事。一曰凶短折，指遇到凶事短命夭折。二曰疾，指生病。三曰忧，指精神忧虑。四曰贫，指生活贫困。五曰恶，指人去作恶。六曰弱，指生命虚弱。这分析也非常朴实，民间疾苦清清楚楚。治理天下，就是要使人避免这六极，不要短命夭折，不

要生病，不要精神抑郁，不要生活贫困，不要去作恶，生命不要虚弱。

《洪范》这部大法告诉天下人，治理天下就是敬奉上帝，保障五福，防止六极，目标很清楚。从箕子叙述的《洪范》来看，中国这部上古神法，非常质朴，理解人性，关爱生命。可惜箕子只是介绍了其中一些内容，还可能有后人加入的部分。如果今后考古能够发现《洪范》，让这部上古神法的古貌呈现出来，那就是一件大事了。

箕子朝鲜

> 武王既克殷，访问箕子……于是武王乃封箕子于朝鲜而不臣也。
> （《史记·宋微子世家》）

《史记》记载周武王把箕子封在朝鲜，不把他当臣子，而是当成独立封国的国君。另外还有《尚书大传》记载说，周武王战胜了殷商以后，把箕子放出来，但是箕子不愿意在周朝当臣民，带着族人五千多人出走朝鲜，周武王就顺水推舟把朝鲜封给了箕子。

箕子被封的这个朝鲜是什么地方呢？学术界主要有三种看法：一种看法就是今天朝鲜的首都平壤；一种看法是现在的辽宁西部；还有一种看法是，刚开始分封在辽宁的西部地区，但是后来箕子的族人因为战乱和动荡，逐渐东迁到了平壤。箕子朝鲜维系了900多年的时间，到战国期间遭到了燕国的攻击，到西汉时遭到了卫满的攻击，最后被卫满所灭。

中国先秦典籍中，关于箕子出走朝鲜的记载很多，朝鲜自己的史书中也有很多记载，都把箕子视为朝鲜人的祖先之一。1102年朝鲜高丽王朝肃宗认为："我国教化礼义，自箕子始而不载祀典，乞求其坟茔，立祠以祭。"由此在平壤建设箕子陵。

第 6 讲

周人史诗中的后稷

周王朝是中国历史上延续时间最长的王朝，从前 1046 年到前 256 年，存在 791 年。周王朝对中国文化和中国历史的影响极为深远，而后稷又被周人奉为始祖，后稷对周人影响深远，分析周朝我们得从后稷开始。

后稷名弃。"后"是君主的意思，"稷"指小米。"后稷"的意思是"小米之君"，或者可泛称为"粮食之君"，这是后人对弃的尊称。上古中原地区，北方粮食以稷为主，南方以水稻为主，后稷是北方中原地区的农业开拓者。

《史记·周本纪》记载："帝尧闻之，举弃为农师，天下得其利，有功。"尧听说后稷善于种植，任命后稷为农师，负责农业，天下人得利，后稷有功于人。《尚书·吕刑》记载尧舜禹时期"稷降播种，农殖嘉谷"，后稷播种，种植良种。《尚书·舜典》记载舜之言："弃，黎民阻饥，汝后稷，播时百谷。"舜帝说，后稷呀，黎民百姓断粮饥饿，你教人们按时播种百谷。

《尚书·吕刑》《史记·周本纪》认为后稷生活在尧舜禹时期，这个判断缺少商周甲骨文和金文的证据，也缺少《诗经》和《尚书》里有关西周文献的佐证，但至少在战国文献中，已流行将后稷定位在尧舜禹时期。学界一般认为，传说中的尧舜禹时代大约在前 2000 年，后稷有可能是这个时期的人。

后稷以后约一千年，后稷的后裔周文王、周武王、周公等人创立西周王朝。《诗经》中有四篇诗歌与后稷有关，周人按始祖祭祀后稷。例如《诗经·周颂·思文》：

> 思文后稷，克配彼天。
>
> 立我烝民，莫匪尔极。
>
> 贻我来牟，帝命率育。
>
> 无此疆尔界，陈常于时夏。

这首诗的大意是：思念文德之后稷，您的德性能匹配上天要求。使我万民得以立基，您的功绩无边无极。您赠予我们大麦小麦，上帝令您率领养育万民。您不分此疆彼界，将农耕常法展示于夏地。

在周人心中，后稷的贡献主要是以农功农德养育民众。《诗经》中还有对后稷的细致描写，《诗经·大雅·生民》不仅是周人的民族史诗，也是对后稷的一首优美颂歌。原文文字古老，这里将原文大意翻译如下：

"我们周人出生，源于祖母姜嫄。姜嫄如何生育？虔诚燔祭上帝，祈求勿让自己无子。踩了上帝脚印，姜嫄怀上孩子。胎儿时动时静，腹中孕育生长，后稷降生人间。后稷满月而生，无难产无剖腹。上帝赫赫之灵，带来无比安宁。上帝享受燔祭，姜嫄居然生子。抛弃婴儿在狭巷，牛羊呵护他；抛弃婴儿到树林，伐木人来救他；抛弃婴儿寒冰上，鸟儿飞来翼护他；鸟儿飞去了，孩子哇哇哭。哭声洪亮辽远，响彻宽阔道路。他匍匐爬行，他聪明有识，他会找食物。他种植大豆，大豆繁茂。他种植禾苗，禾苗旺盛。他种植麻麦，麻麦苗壮。他种植瓜儿，瓜儿丰硕。后稷种地耕田，善辨土壤。清除繁茂杂草，种下金黄之种。发芽结苞，禾苗成长。花开秀美，坚实苗壮。果实饱满啊，累累下垂，就在有邰的家室。上帝降下良种，有黑黍有黄黍，有红米有白米。黑黍黄黍丰收，背负红米白米，前去祭祀上帝。如何祭祀上帝？春黍舀麦呀，簸粮筛糠。淘米沙沙响啊，蒸饭热气腾腾。虔诚筹划啊，杀牛取脂肪，杀羊剥肥肉。熊熊柴火燃起，烈烈燔祭上帝，祈求岁岁丰收。祭品装在碗里，祭品放在盆里。牺牲香气上升，上帝享受馨香，馨香啊美好！后稷开创祭祀，从此无罪无悔，后稷开创祭祀，一直沿袭至今。"

这首颂诗的核心内容有三重：首先，姜嫄向上帝祈祷求子，结果无父而生后稷。这是一个神奇传说，说明后稷由上帝而来，具有超凡的神力。其次，后稷是农业天才，是育种和农耕的开创者。最后，后稷继承了母亲姜嫄的献祭行为，开创了周人用粮食和牛羊祭祀上帝的历史传统。请大家注意这个细节，春米、淘米、宰杀牛羊，用柴火燔祭上帝，这些都是后稷亲自去干的。诗歌是对他做的这些事的歌颂。这首诗的内在精神，是上帝信仰与农业生产的紧密结合。从上帝而来的后稷，热爱农业技术，以新收的粮食献祭上帝。他通过这种方式，在周人中间开创了上帝祭祀的传统。

孔子对周道的有限继承

《论语·八佾》记载孔子之言："周监于二代，郁郁乎文哉！吾从周。"周的制度和文化借鉴了夏商两代的传统，文明昌盛啊！我遵从周。《论语·颜渊》中记载孔子之言："克己复礼为仁。一日克己复礼，天下归仁焉。"孔子强调的"克己复礼"，就是约束自己恢复周礼，并以复兴周道为一生使命。但如果从《诗经·大雅·生民》这首诗的精神来看，我们会发现孔子的"吾从周"其实是有选择性的。

孔子继承了《诗经·大雅·生民》中的至上神上帝、上天信仰，只是他把至上神称为天，如《论语·季氏》中记载孔子"畏天命"。孔子也重视祭祀，如《论语·八佾》中记载，子贡想省掉祭祀中所用的活羊，孔子对子贡说："赐也，尔爱其羊，我爱其礼。"赐呀，你爱惜活羊，我爱惜祭礼。但从整体来看，《论语》对上帝上天的信仰和祭祀已经非常淡化了，神性问题不再是《论语》的中心问题，个人修德以为君子及世俗社会的关怀才是《论语》的中心问题。孔子对周朝的上帝上天信仰及相关祭祀传统，属于弱化继承；对于农耕农德，则完全没有继承。《论语·子路》记载，樊迟向孔子请教稼穑和种菜之事，孔子拒绝了，并且责备樊迟为"小人"。孔子认为，君子尚礼好义重信，则民众自来投奔和从事生产，君子不必直接从事经济生产。孔子这种君子不事生产的态度，不是周王朝的历史特征。后稷因农业有成而兴起周人，所以周人重农耕讲农德，周文王、周武王都亲自从事耕种，《诗经·大雅·生民》《诗经·周颂·思文》皆赞美后稷，将后稷的农耕农德与上帝信仰统一。

清华简《系年》记载："昔周武王监观商王之不恭上帝，禋祀不寅，乃作帝籍，以登祀上帝天神，名之曰千亩，以克反商邑，敷政天下。"过去周武王监视观察到商王不敬上帝，对祭祀上帝的禋祀不敬重，于是耕种帝籍。禋祀主要指祭祀上帝和祖先的宗教仪式，先焚柴升烟再加牲体或玉帛于柴上焚烧，意为让上帝嗅味享祭。帝籍指专门用于生产祭祀用粮的籍田，这是君主必须亲自下田耕种的。周武王以帝籍的收成祭祀上帝天神，命名为千亩，以此反对商王朝，宣告执政天下。周武王的帝籍制度是对后稷传统的继承，君主为献祭而生产，生产活动具有宗教神圣性，这是孔夫子没有继承的周朝的历史传统。

第 7 讲

周文王受命于天

　　周文王是西周王朝的奠基人。文王本人虽然没有看到商王朝的崩溃和西周王朝的建立，但是他奠定了周灭商的基础。周文王名叫姬昌，大约生活在前 1152 年到前 1056 年，距今有 3000 多年的历史。《史记·周本纪》中关于周文王的记载只有五百多字，非常简略。

　　周文王一生的关键事件可以总结为五点：一是青年时期父亲王季（即季历）被商王文丁（商朝第二十八任君王，约前 1113 年—前 1102 年在位）所杀；二是他被商王囚禁七年，在囚禁生涯中推演出《周易》；三是他占卜妻子太姒做的一个奇异的梦后宣布自己受命于上帝，"受商之大命于皇天上帝"；四是他虔诚的宗教信仰；五是他征服了五个诸侯国，"天下三分，其二归周"，为后来武王灭商奠定了基础。

父亲王季被杀

　　周文王的父亲王季与挚国任姓女子联姻，主动征讨背叛商王朝的戎人，与商王朝建立了良好的政治关系。《竹书纪年》（《四部丛刊初编》本）记载："四年，周公季历伐余无之戎，克之，命为牧师。"季历征伐余无之戎人，为商王朝立下了战功，被封为"牧师"。但同时这种武力扩张征服周边部落的行为，也引起了商王文丁的警觉，文丁将王季关押至死。

《史记》中没有提到文丁杀王季的事件，但《竹书纪年》记载："王杀季历。"《吕氏春秋》也记载："王季历困而死，文王苦之。"周文王的时代血亲关系至上，父亲被杀是必报之大仇。

七年囚禁推演《周易》

第二件事是周文王被商纣王囚禁了七年。《史记·周本纪》记载："其囚姜里，盖益易之八卦为六十四卦。"王季死了以后，姬昌继承王季成为周人的首领西伯，但很快就被商纣王囚于姜里。在这七年里，性命难保的忧患意识始终伴随着周文王，于是文王研究八卦，推演六十四卦，写成《周易》。《周易》用于占卜，目的是预测。关注和研究预测学，与周文王的忧虑有关系，朝不保夕，他想要知道自己的命运。《周易·系辞下》记载："作《易》者，其有忧患乎？"这个写《周易》的人，有深深的忧患吗？《周易》里确实充满了战战兢兢、如履薄冰的忧患意识。

《易》学界有"重卦说"，认为在商朝甲骨文所记数字中已发现八卦的重卦。重卦就是两个八卦的重叠，自然衍生出六十四卦。这说明周文王并不是六十四卦的发明人，但他对占卜、八卦有更深的理解和更系统的推演。七年的囚禁生涯中，周文王不断地思考、推演，最终写成了《周易》。周文王因为《周易》而成为思想家和占卜师，把困境变成了思想突破的机会。

在周文王被囚禁期间，他的臣子闳夭等人一直执着地想办法营救他。他们通过商纣王的宠臣费仲，进献美女宝马及奇珍异兽给商纣王，加上商纣王与东夷发生战争，为了稳定西部边境，最终释放了周文王，结果是放虎归山了。

周文王受命于皇天上帝

周文王精通占卜，他一生中最重要的占卜，是占卜自己受命于天。《逸周书·程寤》记载，周文王的妻子太姒梦见商王朝廷长出荆棘，周太子发取了周王廷的梓树，种植在宫殿，结果梓树化为松柏械柞四种树。太姒从梦中惊醒，告诉了周文王。周文王叫上太子发，去明堂占卜解梦，占卜的结果是"受商之大命于皇天上帝"。周文王宣告自己受命于天而称王，这是声明要取代商王朝。我们不要把这单纯理解为周人与商人之间的冲突，周文王的母亲太任来自商朝的贵族家庭，从血缘上来说，周文王和周武王都有商王室的贵族血统，这也是商人贵族围绕王权的斗争。太姒的这个梦是向天下人宣告周人受命于天，是周文王对周人的宗教及政治动员。

1977 年，陕西省岐山县凤雏村周原遗址发现了先周甲骨文，内有"王"字。战国文献《清华简·保训》中有"惟王五十年"，说明周文王生前已称王。《诗经·大雅·灵台》写道："经始灵台，经之营之。庶民攻之，不日成之。"周文王开始规划和建筑灵台。大家一起来建，很快就建成了。灵台是祭祀最高神皇天上帝的祭坛，对皇天上帝的祭祀是君王垄断的最高祭权。周文王修建灵台是公开的反叛行为，但这种行为得到了周国民众的支持。

美国汉学家班大为按照传世文献中"五星聚合"与改朝换代的关系，采用现代天文学数据对《竹书纪年》《国语》《逸周书》等文献中的星象记载进行统计分析，认为前 1059 年 5 月底，出现过一次木星、土星、火星、水星和金星五星在巨蟹座聚会的天文现象。正是这个时间，周文王当政第 41 年，周文王公开在周国称王。

周文王昭事上帝

人在逆境中，在忧患中，心灵脆弱，最需要心理能量，这时候聪慧的心灵最容易产生宗教的渴求与洞见。在文献资料中，我们能看出文王是个宗教信仰十分虔诚的人。武王灭商后祭祀最高主宰神上帝，以文王配祭，青铜器天亡簋铭文记载："丕（不）显考文王，事喜（喜）上帝。"伟大荣耀的文王，能事奉和取悦上帝。《诗经·大雅·大明》记载："维此文王，小心翼翼。昭事上帝，聿怀多福。"文王小心翼翼，以明净之心事奉上帝，得到上帝的众多赐福。《尚书·无逸》记载周公之言，称"文王卑服，即康功田功"，文王身穿下人的衣服，从事平整道路（康功）和下田劳动（田功）。《楚辞·天问》里说周文王"秉鞭作牧"，持鞭放牧。周文王平整道路，下田耕作，持鞭放牧，不能解释为周文王平易近人热爱劳动，而应理解为周文王的宗教信仰虔诚。文王下地耕作的田叫籍田，籍田里产出的粮食专用于祭祀。文王放牧的畜群也是一样，专用作牺牲祭祀。周文王亲自耕种放牧表达的是对上帝和祖先的敬畏。《吕氏春秋》里说周文王"祭祀必敬"，祭祀时必持敬奉之心。没有信仰的人，很难体会信仰对个人及国家的重要性。在周文王那个时代，共同的宗教信仰对部族的凝聚、国家的团结非常重要。一个国家如果没有共同信仰，组织就缺少凝聚力，碰到外敌时容易分裂。周文王虔诚的宗教信仰，既是宗教精神，也是政治动员，奠定了西周政治神学的基础。

天亡簋：又称大丰簋、朕簋，是西周武王时期的重器，铭文记载了武王灭商后举行了祭祀大典，祭祀周文王及皇天上帝。现藏于中国国家博物馆。

《诗经》里还有不少关于周文王上帝信仰的描写，例如《诗经·大雅·皇矣》里上帝赞扬文王能"不识不知，顺帝之则"，不依靠自己的知识，顺从上帝的法则。《诗经·大雅·文王》里记载："文王陟降，在帝左右。"文王之灵升降，在上帝左右。对周人来说，人的灵魂是不灭的，死后灵魂会返回到上帝身边。

三分天下，其二归周

周文王一生的关键行动在于将周人的军事势力扩张到"三分天下有其二"。周文王被关了七年后，商纣王不仅赦免了周文王，而且还赐他弓矢斧钺，这是授予周文王自行征伐的权力。

周文王被释放以后，很快称王。修建灵台祭祀上帝，开籍田自己耕种，先后征伐犬戎、密须、耆国、邗、崇侯虎，极大地扩张了周人的地盘，周人势力迅速增长。在周文王去世之前，天下的三分之二都已纳入周人的势力范围。《史记·周本纪》记载，当时各诸侯贵族遇到纠纷都不去找商纣王调解裁决，而是来找周文王，这说明天下诸侯已经团结在周文王身边。大约在周文王去世后十年，也就是前1046年，周武王在牧野之战中推翻了商朝，建立了周王朝。

周文王年轻的时候父亲王季被杀，自己被囚禁七年之久，导致他有强烈的忧患意识，一生小心翼翼。如果文王推演《周易》的传说有一定依据，那么《周易》中特有的深深的忧患意识，也许正源自周文王，这深刻地影响了中国人的精神取向。身陷重重困境，但没有被困境压垮；忍辱负重，推演六十四卦；虔诚祭祀上帝，从中获得超越的力量；最终逆袭而起，奠定了周灭商的基础。

周武王的革命模式

中国史学界有一个提法叫作"汤武革命","汤"指商汤，他推翻夏朝建立商朝；"武"指周武王，他推翻商朝建立周朝。"革命"就是革除旧天命，改朝换代。周文王、周武王、周公，这父子三人有一些共同特征：他们都有强大的使命感，强烈的忧患意识，小心翼翼、深谋远虑，但在行动的时候坚决果断、出手凌厉。父子三人都是伟大人物，这在中国历史上很少见，看来周文王的家庭教育很成功。

周武王的名字叫姬发，他大约生活在前 1087 年到前 1043 年。前 1046 年武王灭商之后，建立了周朝，他勤于政务，积劳成疾，当政约三年后就去世了。周武王在位时间虽不长，却深刻塑造了中国历史上的革命模式，或者说塑造了中国革命的模因，他的革命方式对后世影响深远。

周武王是成功的革命者，他革除了商王朝的"天命"。周武王也是一个成功的治国者，他建立的周王朝是中国历史上寿命最长的一个王朝，也是对中国历史影响最为深远的一个王朝。因此，我们需要着重分析他是如何革命成功的。

周武王的革命模式

周武王的革命之所以能成功，我总结为四点：一是天命革命的合法性突破；二是民心的神圣性，民心天授；三是坚守对盟友的承诺；四是舍生忘死的战斗。

任何一个王朝想要安全地一统天下都不能仅仅依靠残暴的镇压，所以为了维护巩固自己的政权，都会构建出一套合法性叙事。所谓合法性叙事就是为了强调当政者是合理的、必然的，让百姓发自内心地认可和追随。要做到民心认同，一套合理的合法性叙事非常重要。

商王朝有"君权天授"的合法性叙事。《史记·殷本纪》记载商纣王之言："我生不有命在天乎！"这句话与《尚书·西伯戡黎》里的记载一致："王曰：'呜呼！我生不有命在天？'"在这种政治神学的叙事氛围里，以下犯上挑战商王就是挑战上天，就失去了宗教的合法性依托。周是小国，商是大国，小国打大国，小部族打大部族，这是高风险的事，必须加强内部凝聚力。要加强内部凝聚力，就必须有新的合法性叙事。周武王要造反，就不得不面对商纣王"有命在天"的政治神学。

周武王深谙政治神学的奥妙，善于进行政治动员。周武王的合法性突破主要表现在三点：一是开籍田祭祀上帝；二是促使商朝祭司归顺周；三是民心天授的理论创造。

从宗教上启动革命

《清华简》记载："昔周武王监观商王之不恭上帝，禋祀不寅，乃作帝籍，以登祀上帝天神。"周武王监测观察到商纣王对上帝不恭敬，对祭祀上帝的禋祀不敬重，周武王就作帝籍，每年丰收季节祭祀上帝天神。周武王亲自开籍田，下田劳动，以籍田产出祭祀神明，这是天子才能拥有的祭祀规格，这是天子垄断的祭权。周武王的公开反叛，是从"作籍田"的宗教行动开始的，这是向天下宣告自己是天子，已经按天子的规格安排祭祀，并在上天面前取代商纣王的地位。

策动祭司叛逃归周

《史记·周本纪》记载："太师疵、少师彊（强）抱其乐器而奔周。于是武王遍告诸侯曰：'殷有重罪，不可以不毕伐。'"商王朝太师、少师抱着祭祀乐器投奔周国，这个重大的叛逃事件一发生，武王马上就遍告诸侯说："殷商有重罪，不可以不去讨伐。"

开籍田祭祀上帝，是公开反叛的开始。商王朝的祭司等宗教人士的叛逃归周，是周武王的重大统战结果。太师是商朝宗教事务的最高负责人，相当于大祭司，少师也是祭司。商纣王不重视上帝祭祀，祭司非常不满。周武王重视上帝祭祀，太师疵和少师强就抱着他们的宗教乐器从商朝叛逃，归顺周国。这事事关重大，预示天命归周。

大约在前 1068 年，周武王在盟津检阅军队。《史记·周本纪》记载："是时，诸侯不期而会盟津者八百诸侯。诸侯皆曰：'纣可伐矣。'武王曰：'女未知天命，未可也。'乃还师归。"没有约好期限，但八百多诸侯都到盟津来参加周武王的军事检阅。诸侯们都说："我们可以讨伐商纣王了！"但武王说："你们都还不知道天命，现在还不是时候。"周武王说的天命是什么呢？为什么军队都聚集了，诸侯们都支持，周武王还是决定返回呢？这是因为天命还不明朗。但当商朝祭司归顺周以后，武王马上遍告诸侯，称商纣王有重罪，不可不去讨伐。因为祭司叛逃，说明神明已经抛弃了商纣王，商纣王天怒人怨，众叛亲离了。祭司归周，说明天命归周。

太师疵、少师强叛逃归周，我想不是偶然事件，很可能与周武王、姜子牙等人在商纣王朝廷里所做的间谍工作密切相关。夏商周时期，有一个重要的有莘部族，生活在现河南西部的伊水和洛河流域。商汤的妻子纴尮是有莘国公主，辅佐商汤的开国宰相伊尹是有莘族人，当过纴尮的家奴厨子。商族与有莘族的联合是商王朝的重要基础。伊尹辅佐过五任商王，商王朝的祭司多出自有莘族。商朝甲骨文记载，伊尹享受商王的高规格祭祀，说明有莘族人一直是商王朝的重要力量。周文王的第一位妻子是商王武乙的女儿，第二位妻子太姒，是周武王的母亲，有莘族人。周文王和周武王的母系，本是商朝贵族阶层，周王族与商王朝贵族通过婚姻建立了密切关系。在周人的政治叙事中，从来没把自己当成商王朝的外人，而是以内部人清理门户的口气来表达的。周原甲骨文中，还发现了周王祭祀商朝先王文武丁、文武帝乙、成汤、太甲的记录，说明周王把自己当成商王族子孙，认定自己有权继承商王权。

《左传》上说："国之大事，在祀与戎。""戎"是军事硬实力，"祀"是宗教软实力。祭祀问题关乎宗教合法性，关乎人心凝聚和社会动员。周武王在完成反商军事准备后，仍然耐心等待反商的宗教合法性，寻求宗教合法性与军事硬实力的统一，时机降临，果断发起进攻。值得注意的是，周武王不是以自己的名义进攻，而是以天命和周文王的名义进攻。周武王称自己尊奉天命，执行天罚，以儿子的身份奉行父亲的遗志。周文王有巨大的威望，周武王做了一个周文王的神牌放在身边，以天命和周文王的名义来凝聚各诸侯王，以实现灭商的战争动员。周武王是深谋远虑之人。

开创"天命民心统一"的政治神学理论

有了宗教上的合法性，有了军事联盟的实力，如何进一步动员民众参与呢？在这个问题上，周武王的思想有历史性的突破，他提出了"天命民心统一"的理论。《尚书·泰誓中》记载周武王的起兵誓词："天视自我民视，天听自我民听。"天命是通过谁来看谁来听的呢？通过人民来看来听，民心就等于天命，或者说天命通过民心来表达，这在历史上是第一次把民心提高到与天命同等的高位。这使当时周武王的追随者在心理上都成了天命的承载者，他们的行为是执行神圣上天的威罚。周武王通过"天命民心统一"的理论，赋予了反抗商纣王暴政的宗教神圣性。一个商王朝的下属国进攻母国，一个小国进攻一个大国，一定要有超越对方的精神力量。"天命民心统一"的政治神学与周人的"恭行天罚"，使周武王及他的盟友们都承载着上天所赋予的灭商使命。周人革命是以命犯险，心理上要让追随自己的人及盟友知道他们的天命使命，将征战行为赋予正义感和神圣感，所以周武王告诉追随他的诸侯和民众，"民心即天命"，我们有恭行天罚的使命，我们是上天的惩罚使者，不能退缩，必须完成任务。

这么一个以命相搏的革命行动，它的动机不能仅仅是复仇惩罚，还应该指向一个更遥远的未来，即一个理想图景。周武王给出的理想图景是什么呢？正如《诗经·大雅·文王》所讲："周虽旧邦，其命维新。"我们虽然是一个旧邦国，但我们拥有新的天命，让我们维新世界，建立一个以敬天爱人为基础的全新的美好世界。

我们可以把周武王的革命逻辑梳理一下：第一是"天视自我民视，天听自我民听"，民心即天命。为民众所怨恨者，即为上天所愤怒者。天怒人怨者，必须被替换。第二是"恭行天罚"，对天怒人怨者，天命革命，必须遵循天命，执行天罚，予以消灭。民心讨厌商纣王，不愿追随商纣王，于是天命要取消商纣王的统治权，大家追随周武王一起"恭行天罚"，但我们不仅仅是为了惩罚商纣王，而是要建立一个更美好的新世界。这是一个天命革命的行动，有宗教政治的合法性，有维新世界的宏大愿景，有民心的凝聚和民众的激情参与，有军事实力，有众多盟友。《尚书·泰誓》记载了周武王自信的战前动员："受有臣亿万，惟亿万心；予有臣三千，惟一心。""受"指商纣王，商纣王有亿万之臣，但他们分散为亿万颗心。我虽只有臣民三千人，但我们是一条心。"商罪贯盈，天命诛之"，商纣王恶贯满盈，上天命令我们去诛灭他。

　　周武王革命叙事的价值取向，放在世界范围内看，能发现同样的革命叙事模式。1776 年美国《独立宣言》宣告："我们认为这些真理是不证自明的，所有人被造物主平等地创造出来，造物主赋予他们若干不可让渡的权利，其中包括生命权、自由权和追求幸福的权利。"美国的国父们把他们脱离英国独立建国的反叛行动，归属到上帝和上帝之自然法的概念下，这是一种"民权神授"或"天授人权"的政治神学叙事。《尚书·泰誓》所记周武王"天命民心统一"的革命叙事与美国《独立宣言》的革命叙事，有近似的地方，都是把自己的革命行动放在神圣的宗教背景中。

遵循天命，犯难守约

　　1976 年，陕西出土西周最早的青铜器利簋，制作于周武王时期。利簋内底铸有铭文 33 字，记载了甲子日清晨周武王战胜商王朝的情况，证明了武王牧野之战推翻商王朝的历史。利簋铭文如下："武征商，唯甲子朝，岁鼎克闻（昏），夙又（有）商。辛未，王在阑（管）师（次），赐又（右）事（史）利金，用乍（作）旜公宝尊彝。"

利簋，周武王时期青铜器，器内铭文记载了甲子日清晨武王伐纣这一重大历史事件。现藏于中国国家博物馆。

　　利簋铭文，我翻译如下：武王征伐商纣王。甲子日清晨，岁星当空，战胜。从黄昏到清晨，占有了商朝。第八天辛未日，武王在阑师，赐给右史利金（青铜），用作祭祀祖先檀公的祭器。

　　《史记·周本纪》记载，周武

王准备进攻的时候，"遂率戎车三百乘，虎贲三千人，甲士四万五千人，以东伐纣"。一乘为三人，三百乘即战车军九百余人。加上精锐部队虎贲三千多人，士兵四万五千人。周武王联军的人数接近五万人。《吕氏春秋》记载："武王即位，以六师伐殷。六师未至，以锐兵克之牧野。"武王的部队分为六师，真正到牧野开战的时候，大部队并没有赶到战场，周武王用精锐部队在牧野这个地方战胜了商军。"锐兵"，大概指《史记·周本纪》中所记的"戎车三百乘""虎贲三千人"，大约三千九百人。《尚书·泰誓》周武王的誓词也证明牧野之战周军参战人数在三千余人："予有臣三千，惟一心。"《逸周书·克殷》记载，周武王率"周车三百五十乘，陈于牧野"，"以虎贲戎车驰商师，商师大败"，说明周军战胜商军靠的是三千余人精锐车兵的进攻。

周武王的军队有将近五万人，但进入决定性的第一轮战役，却"六师未至"，只是精锐车兵进入战场，这是什么原因？我推测是以下三个原因造成的：一是根据岁星运行确定了战争时间；二是要遵守与商军内部盟军的约定；三是行军遇上了大风雨。

我们首先看岁星当空的时间。利簋铭文特别强调，牧野之战发生在甲子日岁星当空的时候。岁星就是现在的木星。古代行军作战受占星术的影响很大，岁星当空这个时间点，在占星术上非常重要。《史记·天官书》中记载："义失者，罚出岁星。"对失去正义之人，惩罚从岁星而出。"岁星当空"有利于惩恶扬善，有助于进攻方。利簋记下这个时间点，说明牧野之战是按照占星学设定的战争时间。

其次看商军战场倒戈事件。《史记·周本纪》记载："纣师虽众，皆无战之心，心欲武王亟入。纣师皆倒兵以战，以开武王。武王驰之，纣兵皆崩畔纣。"虽然周武王率领的周军人数不多，但商军内部反戈一击，导致商王朝崩溃。也就是说，商军主要败在内部叛乱，阵前大规模倒戈不像是偶然现象，应当是周方背后策动的结果。前文已提到过，周文王、周武王母系来自商王朝贵族，与商王朝关系密切。周原甲骨文和西周青铜器史墙盘铭文中，都记载了商纣王长兄微子在牧野之战前就已归降周武王的情况。《尚书·微子》中还专门记载了微子与商朝祭司父师和少师商议叛商归周之事。在牧野之战前，商王朝内部贵族、祭司与商纣王的矛盾已经激化。商军内部有被迫投降商军的大量东夷军队，而周军的统帅尚父，后来的姜太公，就是东夷人。周武王牧野之战前，必然与商王朝内部对商纣王不满的贵族、祭司及东夷军人密谋建立反商统一战线，这是我们理解商军战前倒戈现象的重要信息。

最后我们分析一下军队遇上风雨的情况。《史记·齐太公世家》记载武王将伐纣时，"风雨暴至"。《说苑》中记载，武王行军遇上大雨，"风霁，而乘以大雨，水平地而雪"，风虽停而降大雨，水涨平地面，阻塞难通。《韩诗外传》中记载"天雨三日不休"。按占星术，周武王必须在岁星当空时开战。天意时机不可违，与商军内部盟军的联合反击，也一定是按这个时间安排的。但周武王却遇上了大雨，步兵难行，所以大部队不能按时抵达牧野战场。《荀子·儒效》记载霍叔建议放弃进攻，《说苑》记载散宜生建议不要冒进。面对这种困境，周武王、姜太公和周公都很坚决，他们决定抛下步兵大部队，只率领三千多精锐车兵冒险奔赴牧野战场。商纣王率领的商军人数约有十七万人，周武王率领三千多车兵按时抵达牧野战场，是非常冒险的决策。周武王真正依赖的，一是岁星当空天命降临的征兆，二是以死守约，给商军中的盟友以激励和信心，依靠反叛商纣王的力量来征服商纣王。

《太平御览》这样记载牧野之战时的星象："甲子，日月若连璧，五星若连珠，昧爽，武王朝至于南郊牧野，从天以讨纣。"天意以天象的方式表现，甲子日，日月如双璧、五星如连珠，这种天象预示着改朝换代，所以周武王顺从天象征讨商纣王，凌晨时分抵达商朝南郊的牧野。美国汉学家班大为在《中国上古史实揭秘》一书中，根据中国古代文献的星象记录，利用现代天文学数据分析，认为牧野之战发生在前 1046 年 1 月 20 日清晨，甲子日岁星当空的凌晨。师尚父率周军死士率先发起进攻，内部盟军及时配合，倒兵以战，商军全线崩溃。

周武王革命模式总结

我们总结一下周武王的革命模式：第一条是"天命革命"，周武王把革命行为定位在"恭行天之罚"（《尚书·牧誓》），赋予了革命以政治神学的合法性和神圣性；第二条就是"民心天授"，他把追随他革命的盟友们，塑造成天命的承载者与执行者，提升了盟友们的使命感与神圣感；第三条是坚守盟约，宁愿承受巨大的风险，也要克服困难履行约定；第四条是大敌当前，不惧敌军人数众多，主动进攻，舍身战斗。

周武王以后三千多年，中国不断有革命发生，大的王朝更替也有二十五次之多。每次革命造反，动员机制都差不多，革命模式基本上是由周武王确立的。

第 9 讲

什么是周公之道？

周公是周文王与太姒所生的第四个儿子，周武王的四弟。周公辅佐周武王推翻商王朝，周武王去世后，又辅佐周成王，在担任七年摄政王（约前 1043—前 1036 年）之后，还政于周成王。

周公摄政的七年间，完成了以下重要任务：一是用近三年时间平定了由自己兄弟管叔、蔡叔、霍叔与商纣王儿子武庚发动的"三监之乱"，征服反叛的商人及其盟友；二是将大批商人俘虏及其家属迁移到宗周及洛邑，组织商人俘虏修建洛邑新城，作为西周王朝的东都，将周人的统治中心东移；三是重新分封诸侯，兴礼作乐，建立了西周宗法制封建制度；四是归政于周成王。

周文王奠定了周灭商的基础，周武王征服了商王朝，周公则巩固并扩大了周人的统治，建立了西周的政治社会体制及其意识形态基础。

幸运的是，周公文治武功背后的思想，并没有随着周公的去世而消失。周公的思想留在了中国最早的历史文献《尚书》中。《尚书》中有十二篇是与周公有关的文献，主要是周公的训诫诰词，集中表现了周公治国理政的思想，是中国思想史最重要的开端。

如果要选出两位对中国历史影响最大的人物，其中一位就是周公，另一位则是秦始皇。从商朝甲骨文算起，中国有文字记载的历史已有三千多年。在这三千多年中，中国人创造了两个主要的政治社会制度，一是以西周王朝为代表的周制，即周王朝封建制度；一是以秦王朝为代表的秦制，即秦王朝君主集权制度。周公继承周文王、周武王的思想，奠定了西周王朝的封建制度及意识形态。秦始皇则奠定了秦王朝君主集权制度及其意识形态。秦以后中国君主社会的政治思想史，很大程度上就是周公思想和秦始皇思想的融合与斗争史。

我研究中国历史和中国思想史多年，愈来愈体会到周公的重要性。这种重要性，不仅仅指周公在历史上的重要性，也指周公思想对未来的重要性。如果对中国历史上的思想家进行排序，我会把周公排在第一位，把老子与孔子并列第二位。下面我分三个部分来分析周公：第一部分是三监之乱与周公东征，第二部分分析封建制度的优劣，第三部分分析周公的思想。

为什么会有三监之乱？

> 武王即位，太公望为师，周公旦为辅，召公、毕公之徒左右王，师修文王绪业。（《史记·周本纪》）

周武王即位后，以太公望为师，以周公旦为辅，以召公、毕公等为左右手，遵循继承周文王所开创的大业。这是《史记》中记载的周公最早的角色。在周武王灭商之后的登基仪式上，"武王弟叔振铎奉陈常车，周公旦把大钺，毕公把小钺，以夹武王。散宜生、太颠、闳夭皆执剑以卫武王"。周武王的弟弟振铎负责护卫管理武王所乘"常车"，周公旦手提大钺、毕公手提小钺在武王两旁护卫。散宜生、太颠、闳夭执剑护卫武王。

从这两则记载来看，周公文治武功兼具。

《史记·周本纪》记载，周武王去世时，周成王年少。周人初定天下，周公担忧诸侯背叛周王朝，于是摄政当国。周公三哥管叔与五弟蔡叔及八弟霍叔处怀疑周公篡位，联合武庚叛乱。周公奉周成王之命，讨伐诛杀武庚、管叔，流放蔡叔，废霍叔为庶民。

> 成王少，周初定天下，周公恐诸侯畔周，公乃摄行政当国。管叔、蔡叔群弟疑周公，与武庚作乱，畔周。周公奉成王命，伐诛武庚、管叔，放蔡叔。(《史记·周本纪》)

三监之乱是周公的三位亲兄弟——管叔鲜、蔡叔度、霍叔处联合商纣王儿子武庚的一场大叛乱，这是决定西周王朝生死存亡的巨大挑战。这场叛乱为什么会发生？武庚想利用周人内战来恢复商王朝，这容易理解，但周公的亲兄弟们为什么会发起这场叛乱呢？《史记·周本纪》只用了"管叔、蔡叔群弟疑周公"这几个字来解释原因，这远远不够。周公的亲兄弟发起叛乱，这涉及当时最高领导权交接的制度问题。政治制度的核心之一，就是要明确最高领导权的交接规定，但当时西周并没有形成明确的交接规则，管叔鲜想要与周公争夺最高领导权，所以造成了这场动荡。

从《尚书》的记载来看，中国权力交接制度的开端，是尧、舜、禹时代的禅让制。但如果选举规则不明确且缺少共识，禅让制就会造成巨大的权力冲突。夏朝终结了禅让制，开启了君主世袭制，但夏商的世袭制并不规范，于是留下了权力斗争的空间。世袭制是兄终弟及传给弟弟，还是父死子继传给儿子？父死子继中，是父亲选择某个儿子，还是只能传给嫡长子？这些都不确定。从商朝甲骨文来看，商朝前期以兄终弟及为主，后期以父死子继为主。商朝自成汤算起，总共三十位君主，以兄终弟及方式继位的君主有 13 位，以父死子继方式继位的君主有 16 位。

周武王去世前遇到的难题，就是西周刚建国，危机重重，嫡长子姬诵年少，难以守国。如何实现恰当的王位接替以巩固西周王朝？西周文献《逸周书·度邑》记载，周武王病重，紧急召集周公交代后事。周武王决定采取兄终弟及的方式，"乃今我兄弟相后"，传位给周公。"叔旦恐，泣涕共手"，周公恐惧，哭泣拱手，这是拒绝的意思。

周公有恐惧的理由。周武王有同父同母亲兄弟十人，长兄伯邑考早逝，周武王去世前，八个弟弟健在，皆有平定商朝之功。三弟管叔鲜、五弟蔡叔度、八弟霍叔处为三监，率军驻扎东方以监督商人。周武王还有同父异母的哥哥召公奭，其母可能是商王武乙的女儿，召公奭的职位是太保，是西周王朝极有权势的人物。西周异姓重臣姜太公的女儿是周武王的妻子，姜太公是西周太师，是姬诵的外公。这么复杂的权力关系，稍有不慎就会引发权力冲突，颠覆西周王朝。周公选择的办法是父死子继，以伊尹摄政当国后还政于太甲为先例，让姬诵继位为王，周公先摄政，再还政于周成王。周公摄政得到了召公、姜太公等人的支持，他们内部一定是达成了协议，召公、姜太公等人将保护周成王，监督周公今后还政于周成王。周公兄弟管叔鲜、蔡叔度、霍叔处三监率军在外，他们对周公摄政当国不满，以保卫周成王的名义发起叛乱。这背后仍是因为权力交接的规则不明确。如果按照兄终弟及传位，管叔鲜是周公哥哥，应传位给管叔鲜。如果按照父死子继传位，摄政王应由管叔鲜担任。四弟周公摄政为王，只是因为周武王的选择和召公、姜太公等人的认可，并非基于某种规则的共识，这是蔡叔度、霍叔处支持管叔鲜反叛的原因。

周公东征

周公的三位兄弟反叛周公，在战略上犯了一个大忌，他们居然去联合商纣王的儿子武庚。周人刚刚平定商朝，周人人口远少于商人，武庚参与反叛，是西周王朝面临的巨大危险。召公奭、太公望、周公旦等主政贵族放弃了他们之间的分歧和猜疑，携手对敌。《史记·鲁周公世家》记载管、蔡、武庚等率领淮夷反叛。周公乃奉周成王命令，兴师东伐，作了《大诰》誓词。于是诛灭管叔，杀死武庚，流放蔡叔。收服商遗民，封康叔于卫国，封微子于宋国，以事奉商人祖先祭祀。使东土淮夷安宁，二年平定。诸侯都顺服宗周。

> 管、蔡、武庚等果率淮夷而反。周公乃奉成王命，兴师东伐，作大诰。遂诛管叔，杀武庚，放蔡叔。收殷余民，以封康叔于卫，封微子于宋，以奉殷祀。宁淮夷东土，二年而毕定。诸侯咸服宗周。（《史记·鲁周公世家》）

周公东征，并非只是平定了三监的内乱，而且是借镇压武庚，对反叛的商人及其淮夷盟友进行了再次征服。周灭商建立在牧野战场上商军内部东夷军队倒戈一击的前提下，之后周武王对商贵族及东夷采取了怀柔团结的政策，尽量不去触及商贵族及东夷原有的权力结构。三监之乱中，原商王朝旧贵族以及部分不满西周的东夷部族也追随武庚趁势而起，他们遭到了周公的彻底镇压。周公东征，是周人对商人及其东夷盟友的第二次征服。周公东征结束，为打破商人原有的组织网络，将商人贵族家族连根拔起，强制他们迁徙到有周人重兵防卫的宗周与洛邑居住。《尚书》中的"多士""多方"记载了周公对商遗民首领的讲话。周公循循善诱、恩威并施，务求商人顺服，与周人共建新国家。

西周初年青铜器周公方鼎铭文，记载了周公征伐东夷及获胜后在周庙祭祀的情况。铭文大意如下：周公远征东夷、丰白、薄古，周公归来，献祭于周庙。戊辰日，宴会畅饮秦地美酒，周公赏赐贝百朋，用于制作此尊鼎。周公东征彻底清除了商人的反叛力量，但并没能清除东夷的势力，

周公东征方鼎：一件非常罕见，极具创造性的青铜鼎，四壁均有凤鸟纹，造型华贵富丽，超凡灵动。现藏于美国旧金山亚洲艺术馆。

周公东征方鼎铭文

周康王后期，淮河流域的东夷再次兴起，成为不断消耗西周王朝力量的宿敌。

周公东征是西周主政贵族的一次联合行动，在平定内乱的同时，也夺取了原属于商人叛乱者及其盟友的大量土地。周武王灭商，首次分封子弟功臣立国。周公东征胜利后，对新征服的土地进行了第二次大分封。《荀子·儒效》说周公"兼制天下，立七十一国，姬姓独居五十三人"，受益人主要是姬姓贵族，但也有异姓军功贵族。

西周封建制

国家制度创新，往往是为解决特定国家问题的结果。西周王朝制度的形成，一是吸取商王朝失败的教训，二是吸取自己的教训。商王朝失败的教训很多，例如政治上君主追求集权，剥夺贵族阶层的权力，随意杀戮，生活上纵情声色、酗酒滥淫，宗教上牺牲人牲过多，军事上不顾实力多面开战等。周公摄政，追求贵族共和，封建子弟功臣建国，生活上严格自律限酒禁酒，祭祀上不再使用人牲，司法上要求依法判案，战争上极为慎战。更重要的是，周公发展了天命论政治神学，为君王和贵族设定了敬畏天罚的精神约束，并据此建立了一套敬天爱人的德性准则，并将这些准则转化为礼法制度，在宗教上和体制上实现了对商王朝的全面超越。

从制度上看，针对商纣王剥夺贵族权利带来众叛亲离的教训，周公继承了周武王的创制事业，创立了成熟的封建制度。封建制的核心，就是权力下放，保障贵族的权利。周朝的封建制度有什么特征呢？我们可以根据史料来定义。《史记·周本纪》记载："于是封功臣谋士，而师尚父为首封。封尚父于营丘，曰齐。封弟周公旦于曲阜，曰鲁。封召公奭于燕。封弟叔鲜于管，弟叔度于蔡。余各以次受封。"周武王封赏功臣谋士，第一个封的就是师尚父，在营丘建国为齐国。封弟弟周公旦于曲阜，建国为鲁国。封召公奭于燕，封弟弟叔鲜于管，封弟弟叔度于蔡。其他的人根据功劳大小受封。

封建制度的"封"，指的是封给功臣子弟爵位、土地和人民。封建的"建"，就是建立邦国。土地封出去，就是世袭领地。以姜太公为例，他在朝廷里面的官位是太师，爵位是公，封地是营丘，建立的国家是齐国。姜太公在齐国的爵位、土地按照世袭制传承。齐国的行政、司法、军事、经济、社会高度自治，还很特殊地拥有对外征伐权，完全是一个独立国家的构建。周公旦封在鲁国，他爵位是公，官职为太傅，建立的国家为鲁国。因为周公当过代理天子，所以周公以后鲁国享受的是天子规格的礼乐。

土地封出去，就成了受封者家族的世袭权利，周天子没有权力再要回来。《诗经》上说："溥天之下，莫非王土。"这只是名义上的，不是实质性的。周天子把爵位、土地分封给了功臣子弟，让他们去建立自己的独立邦国。诸侯王、各贵族们也对周天子负有义务：每年要来朝觐述职，诸侯国新王以及重要官员的任命需要得到周天子某种形式的册封认可。特殊情况下，遇上不守礼制规矩的周天子，可能会干预诸侯国的政务，如周宣王干预鲁国的君主继位问题。诸侯国要向周天子缴纳贡赋，尤其是军赋，还要参与周天子组织的征伐活动等。总之，他们承担着保卫王室的基本义务。就这样，西周构建起了中国式封建社会的等级体系。最上面的是周天子，其次是各诸侯。两者之间的关系是封建社会最核心的关系。下面的卿大夫是天子、诸侯的兄弟们，他们帮诸侯君主和天子做事。士是帮卿大夫和诸侯做事的人。各贵族内部，还有更细的级别划分。比如说，孔子的父亲就属于中等的士。孔子办私学的教育对象主要是士。《论语》所表达的价值伦理，更多是用于训练士的。

封建制对诸侯贵族权利的保障是实实在在的，以土地世袭和政治军事司法自治为基础。但如何保障天子的权力以使诸侯国听从天子的征调呢？《左传》上说："国之大事，在祀与戎。"宗教及军事优势是宗主国以天下共主身份协调各诸侯国的重要条件。

周公的这种设计，相当于要求周王室成为教会加军队。为保持祭权优势，周公制礼规定周天子垄断对上帝及周文王、周武王的主祭权。诸侯国中，除了鲁国，没有其他国家拥有直接祭祀上帝和周文王、周武王的权力。《说苑》上说："天子祠上帝，公侯祠百神，自卿以下不过其族。"祭祀权是按照等级进行划分的，祭祀上天、上帝是天子的权力。公侯们可以去祭祀百神和他们自己的祖先，百神主要指自然神。卿以下都只能祭祀自己的祖先。周天子可以祭祀自己的祖先，可以祭祀自然神，最重要的是周天子独享祭祀上帝的权力。

除了祭祀上帝的特权，周王室还要向天下颁布历法。周王室史官观察日月星辰的运行，然后制定历法，由周天子向天下颁布。《尚书》上说："历象日月星辰，敬授人时。"指观察日月星辰运行的规律，然后制定颁布历法。几千年历史到今天，颁布历法的权力都属于中央政府。

以朔政为例。所谓朔政，就是每年冬季周天子要向天下颁发历法。周王室史官要观察月亮的运行轨迹，当月亮运行到太阳和地球之间，大地上看不见月亮时，称为"朔"，这就定为农历每月初一的开始。月亮运行到太阳和地球之间，每年会有些小差异，历法要依次进行调整，不然长期积累起来，容易造成历法混乱。周王室的史官必须很精细地观察日月星辰的运行轨迹，然后向天下宣布朔政，颁布历法。

祭权与颁布历法是周王室宗教软实力的核心，它的军事硬实力则是王室直接控制的军队。周人大本营宗周有六师，东都洛邑成周有八师。周王室直接控制的军队有三万多人，各诸侯国得缴纳军赋来支撑周王室的军队。

西周的封建制度，一方面以封土建国的方式保障贵族诸侯的权利，一方面通过保持周王室祀与戎的比较优势来维持中央朝廷的领导力。这样的制度设计，对周王室的软硬领导力都是巨大的挑战。在周王朝坚持嫡长子继承制的情况下，如果没有各诸侯国君主、贵族们在周王室中的政治参与的制度安排，将周王室本身变成贵族政治共和体，仅凭自身的力量，很难长期保有祀与戎的优势。

周王室的比较优势建立在一手控制好宗教意识形态，一手控制好军队上，可以用"教军一体"的概念来概括。这使中国西周封建制度与欧洲中世纪封建制度有了核心差别。欧洲因为有统一且独立的基督教会，欧洲封建制度下的各国君主完全没有宗教垄断权，做不到"教军一体"，因此欧洲王权对社会的控制程度远不如中国王权。西周王朝对中央朝廷的这种设计，对中国后代君王统治中国影响极其深远。

《论语·季氏》记载孔子之言："天下有道，则礼乐征伐自天子出；天下无道，则礼乐征伐自诸侯出。"孔子明白周王室的核心职能就是礼乐和征伐，就是祀与戎。对孔子来说，周王室衰落等于天下无道，周王室强盛等于天下有道。但是，如何才能使天下有道等于使周王室具有祀的意识形态和戎的军事力量呢？孔子并没有回答，因为周公也没有解好这道题。

嫡长子继承制

封建制度，规范了天子与子弟功臣的关系，保障了贵族的权利。嫡长子继承制，规定了嫡长子与兄弟的关系，稳定了嫡长子的权力，减少了兄弟之间的权力争夺。嫡长子继承制是对封建制度的补充。

三监叛乱对周人的冲击是巨大的，吸取三监叛乱的教训是周人制度建设的重要动因。从制度层面看，三监叛乱的最大问题就是王权更替时缺少明确的制度规范，给兄弟政争留下了空间。商朝留下的兄终弟及和父死子继两种继位模式并存的传统，成为西周初年三监叛乱的动因。明确用嫡长子继承制来解决王位继承的问题，就成了西周的制度选择。周文王以外的西周共十二位君主，除了第七位君主周孝王是叔父夺权自立为王外，有十一位君主都是父死子继的继位方式，说明嫡长子继承制已成为西周主导的继位方式。不仅仅是天子继位如此，公、侯、伯、子、男各级贵族也都按照嫡长子继承制来安排。

确立嫡长子继承制对减少西周王位继承的争斗起了重要作用，但同时也出现了一个问题，继位者完全固定在嫡长子身上，没有任何选择余地，那么如何保障继位者的领导素质呢？从道理上讲，就必须以"贵族共和"的参与式治理来弥补君王可能缺失的素质。周公提出的天命论政治神学及宗法礼制政治制度，正是为了解决这一问题。

天命论政治神学，使君王之上有上天信仰和德性政治的约束，宗法礼制政治制度，则是以家人血亲共同体的凝聚力和自然等级制度，来形成亲人共担天下的团结力量。周宣王时期的青铜器毛公鼎铭文中，周宣王称毛公为父，在血亲辈分上毛公高于周宣王，在政治权位上毛公受命于周宣王，这就用血亲的自然等级缓解了政治权力等级的威严，国家事务当成家族事务来处理。

嫡长子继承制的缺陷，需要贵族共和的治理方式来弥补，但贵族的政

毛公鼎：因铸鼎者毛公而得名，鼎上铸有将近 500 字铭文，是现存青铜器铭文中最长的一篇。其铭文主要讲述了周宣王命毛公管理国家内外事务，告诫鼓励毛公以善从政，赏赐毛公车、兵、命服。毛公为感谢和称颂天子美德，作鼎纪念。现藏于台北故宫博物院。

治参与需要有一套合理的制度规范，西周王朝采取的解决办法是德礼之制。从周王朝的延续时长看，这套嫡长子继承制与贵族共和制的结合，有其成功之处。但也存在两个问题，即礼制对君王的约束力问题与贵族对君王的挑战问题。西周封建制的政治矛盾主要发生在君王与贵族之间，而且往往是因为君王主动破坏礼制。周厉王垄断自然资源，实施专利，破坏了贵族的传统权利。前 841 年，贵族发动"国人暴动"，驱逐和流放了周厉王。"国人暴动"中贵族的挑战是有限度的，是流放而不是杀死。周厉王去世后，周厉王的长子继位为周宣王。周幽王废申后、废太子姬宜臼，立宠妃褒姒为王后，立褒姒所生之子姬伯服为太子，这是对传统礼制的公开破坏，是对申后和太子的权利的严重侵犯。前 771 年，申侯联合缯侯、犬戎攻杀周幽王，西周终结。

西周终结于周幽王与王后、太子、申侯之间的矛盾冲突，东周春秋以后，各国的政治矛盾仍集中于君主与贵族卿大夫之间。《史记·太史公自序》中说："春秋（《史记》以前 770 年—前 476 年为春秋）之中，弑君三十六，亡国五十二，诸侯奔走不得保其社稷者不可胜数。"

周武王、周公等人建立的西周封建制度，优点是诸侯国的自治与贵族的政治参与，整个社会充满了自下而上的活力，重礼守信有荣誉感，且富有文明的创造力。缺点是嫡长子世袭制带来了君主素质的不确定性及贵族围绕王权的不规范斗争。

周公以后，西周君权就走向了王权自我强化的道路，但在基本的封建制度构建中、在强大的贵族阶层制衡下，西周君权没能实现真正的中央集权。相反，在君权与贵族权力的冲突中，王权常常是落败的一方，如"国人暴动"及周幽王的被杀。秦始皇于前221年统一中国，通过消灭贵族阶层、实行君主集权制来解决君王与贵族间的传统冲突。

天命论政治神学

周公对中国制度史的影响，在于西周的封建制度及其相关的礼乐文化。周公对中国思想史的影响，在于天命论政治神学。天命论政治神学并非只是周公的创见，而是周文王、周武王、周公、召公等西周开国者的集体智慧。由于天命论政治神学系统表现在《尚书》中有关周公的十二篇文献里，我们可以把周公视为天命论政治神学的代表。我将从以下四个方面对西周的天命论政治神学进行简要介绍。

一、上天为造物主的宇宙观

《诗经·周颂·天作》有诗句："天作高山，大王荒之。彼作矣，文王康之。彼徂矣，岐有夷之行，子孙保之。"上天造出高山，大王王季来开荒。大王开垦出土地呀，文王让周人丰裕安康。民众奔往岐山哪，岐山是康庄大道，子子孙孙要永保岐山。这是周王室祭祀大王王季和周文王的颂诗，赞颂王季、周文王开垦上天创造的土地。

《诗经·大雅·烝民》有诗句："天生烝民，有物有则。民之秉彝，好是懿德。"上天创生众民，有万物有法则。人民秉持天则，所以爱好美德。

这首诗明确将上天视为万物、万民和世界秩序的创立者，并将人类的道德法则归于上天运行世界的法则。

周人祭祀祖先，认为祖先之灵在天界上帝左右，如《诗经·大雅·文王》中的诗句："文王在上，于昭于天。周虽旧邦，其命维新。有周不显，帝命不时。文王陟降，在帝左右。"文王之灵在上，文王之灵闪耀在天上。周国虽是旧国，却拥有新的天命。周人得以显荣，上帝命令及时降临。文王升降，在上帝左右。在西周的宇宙观里，君王的地位在上帝、上天之下。周王在上帝、上天面前是谦卑的，周王自称"小子"，不懂事的孩子。《诗经》《尚书》里的西周文献都充满了对上天、上帝的赞颂和敬畏。

二、上天主宰的历史观

周文王受命于天，这是西周青铜器铭文及传世文献反复陈述的主题。周成王时期的青铜器何尊铭文中记载："肆文王受兹大命。"文王受上天大命，天命降临文王，这是周人灭商的神学原因。《尚书·召诰》中记载召公之言："皇天上帝，改厥元子，兹大国殷之命。"皇天上帝更改了上天长子大国殷商的天命。王权天授，上天过去将王权授予商王朝，但商纣王失德，所以皇天上帝革除了商王朝的天命，将天命降临给周人。《尚书·康诰》中记载周公之言："惟时怙冒，闻于上帝，帝休。天乃大命文王，殪戎殷。"商纣王怙恶不悛，违逆天命，闻于上帝，上帝离弃商王朝。上天于是大命周文王，消灭残暴好杀的商王朝。

天命论政治神学认为君权天授，将上天、上帝视为王权变更的最高主宰力量，将周王朝替代商王朝视为天命转移的结果。

三、惟德是辅的德性观

王权天授，天命转移，上天拣选的标准是什么？是德。西周的上帝—上天，是德性取向的，宇宙的秩序是德性秩序。毛公鼎铭文记载"皇天引猒（厌）季（厥）德"，皇天引向德的准则。史墙盘铭文记载："上帝降懿德大甹（屏）"，上帝降下美德和大位。有德则上天降临天命，授以大位；无德则上天剥夺大位，转给有德之人。

我们所处的宇宙，是一个道德取向的宇宙，一个被伦理准则支配的宇宙。宇宙秩序的形成是以有益生命、有益万物为导向的。《史记·宋微子世家》记载，祖伊得知周文王消灭了黎国，担心大祸将至，去告诉纣王，纣王说："我生不有命在天乎？是何能为！"我生下来不就是从上天而来的天命吗？周人能做什么？对商纣王来说，天命是与商王血脉相连的，不是外人可以剥夺的。《尚书·蔡仲之命》记载周公之言："皇天无亲，惟德是辅。"皇天并不是按照血亲关系来拣选天命之人，而是选择辅助有德之人。这正是针对商纣王"我生不有命在天乎"而来的。这种上天惟德是辅的神学观，在《诗经·大雅·皇矣》中有充分的展示。《诗经·大雅·皇矣》对我们了解天命有德的神学观来说非常重要，全文如下：

> 皇矣上帝，临下有赫。监观四方，求民之莫。维此二国，其政不获。维彼四国，爰究爰度。上帝耆之，憎其式廓。乃眷西顾，此维与宅。
>
> 作之屏之，其菑其翳。修之平之，其灌其栵。启之辟之，其柽其椐。攘之剔之，其檿其柘。帝迁明德，串夷载路。天立厥配，受命既固。
>
> 帝省其山，柞棫斯拔，松柏斯兑（兑）。帝作邦作对，自大伯王季。维此王季，因心则友。则友其兄，则笃其庆。载锡之光，受禄无丧，奄有四方。
>
> 维此王季，帝度其心，貊其德音。其德克明，克明克类，克长克君。王此大邦，克顺克比。比于文王，其德靡悔。既受帝祉，施于孙子。

帝谓文王："无然畔援，无然歆美，诞先登于岸。"密人不恭，敢距大邦，侵阮徂共。王赫斯怒，爰整其旅，以按徂旅，以笃于周祜，以对于天下。

依其在京，侵自阮疆，陟我高冈。"无矢我陵，我陵我阿。无饮我泉，我泉我池。"度其鲜原，居岐之阳，在渭之将。万邦之方，下民之王。

帝谓文王："予怀明德，不大声以色，不长夏以革。不识不知，顺帝之则。"帝谓文王："询尔仇方，同尔兄弟，以尔钩援，与尔临冲，以伐崇墉。"

临冲闲闲，崇墉言言。执讯连连，攸馘安安。是类是祃，是致是附。四方以无悔。临冲茀茀，崇墉仡仡。是伐是肆，是绝是忽，四方以无拂。

光明威严的上帝呀，你的光辉照临大地。你监察观照四面八方，你要天下万民安宁。殷商这个国家，不获天命眷佑。上帝察看四方之国，审度好坏善恶。上帝所喜爱者，疆域领地增加。上帝眷顾西方，岐周适合居住。

那枯枝死树地，整理清除。那灌丛枝杈地，修剪平整。那红柳灵寿地，砍伐开垦。剔除坏树留好树，山桑黄桑得保留。上帝迁入明德之人，串夷部族逃窜。上帝确立王季婚配，王季承受牢固天命。

上帝检查岐山，柞树棫树清除拔光，松树柏树直立挺拔。上帝建国选君，将君位从太伯转到王季。我们先君王季，顺从父亲心愿，友爱自己兄长。友爱自己兄长啊，获得深厚庆赏，上天赐他荣耀之光。接受天禄不丧失，占有辽阔四方。

我们先君王季呀，上帝使他心思符合法度，上帝使他寡言沉静。他德性光明，明察善恶之别，可做族长做君主，成为大国之王。他顺从上帝，他凝聚民众，这精神传给了文王。文王富有德性，不做懊悔之事，他承受上帝福祉，施与子子孙孙。

上帝告诉文王："勿背叛救人的准则，勿贪羡他人的土地，先登道义之高岸，新国家得以诞生。"密人全不恭敬，竟敢抗拒大国，侵袭阮地共地。文王赫然震怒，整顿军旅前进，阻击敌寇来犯。这是忠于周国利益，这是回应天下人期盼。

依仗居高地势，密人侵入阮地，竟然登上我国高岗。"勿陈兵我山陵，此我山陵我山阿。勿饮我泉，此我水泉我水池。"度量那广阔平原，迁徙到岐山之南，居住在渭水之旁。文王万邦之榜样，文王万民之君王。

上帝告诉文王："我喜爱你有光明的德性，你不疾言厉色，你治理百姓不依赖棍棒和皮鞭。你不依赖自己的知识，你全心顺从上帝的法则。"上帝命令文王："征求盟国之意见，与兄弟同仇敌忾。用你登城之钩梯，用你破城之冲车，征伐不敬之崇国。"

冲车轰轰前行，冲击崇国高高之城。抓来成串的俘虏，割下成堆的耳朵。先祭上帝后出征，征服敌人再祭上帝。招降崇国残敌，安抚崇国民众，四方之国岂敢侵侮我国。我军冲车迅猛，何惧崇国高墙坚固。坚决征伐，坚决刑戮，斩尽顽敌，灭绝敌国，大地四方，没有抗拒我们的力量。

四、上天代理、敬天保民的权力观

因为相信天命有德、皇天惟德是辅，所以要保有天命，避免天罚，当权的君王贵族们就必须修德以配天，敬天而保民，这是周公在《尚书》中反复提及的主题，也是西周青铜器铭文中反复出现的内容。西周初年青铜器天亡簋铭文中赞美周文王能"事喜上帝"，这属于敬天。《尚书·泰誓》记载周武王之言："天佑下民，作之君，作之师。惟其克相上帝，宠绥四方。"上天护佑下面的民众，作民众之君，作民众之师。唯有能辅助上帝，爱护安抚四方。这是对王权的定位。天爱万民，真正的君主是上天，真正的导师是上天。王权不属于君王而属于上天，君王只是上天的代理人，职责是辅助上天，爱护安抚四方民众。《尚书·康诰》中，周公概括文王之德性："克明德慎罚，不敢侮鳏寡。"能彰明德政，慎重刑罚，不敢侮辱鳏寡孤独。这是保民。文王这样的德性"闻于上帝"，于是才能得到天命，"天乃大命文王"，恭行天罚，诛灭逆天害民之罪王。

周公禁酒令与周人德性自律

从学校和公众教育来看，周公的历史地位被今人严重忽视了。综合来看，周公是伟大的思想家，也是伟大的政治家和军事家。周公知道，周人作为一个小族要征服大族，要巩固西周王朝，就必须激励出每个周人的力量，必须使周人有创造新世界的使命感，同时要对周人让利放权。这样，让子弟和功臣去镇守四方的封建制就成为周制的重要选择。放了权让了利，周人的敬畏心、责任心和自律能力就变得非常重要，不然他们抵抗不了权力与利益的腐蚀。周公为了提升周人族群敬畏天命和以德配天的精神，选了一个具体抓手来推进，这就是全面推行禁酒令。

《尚书·微子》中指责商纣王"沈酗于酒"，败德乱政。这是《尚书》及《逸周书》中反复提及的商纣王失败的重要原因。《尚书》中有专门的"酒诰"篇，这是周公关于禁酒的诰令。周公强调商人败于酗酒，因此禁止周人酗酒。凡发现周人聚众酗酒或喝醉酒的，一律论罪处死。《尚书·无逸》中也记载了周公禁酒的讲话。我们从西周大盂鼎铭文中，能看到禁酒令得到了周王们的坚持。

周公是领导天才，他知道推动周人德性自律和敬畏天命的重要性，所以通过严厉实行禁酒令这样一个日常生活中的具体小事来实现。自主需要自律，自律需要禁止酗酒。上面敬畏天命，下面不敢酗酒，人人有自律精神，才能支撑起一个以自主和自治为基础的封建制国家。新兴统治力量的兴起，似乎都伴随着一种自律精神。

周公之道并非只是周公的创造，而是西周建国者共同的精神突破，周公之道是他们思想的集成，这对西周王朝的巩固和生长至关重要。封土建国、镇守各地的周人贵族们有对上天的共同信仰，有对天命的敬畏和共同担当，有统治家族的凝聚力和团结，不敢喝酒且能高度自律。对被统治的商人来说，这是一个敬天保民、为政以德的朝廷，比商纣王的统治更明德慎刑，民众的经济负担更轻，司法更公平宽容。商人逐渐认同周人，与周人共建新国家。周人和商人慢慢融合成了一家人。孔夫子是商人后裔，但他敬重和追随的是周文王和周公，以传承周人的治国之道为己任。周人对商人的征服，是中华文明的升级。从安阳殷墟遗址来看，商人杀死大量的人牲和牲畜用于祭祀。从洛阳周代遗址看，周人不用人牲，使用牲畜的数量也很少，祭祀用牲只是象征性的。周王朝虽然有各种内外矛盾和动荡，但持续时间近八百年，是中国历史上最有文明创造力的王朝。

周公之道不仅对治理国家非常重要，对个人价值观的形成也非常重要。当人相信这个世界之上有一个本源的恒定主宰力量时，人心就有了一种敬畏，也有了一种安定。当人认识到这个宇宙的深层秩序是确定向善的，人会对这个世界的善意和正义抱有一种内在信任，且拥有信任的能力，这是宇宙论上的乐观主义。当人知道冥冥中有惩恶扬善的力量，知道做出的事一定会还回来，做事就会有底线。当人知道天命的力量亘古流动，流过我们，流向未来；我们身处创世的洪流中，这洪流流到我们身上，我们就会有永恒的能量感，有对历史的传

史墙盘，西周共王时期青铜器，有铭文18行284字，制器人为史官史墙。铭文前半部分颂扬西周文、武、成、康、昭、穆及共（恭）诸王功德，后半部分记述"墙"所属的微氏家族六代的事迹。现藏于宝鸡青铜器博物院。

承感和对未来的责任感。祖先的血脉流在我们身上，我们又将血脉传给子孙，从古到今，子子孙孙，永不穷尽。当人知道自由的前提，是信仰价值观下的强大自律，自由的权利要通过自律的责任来保障，人才能成为一个追求自由的有责任感的人。

有信仰，有敬畏，有信心，有德性，有爱心，能自律，有责任心，对未来有使命感，这样的心态结构能支撑稳定充实的生命。体制—思想能化出人格。中国历史上，天命论神学观及分封建国、贵族共和的周制塑造出的周制人格，是中国历史上最有魅力的人格类型之一。从《尚书》《诗经》《左传》的记载中，我们能感到一种感动人心的德性力量。

周公之道，简化下来就是"敬天保民—明德慎罚"，相比后来的各个秦制王朝，周王朝有一种仁爱温柔的光芒。我用《尚书·蔡仲之命》记载的周公之言，来结束周公这一章："皇天无亲，惟德是辅。民心无常，惟惠之怀。为善不同，同归于治。为恶不同，同归于乱。"

第 10 讲

姜太公的历史形象

　　姜太公姜姓，吕氏，名望，字尚父，一说字子牙，他是西周王朝的开国重臣、牧野之战的统帅和首先发起进攻的前锋。武王灭商后，分封功臣子弟，姜太公以首功首封，被封在齐国。

　　姜太公在中国成为家喻户晓的历史人物，主要是因为《封神演义》这部神魔小说。《封神演义》的作者及年代皆有争议，有人认为是明代许仲琳，也有人认为是明代陆西星，目前尚无定论。《封神演义》塑造了姜太公的形象。一个胸有大志但怀才不遇的落魄书生，早年生活艰难，当倒插门女婿，做过屠夫，卖过酒，都不成功，被老婆讥笑并赶出家门。后来他用直钩不挂鱼饵垂钓，钓上周文王，成为帝师，协助武王灭商建周，成为齐国的开国君主。"姜太公钓鱼——愿者上钩"，这句谚语是古人的成人童话，今人视为成功的市场营销。姜太公成功以后，他老婆来找他，他把一盆水泼在地上说："你能把水收回去吗？"这就是成语"覆水难收"的来源。姜太公是大器晚成的榜样，是所有怀才不遇的老书生的励志楷模。

　　还因为《封神演义》这部小说，姜太公成了道教神界的人物。大约从明朝开始，农村兴起一个习俗，在门楣房梁上贴一张横幅，叫"姜太公在此，百无禁忌"，意思是姜太公在此，大家可以随便一点，就算做了犯禁忌的事，也不用担心。因为姜太公是神界的监察神，手上有打神鞭，那些凶神、煞神及失职、渎职之神，见到姜太公都会回避。百姓们喜欢轻松一点，觉得把神界的纪委书记请到家里，鬼神就不会来找麻烦。

这一讲我将尽可能还原史料中的姜太公形象，主要分四点来介绍：第一是指导牧野之战；第二是协助周武王祭祀上帝；第三是用无为而治原则治理齐国；第四是姜太公的天下观："天下者，天下人之天下也。"

牧野之战率先破敌

> 武王将伐纣，卜，龟兆不吉，风雨暴至。群公尽惧，唯太公强之劝武王，武王于是遂行。十一年正月甲子，誓于牧野，伐商纣。（《史记·齐太公世家》）

这段记载突出了姜太公在伐商中的重要作用。周武王将伐纣，但占卜龟兆不吉利，且风雨暴至。众人畏惧，唯有姜太公强劝周武王，于是周武王决定前行。在周武王十一年正月甲子日，在牧野与军队宣誓，征伐商纣王。

> 武王使师尚父与百夫致师，以大卒驰帝纣师。纣师虽众，皆无战之心，心欲武王亟入。纣师皆倒兵以战，以开武王。武王驰之，纣兵皆崩畔纣。（《史记·周本纪》）

牧野战场上，周武王使姜太公（师尚父）与百夫长率领敢死队，以精兵冲锋进攻商纣王军队。商纣王军队人虽然多，皆无战心，都希望周武王尽快攻入商国，于是倒戈以战，为周武王开道。周武王战车发起冲锋，商纣王士兵全部背叛了商纣王。"致师"指的是两军对垒时，率先进攻的敢死队。姜子牙率领敢死队率先进攻，在《诗经·大雅·大明》中有佐证：

"维师尚父，时维鹰扬。"师尚父（姜太公），如同雄鹰飞扬在战场。

姜太公助武王灭商，是牧野之战的主谋，还在战场上先锋破敌，这个雄鹰般的勇士形象与传说中的七八十岁还在河边使用直钩钓鱼、吸引周文王的老书生形象大不一样。周文王大约在前 1056 年去世，牧野之战发生在周文王死后十年。如果姜太公在七八十岁时见到周文王，到牧野之战就八九十岁了。一个八九十岁的老头，还能率领敢死队冲锋陷阵，如雄鹰飞扬在牧野战场上吗？有一些学者研究过姜太公的年龄，认为姜太公是在四十岁左右见到周文王，五十岁左右参加的牧野之战。

协助武王祭祀上帝

《史记·周本纪》记载，牧野之战第二天，周武王登基为王的仪式上，毛叔郑奉上明水[1]，卫康叔封铺开草席，召公捧着彩帛，姜太公牵着要献祭的牲口。太史尹佚说祝词："殷之末孙季纣，殄废先王明德，侮蔑神祇不祀，昏暴商邑百姓，其章显闻于天皇上帝。"于是武王两次跪拜，说："接受更改天命，革除商国，承受上天光明之命。"武王又两次跪拜，才出去。

《史记》记载了周武王登基祭祀仪式的细节，谁捧水，谁拿草席，谁拿彩帛，谁牵牛。这些细节很重要。登基仪式中的五个人，毛叔郑和卫康叔封是周武王同父同母的亲弟弟，召公奭是周武王同父异母的哥哥，只有姜太公与尹佚不是血缘亲属，姜太公是异姓功臣中地位最高的，尹佚是商王朝史官，代表着商王朝的史官与贵族。

从西周初年的青铜器天亡簋铭文中，也可看出姜太公的地位："天亡又（佑）王，衣（殷）祀于王。不（丕）显考文王，事饎（喜）上帝。"天亡簋的制器人名为天亡，他协助周武王以周文王配祭上帝，得到了周武王的

1　古代祭祀所用的净水，神水。

封赐，于是做了天亡簋来纪念。古文字学家于省吾认为，天亡簋里的"天亡"即姜太公。为什么姜太公要做青铜簋来纪念这次祭祀活动呢？因为能够辅助周武王以周文王配祭上帝，这是自君王以下最高的宗教地位，代表着周武王对他的信任与肯定。在姜太公那个时代，一个人的地位由他在祀与戎方面的地位所决定。无论是在祭祀方面还是军事方面，姜太公在周王朝都拥有极高的地位。

以无为而治治理齐国

> 鲁公伯禽之初受封之鲁，三年而后报政周公。周公曰："何迟也？"伯禽曰："变其俗，革其礼，丧三年然后除之，故迟。"太公亦封于齐，五月而报政周公。周公曰："何疾也？"曰："吾简其君臣礼，从其俗为也。"及后闻伯禽报政迟，乃叹曰："呜呼，鲁后世其北面事齐矣！夫政不简不易，民不有近；平易近民，民必归之。"（《史记·鲁周公世家》）

鲁公伯禽（周公受封于鲁，因治理周王朝，不能就国，由长子伯禽为鲁国开国君主）最初受封于鲁国，三年后回来向周公汇报政务。周公问他："为何汇报这么晚？"伯禽回答说："改变风俗，变革礼制，服丧三年才能去除丧服，所以迟了。"姜太公也被封到齐国，五个月以后回来向周公报告政务。周公说："你为什么这样快？"太公回答道："我简化了君臣的礼仪，顺从当地风俗。"周公感叹说："鲁国后世要面朝北事奉齐国了。执政不简易，与民不亲近。平易近民，民必归之。"

姜太公治齐，遵循顺乎民众、从乎民心、顺其自然的无为而治原则，这是道家思想，道教立姜太公为道教之神，是有原因的。

西周崩溃以后，东周王朝建立。东周以后，周王室衰弱，齐国在齐桓公和管仲时代发展成春秋五霸最早的霸主。姜太公跟周王室关系密切，他是周朝的开国太师，他的女儿是周武王的妻子，他的外孙是周成王，重外孙是周康王。在齐国的传统中，姜家跟周王室是一家人。春秋时期，面对虚弱的东周王室，齐国采取"外攘夷狄，内尊天子"的政策，联合中原诸侯抗击外敌，维护周天子的权威，成为春秋早期天下秩序的建构者。

天下非一人之天下

我们来看姜太公的治国思想。《六韬》是一部战国兵书，被列为中国传统武经七书之一，据传是姜太公所著，内容主要是太公和文王、武王的对话。

《六韬》记载，周文王见姜太公，请教天下归心之道，姜太公是这么回答的："天下非一人之天下，乃天下之天下也。同天下之利者，则得天下；擅天下之利者，则失天下。天有时，地有财，能与人共之者，仁也；仁之所在，天下归之。免人之死，解人之难，救人之患，济人之急者，德也；德之所在，天下归之。与人同忧同乐，同好同恶者，义也；义之所在，天下赴之。凡人恶死而乐生，好德而归利，能生利者，道也；道之所在，天下归之。"文王再拜曰："允哉，敢不受天之诏命乎！"乃载与俱归，立为师。

这段话文字简易，不用翻译也能看明白，值得多读几遍。它的核心观点是，天下是天下人的天下，所以能与天下人同利，则得天下；垄断利益，则会失去天下人的支持。显然，《六韬》有一种中国式的社会共同体理念，反对一个人或者一个家族垄断、独占国家利益。

我们小结一下姜太公的历史形象：他是伐商主谋，是牧野战场上的敢死队队长，是周武王以周文王配祭上帝时的助祭人，他治理齐国的观念是顺其自然、顺应民心，他认为天下属于天下人，而不属于某一人。

第 11 讲

周穆王西行

周穆王是西周的第五任君王，他在位的时间大约在前 976 年到前 922 年，大约 55 年，是西周历史上在位时间最长的一位君王。有一部描写周穆王的神话小说《穆天子传》，写周穆王西行万里的所见所闻，有历史叙事，有神话传说，有文学想象，可称为中国第一部历史神话小说。周穆王因《穆天子传》而成为西周列王中最有传奇色彩的君王。

穆王征犬戎与修甫刑

周穆王的父亲周昭王三次征楚而死于汉水之上。周穆王继位时，面对的是西周国势滑坡的状况。《史记·周本纪》主要记载了周穆王两件事，一是伐犬戎，无功而返；二是命令甫侯修订刑法。

《史记·匈奴列传》记载，周穆王将征伐犬戎，理由是犬戎"不享"，不来朝见天子，进献贡品。祭公谋父认为这理由不成立，按照西周传统，诸侯因为远近不同，承担的义务也不同，主要分为甸服、侯服、宾服、要服、荒服。"享"的义务，属于保卫周国的边疆诸侯。犬戎属于荒服，不承担"享"的义务，只承担"王"的义务，指其首领终生朝见天子一次，带上一份礼品即可。把"享"的义务强加在犬戎头上，且以"不享"为由去征伐，这违背传统外交礼制，也不符合外交道义。但周穆王执意发兵征讨犬戎，劳师动众，没能与犬戎交战，只是"得四白狼、四白鹿以归"，周穆王时期的伯唐父鼎铭文记载，周穆王在获得四白鹿、四白狼之后，亲自射死，作为祭品献给祖先。伐犬戎的结果"自是荒服者不至"，处于荒服区域的戎狄不再来朝见周穆王，与周王室断交。西周王朝是以礼治国的王朝，坚守礼制对稳定西周秩序很重要，但周昭王、周穆王、周宣王、周幽王都喜欢破坏传统礼制，这是西周中后期动荡的一个重要原因。此外，《史记》没有记载周穆王时期与淮夷的战争。西周青铜器班簋铭文记载了周穆王征东部淮夷的战争。周穆王有雄心壮志，他继位后西周王朝呈现出对外进攻的态势。

　　周穆王的第二件事，是命令甫侯修订刑律，称为《甫刑》。过去有一种观点，认为《甫刑》即《尚书·吕刑》。从《史记·周本纪》所记《甫刑》"脸上刺墨刑罚千条，割鼻刑罚千条，剔膝盖骨刑罚五百条，割生殖器刑罚三百条，死刑刑罚二百条。五刑共计三千条"的内容来看，《甫刑》是刑罚条款的汇总，与《尚书·吕刑》所讲的刑法史内容不同。没有足够的文献证明吕侯即甫侯、《吕刑》即《甫刑》。

　　《史记·匈奴列传》对周穆王的评价如下："周道衰，而穆王伐犬戎，得四白狼、四白鹿以归。自是之后，荒服不至。于是周遂作甫刑之辟。"伐犬戎有过，修《甫刑》有功，但这两条与周穆王的历史影响力关系不大。周穆王能成为传奇君王，主要是因为《穆天子传》所记的周穆王西行。

穆王西行

　　《穆天子传》与《列子》都记载了周穆王西行万里之事。周穆王不满足于征讨犬戎与淮夷，他在前964年前后，率领大军浩浩荡荡西行，历时两年左右。《穆天子传》以日月为序，记载周穆王驾八骏西巡天下，行程三万五千里，足迹大约远至昆仑山，与西王母相互爱慕、诗歌唱和等事迹。

周穆王西行的动机是什么？历史文献缺少记载。有学者如丁谦、卫聚贤等人认为，周人本自西来，周穆王西行，是为了探寻祖地。这种观点给人启发，可惜缺少史料实证。

在《穆天子传》和《列子》的记载中，周穆王西行有三个重要的关注点，一是良马，二是玉石，三是锋利兵器。也许从中我们能发现周穆王西行的真正目的。《穆天子传》里有30次提到马，如"天子之马走千里，胜人猛兽"。马拉战车是周军的作战主力，周穆王赴西域找好马，可能是出于军事考虑。

《穆天子传》里也多次提到玉石，例如"天子于是取玉三乘，玉器服物，于是载玉万只"。周穆王关注玉石，这是出于祭祀的考虑。周朝祭天祭祖，都需要烧玉进献。现在所发现的商周所使用的玉器，原料大部分产自新疆。

周穆王还很关注锋利武器的制造技术。《列子·汤问》上记载："周穆王大征西戎，西戎献锟铻之剑、火浣之布。"西戎献了一种名为"锟铻"的宝剑，"其剑长尺有咫，炼钢赤刃，用之切玉，如切泥焉"，估计是铁制的宝剑。公元前12世纪，中东地区已开始进入铁器时代，而中国是公元前5世纪前后的春秋中后期才逐渐进入铁器时代。周穆王与以色列所罗门王处于同一时代，技术上却相去甚远。所罗门王时期的以色列已进入铁器时代，周穆王时的周朝还处在青铜时代。

周穆王关注军马，关注兵器，关注祭祀所用的玉石，这是西周君王执政的战略要点。从文字的古老及关注的要点看，《穆天子传》记载的西周历史是有一定可能性的。

君子之泽，五世而斩

《孟子·离娄下》记载孟子之言："君子之泽，五世而斩。"开国君主之恩泽，五代之后会终结。西周王朝到周昭王这一代是第四代，周昭王征楚兵败死于汉水，西周国势从"成康之治"的顶峰开始衰落。第五代周穆王是任性君王，违背礼制征伐犬戎，劳民伤财西行万里。西周向来被视为中国历史上治理最好的榜样王朝，但也于第四代、第五代开始衰落，似乎预示了未来中国好的王朝"五世而斩"的历史变化特征。

历史常有些惊人的相似处。西汉，从汉高祖刘邦到吕后、汉文帝、汉景帝，西汉进入"文景之治"，但盛世之后迎来比较任性的汉武帝。汉武帝作为西汉第五代君王（如果吕后执政不算一代），改变文景之治清静守法的政策，开始大规模对外征讨，直到前90年贰师将军李广利率七万汉军战败投降匈奴为止。汉武帝是西汉国势由盛转衰的君王，与西周周昭王一样属于"五世而斩"。

孟子所说的"君子之泽，五世而斩"，或许就是世袭制中治理比较好的君主王朝的宿命。有趣的是，往往是汉武帝、周穆王这样比较任性的君王声名远播，而周成王、周康王、汉文帝、汉景帝这些无为而治带来繁荣盛世的君王却默默无闻。

周穆王与以色列历史上的所罗门王（约前970年—前931年在位）处于同一时期。所罗门王以判案著称，周穆王以西行著称。他们身上有一些共同点，都很任性浪漫，都有绯闻流传：所罗门王与示巴女王，周穆王与西王母。他们都好征伐，都给周边国家带来压力。最后一个共同点，他们都是国家由盛转衰关键时期的君王。

第 12 讲

国人暴动的背后

这一讲我们来分析西周王朝史上一个非常重大的事件:"周召共和"。前 1046 年,周武王等建立西周王朝。205 年后,即前 841 年,周王朝第十任国君周厉王当政时,西周王朝发生了两件大事:第一件是国人暴动;第二件是周王朝实行了"共和行政"。

《史记·周本纪》记载:"召公、周公二相行政,号曰'共和'。"《史记·齐太公世家》记载:"武公九年,周厉王出奔,居彘。十年,王室乱,大臣行政,号曰'共和'。"

按《史记》的记载,前 841 年,西周王朝国人暴动,周厉王流亡。以周公、召公为代表的西周王朝的重臣、贵族和诸侯们共同执政,史称"周召共和"。司马迁《史记·十二诸侯年表》以共和元年为开端,这是中国历史记载中有确切纪年的开始。

1845 年前后,日本学者箕作省吾在翻译荷兰语 republiek 时,借用"周召共和"的"共和"概念将其译为"共和政治"。1882 年,日本大筑拙藏在《惠顿万国公法》中,将英语 republic 译为"共和政治",开始被中国媒体引用。1898 年,梁启超在流亡日本期间主持《清议报》,在连载政治小说和政治、法律论文中反复用"共和"翻译 republic,"共和"一词开始流行，成为与"民主"并列但侧重于指称政体的概念。

是"共伯和"还是"周召共和"？

2008 年清华大学收藏的战国文献《系年》第一章里有关于"共和"的重要记载："厉王大虐于周，卿士、诸正、万民弗忍于厥心，乃归厉王于彘，共伯和立。"周厉王大大施虐于周，朝廷卿大夫、官员及万民心里不再容忍，将周厉王流归彘地，推举共伯和执政。

我们将这段记载与《左传》中的"诸侯释位，以间王政"及《竹书纪年》中的"共伯和干王位"结合起来看，就能发现"共和"的本意是"共国君主和"。司马迁是太史令，掌握着当时中国最完整的史料，不会不知道这段史实，他为什么要将"共和"解释为"召公、周公二相行政"呢？我推测有两个考虑，一是司马迁以周王权为正统，但又认同国人暴动。国人流放周厉王，推选共伯和摄政，周公、召公等为卿士辅政，有共伯和篡位的嫌疑。二是前 828 年，即"国人暴动"14 年后，周厉王去世，周公、召公辅助周厉王的儿子姬静为周宣王，共伯和还政于周宣王，返回共国，西周王朝回归了周王室的正统。由此可见，司马迁在作《史记·周本纪》时，有意隐藏了共伯和主政的史实。《史记》有写实的基础，但在一些关键问题上，也会发生意识形态扭曲史实之事。但司马迁将"共和"曲解为"召公、周公二相行政"，为中国创造了一个重要的共和政治概念，即在没有君王的情况下，由大臣联合执政。

清华简《系年》还解决了一个重要问题，就是"国人暴动"的组织者与参与者的身份问题。过去几十年，史学界受阶级斗争的观念影响，把"国人暴动"解释为平民暴动，这不符合史料。从"卿士、诸正、万民"的描写来看，这是一次由朝廷重臣卿大夫们组织，官吏军人与民众参与的集体叛乱。流放周厉王后，朝廷贵族组成了一个联合执政班子，以共伯和为首，周公、召公等大贵族卿士继续掌管朝廷事务。

"国人暴动"的背后

西周王朝为什么会爆发"国人暴动"？学界通常归纳为三个原因：第一是周厉王实施专利垄断；第二是禁止批评诽谤；第三是军事上失利。

今天的"专利"指的是排他性的知识产权，但周厉王的"专利"政策指的是王室独占资源、垄断利益。西周王朝时期，除了分封到各贵族的土地之外，还有许多公共的山林川泽，由周王室与各贵族家族按照权力等级共有、共治、共享。庶民利用公共自然资源，要向各贵族纳贡，各贵族要向周王室纳贡，纳贡的数量及方式，遵循长期形成的宗法礼制传统。

周厉王为增加财政收入，接受荣夷公的建议，改变传统礼制，加强王权对山林川泽的统一管理，要求贵族和庶民缴纳更多的劳役与实物贡赋，垄断共有自然资源的利益，这就是周厉王的"专利"。加强中央集权，剥夺了贵族和庶民的传统权利，引发了各阶层的不满。

《史记·周本纪》记载大夫芮良夫劝谏厉王说："利益，百物所生，天地所载，如果去专有独占，害处很多。天地生百物，人去取用，岂可专有？惹怒人多，难防大难。荣夷公以此教王，王能持久吗？为人之王，导引利益使其分布于上下。……如今王学垄断利益，怎么可以？匹夫专占利益，称为强盗。王行专利，归附者即少。"

> 夫利，百物之所生也，天地之所载也，而有专之，其害多矣。天地百物皆将取焉，何可专也？所怒甚多，而不备大难。以是教王，王其能久乎？夫王人者，将导利而布之上下者也。……今王学专利，其可乎？匹夫专利，犹谓之盗，王而行之，其归鲜矣。（《史记·周本纪》）

芮良夫认为，王的重任是上下公平分配利益，而不是独占垄断利益，这是封建贵族制度下对王的定位。共有资源的利益分配，在传统礼制下已有分配方式。如果打破传统礼制，凭王权的一己之私来大规模重新划定权利与义务，引发贵族反叛是必然的。传统权利被剥夺，就会有批评意见。批评意见一多，厉王就很不高兴。

> 王怒，得卫巫，使监谤者。以告则杀之。其谤鲜矣，诸侯不朝。三十四年，王益严，国人莫敢言，道路以目。(《史记·周本纪》)

周厉王大怒，找来卫国的巫师，使其监视批评者。凡是报告上来有非议的，就全部杀掉。批评意见少了，诸侯也不来朝见了。周厉王三十四年，厉王的管制更严，国人不敢说话，道路上遇到也只能用眼睛示意。

西周王朝不是君主集权制，而是贵族封建制，贵族是国家统治集团的成员，有传统的参政议政权，君王不能一个人说了算。召公是召氏家族的宗主，召氏家族来自周文王的大儿子召公奭。召公奭是西周的开国重臣，与周公等辅佐周武王推翻商王朝。西周建立后长期掌管宗周，先后辅佐过周成王、周康王。周公摄政及还政于周成王，都在召公奭的监督之下。《尚书·顾命》记载召公奭主持了周康王的登基大典。《史记·周本纪》记载了召公 [1] 劝谏周厉王说："防民之口，甚于防水。水壅而溃，伤人必多，民亦如之。"认为周厉王打压批评的行为违背了西周的治国传统，民众已不堪忍受，但周厉王不听。

《吕氏春秋》上说："尧有欲谏之鼓，舜有诽谤之木。"尧在宫廷前立鼓，谁想提出谏言，就可以擂鼓。舜设了诽谤之木，谁有批评意见，可以写在上面。欲谏之鼓后来演化为官府前的喊冤鼓，诽谤之木后来演化为立

1　这里的召公指的是周朝的官名，即继承召公爵位的召公奭后人。

在宫殿前的华表，华表就是让民意得以表达的意思。

周厉王强化中央集权，剥夺贵族传统权利，打压批评意见，实施高压统治，就只能选用社会边缘人，这成了之后集权君王的习惯做法：提拔社会边缘的底层人才来制伏朝中贵族阶层。周厉王使用贵族系统的边缘人"卫巫"来监督和镇压贵族，对贵族来说是一种入侵行为。

周厉王加大对山林川泽等自然资源开发利用的管控，征收更多贡赋，并非完全是贪婪任性，也有国家财政压力的问题。周厉王时期，西周王朝面临着东南淮夷与西北猃狁两方巨大的军事压力。周厉王时期有十件青铜器铭文记载了周厉王的战争。

自周公建立洛邑成周以后，西周王朝有两个统治中心，西部的宗周镐京与东部的成周洛邑。周厉王时期的十月敔簋青铜器铭文记载，周厉王组织反击淮夷取得了一次胜利。但铭文也说明一个严重的问题，战争发生在洛水流域，成周洛邑南郊，说明南淮夷的军队已侵入西周王朝的东部统治中心。同时期另一个青铜器多友鼎铭文记载了周军战胜猃狁的一次战斗，地点就在宗周的犬丘，犬丘离镐京只有几十公里的距离，说明猃狁军队已侵入西周王朝的西部统治中心。长期的战争使周王室面临着严重的财政危机，于是周厉王想方设法要扩大财源、扩大兵源，但他显然并不是善于沟通协商的人，而是采取简单粗暴的办法，剥夺贵族权利，结果引发了贵族的愤怒。如果周厉王的对外战争取得了决定性胜利，他对内高压剥夺、汲取资源的行为尚可理解，但问题是战争不断受挫，周厉王的高压政策失去了合理性，也不再受贵族们信任，这是"国人暴动"的重要原因。

"国人暴动"的最深层次原因是西周贵族的封建制度。封建制度最大的特点，就是封建出了自治的贵族阶层，这是君王和贵族分权、共治的社会，贵族对君王有巨大的约束力。西周王朝有自己的天命论意识形态。天命超越所有人，超越君王，君王必须面对来自天命的要求。天命的要求，经由周文王、周武王、周公、召公等人及《诗经》等文献的定义，变成

多友鼎：西周晚期十分重要的青铜器，记载着周人反击猃狁的事件。据铭文记载，周厉王时期，猃狁多次入侵周朝，多友率兵迎击，先后四次大捷，将猃狁驱逐出境。周厉王给予重赏，多友特铸此鼎以此纪念。现藏于陕西历史博物馆。

了西周的德礼传统，核心价值是敬天保民。如果君王不能做到敬天保民，就失去了为君的资格，贵族有权基于天命监督和约束君王。封建制度下君王只是贵族的代表，并非中央集权的皇帝，贵族的认同与拥护是君王执政的前提。贵族家族按宗法制进行治理，有自己的领地和私家军队。如果君王危害到了贵族阶层的利益，君王与贵族的矛盾就很容易爆发。"国人暴动"就是西周贵族对君王的一次制约，但也因为是姬姓统治家族的内部矛盾，冲突各方留有余地，没有做到赶尽杀绝的程度。反叛的卿大夫们只是流放了周厉王，周厉王去世后，贵族仍然把王权归还给周厉王的儿子姬静，姬静得以继位为周宣王。但总的来说，西周王朝的政治矛盾，主要是君王与诸侯贵族之间的矛盾。最后周幽王与申侯的矛盾，葬送了整个西周王朝。

我们把"国人暴动—周召共和"与两千多年后发生在英国的"大宪章"事件放在一起分析，会发现这两个事件中有一些共通之处。1215 年 6 月 15 日，在英国坎特伯雷大主教朗格顿的主持下，英王约翰与英国贵族签署了《大宪章》。《大宪章》通过契约限制了封建君主的权力，确立了"王权有限、法律至上"的原则。西周的"国人暴动"与英国"大宪章"事件的政治矛盾都发生在君王和贵族之间，都处在封建制度的背景中，都是君王发动战争，收取重税，遭遇贵族反叛，君王输了战争。但是西周贵族与英国贵族的处理结果不同。西周贵族流放了君王，实行共伯和、周公、召公等贵族联合执政的"共和"，这是策略性的，并没有因此确立一种贵族约束王权而共治的新制度。以后，又重新恢复君主制，还政于周宣王。英国的教会和贵族们则逼迫英王签订了《大宪章》，形成了一种具有法律效力的社会契约，将国王与贵族的权利与义务以契约—法律的形式确定下来，形成了有限王权的传统。

第 13 讲

西周崩溃的原因

这一讲我们来分析西周的终结及中国秩序重构的探索。主要讲三点：第一，周幽王"烽火戏诸侯"背后的权力斗争。第二，教军合一。第三，周王室的衰微开启了中国的争战之门。

烽火戏诸侯

> 褒姒不好笑，幽王欲其笑万方，故不笑。幽王为烽燧大鼓，有寇至则举烽火。诸侯悉至，至而无寇，褒姒乃大笑。幽王说之，为数举烽火。其后不信，诸侯益亦不至。（《史记·周本纪》）

周幽王（前 781 年—前 771 年在位）是西周王朝的第十二任君王。周幽王"烽火戏诸侯"的荒唐故事，被司马迁写入正史，广为流传。《诗经·小雅·正月》写褒姒灭周："赫赫宗周，褒姒灭之。"这是最早关于褒姒灭周的说法，但屈原在《天问》中对此已有质疑："周幽谁诛？焉得夫褒姒？"后代史学家们多认为"烽火戏诸侯"属于传说而非史实。郭鹏先生在《〈史记〉中褒姒史实质疑》一文中，对与褒姒有关的历史文献进行了分析，发现在前 771 年骊山之战时，褒姒已经 50 岁。周幽王与褒姒的故事似乎没有"烽火戏诸侯"那么戏剧化。

那么，西周是如何灭亡的？《史记·周本纪》记载："又废申后，去太子也。申侯怒，与缯、西夷犬戎攻幽王。"周幽王违背传统政治礼制，废除申后与太子宜臼，立爱妃褒姒为后，立褒姒之子伯服为太子，引发了周幽王与申侯之间的矛盾。申后与太子宜臼避难申国，申侯立太子宜臼为"天王"，周幽王率军攻打申国。申侯联合缯国及犬戎反击，杀周幽王，西周因此而灭亡。

周幽王有两大致命的决策失误。一是政治决策失误。废申后与太子宜臼严重违背了西周的宗法制度。在一夫一妻多妾的婚姻制度中，确立正妻和嫡长子的继承权能减少家族内部继承权的争夺。西周礼制形成了各诸侯国正妻及嫡长子的利益集团。正妻和嫡长子是社会主流，他们维护礼制，维护自身的特权结构。周王室的地位，不仅来自其政治军事实力，也来自其作为礼制秩序的建立者和维护者。周幽王废后立妃、废嫡立庶是对周王朝系统内最强势的正妻和嫡长子利益集团的威胁。君王的婚姻都是政治婚姻，申后是申国在周王室的政治代表，申后的废存关乎到周王室与申国的重大关系，也关乎与申国有婚姻及军事纽带的缯国及犬戎的政治立场。周幽王在礼制道义上失败，在政治上与申国的利益联盟对立。他另一个致命失误是军事决策的失误。申侯保护申后及太子宜臼并联合缯侯等立太子宜臼为王，周幽王贸然率军攻打申国，结果反被申国联军消灭，至此西周终结。

对西周终结前后的政治局势，战国文献《系年》有比《史记》更详细的记录。周幽王战死后，原周幽王残余势力虢公翰等在虢国立周幽王的弟弟余臣为周携王，与申侯所立太子宜臼周平王两王对立约 21 年。前 770 年，晋国、郑国、秦国选择站在周平王一边，保护周平王东迁洛邑。前 760 年，晋文侯灭周携王，结束了两王对立的局面。

> 邦君诸正乃立幽王之弟余臣于虢，是携惠王。立廿（二十）又一
> 年，晋文侯仇乃杀惠王于虢。周亡王九年，邦君诸侯焉始不朝于周。
> 晋文侯乃逆平王于少鄂，立之于京师。三年，乃东徙，止于成周。
> （《系年》）

李峰先生在《西周的灭亡：中国早期国家的地理和政治危机》一书中，通过分析周王室与贵族在土地占有上的变化，将西周的灭亡归因于西周贵族势力的上升和王权的衰败，这样的归因可能不太妥当。相比西周王朝，东周王朝的实力更弱，但东周王朝的延续时间为514年，西周王朝的延续时间为275年。是周幽王违背宗法制度，先丧失了意识形态权力，然后才丧失了军事权力。

教军合一与世袭制的不对称

大约在前1043年，周公平定三监之乱后，经周公、周成王、周康王四十多年的休养生息政策，西周王朝进入兴盛期。周康王（约前1020年—前996年）后期，休养生息的大方向没有改变，但已数次反击东夷侵扰。周昭王（约前996年—前977年）继位后，利用"成康之治"积累的国力，开始对淮河流域的东夷及汉水流域的楚人用兵，积极征服东部南部疆域。周昭王三次征楚，损兵折将，自己也于前977年死于汉水，西周王朝的扩张势头减弱，开始进入防守期。

但西周王朝的国运却日趋衰微。为什么？这就是教军合一的精神困境。西周王朝的特征，或者说它的制度哲学就在于祀戎合一，也就是军教合一、政教合一。它的挑战也在于此。因为祀所代表的宗教、信仰和道德与戎所代表的政治、权力和军事，是两个完全不同的取向。祀是宗教与道德的要求，要求天子敬天爱人，靠信仰与道德的力量去感召人；戎靠的是

暴力和谋略。宗教领袖和军事领袖统一在一个人身上，也就是说，道德教化、军事实力要融合在一个人身上。

从正面来看，教军合一，使军权具有教权的神圣性，也使教权有军权作为后盾，但从负面风险来看，道德引导权力，教化融于军事是非常困难的事。当道德与权力、教化与军事发生矛盾的时候，有几个人会偏向道德—教化？这就很容易形成嘴上讲道德、实际上只论胜败的奸诈残暴君主，最终教权被污染，不能自主发展。教军合一，对君王的人格是特别大的挑战。也许像周公这样的天才能在权力和道德的统一点上行动，但对普通君王来说却很难。这种强行的教军一体化，最后会形成以军事为主的权谋功利文化。

封建制度下，各诸侯国都是独立国家。周王室要维持天下共主的地位，就得具备祀与戎的双重比较优势。这意味着周王室在道德教化和军事实力上，都要比诸侯国更有优势。但同时，周王朝实行的是王位世袭制，而且是嫡长子继承制，为了减少王位继承的争夺，也丧失了王位继承人的选择空间。

在嫡长子继承制中，不可能保障每任继位君王在祀与戎方面的优质素质。血缘决定地位，没有平等开放的竞争选择，很难保证个人实力和他的地位相匹配。如果西周能发育出贵族共治的意识形态与制度安排，尚可以弥补君王个人能力不足的问题，但西周的政治智慧没能解决这个问题。周武王、周公、周成王、周康王以后，继位周王的教军能力双重下滑，国运也随之下滑，愈来愈难维系王权在祀与戎上的比较优势。

《史记·周本纪》记载："宣王不修籍于千亩，虢文公谏曰不可，王弗听。"周宣王不到籍田耕种，虢文公劝他，他不听。君王亲耕，不仅仅是君王劝农的举措，也是敬天法祖的宗教仪式。周宣王不从事籍田耕作是对传统祭祀礼制的背弃，放弃了祀的重要组成部分，自损其意识形态软实力。约前789年，在宣王不去籍田的千亩之地，周军与姜氏之戎发生战争，周军战败。"三十九年，战于千亩，王师败绩于姜氏之戎。"《史记》写"宣王不修籍于千亩"及"战于千亩，王师败绩于姜氏之戎"，有周宣王不籍田不敬上天而受天罚的意思。周宣王祀戎双失、教军双败，已经没有对诸侯贵族的比较优势了。

前817年，周宣王干预鲁国君位继承，破坏宗法制度，废长立幼，强行废除鲁国嫡长子括的继承权，立少子戏为鲁懿公。前807年，长子括之子伯御与鲁人攻杀鲁懿公，伯御被立为鲁君。前797年，周宣王讨伐鲁国，杀死鲁废公伯御，立鲁懿公弟弟公子称为鲁孝公。这件事令周宣王的声望大减。到了周幽王这一任，任性剥夺申后的后权及太子的继承权。申侯另立太子为王，周幽王发兵攻打太子，被申侯率犬戎联军反击。周幽王治下，教化坠地，礼崩乐坏，夫妻关系、父子关系、君臣关系、中外关系全乱套了，还怎么当天下共主？周宣王与周幽王皆不明白保卫分封制与宗法制对周王室存在的重要意义，他们自己成为西周制度的破坏者，毁灭自己存在的价值。

但西周王朝所确立的这种君王世袭，祀戎一体的统治模式，并没有因西周王朝的终结而终结，而是顽强地传承了几千年。历朝历代，君王们都在追求世袭制下祀戎一体的政治统治模式，精神领袖和世俗领袖合而为一。

王室虚，诸侯强

西周王朝的终结，并不等于中国的终结。恰恰相反，西周终结之后，东周王室弱小，反而开启了中国多元竞争的新时代，中国进入一个多国体系的新历史时期。

西周灭亡之后，《史记·周本纪》记载了一个值得注意的细节："遂杀幽王骊山下，虏褒姒，尽取周赂而去。"犬戎受申侯之邀，攻杀周幽王于

逨（lái）钟：西周晚期弘扬天子之德的乐器。现藏于中国国家博物馆。

骊山下，俘虏褒姒，尽取周王室的财货，就离开了。八百里秦川，沃野千里。犬戎既然来杀了周幽王，为什么又走了？为什么不直接入主宗周这片肥沃的土地呢？后世西晋东晋五胡入华，北方游牧民族来了就不走了。之后蒙古族、满族也是如此，直接入主中原。而在春秋战国时期，没有戎狄可以入主中原。

这是因为周王朝的封建制度下，有各诸侯国贵族集团的存在。西周封建制度的支撑力量，并不仅仅靠一个周王室，而是依靠周王室与各诸侯国贵族的联合力量，周王室只是贵族力量的代表。周王室的崩溃，并不意味着周王朝系统内诸侯贵族们的崩溃。周王室是东迁了，但犬戎还得面对中国、缯国、晋国、秦国、郑国、齐国这些国家。西周终结以后的两百余年里，秦国、晋国、齐国这些诸侯国针对西方和北方的戎狄前后发动了两百多次大大小小的战争。春秋时期，西方、北方戎狄或是被灭，或是被吞并，或是逃遁，不再构成对中原的威胁。而在西周时期，以猃狁为代表的戎狄一直都对西周王朝构成重大威胁。西周王朝被戎狄消灭后，各诸侯国纷纷自主抗击，结果反而消除了戎狄的危险。周王室衰弱了，中国反而变强大了。

《管子·轻重戊》记载管子之言："天子幼弱，诸侯亢强，聘享不上。公其弱强继绝，率诸侯以起周室之祀。"管仲认为，周天子幼弱，诸侯强势，不再向周王室行聘享之礼。管仲建议齐桓公尊奉周王室，削弱强霸的诸侯，使被灭绝的弱国复国以继续宗族祭祀，率领众诸侯恢复周王室敬天法祖的祭祀活动。齐桓公认同此策略，尊王—弱强—继绝，后人总结为"尊王攘夷"。前663年，山戎攻打燕国，齐桓公以周王的名义出兵讨伐山戎。前656年，齐桓公率领齐、鲁、宋、陈、卫、郑、许、曹等八个诸侯国的联军征讨楚国的属国蔡国，钳制楚国。《春秋公羊传》赞美齐桓公："桓公救中国，而攘夷狄。"秦国则全力进攻戎狄，驱逐或兼并了进入渭河流域的戎狄，发展成西戎之霸。《史记·秦本纪》记载："三十七年，秦用由余谋伐戎王，益国十二，开地千里，遂霸西戎。"《春秋左传》记载，晋国前后24次进攻戎狄。齐国、晋国、秦国等在与戎狄的战争中变得强大起来，成为春秋霸主之国。

周王室的衰败并没有带来中国的衰败，相反带来了中国内部的强大。各诸侯国似乎被解放了，大家进入了狂热的竞争中，中国整体的综合实力反而上升了。

在翻阅过往研究东周衰落的资料中，我发现多数学者是站在西周王朝的立场上思考问题的，往往只看到东周的衰败，很少看到它与多国体系的发展、中国整体的崛起之间的关系。如果从中国国土面积、中国人口和军事实力的整体角度来看，西周结束后的东周春秋战国时期，中国人的综合力量不是削弱了而是增强了。

尼可罗·马基雅维利（1469—1527）的《君主论》分析了两种制度：一种是土耳其苏丹制度，即君主集权制，由君主任免官吏，官吏依附君主以统治民众，社会结构是君王—官吏—民众；另一种是封建贵族制，如英国、法兰西，其社会结构是君王—贵族—民众。土耳其苏丹制度类似中国的秦制，英法封建贵族制有些类似中国的周制。马基雅维利认为，土耳其这样的中央集权国家不太容易被打破，因为它能够积聚力量，共同对外。但是，一旦打败了中央军，统治这样的国家非常容易。因为这样的国家只有一个人有权力，只有一个人是独立的、有尊严的，民众在精神上只是奴隶。只要打败了王和王的军队，百姓就会臣服于新统治者。

马基雅维利说，法国的制度不同。法国有王有贵族，贵族管理自己的领地。贵族与君王之间会有矛盾，外敌会利用这些矛盾打败君王。但这样的国家也许容易被打败，却难以被统治。因为贵族有尊严，民众有血性，他们不会服从外敌的奴役。不同制度的强弱点不同，君主集权制度，强不强看君主。封建制度，强在贵族，强在民众。中国春秋战国时期，不是强在周王室，而是强在诸侯贵族。

封建周制的生命力

封建制度不利于君主集权，但有利于贵族间的多元竞争。长期的冲突、征战削弱了王权，却使贵族权利在开放自由的环境中得以强化。西周的崩溃释放出诸侯贵族的力量，释放出知识分子的力量，也释放出普通民众的力量。天子受约束，贵族有荣誉，民众有血性，中国人口数量整体增加。正是在王权削弱、诸侯国处于竞争状态的环境中，才出现了春秋战国时期的思想繁荣，出现了伟大的诸子百家。在对外关系上，这样的制度也能使整个中华民族释放出活力，不被外敌所奴役。西周的终结，让中国人在诸侯国相互竞争的背景下迎接挑战得以新生，将中国精神推向了诸子百家的突破。

从楚文王看楚人对王权的超越

这一讲我们来评点楚文王，从四个与楚文王相关的故事来分析楚文化的精神特质。提到楚国，大家会想到屈原，想到屈原投江以及前 223 年楚国被秦国所灭。但如果大家把目光往后多看几年就会发现，秦灭楚后第 16 年，前 207 年，秦国被楚人所灭，以楚人为主体建立了汉朝。可以说，楚国的君主失败了，但楚国的反叛义士最后赢了。这个反差现象，值得我们认真分析。

楚国是春秋时期的南方大国，也是对外扩张势头最大的国家。前 700 年左右，楚国的地域主要还在丹江和汉水流域。到前 500 年左右，楚国已经占有了汉水、长江中上游和淮河上游地区。到前 300 年前后，楚国已经占有了汉水、长江和淮河流域。楚国近 800 年的历史，是一个积极进取扩张的历史。从"筚路蓝缕，以启山林"的江汉小国，一路发展成为与晋国、齐国、秦国等黄河流域中原国家相抗衡的、占有整个南中国的大国，形成了春秋时期国际关系的均势秩序：太极图秩序。

为什么湖北人会说"我不服周"

春秋中早期，黄河流域的中国人并不把楚人当成同族，楚人也并不认为自己属于中国人。我举两个例子。第一个例子是一句名言："非我族类，其心必异。"这句话是鲁人针对楚人说的。《左传·成公四年》记载，前587年，鲁国的鲁成公去晋国拜见晋景公，晋景公对鲁成公不恭敬。鲁成公很生气，想背叛与晋的盟约，转而跟楚国结盟。当时鲁国的执政正卿季文子坚决反对与楚国结盟，理由就是："非我族类，其心必异，楚虽大，非吾族也！"

对季文子来说，晋国人再无道，跟鲁国人是同一个姬姓亲族，楚国人与鲁国人却是异族。季文子在鲁国执政三十三年，做事深思熟虑，所以《论语·公冶长》中称季文子"三思而后行"。季文子视楚人为异族，倡导中原诸国联合抗楚的观点，代表了当时中原各国的主流看法。

中原人不把楚当中国同族，楚人也不把自己当中国人，并不服从周王管辖。直到今天，湖北人表示自己不甘心、不服气的时候，还是会说"我不服周"。

西周王朝建立后，周楚长期处于对立状态。前977年，周昭王率军攻打楚国，死在汉水。《史记·楚世家》记载：前887年，周夷王时期，楚王熊渠称王，他说："我蛮夷也，不与中国之号谥。"我是蛮夷，我不按照中国人的称号来称呼。熊渠后来为了避免跟周王室发生冲突，主动放弃了王号。但100多年以后，前740年，楚王熊通再次称王，即楚武王。楚武王就是我们今天要评价的楚文王的父亲，此后的楚王就都称王了。

自楚王熊渠称王以来，中国其实一直就是南北两大王权并存的局面：北方是周王权，南方是楚王权。中原各国都以周王室为天下共主，唯有周王可以称王，其余中原诸国如晋、齐、郑、鲁、卫等即便是大国，也都不称王，它们多是公国、侯国而非王国。从前887年的西周中期到春秋，中国事实上存在着南北对立的两个王朝：周和楚。

楚国虽称王，但孔夫子《春秋》写到楚王时，用词仍是楚子，这是对楚王的贬斥。孔子站在中原立场，不承认楚国称王的事实，认为楚王的地位只应是周成王最早封熊绎时的子爵。楚国与中原各国不仅是民族不一样，政权制度不一样，语言上也有差异，在思想、技术、货币和文化上也自成一体。楚国是一个完全独立于周王权的国家。

被司马迁改写的楚人来源

楚人与中原周人不是一个民族，但司马迁写《史记》时却把楚人写成是源于陕西的黄帝。《史记·楚世家》记载："楚之先祖出自帝颛顼高阳。高阳者，黄帝之孙，昌意之子也。"司马迁将楚国先祖归入黄帝的后裔。但近年考古发现的战国"楚帛书""包山楚简"及"清华简"等考古资料都说明司马迁改写了楚人的来源。

1942 年，在长沙子弹库楚墓发现的"楚帛书"，时间大约是在前 350 年。"楚帛书"里有关于楚人创世记的描述：伏羲女娲生了四个儿子，区别天地，化育万物。后来天地变得混乱，祝融和四个儿子又重新恢复天地秩序。"楚帛书"中的重要人物有伏羲、女娲、四个儿子，有炎帝、祝融等，完全没有什么黄帝。闻一多先生在《伏羲考》这本书里，认为伏羲、女娲的传说源于苗族的神话。

1987 年，在湖北荆门发现的"包山楚简"，时间大约在前 316 年。这里面有楚人向自己的祖先祭祀祈祷的祷词。楚人献祭的祖先有谁呢？有老僮、祝融、媸酓，媸酓即"蚩尤"。苗族的古歌中有许多关于他们的祖先老僮、祝融、媸酓的歌颂。媸酓被列入祭祀之列，从"清华简"来看，楚王多称酓。《史记》里面的熊绎，在"清华简"里面就称酓熊。蚩尤氏族是东夷炎帝部族的祭司氏族，专门负责宗教祭祀和历法的制订，在楚人祭

楚帛书：是我国目前出土最早的古代帛书，全篇900多字，是研究战国时期文字、思想、神话的重要史料。内容包括天象、灾变、四时运转。现藏于美国弗利尔－赛克勒美术馆。

祀的祖先之列。《管子》这本书上说："蚩尤明天道。"蚩尤是通晓天道的祭司氏族首领的名称。

楚人的王族来源是什么？学术界一直有争论，但以郭沫若和胡厚宣的"东来说"占主流。"东来说"认为楚人的远祖最初是在淮河流域和黄河下游，属于东夷一支。后来因为战乱才逐渐沿淮河西上，进入丹江汉水流域。

楚人"东来说"是有道理的。苗人现在的古歌都在唱颂祖先来自东方的大河平原，丧葬词里都唱死后的灵魂要返回东方。这与楚人"东来说"一致。把黄帝说成是楚人祖先，这种观念是司马迁在《史记·楚世家》里确立的，但考古资料不支持这种说法。那么，司马迁为什么要这样改写呢？

司马迁作为西汉太史令，不仅是一位历史学者，更是西汉王朝最高的宣传部部长。他写《史记》时面临的一个任务，是要为统一的汉王朝完成统一的国家意识形态建设。春秋战国时期，非周系的异族国家如秦、楚都有自己的历史叙事，司马迁就要在共同的血缘基础上把各国统一起来，否则不利于统一的国家认同。所以司马迁就把南方的楚国、北方的匈奴都直接写成了黄帝的子孙。

话语即权力。历史写作往往是在客观史料基础上的主观再创造。史官是朝廷官员，不是独立的史家，必须承担国家意识形态建构的任务，他们的工作很大程度上服务于政治需要。司马迁把楚人的祖先写成黄帝，今天的湖南、湖北、江苏、江西人多以黄帝后人自居，可见笔和文字的征服比剑的征服更深入人心。

楚文王四事

从"清华简"来看，楚国的开国国君是酓熊，但在《史记》里写成了熊绎。楚国的建国时间大约是前 1027 年，地点在丹阳，丹阳在现在的丹江上游。前 689 年到前 675 年，楚文王熊赀即位后把都城从丹阳迁到了郢都，这是一种扩张动作。楚文王与齐桓公这位春秋霸主大体处于同时期。楚文王是一位雄才大略的君王，很有进取心。他在位期间，消灭了汉水东边的息国、邓国、申国和夔国等国，成为控制汉水东西岸流域的国家，势力波及淮河上游，开始北上对抗中原。

楚文化与中原文化很不相同，我们从与楚文王有关的四个故事就可以分析出来：一是葆申鞭笞楚文王；二是鬻拳不给战败的楚文王开城门；三是楚文王向老丈道歉；四是楚文王命名和氏璧。

一、葆申鞭笞楚文王

《吕氏春秋·直谏》记载：楚文王好游猎美女，不理朝政，葆申对他说："先王求神问卜，任命我为'葆'，卜象大吉。现在君王你得到茹黄良犬，得到宛路的好短箭，游猎三个月不返朝廷。你得到丹地的美姬，纵情淫乐，整年不理朝政，你的罪过，当受鞭刑。"楚文王说："我从离开襁褓就位列于诸侯，请你换一种刑罚，别鞭打我。"葆申说："我敬受先王之命不敢废弃，你不接受鞭刑，是让我废弃先王之命。我宁可获罪于你，也不能获罪于先王。"楚文王说："敬从。"

葆申捆了细荆条五十根，跪下放在楚文王背上，如此两次，对王说："王可以起来了。"楚文王说："原来只是有鞭打之名！你还是真打吧！"（葆申实行的是古代象刑，象征性刑罚，以羞辱和启发被刑罚者。）

葆申说："臣听说君子以象刑为耻，小人因为怕痛才改变。受辱之耻都不能改变你，打痛你有什么用？"葆申快步走出，自我流放到渊水中，向楚文王请死罪。楚文王说："这是我的罪过，葆申何罪之有？"楚文王马上改变自己，召回葆申，杀了茹黄之狗，拆了宛路之箭，放走了丹地之姬。以后楚国兼并了三十九个国家。

> 先王卜，以臣为葆，吉。今王得茹黄之狗，宛路之矰，畋三月不反；得丹之姬，淫，期年不听朝。王之罪当笞。"王曰："不穀免衣襁褓而齿于诸侯，愿请变更而无笞。"葆申曰："臣承先王之令，不敢废也。王不受笞，是废先王之令也。臣宁抵罪于王，毋抵罪于先王。"王曰："敬诺。"引席，王伏。葆申束细荆五十，跪而加之于背，如此者再，谓王："起矣"，王曰："有笞之名一也。遂致之。"申曰："臣闻君子耻之，小人痛之。耻之不变，痛之何益？"葆申趣出，自流于渊，请死罪。文王曰："此不穀之过也。葆申何罪？"王乃变更，召葆申，杀茹黄之狗，析宛路之矰，放丹之姬。后荆国兼国三十九。（《吕氏春秋·直谏》）

看来"葆"这个职位，是一种保国官的角色，主要是监督和约束君王的。"葆"有权对楚文王动鞭刑，楚文王也服从传统，趴下来受刑。这说明楚国有监督和制约君王的思想传统和制度设定。

二、鬻拳禁止楚文王入城

《左传·庄公十九年》记载，前675年，楚文王领军与巴人作战，在津地打了败仗。回到城门时，负责掌管都城城门的官员叫鬻拳，闭门不让楚文王入城。楚文王只好领军去攻打黄国，在踖陵打败黄军。之后回到湫地，生病。夏六月，庚申日去世。鬻拳把楚文王安葬在夕室后，也自杀殉葬了。

> 楚子御之，大败于津。还，鬻拳弗纳。遂伐黄，败黄师于踖陵。还及湫，有疾。夏，六月，庚申，卒。鬻拳葬诸夕室，亦自杀也。（《左传·庄公十九年》）

君王率军作战，如果战败，不能回首都，这是楚人的传统。鬻拳坚持这样的传统，楚文王也不得不遵守。楚文化传统里有一些原则是超越君王的，是君臣都必须服从的。这位鬻拳忠于传统，也以当时的方式忠于君王。但在传统和君王之间，他坚守超越君王之上的传统。

三、楚文王军门前向老丈致歉

《说苑·至公》记载，楚文王征伐邓国，让自己两位王子革、灵出去采摘野菜。两位王子出去采摘，见一老丈拿着畚箕，就向其求借。老丈不给他们，他俩就殴打老丈并夺其畚箕。楚文王听说后，让人把他两位王子抓了，要杀掉。执法大夫推辞说："夺取畚箕确实有罪，但不是该杀的罪，君王怎么能就此杀人？"刚说完，老丈就来到军营门前说："邓国无道，所以讨伐它。今天君主的公子殴打我、抢夺我畚箕，其无道比邓国更严重。"然后呼天喊地地号哭。楚文王听到了，群臣都感到恐慌。楚文王去见老丈，说："我征伐有罪的邓国，我儿子却横夺你的菜，此非我禁暴之意！我儿子凭借力气去虐待老人，此非我教子之意。我若爱儿子而舍弃法律，就无法保护国家！我若偏私儿子，就无法执政。你别再哭了，我到军门外向你谢罪。"

> 楚文王伐邓，使王子革、王子灵共捃菜。二子出采，见老丈人载畚，乞焉，不与，搏而夺之。王闻之，令皆拘二子，将杀之。大夫辞曰："取畚信有罪，然杀之非其罪也，君若何杀之？"言卒，丈人造军而言曰："邓为无道，故伐之，今君公之子之搏而夺吾畚，无道甚于邓。"呼天而号。君闻之，群臣恐。君见之，曰："讨有罪而横夺，非所以禁暴也；恃力虐老，非所以教幼也；爱子弃法，非所以保国也；私二子，灭三行，非所以从政也，丈人舍之矣。谢之军门之外耳。"（《说苑·至公》）

从楚文王对一位普通老人的行为，我们能看到明君公正执法的原则。从老丈公开争取自己权利的表现，我们能看到普通楚人追求公平的勇敢心态。老丈在战争期间被君王公子抢了畚箕，但依然敢跑到军营前呼天喊冤，一定要争回公道。显然老丈有一种信心，他相信楚文王的公正，相信楚国法制的公正，更加相信他在楚文王处能得到公正的对待。

四、命名和氏之璧

《韩非子·和氏》记载，楚人和氏在楚山中找到一块玉石原石，奉献给楚厉王。楚厉王使玉工检查，玉工说："这是石头。"楚厉王以为和氏欺诳，就砍了他左脚。楚厉王去世，楚武王即位，和氏又将玉石原石献给楚武王。楚武王使玉工检查，又说："是石头。"楚武王又以为和氏欺诳，于是砍了和氏右脚。楚武王去世，楚文王即位，和氏抱着玉石原石哭于楚山之下，三天三夜，泪水哭干而流出血泪。楚文王听说，使人去问原因，对和氏说："天下被砍脚的多了，你为什么哭得如此悲伤？"和说："我并非为自己被砍脚而悲伤，我悲伤的是本是宝玉，却被人题名为石头，贞直之人，却被名为欺诳者，这才是我悲伤的原因。楚文王使人加工这块原石，得到一块宝玉。于是命名为"和氏之璧"。

> 楚人和氏得玉璞楚山中，奉而献之厉王，厉王使玉人相之，玉人曰："石也。"王以和为诳，而刖其左足。及厉王薨，武王即位，和又奉其璞而献之武王，武王使玉人相之，又曰"石也"，王又以和为诳，而刖其右足。武王薨，文王即位，和乃抱其璞而哭于楚山之下，三日三夜，泣尽而继之以血。王闻之，使人问其故，曰："天下之刖者多矣，子奚哭之悲也？"和曰："吾非悲刖也，悲夫宝玉而题之以石，贞士而名之以诳，此吾所以悲也。"王乃使玉人理其璞而得宝焉，遂命曰："和氏之璧。"（《韩非子·和氏》）

到楚文王，和氏的宝玉总算物归明主。楚文王为了表彰和氏的精神，就把这块宝玉称为"和氏之璧"。楚文王对"和氏之璧"的命名很重要，既还了和氏的清白，又给了和氏荣誉。"和氏之璧"成了楚国国宝，成了中国历史上最有名的玉璧。

楚人曾坚守高于君权的道理

上述与楚文王相关的四个人，葆申、鬻拳、老丈、和氏，他们在君王面前都不是唯唯诺诺的，他们都认定道理高于君权，他们必须坚持道理，君王也必须遵守道理。葆申因楚文王荒于执政而鞭打楚文王，鬻拳依照传统不给战败的楚文王开城门，老丈找楚文王控告王子抢他的畚箕，和氏为求真实和追求自己的清白而坚持不懈。在这些道理面前，他们坚守不退，认为他们和君王在道理面前是平等的，君王没有超越这些道理的特权。很显然，在春秋楚人心中，君权是被道理约束的，世界上有高于君权的价值。为什么楚人会有这种价值取向？我认为这与楚人的宗教心理有关。楚人信神重道，神道超越世俗君王。我以长沙子弹库战国楚帛书为例来分析。

楚帛书甲篇记载"帝"的告诫如下："敬畏呀！不可不敬。唯天作福，神明降临。唯天作妖，神明施予。钦敬有备，天像是则。一切皆为天定，下面民众当坚守戒律。敬畏上天，不可差错。"

楚帛书甲篇：［敬］之哉！勿弗或敬。隹（惟）天乍（作）福，神则各（格）之。隹（惟）天乍（作）寅（妖），神则惠之。钦敬隹（惟）备，天像是悬（则）。成（咸）隹（惟）天□，下民之哉（戒／式）。敬之母（毋）戈（忒）。

楚帛书乙篇记载，天崩地裂，祝融和四子救天下。重整秩序后，告诫天下人："违逆九天，则为大淫乱，大灾会逼近，不敢去得罪天灵。"

楚帛书乙篇：曰：非九天则大峡，则毋敢叡天需（灵）。

楚帛书体现了楚人的神学政治观，认为祸福由天定，不可违逆天灵。"天灵"这个神学概念很重要。天灵源于上天，是上天的力量。上天决定人的命运，统治世间一切力量与法则。上天之灵行于四方，主宰一切；保护正义，惩恶扬善。人人都必须敬奉上天，顺从天灵。因为人人都有对上天的信仰，有对天灵的敬畏。上天—天灵是道德性的、法制性的，是惩恶扬善的力量和法则，上天面前人人平等。君王在上天之下，遵循天灵之路。百姓也在上天之下，遵循天灵之路。楚人有依托上天—天灵约束君王的平等意识。

强秦终为楚人所灭

从与楚文王有关的四个故事中，我想到了两种强大：一种是秦国的强大；一种是楚国的强大。这两种强大有深刻的区别。

在大家的印象中，天下强国莫过于秦王朝了。秦王朝在前 223 年打败楚国，在前 221 年统一中国。但大家可能忽视了，秦国这种强只是君王—军队之强。君王把国家的力量与财富都聚集到个人手上，君王强大而人民虚弱，短期内君王可以高效调动民众的力量，看起来很强大，但君王一死，虚弱的民众就溃不成军。秦国之强是君权之强。

相比起来，楚国不是强在君权，而是强在民众。葆申、鬻拳、老丈、和氏这些人从贵族到平民地位不等，但都特别较真，积极主动，不畏强权，唯理是从。前 223 年秦国打败了楚国，但在心理上，打败不了楚国民众。楚国的军队被灭了，但楚国民众并没有被灭。前 209 年陈胜、吴广起义，他们是楚人。项羽、刘邦等人跟着造反，他们也是楚人。刘邦在前 207 年进入咸阳，秦国灭亡。刘邦军队中的军功之臣，楚人占了大半。

秦国崩溃后，再无秦人奋起复国。楚国崩溃后，民众群起反抗暴秦。历史证明，楚国之强才算真正的强大。人民群众之强，才算真的强大，君王朝廷之强，只是昙花一现。最后是楚人摧毁了强秦，建立了稳定的西汉王朝。楚人这种民间的反弹力量，追根溯源在其祖先的祭司精神之中，在民众以上天神明为依托，认定道理面前人人平等，道理超越君权，人人皆当坚守。这种精神在屈原的《楚辞》中有充分表现。屈原虽然不是王，但他在《离骚》中这么写："乘骐骥以驰骋兮，来吾道夫先路！"屈原在心理上并不低于君王，而是高于君王的。屈原的诗歌，灵魂与神同在，飞于大地之上，他对地上的世俗君王，自然是俯视的。这种心理状态，这种祭权超越君权的状态，也弥漫在楚人心中，从内心深处就超越了世俗强权。陈胜的"王侯将相，宁有种乎？"也是楚人精神上超越世俗霸权的一种表现。要超越现实，必须跳出现实。而与神同在的宗教，是超越现实的精神力量之源，这可能就是先秦楚人具有超越现实的反弹力的原因。

管仲、齐桓公的春秋霸业

这一讲我们评点管仲（约前 723 年—前 645 年）。管仲是春秋早期齐国重要的政治家、思想家，在齐桓公（前 685 年—前 643 年在位）时期担任齐国相。

西周初年，姜太公受封齐国，地域主要在今山东北部、中部及东部地区。其后三百多年，齐国没多大影响力。齐桓公时期，在管仲等人的辅佐下，齐国经济发展，综合国力上升，进入强盛期。在周王室虚弱不能维持天下秩序的情况下，齐国通过主持诸侯国会盟，以盟主身份成为中原国际秩序的维护者。

《史记·管晏列传》评价管仲："管仲既用，任政于齐，齐桓公以霸，九合诸侯，一匡天下，管仲之谋也。"管仲被任用治理齐国，齐桓公成为中原诸侯霸主，九次主持中原诸侯会盟达成盟约，统一天下秩序，是管仲谋略之功。齐国联合中原诸侯国，北伐戎狄，南遏楚国，东南压淮夷，开启春秋中国霸主秩序时代。

《论语》中孔子三评管仲

《论语》中，孔子三次评价管仲，一次批评管仲不知礼，一次肯定管仲执政公正，人不怨恨，一次赞美管仲为仁人，从三个方面呈现了管仲的形象。我们分别分析一下。

从批评方面来看，《论语·八佾》记载，孔子说："管仲器量小！"有人问："管仲俭朴吗？"孔子说："管仲家有三处采邑，官事不准代理兼职，怎么算俭朴？""那么管仲知礼吗？""国君宫门前立有照壁，管仲也立照壁。国君为两国国君之友好，有放酒的台子，管仲家也有放酒的台子。说管仲知礼，谁不知礼？"

> 子曰："管仲之器小哉！"或曰："管仲俭乎？"曰："管氏有三归，官事不摄，焉得俭？""然则管仲知礼乎？"曰："邦君树塞门，管氏亦树塞门。邦君为两君之好，有反坫，管氏亦有反坫。管氏而知礼，孰不知礼？（《论语·八佾》）

孔子批评管仲采邑多、用官员多，经济享受，治理朝廷不能为国俭朴；住房设计及酒台规格享受的是国君的礼制规格，僭越违礼。管仲商人出身，注重物质享受，不在乎礼制规格，这是孔子所批评的。

从肯定方面来看，《论语·宪问》记载有人请教孔子如何评价管仲，孔子说："是个人才。他剥夺了伯氏骈地采邑三百户，伯氏只能以粗劣食物当饭吃，但伯氏终身无怨言。"

> 问管仲。曰："人也。夺伯氏骈邑三百，饭疏食，没齿无怨言。"（《论语·宪问》）

伯氏为什么被管仲剥夺了采邑三百户，我们不清楚。治理国家，必有赏罚。依据法规公正裁断，人方无怨恨。孔子肯定管仲是人才，是指管仲执政公正，依礼法办事，所以伯氏无怨言。

从赞美方面来看，《论语·宪问》记载子路问孔子："齐桓公杀了哥哥公子纠，召忽为公子纠自杀，但管仲却没有为公子纠死。管仲算不上仁人吧？"孔子说："齐桓公九次主持诸侯会盟，不是通过兵车战争手段，这是管仲的力量啊！管仲有管仲之仁！管仲有管仲之仁！"

> 子路曰："桓公杀公子纠，召忽死之，管仲不死。"曰："未仁乎？"
> 子曰："桓公九合诸侯，不以兵车，管仲之力也。如其仁！如其仁！"
> （《论语·宪问》）

子路的问话暗含批评，认为依为臣之道，臣当为君死。管仲为人不忠，自己主君被杀，不为主君殉难。孔子不同意，认为管仲虽不忠于主人，但后来辅助齐桓公九次主持诸侯会盟，不动兵车武力，这是管仲的力量。管仲有功于中原各国的联合，有功于国有利于民，这是管仲之仁。《论语·述而》记载了孔子之言："子曰：'若圣与仁，则吾岂敢？'"我岂敢当圣与仁？仁是孔子教化的德性高位，孔子不敢称自己为仁人，但他认为管仲是仁人，这评价很高。

《论语·宪问》记载，孔子的回答并没有让学生们满意，孔子回答子路后，子贡接着又问孔子："管仲不能算仁者吧？齐桓公杀公子纠，管仲不能为公子纠而死，还去给齐桓公做相。"孔子说："管仲当齐桓公的相，齐国称霸诸侯，把中原各国统一联合起来，人民到今天还受他的恩赐。没有管仲，我就要把头发编成辫子，衣襟向左边开了。管仲岂能像普通匹夫匹妇那样固执，自尽在水沟里，不为天下人所知呢？"

子贡曰："管仲非仁者与？桓公杀公子纠，不能死，又相之。"子曰："管仲相桓公，霸诸侯，一匡天下，民到于今受其赐。微管仲，吾其被发左衽矣。岂若匹夫匹妇之为谅也，自经于沟渎而莫之知也。"（《论语·宪问》）

"被发左衽"中的"被发"指头发散乱。"左衽"，北方游牧民族衣襟左开。中原是束发，衣襟右开。"微管仲，吾其被发左衽矣。"指齐国联合中原各国对抗北方游牧民族，使其不能南下。孔子赞美管仲辅佐齐桓公，齐国称霸，尊王攘夷，会盟诸侯，把原来散乱的中原各国联合了起来，保护了中原民族和中原文化。

从孔子对管仲的评价中可以看出，孔子的"仁"是以最终效用来判断的。孔子用管仲对齐国和中原功业的贡献来抵消管仲不忠于公子纠的德性上的缺陷，这在哲学上属于实用主义。

实用主义指的是判断一件事情的好坏，要从这事的效果来看。对人有益有效用的，就是好；对人有害无益的，就是坏。善恶是非的标准，要从效用来判断，而不是从出发点或程序来判断。讲的不是原则正义或程序正义，讲的是结果正义。实用主义虽然是一种现代哲学思潮，但其思想渊源却很古老，世界各国的古代思想传统中都有。孔子对管仲的评价背后隐含着孔子的深层思想是实用主义思想。

孔子认为，管仲享受君主规格的生活是僭越礼制。子路坚持传统忠君思想，认为管仲不为公子纠而死，是非礼。子贡也坚持传统忠君思想，认为君主之仇敌即臣子之仇敌，管仲辅佐杀了自己主人的齐桓公，也是非礼。但对孔子来说，管仲虽然有这些非礼行为，但最终有功于国有功于民，这些非礼行为并不妨碍管仲成为仁者，这是非常实用主义的态度。

从孔子对管仲的评价中，可以看出孔子思想中一个未解决的深层矛盾，那就是骨子里的实用主义和形式上对礼制的重视。《论语·颜渊》记载颜渊问仁，子曰："非礼勿视，非礼勿听，非礼勿言，非礼勿动。"孔子回答颜渊时，把礼的地位抬得很高，当成实现仁的必由路径。但孔子回答子贡时，又把忠君的礼制传统称为"匹夫匹妇的固执"，不能用于评价管仲这样的大人物。要解决孔子思想中的矛盾，就必须重新解释"新仁新礼"。新仁新礼中，不包含因忠于君主而为君主牺牲的内容，如果不是在这种新层次上建立新的"仁—礼"整合，孔子的教导就会出现大问题，以实用主义面对礼制传统的问题，显出对礼的原则与形式的虚伪态度。遗憾的是，孔子本人并没有在思想上完成这个"新仁新礼"的整合，他以实用主义的效用来评价管仲，以"匹夫匹妇的固执"来评价为传统礼制而死的召忽等人，他的学生还会认真对待他关于"克己复礼"的教导吗？

从孔子对管仲的评价中，我们能看出管仲在孔子心中的形象：重财富享乐、不在乎礼制规矩、执政公正而人不怨、成就齐国霸业、联合诸侯国抵抗南北入侵、九合诸侯建立中原国际盟约秩序。

商人治国：信誉是生命

《史记·管晏列传》记载管仲之言："吾始困时，尝与鲍叔贾，分财利多自与，鲍叔不以我为贪，知我贫也。"管仲曾与鲍叔一起做生意，他有商业经历。中国历史上商人执政的并不少见。春秋战国是商业繁华的时代，商人从政成为一种现象。一些君王有商人出身的相辅佐，如齐桓公有管仲，越王勾践有范蠡，秦庄襄王、秦始皇有吕不韦。虽然朝廷的意识形态向来重农抑商，但在中国政治史上，商人对政治的影响力总以不同的方式存在。

齐桓公找了商人出身的管仲来治国，管仲将自己的商业价值观带入了齐国的治理之中。对商人来说，信誉是生命。没有信誉，就没有合作者，就失去了组织资源的能力。商人想要把生意做大，就必须重视信誉。管仲治齐，就特别重信誉，在国际关系中坚持守信原则，这是齐国强大的开始。

《史记·刺客列传》记载，前681年，齐国征伐鲁国，鲁国战败。鲁庄公献地求和，齐桓公与鲁庄公柯地会盟。双方完成盟誓后，鲁国将军曹沫突然冲上盟誓坛场，用匕首劫持了齐桓公。齐桓公身旁的人不敢动，问曹沫说："你想干什么？"曹沫说："齐强鲁弱，但齐国这样的大国侵犯鲁国也太过分。今天鲁国都城如果倒塌，其他大国就会压到齐国国境。您好好想想。"齐桓公于是许诺全部归还过去侵占的鲁国土地。齐桓公许诺完，曹沫扔了匕首，走下盟誓坛场，脸向北面回到群臣的位置上。面色不变，说话如故。齐桓公愤怒，想背弃刚才的约定，管仲说："不可。贪图小利以让自己痛快，对诸侯背信弃义，会丧失天下援助，不如还给鲁国。"于是齐桓公就把侵占鲁国的土地分割出来，将曹沫率领鲁军三次战败所丧失的鲁国土地都还给了鲁国。

> 齐桓公许与鲁会于柯而盟。桓公与庄公既盟于坛上，曹沫执匕首劫齐桓公，桓公左右莫敢动，而问曰："子将何欲？"曹沫曰："齐强鲁弱，而大国侵鲁亦甚矣。今鲁城坏即压齐境，君其图之。"桓公乃许尽归鲁之侵地。既已言，曹沫投其匕首，下坛，北面就群臣之位，颜色不变，辞令如故。桓公怒，欲倍其约。管仲曰："不可。夫贪小利以自快，弃信于诸侯，失天下之援，不如与之。"于是桓公乃遂割鲁侵地，曹沫三战所亡地尽复予鲁。（《史记·刺客列传》）

《史记·齐太公世家》记载，诸侯听说了柯地会盟的事，都信任且愿依附齐国。前680年，柯地会盟第二年，诸侯赴甄地参加齐桓公盟会，齐桓公开始成为诸侯霸主。

诸侯闻之，皆信齐而欲附焉。七年，诸侯会桓公于甄，而桓公于是始霸焉。（《史记·齐太公世家》）

《管子》的思想

管仲对后世的影响很大，除了因为政治上有非凡成就外，还因为《管子》这本集大成的政治经济文集。学界通常认为，齐桓公田午在位期间（约前374年—前357年）创办稷下学宫，招揽各国游士讲学议论，《管子》一书应当是稷下学子们继承管仲思想并托名管仲的著作。《管子》对中国历史深有影响，我从以下五个方面简要介绍。

一、交换服务式领导力

政之所兴，在顺民心。政之所废，在逆民心。民恶忧劳，我佚乐之。民恶贫贱，我富贵之。民恶危坠，我存安之。民恶灭绝，我生育之。（《管子·牧民》）

民众厌恶忧劳、贫贱、危坠、灭绝四件事。所以，执政治国要消除民众厌恶之事，使人不忧劳、不贫贱、不危坠、不灭绝。民众追求的是富贵、安乐、安全、生育四件事，执政治国要使人富贵，使人安乐、使人安全、使人能养育后代。

《管子·牧民》中还说："能佚乐之，则民为之忧劳。能富贵之，则民为之贫贱。能存安之，则民为之危坠。能生育之，则民为之灭绝。"朝廷能使民众悠闲安乐，民众愿为朝廷承受忧劳。朝廷能使民众富有，民众愿为朝廷忍受贫贱。朝廷能使人民安定，民众愿为朝廷承担危难。朝廷能使百姓生育繁息，民众愿为朝廷牺牲。

《管子》对朝廷与民众关系的看法，是一种交换关系。执政治国就是实现民众安全、富贵、佚乐和生育的欲望，换来百姓对君王朝廷的支持、奉献和牺牲。商人的世界是一个交换的世界，管仲把朝廷与民众的关系也视为一种交换关系，认为治国的核心是学会交换。你能为百姓做什么，百姓就愿意为你奉献什么。《管子》中的领导力模型，属于交换服务式领导力模型。

二、经济富裕产生礼节荣辱

> 凡有地牧民者，务在四时，守在仓廪。国多财，则远者来，地辟举，则民留处；仓廪实，则知礼节；衣食足，则知荣辱。(《管子·牧民》)

《管子·牧民》上说："凡拥有土地治理民众者，务在重视四时，靠仓廪之粮来坚持。国家多财富，远方之人会来。土地开垦得好，老百姓就留居下来。仓库粮食充实，民众则知礼节。衣食丰富，人们则知荣辱。"没有经济的富裕，就没有礼义廉耻，也没有礼节荣辱可谈。这种将礼节荣辱视为经济富裕产物的观点，有明显的商人色彩，这在中国诸子百家中很少见。

三、无为而治的经济繁荣之道

经济是礼节荣辱的基础，那么怎么发展经济呢？首先得朝廷不扰民，而民众"自试自为"。《管子·形势解》认为："明主治理天下，使民众安定不被干扰，使民众逸乐，少劳役。不扰民，民众就会自己遵循效法。少劳役，民众就会尝试自己发展，所以说：'君上无事，民众就会自己尝试发展。'"

明主之治天下也，静其民而不扰，佚其民而不劳；不扰，则民自循；不劳，则民自试，故曰："上无事而民自试。"（《管子·形势解》）

君主朝廷无事不扰民，民众自我尝试发展事业，这是经济繁荣的前提。《管子·禁藏》中有一段关于人性趋利、因势利导的名言："夫凡人之情，见利莫能勿就，见害莫能勿避。其商人通贾，倍道兼行，夜以续日，千里而不远者，利在前也。渔人之入海，海深万仞，就彼逆流，乘危百里，宿夜不出者，利在水也。故利之所在，虽千仞之山，无所不上。深源之下，无所不入焉。"

这段文字简易明了，不用翻译大家也能明白。强调人性趋利避害，利之所在，人之所往。善于治国者，要使国家法律政策有利于众人谋利，为众人创造出利益空间，人性趋利，自然会实现经济自发繁荣的结果。《管子》无为而治的经济思想，与老子无为而治的思想相通，如《道德经》第五十七章："我无为，而民自化；我好静，而民自正；我无事，而民自富；我无欲，而民自朴。"

经济上的无为而治，是不是意味着朝廷在面对市场秩序时就完全不管了呢？不是这样的。《管子》主张朝廷对市场的适当调控，主要调控两个环节：第一，朝廷必须控制住货币，这样才能够影响整个市场的运行；第二，粮价必须稳定。粮食是必需品，不完全是商品属性。必需品和普通商品，在管理上要有差别。粮价不能波动太大，《管子》认为，国家要加强对粮价的调控。粮食丰收、粮价下跌，朝廷要以高于市场的价格来收购储存粮食。粮食歉收、粮价上涨，朝廷要以低于市场的价格供应粮食以平抑粮价，防止粮价过大波动，影响社会稳定。这种经济调控方式，是为了保护市场秩序稳定运行。《管子》中朝廷有限干预市场运行的经济治理模式，对以后两千多年中国的经济治理模式有深远影响。

四、奢侈消费促经济繁荣

《管子》中有一个前所未有的、逆主流观点，就是肯定奢侈对经济的促进作用。《管子·侈靡》篇记载了齐桓公与管仲的对话，齐桓公问管仲："兴时化若何？"如何才能兴起时势带来好的变化？管仲回答："莫善于侈靡。"没有比发展奢侈消费更好的了。管仲认为，没有奢侈消费，经济就没办法繁荣，需要通过刺激消费来刺激生产、创造就业和发展经济。管仲认可奢靡行为的正面经济价值，以工商为本位的经济观点，在中国思想史上是第一次，在人类经济思想史上也是少有的。《管子》的侈靡论，有管仲是商人的个人原因，也有齐国经济结构的原因。《史记·齐太公世家》记载："太公至国，修政，因其俗，简其礼，通商工之业，便鱼盐之利，而人民多归齐，齐为大国。"姜太公受封齐国，治国简易，入乡随俗。齐国的农业经济条件不好，但靠海可以捕鱼煮盐，因此工商业发展成为齐国重要的经济基础。市场需求上升是工商经济发展的前提，侈靡意味着市场需求旺盛。管仲以工商经济为基础，从商人视角看待国家需求与供给的关系，强调侈靡消费促进经济发展的作用，在人类经济学史上非常超前。

1714 年，荷兰经济学家伯纳德·曼德维尔（Bernard Mandeville）发表了著作《蜜蜂的寓言》。《蜜蜂的寓言》认为，个人追求物欲满足会给公众带来福利。这是一个寓言故事，说有一个蜜蜂社会，人人都物欲横流，追求奢侈生活，违背俭朴的道德准则，但这个社会很繁荣。后来有一批不满现实的领袖上台，追求道德生活，以简朴为美，反对奢侈消费。以德治国的结果是这个蜜蜂社会经济开始衰败，人民变得贫困。

伯纳德·曼德维尔的经济学观点与管仲相同，他们都认为物欲的满足以及对奢侈的追求，会带来高消费的市场需求，刺激工商业的繁荣，最终带来整个国家的富强。伯纳德·曼德维尔的观点对经济学家凯恩斯的影响很大，凯恩斯在 1936 年发表的《就业、利息和货币通论》一书中，认为有效需求不足会导致国家的有效供给不足，造成巨大失业。从政策上，凯恩斯认为在经济萧条的情况下，政府应当实施公共工程，以刺激需求，带来就业。《管子·乘马数》中提到以工代赈的观点："若岁凶旱水泆，民失本，则修宫室台榭，以前无狗后无彘者为庸。故修宫室台榭，非丽其乐也，以平国策也。"若遇上大旱大水的灾年，民众无法务农，则朝廷修建宫室台榭，可以雇佣那些养不起猪狗的人为佣工。所以修建宫室台榭，并非图其享乐，而是安定国家的策略。

在管仲的治理下，齐国聚天下之财，引天下之商，甚至开办了官办妓院。《战国策·东周策》记载："齐桓公宫中七市，女闾七百。""女闾"指的就是官妓场所。人类有一些历史极其相似。管仲去世几十年后，商人出身的古希腊执政官梭伦（Solon，约前640年—约前558年）在全希腊推行有利于工商业发展的改革，在加保财产权的同时，采取了类似管仲的重商政策，减轻了商业税收。

五、遵法而治

《管子·法法》中说："虽圣人能生法，不能废法而治国。故虽有明智高行，倍法而治，是废规矩而正方圜。"圣人能制订法律，但不能废除法律而治国。所以虽有明彻的智慧、高尚的品行，若背弃法律而治，这是废除规矩而想去画方与圆。《管子·任法》还说，法律应当"如天地之坚，如列星之固，如日月之明，如四时之信"，如自然法则那般稳固恒定。

《管子》认为，就算君主具有圣人之才，治理大国也不能靠君王个人意志的自由裁量，要靠稳定的法律。法律不能是君主意志的体现，而是要遵循自然法则，顺应百姓习惯，符合百姓人心。《管子》对法律的看法，属于人类思想史上的自然法思想学说。法律不是统治阶级的意志，也不起源于社会契约。法律是客观的天道法则在人间的表现。所以，法律很神圣，超越所有人，不能轻易地改变。

从《论语》孔子对管仲的评价及《管子》的思想中，我们可以比较完整地看出管仲的历史地位。管仲是春秋重要的政治家、外交家和思想家。管仲的思想有明显的工商本位立场，这在先秦思想家中很少见。秦始皇统一中国后，重农抑商愈来愈成为主流，《管子》这种在工商业基础上形成的重要思想传统逐渐被边缘化。

重耳的价值观

这一讲我们评点晋文公重耳，重点分析重耳的价值观。重耳是晋国国君，大约生活在前 697 年到前 628 年，出生地在今山西运城附近。《史记·晋世家》记载："晋文公重耳，晋献公之子也。自少好士，年十七，有贤士五人：曰赵衰；狐偃咎犯，文公舅也；贾佗；先轸；魏武子。"重耳好养士，十七岁时就已有五位贤士追随。

晋国是春秋五霸之一，晋文公重耳是继齐桓公之后的第二位春秋霸主。重耳的历史形象主要由两件事构成：一是他熬过了长达 19 年的流亡生活，返回晋国成为晋国国君；二是在城濮之战中，他率领晋国联军战胜了楚国联军，遏制了楚国北进的势头，成为北方各国的盟主。这一战奠定了此后晋楚争霸的国际格局。

重耳 43 岁时，为避祸从晋国逃到狄国。重耳母亲是狄人，重耳被狄人保护起来。12 年后，杀手追到狄国，重耳从狄国逃到齐国，到齐国时是 55 岁。重耳在齐国避难 5 年以后，又到楚国，最后到秦国。经过 19 年的流亡生活，重耳 62 岁时，秦国派重兵送重耳返回晋国，夺取君位，成为晋国国君。重耳把晋国发展成为春秋时期的霸主，成为中国史上的励志传奇。

城濮之战

前 632 年，在今天山东鄄城西南地区，发生了晋国联军和楚国联军之间的城濮之战。城濮之战是春秋中原争霸的第一战，奠定了其后 150 多年的春秋国际秩序。

> 夏，伐宋，宋告急于晋，晋救宋，成王罢归。将军子玉请战，成王曰："重耳亡居外久，卒得反国，天之所开，不可当。"子玉固请，乃与之少师而去。晋果败子玉于城濮。成王怒，诛子玉。（《史记·楚世家》）

城濮之战是晋国联军（晋国、秦国和齐国）攻打楚国联军（楚国、陈国和蔡国）。重耳在流亡期间，秦国、齐国和楚国都有恩于重耳。重耳并不想与楚国开战，楚成王本人也不愿意打，但楚国将领子玉坚持打这一仗，结果晋国、秦国、齐国联合起来对付楚国。城濮之战，楚国在内政、外交、军事上皆有失误。

城濮之战中，晋国、秦国、齐国这三个北方大国联手遏制了南方楚国北进的势头，对中国历史影响深远，其后晋、楚两个春秋大国互有胜败，两大国际联盟达成了军事平衡，形成了春秋均势外交的局面。可以说，城濮之战奠定了春秋 150 多年太极图式的国际秩序。

司马迁在《史记·晋世家》中评价晋文公："古所谓明君也。"我们集中分析重耳的四个故事，看看这位明君的特征。第一是天命意识，第二是善待贤才，第三是善待杀手履鞮，第四是重耳对赏赐的看法。

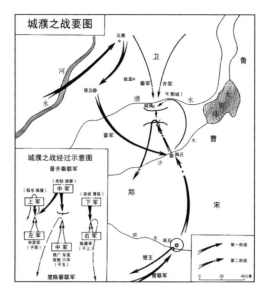

城濮之战示意图

天助者人助

重耳最大的特点就是得人，所到之处总有人积极主动地帮助他。自周朝以来，中国人认为天助者人助。天命降临，这个人身上会有一种神秘力量，给人巨大的信心。重耳招人喜欢，让人信任，众贤士愿意追随他，他的妻子们也愿意帮助他。齐桓公、楚成王和秦穆公都很看好他，愿意鼎力相助，重耳身上有一种特殊的吸引力。

《史记·赵世家》记载赵衰要出来做事，事先占卜看到底应该跟随谁。他对晋国的晋献公和诸公子都进行占卜，结果都不吉利。占卜重耳，大吉。《史记·赵世家》："赵衰卜事晋献公及诸公子，莫吉；卜事公子重耳，吉，即事重耳。"赵衰就死心塌地跟定重耳，追随重耳流亡19年。重耳成功返晋后登上晋君之位，赵衰为重臣，赵氏家族得以兴旺发展，说明赵衰的占卜是正确的。

赵衰等追随者认为重耳有天命在身，重耳的妻子齐国姜氏也认为重耳天命在身。《国语·晋语》中记载，重耳娶了齐国的姜氏，很满足在齐国的生活。但齐国内乱，追随重耳的子犯（即狐偃）等人在桑树下商议，知道齐国不可能出兵助重耳，于是他们计划离开齐国，但担心重耳不想离开。他们的谈话被一养蚕女偷听到，告诉了姜氏。姜氏杀了养蚕女，对重耳说："跟从你的人计划带你离开齐国，听到他们谈话的人，我已除掉。你必须听从追随你的人，不可以有二心。如果你有二心，就成就不了你的天命。《诗经·大雅·大明》上说：'上帝临女，无贰尔心。'先王是知道的，岂可有二心？你避开晋国之难抵达齐国。自你离开晋国，晋国没有安宁的岁月，人民没有能干的君主。上天还没有让晋国灭亡，无人比公子你更有才能。能拥有晋国的，除了你还有谁？你要勉力为之。上帝降临你，有二心就会有灾祸。"

> 子犯知齐之不可以动，而知文公之安齐而有终焉之志也，欲行，而患之，与从者谋于桑下。蚕妾在焉，莫知其在也。妾告姜氏，姜氏杀之，而言于公子曰："从者将以子行，其闻之者吾以除之矣。子必从之，不可以贰，贰无成命。《诗》云：'上帝临女，无贰尔心。'先王其知之矣，贰将可乎？子去晋难而极于此。自子之行，晋无宁岁，民无成君。天未丧晋，无异公子，有晋国者，非子而谁？子其勉之！上帝临子，贰必有咎。"（《国语·晋语》）

重耳很享受在齐国的生活，不听劝告，不想离开。但这位姜氏一不做，二不休，她与子犯商量，把重耳灌醉了，载在车上离开了齐国。

《左传·僖公二十三年》记载，楚成王评价重耳："天将兴之，谁能废之？"楚成王认为上天要兴起重耳，他为什么会有这样的判断呢？重耳如何传达出一种天命感而被人感知呢？天命决定命运，但天命神秘难解，春秋时期的人如何判明天命呢？今天我们习惯说"自助者天助"，但对重耳来说，是"天助者人助"。

性情中人重耳

重耳尊贤重士，有二十多人追随他流亡，其中有五位贤才：赵衰、狐偃、魏武子、先轸、胥臣。这些人才华出众，有国家情怀，他们追随重耳流亡十九年，其中赵衰的后代建立了赵国，魏武子的后代建立了魏国。

善用贤才，群策群力，是成就大业的基础，这正是重耳的优点。子犯这些人在流亡途中，所思所想的仍是未来的治国大业。《左传·僖公二十三年》记载，重耳在狄国十二年，离开狄国路过卫国时，卫文公没有对重耳尽地主之礼。重耳一行离开五鹿地，向野地之人乞食，野地之人给他一块泥巴。重耳愤怒，要鞭打野人。子犯说："这是天赐土地！"重耳叩头至地行稽首礼，接受土块，载于车上。

> 处狄十二年而行，过卫，卫文公不礼焉。出于五鹿，乞食于野人，野人与之块，公子怒，欲鞭之。子犯曰："天赐也！"稽首，受而载之。（《左传·僖公二十三年》）

从"公子怒，欲鞭之"这个细节看，重耳是性情中人，行为反应并非总有取国之自觉，倒是他的手下赵衰、子犯这些贤才一心助他返晋夺君位。子犯把乞食得土块解释为晋国得到五鹿领土的象征，以激励重耳。重耳也是明白人，一听就懂，从谏如流。《国语·晋语》更详细地记载了子犯之言："这是上天之赐！民众以土地归服，尚有何求？天命之事，必有征兆。十二年后，我们必获得此土地（指五鹿之地）。你们几位记住，岁星进入寿星及鹑尾星的时间，晋国会拥有这块土地。"

> 子犯曰："天赐也。民以土服，又何求焉！天事必象，十有二年，必获此土。二三子志之。岁在寿星及鹑尾，其有此土乎！"（《国语·晋语》）

重耳手下贤明之士众多，令人印象深刻。楚成王评价重耳说："从者皆国器，此天所置。"追随重耳的都是能治国的有才器之人，这是上天安排的。领袖的水平如何，看其追随者的水平就知道了。能否发现人杰运用人杰，这是衡量领导力的关键。

公私分明不念旧仇

从重耳对待杀手履鞮的态度，能看出他本人公私分明。履鞮又名勃鞮、寺人披，是晋国的一个杀手宦官。《史记·晋世家》记载，履鞮曾受命于晋献公和晋惠公，两次追杀重耳。第一次奉晋献公之命追杀重耳时，重耳翻墙逃跑，履鞮砍下他的袖口。重耳逃到狄国第十二年，履鞮又受命于晋惠公，带人远远追到狄国来杀重耳，重耳被逼逃离狄国。

重耳返国当上晋国国君以后，这位履鞮要求见重耳，重耳不愿见他，但没派人杀他，只让人责备他："你在蒲城追杀我，砍下我的衣袖。其后我随狄国国君狩猎，你为晋惠公来杀我。晋惠公与你约定三天到，你一天就到了，你怎么这么快？你好好想想吧！"

> 蒲城之事，女斩予袪。其后我从狄君猎，女为惠公来求杀我。惠公与女期三日至，而女一日至，何速也？女其念之。（《史记·晋世家》）

履鞮回答说："我是被刀锯阉割之人，不敢以二心事奉君主背离主人，所以得罪过你。今天君主您已返回晋国，难道就不会再有蒲城、狄国刺杀之事？而且当年管仲射中桓公带钩，桓公（用管仲）以成就霸业。今天我这个受过宫刑的人有事要向君主您报告，但您不见我，祸患又会来了。"

> 宦者曰："臣刀锯之余，不敢以二心事君倍主，故得罪于君。君已反国，其毋蒲、翟乎？且管仲射钩，桓公以霸。今刑余之人以事告而君不见，祸又且及矣。"（《史记·晋世家》）

重耳召见履鞮，履鞮把大臣吕省、郤芮准备谋反的消息告知重耳。重耳部署完毕，悄悄前往秦国避难。吕省、郤芮等果然谋反，被重耳军队击败，逃往秦晋边境，被秦穆公诱杀于黄河中。重耳从秦国返回晋国，清理叛军残部，巩固了政权。秦穆公送了 3000 名秦兵作为重耳卫队，保卫重耳安全。

履鞮差点要了重耳的命，但重耳知道履鞮追杀自己是受命于晋君，并非出于私仇，重耳归国后并没有找履鞮报仇。在对待履鞮的问题上，重耳公私分明，公事公办，因此得到了履鞮的重大帮助。履鞮追杀过重耳，重耳当上晋君后，履鞮没有逃跑反而给重耳报信，前提是他对重耳有信心，知道自己与重耳有公仇无私仇，重耳不会因为私仇杀他。

从对待履鞮这件事上，我们能看出重耳为什么受人拥戴。相比重耳不杀履鞮的道义精神，在重耳死后 400 年，秦始皇打败赵国进入邯郸，把跟他母家有私仇的人都抓来活埋了。

赏赐功臣背后的价值

《史记·晋世家》记载重耳当上国君后，要赏赐功臣。有一个人叫壶叔，是跟随重耳的仆人，来找重耳说："君三行赏，赏不及臣，敢请罪。"您已经赏赐三轮了，我还没有得赏，特来请罪。重耳这么回答壶叔："以仁爱道义引导我，以德政惠民防止我犯错，这种人受上赏。辅助我行动，得以做成事，这种人受次赏。迎着弓箭和抛石的危难，有汗马之功劳，这类人受次次赏。如果只是以劳力事奉我，不能弥补我的缺陷的，这类人受次次次赏。所以三轮奖赏之后，就该到你了。"晋人听说，都很高兴。

> 文公报曰："夫导我以仁义，防我以德惠，此受上赏。辅我以行，卒以成立，此受次赏。矢石之难，汗马之劳，此复受次赏。若以力事我而无补吾缺者，此复受次赏。三赏之后，故且及子。"晋人闻之，皆说。(《史记·晋世家》)

对重耳来说，臣子最大的功劳是能"导我以仁义，防我以德惠"，这是治国价值观建设的问题。在历史的长河中，所有的执政者都将死去，他们能在历史中流传下来影响后世的，就是他们的经验教训和价值观。执政者的一言一行都在塑造国家的价值观念，在这个意义上，执政治国其实就是建立国家的传统价值观。有这种认知，才会认为"导我以仁义，防我以德惠，此受上赏"。

不少领袖喜欢提拔在身边侍奉过自己的人，这是考虑到与下属之间有信任、好控制，不是考虑国家利益本身。重耳不同，他施行赏赐的标准，是国家利益至上。赏赐是有等级的，赏赐的背后有他的价值层级。重耳的价值层级如下：受上赏者为价值之功，其次是政治之功，再次是战争之功，最后是勤务之功。

重耳不仅是这么说的，也是这么做的，按照四个等级论功行赏。《史记·晋世家》记载，城濮之战以后论功行赏，晋文公把首功给了狐偃。有人说城濮之战是先轸的策略，首功应该给先轸。重耳说："城濮之事，偃说我毋失信。"城濮之战时，狐偃劝说我不能失信于楚国，提醒我要遵守对楚成王的承诺，一旦与楚军开战，晋军一定要先退避三舍，以示报恩和礼让。先轸跟我说要优先考虑军事的胜利，"军事胜为右"。我采用了先轸的策略取得了胜利，但是先轸的看法是"一时之说"，是短期的利益。狐偃所说的话是"万世之功"，有构建万世价值和利益的功绩。我们不能把军事上的一时获利，放在构建万世价值传统的功业之上，所以得首先赏赐狐偃。

> 文公曰："城濮之事，偃说我毋失信。先轸曰'军事胜为右'，吾用之以胜。然此一时之说，偃言万世之功，奈何以一时之利而加万世功乎？是以先之。"（《史记·晋世家》）

对重耳来说，论功行赏要考虑万世之功，这个万世之功就是国家必须建立起重义守信的价值传统。对一个国家的发展而言，是形成重义守信的价值传统重要，还是赢得一场战争重要？对重耳来说，通过赏赐来塑造一个国家重义守信的传统，这才是根本利益，是国家长远的重大利益。

重耳打压一下有军功之臣先轸，是有先见之明的。先轸是重耳的重要谋臣、晋国名将，向来好战主战。前 633 年的城濮之战，晋国按先轸的策略打败了楚国。前 627 年，重耳去世一年不到，先轸力排众议，在崤之战全歼秦军。这在军事上是重大胜利，但只是一时之利，在道义上留下了很严重的问题。楚国和秦国都有大恩于重耳，尤其是秦国。重耳得以返国当政靠的是秦国鼎力支持。晋国在崤之战中如此翻脸不认恩人的做法，破坏了春秋的道义传统，造成了秦国和楚国之间的仇恨。

秦国统一中国之战，最早消灭的就是三晋。秦国进入三晋后非常残暴，秦将白起活埋了四十万赵国降卒。秦军对三晋韩赵魏出手残暴，背后有强烈的复仇心理，此举拉低了中华的价值水准。追根溯源，是因为有先轸这样的人，他们以只讲胜败不讲礼义的做法，结束了春秋的礼义传统，开启了血腥的战国时代。

一个国家的赏与罚，一个国家的激励机制，表达的是国家的价值导向。重耳实施赏罚的价值等级，给人启发。从重耳的价值之功—政治之功—军事之功—勤务之功的次序安排来看，重耳是一位有价值自觉的国君，他会把自己的政治决策放在国家政治传统、价值传统构建的基础上思考，这非常难得。

宋襄公应该被嘲笑吗？

这一讲我们来分析宋襄公引发的争议。宋襄公是宋国的第二十任国君，他在位的时间大约是前650年到前637年。宋襄公的故事通常被现代人解读为迂腐的仁义道德，但历史上对宋襄公的评价却没这么简单，而是存在立场相反的两种态度：一种是以《左传》《春秋穀梁传》为代表的否定态度；另一种是以《春秋公羊传》《史记》及董仲舒的《春秋繁露》为代表的肯定态度。本讲重点分析历史上思想家们看似相互矛盾的两种评价，以及他们曾经面临的困惑。

宋国历史

在讲宋襄公的故事之前，我们有必要先介绍一下宋国。春秋时期的宋国以今天的河南商丘为中心，是以归顺周武王的微子为国君的殷商遗民国家。《史记·宋微子世家》记载，微子开乃殷帝纣王之庶兄，周公在平定武庚之乱后，"乃命微子开代殷后，奉其先祀，作微子之命以申之，国于宋"。宋国的东西北与鲁国、郑国和卫国这三大姬姓诸侯国接壤，南面是周武王所封的大舜后裔妫满所管辖的陈国。周武王将长女大姬嫁给妫满，陈国与周王室是姻亲关系。宋国处于姬姓诸侯国的环绕监督之中。

今人认为宋毅是哪个字的繁体字襄公迂腐，主要是因为两件事：第一件事是前 639 年宋国与楚国在盂地会盟，宋襄公因为坚持不带兵而被楚成王活捉；第二件事是宋楚泓水之战时，宋襄公遵守传统的战争礼制，结果被楚国打败。

盂地会盟言而有信

《春秋公羊传》记载，宋襄公与楚成王约好"乘车之会"的和平谈判，公子目夷劝他说："楚国是蛮夷之国，强大而不讲礼义。请您以'兵车之会'的形式去。"宋襄公说："不可以。我跟他约的是和平的'乘车之会'，这是我提议的，我自己又背弃？所以说不可以。"最后还是以无武器的乘车之会与楚成王见面。楚人果然埋伏了兵车，抓住了宋襄公，以讨伐宋国。

> 宋公与楚子期以乘车之会，公子目夷谏曰："楚，夷国也，疆而无义，请君以兵车之会往。"宋公曰："不可。吾与之约以乘车之会，自我为之。自我堕之，曰不可。"终以乘车之会往，楚人果伏兵车，执宋公以伐宋。（《春秋公羊传》）

春秋诸侯会见的外交礼制主要有两种形式：一种是"兵车之会"，各带武装兵车参会，每部兵车为四马一车三人，带弓箭、长矛等武器；一种是"乘车之会"，一车两人，不带武器，这是和平相会。《史记·孔子世家》记载："鲁君与之一乘车，两马，一竖子俱，适周问礼，盖见老子云。"指鲁君给了南宫敬叔一乘车，两马配一人，陪孔子去周京洛邑询问周礼，据说见到了老子。宋襄公跟楚王约的是"乘车之会"，是和平谈判。宋襄公遵礼守信，依约而去，但楚成王却背约弃信，以伏兵抓住宋襄公。

从这件事可以看出，宋襄公是一位勇敢、有点迂执守礼的正人君子。他固然是对楚国的霸道奸诈估计不足，但这是因为守约讲信而被欺负。宋襄公在会见过程中，发现楚人有诈，悄悄命令公子目夷返宋，安排目夷为宋国的新国君。宋襄公被俘后，拒绝了楚国割地的无理要求。楚成王围攻宋国首都不克，放宋襄公归宋。宋襄公归国，公子目夷马上把王位让回给宋襄公，可见宋襄公在宋国很得人心。在盂地会盟这件事上，《春秋公羊传》批判的不是宋襄公，而是楚成王，认为楚国不讲信用，强而无义。

泓水之战坚守军礼

第二件事是宋襄公在与楚国的泓水之战中，遵守西周以来的传统军礼，最后战败退守。

> 襄公与楚成王战于泓。楚人未济，目夷曰："彼众我寡，及其未济击之。"公不听。已济未陈，又曰："可击。"公曰："待其已陈。"陈成，宋人击之。宋师大败，襄公伤股。（《史记·宋微子世家》）

宋襄公与楚王战于泓。楚国军队还没有全部渡过泓水时，目夷说："敌众我寡，趁他们没有全部渡过河时，就去攻击他们吧。"宋襄公不听。楚人渡过河，还没有布好战阵，目夷又说："现在可以攻击了！"宋襄公说："等他们布好阵势吧！"楚军布好阵势，宋军发动进攻。结果宋军大败，宋襄公大腿受伤，退守都城。

宋国军队失败，大家都埋怨宋襄公。但是宋襄公说："当敌人处于不利环境的时候，君子不能乘人之危。敌人还没有排好战争的阵势，君子不能击鼓进攻。"《史记·宋微子世家》："君子不困人于阨，不鼓不成列。""阨"，指艰险的地方。《左传·僖公二十二年》的记载更为详细。宋襄公说："君子对受伤的敌人，不会再去第二次伤害。不会擒捉那些有花白头发的敌人。古代指挥军队，不依靠险要地形占便宜。虽然我是被灭的殷商遗民之国，我也不会去击鼓进攻那些还没摆好阵势的敌军。"

> 公曰："君子不重伤，不禽二毛。古之为军也，不以阻隘也。寡人虽亡国之余，不鼓不成列。"（《左传·僖公二十二年》）

"不重伤"，指不二次伤害。"不禽二毛"，指不擒拿头发已花白的老年士兵。投入战争，求胜至上。宋襄公之所以被人嘲笑是因为后人认为他迂腐地固守传统战争礼制而导致失败。其实，决定战争胜负的因素有很多，宋襄公和楚国作战失败未必仅仅是因为他坚守传统礼制。后人将宋襄公的失败归为守礼不知变通，其实是为成功不择手段的功利价值取向。

西周建立的军事礼制，其核心是想要降低伤亡，将战争的杀戮限制在有限范围内。因为中原各国多是姬姓贵族及其有姻亲关系的异姓军功贵族的后裔，他们的祖先帮助建立了西周王朝，得以受封建国，因此各诸侯国之间有着历史和血缘的紧密关系。军礼的形成就是以此为背景，面对一家人的内部矛盾，尽量以礼制降低战争的杀戮强度。

《论语·颜渊》记载颜渊问仁。子曰："克己复礼为仁。一日克己复礼，天下归仁焉。"孔子认为周礼的精神是仁。军礼是周礼的重要组成部分，也内含仁德精神。宋襄公在泓水之战中堂堂正正，坚守军礼，可谓求仁得仁。人终有一死，国终有一亡，在历史中留存下来的，就是人应对挑战的态度，这种态度是价值观的体现。

受托平定齐国内乱

宋襄公并非没有战争经验的人。据《史记·齐太公世家》记载，前643年齐桓公去世，齐桓公的众公子争立。齐桓公和管仲生前曾委托宋襄公照顾太子昭，"桓公与管仲属孝公于宋襄公"。宋襄公为信守委托，在前642年率领诸侯联军打败了齐国的众公子联军，"宋襄公率诸侯兵送齐太子昭而伐齐"，扶持太子昭当上了齐孝公。宋国是小国，齐国是大国。宋襄公因为受托于人，敢于犯难平定齐国内乱，受到当时各诸侯国的敬重。

宋襄公能平定齐国内乱，还有一个重要条件，就是在齐国有内应。楚国是一个对外同仇敌忾的国家，宋襄公并没有任何内应可依靠。而且楚国是一个大国，宋国是一个小国，楚宋双方的国家综合实力完全不同。

赞美宋襄公者言

宋襄公泓水之战失败，有人嘲笑他迂腐固执，但也有人因他坚守传统的道义原则赞他虽败犹荣。儒家重要著作《春秋公羊传》如此评价宋襄公："故君子大其不鼓不成列，临大事而不忘大礼。有君而无臣。以为虽文王之战，亦不过此也。"所以君子大加赞扬宋襄公不进攻没有摆好阵势的敌军，在大事面前也不忘遵守大礼。他有国君的德礼，却无能干的臣子。以为即便是文王之战，也不过如此。

西汉董仲舒在《春秋繁露》里赞扬宋襄公："故善宋襄公不厄人，不由其道而胜，不如由其道而败，《春秋》贵之，将以变习俗而成王化也。"董仲舒讲得很清楚，《春秋》这本史书之所以肯定宋襄公，不是以一时的成败论英雄，而是基于"变习俗成王化"，是基于整个国家社会习俗教化的考虑。如果不能由道义之路而取胜，还不如遵守道义准则而失败。一个国家的社会习俗是道义优先还是成败优先？这是一个重大的选择，影响国家道统，影响国民命运。按董仲舒的评价标准，后人嘲笑宋襄公，不是因为宋襄公可笑，而是因为人心坏了，习俗坏了。董仲舒提出了高要求，战争既要考虑战争成败，也要考虑这个过程中社会风俗、教化伦理的形成。

司马迁在《史记·宋微子世家》中评价宋襄公："襄公既败于泓，而君子或以为多，伤中国阙礼义，褒之也，宋襄之有礼让也。"襄公败于泓水之战，有些君子仍然赞扬宋襄公，这是因为感伤中国缺失了传统礼义文明，所以才赞扬他。宋襄公真的是有礼让精神哪！

为什么《春秋公羊传》《春秋繁露》《史记》并不认为宋襄公讲仁义很愚蠢呢？因为他们不完全以成败论英雄，而是考虑到国家的道义传统和社会的良好风俗。对他们来说，这些礼义传统要高于一两次战争的胜负。不能为了一时的胜利而违背道义是非的准则，宁肯为了道义是非的准则，去承受战争的失败。

人人都想成功，都想胜利，但如果是以不正当的方式，不择手段地赢得胜利，就会带来一种非常坏的社会示范。如果要胜利就必须不择手段，整个民族就会变成毫无道义底线的民族，社会风俗也不再讲正直、讲道义，这会伤害整个民族的灵魂和精神，最终伤害民族的整体大利。中国人曾有过关于成败得失和是非道义的思考，我们的祖先并不是完全以成败论英雄的。现实生活中不诚信的人其实是做不出事业的，没有人愿意跟不讲信誉、不讲规则的人合作。

重礼守义的鞌之战

宋襄公这样的礼义行为并非特例，他只不过是坚守了春秋的战争观和军礼传统，我以鞌之战的例子来说明一下。

前589年，齐国和晋国爆发鞌之战。齐国进攻鲁国、卫国，晋国来救。《左传·成公二年》记载，齐军战败，齐顷公乘车逃跑，晋国一位叫韩厥的将领亲自驾驭兵车追赶齐顷公。齐顷公的手下邴夏说："我们要射那个驾车的，那个驾车的是个君子。"春秋时期的"君子"有两层含义，指贵族或者讲道德仁义的人。逃难中的齐顷公回答说："你既然称他为君子，却又要射他，这是非礼。"

> 邴夏曰："射其御者，君子也。"公曰："谓之君子而射之，非礼也。"（《左传·成公二年》）

结果邴夏没射韩厥，而是把韩厥两边的人都射倒了，最后齐顷公的兵车被树绊住，韩厥率军追上了齐顷公。韩厥追上齐顷公之前，齐顷公和手下逢丑父已经更换了站位。韩厥到了齐顷公兵车面前，把自己的马拴住，对车上的逢丑父行了跪拜礼，奉上一杯酒加一块玉璧，说："国君让我们臣下替鲁卫两国请求，并告诫我们说，'不要让军队进入您齐国的领土。'下臣不幸，正好在军队服役，无法逃避，而且也害怕奔走逃避成为两国国君的耻辱。下臣身为一名战士，谨向君王报告我的无能，但由于人手缺乏，只好承担这个官职。"

> （韩厥）再拜稽首，奉觞加璧以进。曰："寡君使群臣为鲁、卫请，曰：'无令舆师，陷入君地。'下臣不幸，属当戎行，无所逃隐，且惧奔辟，而忝两君，臣辱戎士，敢告不敏，摄官承乏。"（《左传·成公二年》）

顶替齐顷公的逢丑父，命令齐顷公下车去取水，齐顷公得以逃走。齐顷公逃回齐国以后，亲自率军三次冲入战阵，要救逢丑父，但是韩厥已经把逢丑父送到了晋军统帅郤克处。晋国将领们得知逢丑父骗过韩厥放跑齐顷公，要求处死逢丑父，郤克却说："人不难以死免其君，我戮之不祥。"

这个人不害怕以死来使他的国君免除祸患，我如果杀这样的人，不吉祥。郤克释放了逢丑父。

从齐晋鞌之战，可见春秋军礼。齐顷公不射韩厥，因为他认为不能射杀君子。韩厥追上齐顷公，对齐顷公恭敬有礼。逢丑父冒死顶替齐顷公，是忠诚。齐顷公逃脱以后，率领齐军三次杀入战阵要救逢丑父，这是仗义。晋军统帅郤克因为逢丑父能够舍生忘死救主君，赞赏他忠诚，释放了逢丑父。这样遵循军礼的战争，英勇而不残暴，重礼而讲信义，很有文明内涵。

堂吉诃德一样的宋襄公

宋楚泓水之战发生在前 638 年，齐晋鞌之战发生在前 589 年，中间相隔了 49 年，但这两场战争都遵守了春秋军礼。可见宋襄公在泓之战时的军礼行为，仍是春秋诸国认同并共同实行的，并不是宋襄公个人愚蠢而返古。

国与国之间常有冲突，但大家是喜欢春秋时期这种有底线的战争形式，还是战国之后动不动就坑杀几万、几十万人的残暴战争形式呢？如果认可春秋时期有文明底线的战争形式，就不应该嘲笑宋襄公。宋襄公对春秋礼义的坚持，恰恰是他应该被褒扬的美德。

第 18 讲

曹刿论战背后的春秋战争规则

这一讲我们讲曹刿论战，借此分析春秋时期的战争规则。在春秋战争礼制背景下看曹刿论战，会发现曹刿论战的本质是玩弄规则，破坏春秋堂堂正正作战的贵族军礼传统。

《史记》中并没有提到长勺之战和曹刿论战。我认为分析曹刿论战对我们理解春秋时期礼崩乐坏的历史很重要，所以把曹刿论战加入到《史记》的课程中来。李零等学者认为曹刿和曹沫可能是同一个人，这个观点大家可以参考。《史记·刺客列传》里记载，前 681 年齐国与鲁国在柯地会盟的时候，曹沫用匕首劫持过齐桓公。

中学语文教材选了曹刿论战，要中学生学习曹刿的计谋，我想这对学生们一定会有很大影响。我读了一些关于曹刿论战的中学教辅资料，发现多数教辅只是简单介绍了曹刿在战前对政治准备工作的思考，重点都在赞美曹刿在战争过程中的指挥计谋。

曹刿论战中，鲁庄公介绍了鲁国作战的三个条件：一是君王信仰虔敬，对神有敬畏讲诚信，"牺牲玉帛，弗敢加也，必以信"；二是不敢垄断利益，注重利益共享，"衣食所安，弗敢专也，必以分人"；三是保证司法公正，据实断案，"小大之狱，虽不能察，必以情"。鲁庄公讲到的敬畏神明、利益共享、司法公正都属于春秋时期的主流价值观，对今天中国的文明建设很有价值，这是中华文明的精华部分。但是，中学教材着墨更多的是曹刿的军事计谋。而曹刿的军事计谋，恰恰表现了曹刿对春秋时期文明战争礼制的破坏与玩弄。

曹刿的计谋

我们先了解一下长勺之战的背景。前684年齐国进攻鲁国，这是一场报复性战争。这之前，鲁庄公曾派军队支持流亡在鲁国的公子纠争夺齐国国君的位置，而且还曾派管仲去劫杀当时流亡在莒国的公子小白。公子小白侥幸逃过了管仲的劫杀，在公子纠之前赶回齐国，当上了齐国国君，就是齐桓公。齐桓公报复鲁庄公，所以攻打鲁国，长勺之战爆发，这是曹刿论战的历史背景。

《左传·庄公十年》记载，齐军开始击鼓进军，鲁庄公也想击鼓进军，但被曹刿阻止。曹刿等齐军击了三次鼓，才让鲁庄公击鼓，结果大败齐军。战争结束后，曹刿解释自己计划成功的原因："一鼓作气，再而衰，三而竭。"齐军三次击鼓，鲁国没有击鼓回应，就使齐军的志气衰竭了。这是什么意思？不就是敲了三次鼓，为什么能消耗军队的士气？

其实这与春秋军礼有关。春秋战争主要是车兵之战。多数战车是一车四马三人，一辆战车后面有步兵跟随，称为一乘。齐军击鼓进军，意味着齐军开始催马冲锋。马拉战车一冲锋，整个队形就会发生变化。齐军向前冲了一会儿，发现鲁没有击鼓，以为鲁军还没准备好，只好把马停下来，重新退回阵地去列队。

就这样，齐军三次冲锋，三次退回，的确很消耗士气。按春秋军礼，只要敌方还没有摆好阵形，还没有击鼓，我方就不能展开攻击。这种军礼某种程度上有点像现在的体育比赛规则。以拳击比赛为例，对方还没有站稳，没有摆好姿势，裁判没有发出比赛开始的信号，你就不能突然动手。对方倒下了，你不能再打。而且击打对方的时候，有一些部位是不能碰的，比如裆部。体育比赛是按规则进行的，违规者会被处罚。

春秋军礼是周系各诸侯国共同遵守的战争规则。如果违背规则，会被其他国家所不齿，严重时还会受到其他国家联军的报复。曹刿论战，表面上没有违背春秋军礼，但事实上是对春秋军礼的一种玩弄。

《司马法·仁本》中说："成列而鼓，是以明其信也。"等敌方排列好阵形，再击鼓进军，这说明自己是守信的。击鼓是给自己的军队发出进攻信号，也是提前告知对方我要进攻了。《史记·宋微子世家》记载，前638年宋楚泓水之战，宋襄公拒绝在楚军渡河时攻击楚军。宋襄公自己的解释是"不鼓不成列"。

长勺之战的情况是，齐军见鲁军已经布列好军阵，开始击鼓进攻。正常情况下，鲁军听到齐军击鼓进攻，也要击鼓回应，发起进攻。但是曹刿的计谋是：虽然鲁军已经排列好队形，但鲁军就是不击鼓。鲁军不击鼓，等于告诉齐军自己还没准备好，这样双方还不能进入交战。见鲁军不击鼓，严守军礼的齐军就只好停止进攻，退回阵地。齐国三次击鼓，三次退军，确实消耗了士气。这时鲁军击鼓进攻，齐军又按军礼击鼓回应，结果齐军战败。

曹刿解释自己的计谋："夫战，勇气也。一鼓作气，再而衰，三而竭。彼竭我盈，故克之。"战争靠的是勇气，因此取胜的关键是要耗尽敌军的勇气，办法就是三次不回应齐军的击鼓。从春秋军礼传统来看，齐军败在讲规则、守军礼，曹刿胜在玩弄规则、玩弄军礼。

然而，曹刿的胜利只是一时的，前681年，长勺之战后三年，齐国再次进攻鲁国，打败了鲁国，强迫鲁国与齐国签订盟约，将鲁国纳入了齐国联盟的势力范围。曹刿为一时取胜破坏公正规则的计谋，得利于一时，失利于长久，且伤害了西周以来的天命德礼传统。春秋的文明战争规则有利于减少人员伤亡，也有利于保护小国。如果大国也不讲军礼，也为取胜不择手段，小国如何抗拒大国呢？齐国是大国，鲁国是小国，凭玩弄规则暂时取胜，得一时战术上的便宜，却落得个玩弄军礼的恶名，国家软实力大受损。

开战之前的"客套话"

军礼是西周—春秋礼义文明的重要组成部分。有一个例子能说明这种两军对垒时的军礼。前 645 年，长勺之战后 39 年，秦国和晋国之间爆发韩原之战。《国语》记载，晋军久施不战，最后布阵完成，晋惠公派使者韩简向秦穆公请战说："您过去对我的恩惠，寡人我不敢忘记。寡人我人多，人集合起来了我不能离开。您如果能返回，这是寡人我的心愿。您如果不返回，寡人我也没办法回避您。"

> 昔君之惠也，寡人未之敢忘。寡人有众，能合之，弗能离也。君若还，寡人之愿也。君若不还，寡人将无所避。（《国语》）

晋惠公传达了准备开战的意愿，但表达方式文雅得体。秦穆公横提着一把铜戈，出来见晋国使者韩简说："晋君还没有进入军队时，这是寡人我所忧虑的。晋国国君已进入军队，但是晋军队列还没排列好，寡人我没敢忘记要开战这件事。现在晋君已确定在军中，晋军已摆好阵形。请晋君整顿好军队队列，寡人我将亲自和他见面。"

> 昔君之未入，寡人之忧也。君入而列未成，寡人未敢忘。今君既定而列成，君其整列，寡人将亲见。（《国语》）

秦穆公的回答也典雅有礼，表达了自己急于作战的心情。并且从他的回话中可以清楚看出，按照春秋军礼，如果晋国军队还没准备好队列作战，秦军就无法进入战斗。秦穆公这样回答，表达的是春秋的礼义武德。

周王朝是一个以礼治国的王朝，军礼是礼制中非常重要的一部分。虽然东周王朝衰落了，但这种军礼传统在春秋时期并没有全然终结，而是被中原周系诸侯国普遍继承。即便是非周系血缘的国家如秦国、楚国，也崇尚中原的礼义文明，在坚守军礼上不弱于中原国家。

争义不争利的军礼

西周—春秋军礼有一套非常复杂的礼仪规定，例如，出师前要祭祀，要奉献牺牲，祭神明。要正名，得师出有名。然后要致师，要派出勇士去挑战。要犒师，即双方的主帅在战争之前往往还要互敬一杯酒。

战争过程中也有一套礼仪。一般有战车的战争，大都选在便于战车作战的开阔地带，等双方都排列好队形后，才会堂堂正正开战，这叫"不鼓不成列"。还有"不斩来使""不重伤"，不能再去伤害已经受伤的敌人。见到敌方国君，要行礼。不杀老幼，不欺诈，不搞突然袭击，不搞夜袭。当对方处于险境的时候，不能再进攻，等等。

关于春秋军礼的细致规定，我再举几个例子。《司马法·仁本》这么阐释战争："不违背农时，不在疾病流行时兴兵作战，为的是爱护自己的民众；不趁敌人国丧时去进攻它，也不趁敌国灾荒时去进攻它，为的是爱护敌国的民众；不在冬夏两季兴师，为的是爱护双方的民众。"

> 不违时，不历民病，所以爱吾民也；不加丧，不因凶，所以爱夫其民也；冬夏不兴师，所以兼爱其民也。（《司马法·仁本》）

《司马法·仁本》还有"逐奔不过百步，纵绥不过三舍"的说法，指追击溃败的敌人，不能超过一百步的距离。跟踪驾车逃跑的敌人，不能超过九十里。要让敌人逃跑，不能赶尽杀绝。如果有人这么做，说明此人好杀生害命，为众国所不齿。

《孟子·梁惠王上》上说："兵刃既接，弃甲曳兵而走。或百步而后止，或五十步而后止。以五十步笑百步，则何如？"

如果不了解春秋军礼，很难理解孟子这句话。那些跑五十步停止的士兵，为什么会去嘲笑跑到百步开外的士兵？因为春秋军礼规定，追逃不能超过一百步。逃到百步以外的士兵，就等于是进入安全区域了，逃出五十步的士兵还不是完全安全，所以逃五十步的士兵可以嘲笑逃出百步开外的士兵不勇敢。

春秋军礼重礼守信，要求堂堂正正，讲武德。当然，并不是说每个国家每位国君都会非常严格地执行军礼，但这是当时的主流文化，是公认的善恶是非标准。违背军礼的行为，令人不齿，也意味着会引发众怒，失道寡助。在这样的军礼文化背景下去看曹刿论战，曹刿还是一个有智慧有谋略的人吗？

春秋战争讲武德

我统计过《左传》中描写的战争记录，春秋242年间，各国共发生战争480余起，平均一年约有两次战争。但那个时代，参战的多是士以上的贵族，平民不能带兵器，不能动手参战，只交纳贡赋助战，在战时提供一些后勤服务，战争主要是贵族比武。那个时候的中国贵族很有荣誉感，很讲武德。生活就是战斗，他们必须随时准备战斗。但春秋时期并非战事连年、天下大乱，因为春秋战争并非全民战争，多数百姓并不直接卷入战争。贵族之间作战规模不是很大，而且一般都是按照军礼规则作战，所以伤亡也不大。这个时期可以说是小仗不断，大乱没有。孔子周游列国十四年，一生没卷入过什么大战争，也没有遇到什么重大生命危险。

前 632 年晋国和楚国之间的城濮之战，算是春秋时期规模最大的战争之一。晋国、秦国、齐国联军的兵力有 700 乘。四马三士为一乘，后面再跟一些步兵。步兵数量不同国家不同时期的规定并不统一，多的有 30 人，少的就几个人。我们取一个平均数，按每乘 20 个士兵算，700 乘战车，大约就是 1.4 万人。由此可见，城濮之战参与战斗的总人数也就 3 万人左右，这已经算是春秋时期规模最大的战争之一了。

前 597 年，晋国和楚国之间爆发邲之战。晋军战败逃跑的时候，有些战车陷入泥坑动弹不了，追上来的楚国士兵并没有趁机砍杀，而是教晋国士兵怎么让马车动弹起来，帮助他们安全走人。

这样的战争一旦定了输赢就停止了。战士们不会以杀人为乐，更不会只图拿对方战士的首级去领赏。

道义地位重于一战之胜负

春秋时期，雄才大略的君主们考虑的并不是战场上的一时胜负，而是国家荣誉和道义势能，以礼治军仍然是主流。像齐桓公这样的雄主，他要当的是盟主，在乎的是尊王攘夷的道义号召力。像管仲这样的贤人，他关注的是更长远的国家实力和国家文化的建设。所以，他们不会像曹刿那样去玩弄规则，不会为了赢一战而输道义。战场上输了就输了，下次再堂堂正正打败你。

前 681 年，齐军打败鲁国，齐鲁在柯邑谈判。曹沫，按照李零等专家的看法，就是这位曹刿，忽然持匕首劫持了齐桓公，要求齐国归还之前战争中所侵占的鲁国土地。这位曹刿在长勺之战玩弄战争规则，在结盟大会上又破坏盟会规矩。可见，曹刿是一位专门以破坏规则谋利的人。

齐桓公被劫持，答应了曹刿的要求，于是曹刿就放了齐桓公。齐桓公在匕首下的承诺应当是无效的，事后齐桓公不想履行对曹刿的承诺。但管仲认为，人君言出必行，必须守约。齐桓公听了以后，履行承诺，把占领的鲁国土地都归还了鲁国，赢得了各国的敬重，被推为春秋各国盟主。齐桓公所为，是大国盟主应有的品格。曹刿不讲规则的玩法，不是大国应有的取向。

礼以顺天的宗教传统

春秋时期重礼守信，以礼治军，背后的价值取向就是要减少伤亡。为什么会形成这样的战争观念和军事礼制？主要有两大原因：一是血缘关系；二是宗教信仰。血缘关系我们已经讲过多次了，这次着重讲宗教上的原因。周朝的宗教信仰和执政哲学，是敬天保民。上天有好生之德，君主当行好生之德政。礼，就是为了顺应上天之德。

《左传·文公十五年》记载季文子的话，他说："礼以顺天，天之道也。"礼是顺应上天意志的产物，是天道的表现。季文子认为礼源于天，他对礼的本质有很深的理解。季文子曾批评齐侯说："君子之不虐幼贱，畏于天也。"还引用《诗经·周颂·我将》中的诗句说"畏天之威，于时保之"，不畏于天，将何能保？告诫君主，不敬畏上天，你怎么能自保呢？季文子认为齐侯获得国君的位置，本身就不是通过正当的办法，如果还不守礼，还多行无礼之事，怎么能持续地稳定下去呢？

礼是对上天意志的顺应。军礼是礼的一部分，军礼的所有规则，是顺应上天的好生之德而来的。敬畏上天，就得严守军礼。礼是用来事奉上天的，礼与天的关系，孔子很明白，后代的儒家却逐渐忘了这一点。判断一个人是不是儒生，就问他一个问题：你信上天吗？你信不信有一个造物主叫上天？你信不信上天创生万物，控制着自然及历史的运行和演化？如果回答不信，就不是儒生；如果回答信，可能是儒生。

从西周－春秋文明重新起步

按照季文子关于"畏天之威，礼以顺天"的观点，曹刿是一个君子吗？他值得赞扬吗？曹刿论战文明吗？

当我们津津乐道于曹刿玩弄规则赢了一仗时，别忘了这背后也显示了他缺乏对上天的敬畏，完全无视遵礼重信的军礼传统，以及不择手段、唯利是图的心态，更显示了他心中缺乏对建立国家正义规则与爱的传统的长远思考。

如果我们只是欣赏曹刿玩弄军礼而暂时小胜的机智，不反省曹刿对春秋军礼及周代天命德礼传统的破坏，说明我们已失去"畏天之威，礼以顺天"的中华精神，说明我们已滑入无敬畏、无尊严、唯利是图、不择手段的堕落精神中。

常被人赞美的，未必是正当的；常被人嘲笑的，未必是不正当的、不应受到尊敬的。唯有畏天之威，礼以顺天，讲武德，有品格，讲规则，有底线，才有可能建设出真正美好的心灵和社会。

第 19 讲

楚庄王的春秋武德

这一讲我们来评点楚庄王。楚庄王芈姓，名旅。如果从楚国开国君主
鬻熊算起，楚庄王是楚国第二十二任君主。他在位的时间是前 613 年到前
591 年，约 23 年。楚庄王在接近 20 岁时即位为王，当时楚国国内的政治
矛盾比较复杂，楚庄王即位三年，韬光养晦，23 岁左右才开始真正执政，
并且很快展示出他的贤明才干。"一鸣惊人""问鼎中原"这两个成语都与
楚庄王有关。楚庄王有强烈的扩张冲动，想要把楚国推向历史的高峰。他
富有魅力的人格形象，在中国历史上留下了一道明亮的光芒。

孔子赞美楚庄王

我们先介绍一下楚庄王军事扩张的霸业。春秋时期的中国是楚晋两大
强国南北争霸的时代。前 597 年，楚庄王率领楚军在邲之战打败晋军，使
楚国成为春秋强国。楚庄王也因此成为继齐桓公、晋文公之后的第三位春
秋霸主，是春秋时期第一位来自周王朝系统外的蛮夷霸主。

《韩非子·有度》中说："荆庄王并国二十六，开地三千里。"荆庄王即
楚庄王。楚国八百年历史中，共兼并六十多个国家，扩张土地达五千里。

按韩非子所说，楚国一大半的领土扩张是由楚庄王完成的，他将楚国的势力从汉水、长江扩张到黄河以南及淮河西部地区。

如果对比一下楚庄王和后来的秦始皇，我们会发现两人的形象有显著的差异。秦始皇平定六国统一中国，军功赫赫，但始终给人一种残暴冰冷的形象，历史上思想家对秦始皇多负面评价。楚庄王也是一位对外扩张有赫赫军功的君主，但历代思想家对楚庄王的评价甚高。以孔子为例，孔子站在中原正统立场，在写《春秋》时贬称楚王为"楚子"。但《史记·陈杞世家》记载，孔子赞美楚庄王为贤明之君，他说："贤哉楚庄王！"

楚庄王为南蛮之王，为什么他既能有争霸的军功又能赢得很大的中原声望呢？大概是因为他身上有一种明亮的道义精神。他似乎实现了中原思想家们心目中的理想君王人格。下面我们重点分析楚庄王身上展现的理想君王人格。

有节制的贵族战争

前 632 年，晋文公率领晋、齐、秦等国联军，在城濮之战打败楚成王率领的楚、蔡、陈等国联军。36 年以后，前 597 年，楚庄王约 35 岁时率楚国联军在邲之战打败晋国联军。春秋战争没有后来的战国战争那么残酷。著名的邲之战，有一种我们今天难以理解的轻松气氛。《左传·宣公十二年》记载，晋军战败逃跑，有些战车陷入泥坑，不能前进。追来的楚军并没有趁机杀戮，而是教晋军怎么让马车动起来，让他们把马车前面的横木抽掉。晋军抽掉横木，车稍微能前进一点，但马车前进一点又后退了。楚军又教晋军把旗子拔掉，把车辕前的横木也拔掉。晋国士兵照做，马车出了泥坑。晋军逃离时还回头说："我们不如你们大国有多次逃跑经验哪！"晋国以这种方式要回点脸面，楚军也就这么让晋军平安逃跑了。

晋人或以广队（坠）不能进；楚人惄之脱扃。少进，马还。又
惄之拔旆投衡。乃出，顾曰："吾不如大国之数奔也。"（《左传·宣公
十二年》）

这完全不是我们通常理解的残酷杀戮的战争形态，更像一场公平友好
的体育比赛。战争胜负已定，敌人在逃亡途中，军礼规定不能赶尽杀绝。
这是春秋高雅节制的武德。

拒建京观

介绍完楚庄王的军功，接下来我们要介绍他的七桩事迹，分析其中所
呈现出的春秋德性，分别是：拒建京观、放走解扬、放过宋国、恢复陈国、
放过郑国、问鼎中原、未来忧虑。

第一桩是拒建京观。古代中原地区，战争结束以后，战胜方会把战败
方将士的尸首堆积起来，填土成丘，称为京观。修建京观，是为了夸耀武
功、威慑敌人。唐朝时期，唐太宗厌恶京观，曾下令填平历朝各地建立的
京观，安葬枯骨。但建京观的传统并没有因此停止，一直延续到明朝，各
朝都喜欢建京观。直至清朝，官方才正式禁止建立京观。

《左传·宣公十二年》记载，邲之战后，潘党向楚庄王建议，把晋
国将士的尸体收集起来，建一个京观。目的是显示给子孙，让他们毋忘
武功。

潘党曰："君盍筑武军，而收晋尸以为京观，臣闻克敌必示子孙，
以无忘武功。"

楚子曰："非尔所知也。夫文，止戈为武。武王克商，作《颂》
曰：'载戢干戈，载橐弓矢；我求懿德，肆于时夏，允王保之。'又作

《武》，其卒章曰：'耆定尔功。'其三曰：'铺时绎思，我徂惟求定。'其六曰：'绥万邦，屡丰年。'夫武，禁暴，戢兵，保大，定功，安民，和众，丰财者也，故使子孙无忘其章。今我使二国暴骨，暴矣。观兵以威诸侯，兵不戢矣。暴而不戢，安能保大？"（《左传·宣公十二年》）

楚庄王反对建京观，他陈述了反对的理由。楚王对潘党说："这不是你所知道的。从造字上看，止戈为武。武王征服商朝，作《颂》说：'兵器收藏，弓箭入袋。我求美德，行于夏地，遵循文王之德以保天下。'又作《武》诗，末章说：'勤力安定以保功业。'第三章说：'深思有益时局，所往唯求安定。'第六章说：'安定万国，常年丰年。'武力之目的，是制止暴乱、消除战争、保卫和平、巩固功业、安定人民、和谐众人、增加财富，这才是该让子孙不要忘记的篇章。今天我使两国士兵尸骨暴露，这是强暴。展示武力威吓诸侯，不能制止战争。强暴而不制止战争，怎么能有天下太平？"

楚庄王认为，正当的军事行动，要服务七大准则：禁暴、戢兵、保大、定功、安民、和众、丰财。这是一位 36 岁国君的战争观，没有一条是以杀敌数量来作为战争标准的。

礼送信臣解扬

《左传·宣公十五年》记载，前 594 年春，楚庄王率军队征伐宋国。这时宋国的盟国晋国正在与秦国作战，不能及时赶来救援，就让壮士解扬去给宋国报信，让宋人坚持等待晋军救援，不要投降楚国。解扬经过郑国时，被郑国人捉住，送给了楚庄王。楚庄王厚待解扬，要解扬劝宋国投降，说晋国不能来救你们了。楚庄王劝了三次，解扬答应了楚庄王。当楼车升到宋国城墙时，解扬对城里大喊道："晋军全军出动，快到了！"楚庄王大怒要杀解扬，派使者对他说："你既已答应我，又违背诺言，为何如此？非我失信，是你自己背信弃义，我很快就要杀你。"解扬说："我听说君主能制定正确的命令，就叫义。臣子能执行君主的命令，就叫信。用信承载着义而行，就叫利。这样谋划才不失国家利益，以保国家社稷，这才是百姓的君主。讲义，我就不能同时信从两位君主。讲信，我就不能同时执行两位君主的命令。你向我行贿，是你自己不知道'信无二命'的道理。我受君命出来办事，我宁死也不会背弃使命。我怎么可能被财物收买呢？我答应您，是为了完成我的使命，我死而能完成使命，这是我的福分。我们君主有忠信之臣，我死得其所，我除了去死，还有何求？"楚庄主放了解扬，让他回到晋国。

> 楚子将杀之，使与之言曰："尔既许不穀，而反之，何故？非我无信，女则弃之，速即尔刑。"对曰："臣闻之，君能制命为义，臣能承命为信。信载义而行之为利。谋不失利，以卫社稷，民之主也。义无二信，信无二命。君之赂臣，不知命也。受命以出，有死无霣，又可赂乎？臣之许君，以成命也。死而成命，臣之禄也。寡君有信臣，下臣获考死，又何求？"楚子舍之以归。（《左传·宣公十五年》）

解扬和楚庄王身上，都充满了春秋式的贵族精神：讲大义、讲忠信，在价值原则上毫不含糊。

撤围宋国

前596年，楚国使者经过宋国时，被宋国大夫华元扣押。楚庄王出兵攻打宋国，一围就是五个月。宋国的盟国晋国派使者解扬传话，说晋国已出援军，但其实无力救援。楚庄王久围不下，计划撤军。申犀力劝楚庄王"筑室反耕"，楚庄王接受建议，在宋国城墙外建造房舍，分兵归田，一副要持久战的样子。宋国上下都非常着急。这时发生了一件奇特的事。那位惹出这次大战的肇事者华元，他自己晚上悄悄潜入楚国将领子反的军营，摸进子反卧室，从床上把子反弄醒了。他对子反说："我们已经惨到易子而食，拿人骨头烧火做饭的程度了！但是如果楚军在我们城下，逼我们签订盟约，那我们情愿国家毁灭，也绝不服从。如果你们楚军先退军三十里，那我们宋国唯命是从。"

> "敝邑易子而食，析骸以爨。虽然，城下之盟，有以国毙，不能从也，去我三十里，唯命是听。"（《左传·宣公十五年》）

华元是个有个性的人，他说我们宋国可以与楚国结盟，但是我们必须是有尊严地结盟。楚军必须先退军三十里，再来谈判结盟。那时的中国人，为了尊严，为了荣誉，宁死不屈。

华元走了以后，子反去向楚庄王汇报。楚庄王亲自指挥楚军退军三十里。这样宋国就与楚国盟誓，成为楚系盟国。盟约的条件之一，是要求这位肇事者华元到楚国去做人质。华元也就老老实实到楚国当人质了。

前 579 年，就是这位华元，促成了春秋时期晋楚之间的第一次弭兵盟誓，签订了和平盟约。弭兵盟誓的地点在宋国的城门外。宋国作为一个小国，促成了当时晋楚两大国间的和平外交，带来了中原地区近半个世纪的和平。

恢复陈国

《史记·陈杞世家》记载，前 599 年，陈国发生内乱。陈灵公被大夫夏徵舒杀害。楚庄王率诸侯联军攻入陈国，杀了夏徵舒。楚庄王要兼并陈国，把陈国安排为楚国的一个县。有一位叫申叔时的楚人批评楚庄王行为不正当。他说楚庄王言行不一，本来是以救陈国的名义出兵的，结果却吞并了陈国。楚庄王马上改正，从晋国接回陈国逃难的太子，让他当上了陈国的国君。

> 成公元年冬，楚庄王为夏徵舒杀灵公，率诸侯伐陈。谓陈曰："无惊，吾诛徵舒而已。"已诛徵舒，因县陈而有之，群臣毕贺。申叔时使于齐来还，独不贺。庄王问其故，对曰："……今王以徵舒为贼弑君，故征兵诸侯，以义伐之，已而取之，以利其地，则后何以令于天下！是以不贺。"庄王曰："善。"乃迎陈灵公太子午于晋而立之，复君陈如故，是为成公。（《史记·陈杞世家》）

楚庄王杀死了杀害陈灵公的大夫夏徵舒，又恢复了陈国，这做法重现了《论语·尧曰》所言周武王"兴灭国，继绝世"的行为。《史记·陈杞世家》记载，孔子读史书读到楚庄王恢复陈国时，说："贤哉楚庄王！轻千乘之国而重一言。"楚庄王贤明啊！一言的承诺重于千乘之国。看来孔子评价人物，不是民族本位而是价值本位的。

同情肉袒牵羊的郑伯

《史记·楚世家》记载，前597年春天，郑国背弃与楚国的盟约，楚庄王率军包围郑国三个月，郑国投降。楚庄王从皇门进入郑都。郑伯脱光上身，牵着羊，迎接楚庄王说："我不顺天意，不能侍奉好您，使您怀怒而来我残破之城，这是我的罪过。您把我发配到南海，或把我当奴隶赐给诸侯，我亦唯命是从。若您不忘记周厉王、周宣王、郑桓公、郑武公，不想断绝他们国家的祭祀，就让我改过，来侍奉您，这是我的心愿，但我也不敢有如此的奢望，斗胆向您说出心里话。"楚国群臣说："请王不要听从郑伯的话。"楚庄王说："郑君能谦卑下人，必能取信和任用民众，岂可断绝这样的国家！"楚庄王亲自挥旗，左右指挥军队，引兵离开郑国都城三十里才驻扎，同意与郑国和平结盟。

> 十七年春，楚庄王围郑，三月克之。入自皇门，郑伯肉袒牵羊以逆，曰："孤不天，不能事君，君用怀怒，以及敝邑，孤之罪也。敢不惟命是听！宾之南海，若以臣妾赐诸侯，亦惟命是听。若君不忘厉、宣、桓、武，不绝其社稷，使改事君，孤之愿也，非所敢望也。敢布腹心。"（《史记·楚世家》）

郑国是春秋时期重要的中原国家，有辉煌的历史。春秋期间第一个与周王室发生战争并打败周王室的就是郑国。郑伯以"肉袒牵羊"这种战败者服从战胜者的卑下礼仪来迎接楚庄王，请求保存郑国的诚意打动了楚庄王。楚庄王马上退军三十里，再与郑国达成和平盟约，这是对郑国的尊重，说明两国的盟约并非胁迫性的城下之盟，而是平等自愿的盟约。楚庄王这种不恃强凌弱的做法，令郑人心服口服。后来晋国姗姗来迟援助郑国，郑国反而配合楚国打败了晋国。

问鼎中原

前606年楚庄王28岁。他率军攻打陆浑的戎人，驻军在洛阳周城外。周定王派使者王孙满慰问楚庄王，楚庄王问九鼎的大小轻重，并说九鼎没什么了不起，楚军折下戟上的钩子就足以铸成九鼎。鼎是装牺牲祭神的祭器。据传九鼎是大禹所铸，上面刻有九州地图，是王权的象征。王孙满解释说："在德不在鼎。"讲的是周公"皇天无亲，惟德是辅"的政治神学。九鼎是王权的象征，但本质上王权的基础是德而非鼎。上天赋予王权，是根据"惟德是辅"的原则，根据人对上天的尊奉之德而来的。楚庄王听了就退军了，没再骚扰周王室。

对中国人和中原文化，楚庄王与他的祖先君王有所不同。楚王熊渠、楚成王都自称"我蛮夷也"，在民族上、政治上和文化上都不太认同中国。但楚庄王从小学习中原经典，熟悉中原文化，所以他不仅不说"我蛮夷也"，还要向中原人士展现出他热爱中原的文化价值观，并且身体力行。也许正因如此，他得到了孔子、荀子、韩非子等中原思想家的高度认同。

楚庄王这么做，除了确实喜欢和向往中原文化之外，还有一个很重要的原因是楚国的政治势力已经覆盖到黄河以南。楚庄王在文化上也必须去理解和融合中原文化。楚庄王做得非常好，他不仅不被视为蛮夷，反而成了中原文化理想精神的人格代表。

同时，楚庄王也没有丢弃楚地的文化传统。举两个例子：一个是有名的"一鸣惊人"的故事。《史记·楚世家》记载，楚庄王即位三年，纵情声色不理朝政。伍举去问他："有鸟在于阜，三年不蜚不鸣，是何鸟也？"楚庄王回答："三年不蜚，蜚将冲天；三年不鸣，鸣将惊人。"于是开始实施赏罚，积极理政。

一鸣惊人背后显示的是楚国的神鸟图腾文化。楚人与商人有共同的神鸟图腾，春秋时期楚人把凤视为祖先祝融之灵所化，凤是上天的使者。春秋时期的汉水、长江、淮河流域，包括渭水流域的秦国人，都认神鸟图腾，即凤图腾。龙图腾主要在中原地区和北方。也就是说，黄河中下游是龙的传人，而汉水、长江、淮河甚至渭水流域都是神鸟传人，凤的传人。

对楚人来说，凤必胜龙。中原崇拜龙，但龙只是楚人的坐骑。

楚庄王之忧

《荀子·尧问》记载："今以不穀之不肖，而群臣莫吾逮，吾国几于亡乎！是以忧也。"在打败郑国并与郑国结盟以后，楚庄王忧心忡忡，理由是："我自己水平不高，但群臣还不能够超过我。这样我们的国家很危险，容易灭亡，所以我很忧虑。"

道家生于楚文化，是楚文化的结晶。楚庄王的这种忧虑，是后来老子式的忧虑，道家式的忧虑。作为君王，发现自己的才干超过了群臣，感到的是忧虑，而不是骄傲，这是后来道家哲学的特征。道家认为治国靠的是群臣百姓的群策群力，而不是君王个人的才智。如果群臣水平低，说明君王不善用人。显然楚庄王深谙这种领导哲学。

楚庄王可以算是春秋时期中国精神的代表人物，他有血性而讲道义，勇敢而不野蛮，好战而不残暴，个性率真明朗，又有很高的文化追求。他一方面全力扩张楚国的势力，另一方面也自觉要给历史留下好的精神价值传统，有这样双重追求的君主不多。晋国是楚国的敌人，但《左传·宣公十二年》记载，晋国大夫随武子也赞美楚庄王："楚军讨郑，怒其贰而哀其卑，叛而伐之，服而舍之，德刑成矣。"楚国讨伐郑国，因其背叛自己而讨伐它，因其谦卑而哀怜它。对背叛者就讨伐，对服从者就放过，德与刑皆有成就。

《人物龙凤帛画》，是中国发现最早、保存最完整的人物肖像画之一，上层绘有一龙一凤。现藏于湖南博物院。

从春秋重新出发

与楚庄王有关联的这些人，有来自晋国的以死守信的解扬，有来自宋国的有尊严、有勇气、很坦诚的华元，有谦卑下人以保国家社稷的郑国郑伯，有批评楚庄王吞并陈国的申叔时，还有教晋国官兵逃跑的有仁爱之心的楚国官兵，当然还有德刑并用的楚庄王本人，这些人身上都充满了道义的力量和品格的魅力，展现了春秋时期的中国美德。这似乎告诉我们一个道理：人性的尊严与美德，产生于多元开放和自由竞争的社会秩序中。中华民族是一个重礼守信、勇敢自尊、富有美德的民族。走向世界的中国，得从春秋精神重新出发，发展出多元开放的竞争社会，使春秋的德性之光重新闪耀在中国人身上。

第 20 讲

秦穆公的上帝信仰

这一讲我们来探索秦穆公的精神世界。

秦穆公，一作秦缪公，嬴姓，赵氏，名任好，秦国的第九任国君，春秋五霸之一。秦穆公的在位时间是前 659 年到前 621 年，共 38 年。秦穆公去世以后 260 年，秦国第二十五任国君秦孝公在求贤令中这样赞美秦穆公："昔我缪公自岐雍之间，修德行武，东平晋乱，以河为界，西霸戎翟，广地千里，天子致伯，诸侯毕贺，为后世开业，甚光美。"

秦孝公说秦穆公"东平晋乱"，指的是秦穆公三次平定晋国内乱。第一次是前 651 年，晋国内乱，秦穆公派兵护送公子夷吾归国继位为晋惠公。第二次是前 645 年，秦晋发生战争，秦穆公活捉晋惠公，但最后放晋惠公归国，晋国将黄河以西的土地献给了秦国。第三次是前 636 年，秦穆公派兵支持晋公子重耳归国夺取君位，是为晋文公。"天子致伯"指的是前 623 年，秦穆公向西方及南方征服戎人国家，开辟千里国土，被周襄王任命为"西方诸侯之伯"。秦穆公奠定了秦国霸业的基础。

秦孝公的求贤令以恢复秦穆公的霸业为己任。秦孝公赞美秦穆公的业绩，讲的是秦穆公的外在成就，秦穆公一生中捕到的鱼。这一讲我们分析秦穆公"为后世开业"的内在精神动力，探寻秦穆公精神的渔网。

秦人东来西成

秦人是从哪里来的？学界过去有两种看法：一种是以蒙文通先生为代表的"西来说"，认为秦人本为西方戎狄；另一种是以傅斯年先生为代表的"东来说"。"东来说"认为，秦人本在山东，属于东夷商人。周灭商以后，被迫西迁到甘肃。还有以黄留珠先生为代表的"东来西成说"，兼容东西说两种观点，认为秦人来自东方，成于西方。

近年发现的《系年》，给秦人"东来说"提供了新证据："成王伐商盍（盖），杀飞曆（廉），西迁商盍（盖）之民于邾，以御奴之戎，是秦先（之先）。"上面记载说周成王时期，平定三监之乱后，把曾经参与叛乱的山东泰山东南面的"商庵之民"迁到了今天的甘肃省甘谷县。"东来说"认为，秦人就是山东的"商庵之民"。"商庵之民"是飞廉氏的后人。传说中飞廉氏曾是蚩尤的助手，是东夷掌管风的神职氏族。飞廉氏的后人恶来，在商纣王时期是商朝重臣，周灭商时被杀。秦人和楚人一样，都是东夷凤的传人，崇拜神鸟凤凰。

黄留珠先生的"东来西成说"符合秦人的早期历史。秦人起于东方，成于西方。秦人从山东迁居甘肃后，与西方戎狄融合数百年，成为一个在血脉和文化上杂交的新族群，既有西戎的原始野性，又有东夷商王朝的文明传承，是东来西成，新族新文化。

前900年左右，秦穆公的祖先非子因为会养马，被周孝王封在今天甘肃清水县一带，成为周王朝的一个小小附庸国，协助牧养周王室的军马。前771年，犬戎进攻西周首都镐京，杀死周幽王。秦襄公派兵护送周平王东迁洛阳有功，被封为诸侯。那时周人岐山一带的祖地已被戎人占领。《史记·秦本纪》记载，周平王对秦襄公说："戎无道，侵夺我岐、丰之地，秦能攻逐戎，即有其地。"周人岐丰之地，被戎狄无道侵夺，如果秦国能够驱逐戎狄，就可以拥有这块土地。有了周平王的合法性授权，秦人发展的历史机遇来了，秦襄公开始不断征伐兼并戎族，占有了周人的岐山沣河祖地。

从前771年秦襄公被封为诸侯，到前659年秦穆公继位为秦国国君，这一百多年的时间里，秦国致力于兼并西戎，不参与中原事务，"不与中国会盟"。

秦穆公的上帝信仰

秦穆公的故事很多，在外交上对晋国以德报怨，在内政上宽爱得人。我们重点分析秦穆公的上帝信仰和他的内政外交。

《史记·六国年表》记载："秦始小国僻远，诸夏宾之，比于戎翟，至献公之后常雄诸侯。"秦国开始的时候很小，中原诸夏各国都排斥秦国，把秦人当成戎狄，但从秦献公以后，一直在诸侯中称雄。诸夏各国为什么要排斥秦国？我认为原因主要在宗教上。司马迁在《史记·六国年表》中已经说明了这一点："秦襄公始封为诸侯，作西畤用事上帝，僭端见矣。""西畤"指秦神庙，"用事上帝"，用于事奉上帝，"僭端见矣"，说这显示了僭越的开端。《史记·秦本纪》具体记载了秦襄公祭祀时用的牺牲："乃用骝（骝）驹、黄牛、羝羊各三，祠上帝西畤。""骝驹"是一种黑鬃黑尾巴的红马，羝羊是白色的公羊。秦襄公用红马、黄牛、白色公羊各三头，在神庙里祭祀上帝。

周王朝规定，祭祀上帝的只能是天子，诸侯只能祭祀山川自然神和祖先，士大夫阶层只能祭祀祖先。秦襄公建神殿祭祀上帝，说明他认为他和周天子在上帝面前是平等的，这对于周王室以及中原各诸侯国来说，就是非礼僭越。周王朝的统治政教合一，秦国在宗教上的僭越，意味着在政治上的僭越。这种僭越如果发生在西周王朝的强盛时期，那就意味着战争。东周时期周王室衰弱，所以对秦国在宗教上的僭越，只能睁一只眼闭一只眼，但内心的排斥是必然的。

秦穆公继承了秦国先王的宗教信仰。《史记·封禅书》记载说："秦缪公立，病卧五日不寤；寤，乃言梦见上帝，上帝命缪公平晋乱。史书而记藏之府。而后世皆曰秦缪公上天。"

秦穆公生病睡了五天，没醒过来。醒过来之后，说自己梦见了上帝。上帝命他去平定晋国的内乱，史官记下来藏在官府里，后世的人都说秦穆公上天了。这段记载对我们理解秦穆公的信仰非常重要。

上帝乃秦王祭祀的最高神

《史记》关于秦襄公西畤祭祀对象的描写，有模糊之处。《史记·秦本纪》记载的是祭祀"上帝"，但《史记·封禅书》又称秦襄公"作西畤，祠白帝"。因此有不少学者认为秦襄公祭祀的"上帝"是秦国祭祀中的东方青帝、南方赤帝、西方白帝、北方黑帝、中央黄帝这五个方位神中的西方神白帝，而且认为秦穆公梦见的"上帝"，也是指"白帝"，这种解释不妥。从战国后期的睡虎地秦简《日书》来看，已出现青、赤、白、黄这四方帝的说法，汉朝以后才配合五行观念，形成了青、赤、白、黑、黄五方帝的概念。而且从《日书》看，"上帝"与"天"同位格，是独立且高于青、赤、白、黄四方帝的最高神。秦襄公的在位时间是前778年到前766年，秦穆公的在位时期是前659年到前621年，这个时间段之前的青铜器铭文和《尚书》《诗经》《逸周书》《左传》及春秋以前的古文献篇章中，多次出现至上神"上帝"的概念，但没有出现过方位神"白帝"的概念。

从两件重要的秦国春秋青铜器铭文中，我们能清楚地看到，春秋时期秦王祭祀的最高对象就是商朝祭祀的最高神上帝，也是周人祭祀的最高神上帝，不存在"白帝"这样的祭祀对象。

首先是秦公簋。秦公簋1919年出土于甘肃。关于秦公簋的制器者，

秦公簋：春秋时期祭器，铭文内容记载了秦国祖先已经建都12代，铸鼎者要继承前辈事业，永保四方土地。现藏于中国国家博物馆。

学界有不同看法。有的认为是秦襄公，也有的认为是秦穆公，还有的认为是秦景公。我认同制器者为秦襄公的说法，时间大约是前770年。秦公簋铭文中写道："不（丕）显朕皇祖，受天命鼏（幂）宅禹责（迹），十又二公，在帝之坏（坯）。""坯"原意指围墙，"在帝之坏"，指的是秦国十二位先公之灵环绕在上帝身边。铭文强调秦人要敬奉天命，要占有四方。这里面出现的"受天命""在帝之坏"，与《诗经·大雅·文王》中歌颂的周文王承受天命、在上帝身边的诗句"文王陟降，在帝左右"一致。

我们来看第二个证据，秦公钟铭文。秦公钟1978年发现于陕西宝鸡，我认同秦公钟是秦武公时期制器的观点。铭文中说："我先祖受天令（命），商（赏）宅受或（国），剌剌（烈烈）昭文公、静公、宪公，不豕（坠）于上，卲合（答）皇天。"宣告秦先祖受命于天建国，秦国三位先公文公、静公、宪公之灵，不坠于天，和伟大上天在一起。

秦公簋、秦公钟这两件青铜器都说明，春秋时期秦王的最高信仰对象与周王朝是一样的，都是上帝、上天，都相信天命选择、君权天授。秦襄公、秦武公都宣称受命于天，其祭祀的规格和思想与周天子一样，司马迁说秦襄公"用事上帝，僭端见矣"，有春秋时期秦国的青铜器铭文为证。而认为秦襄公祭祀的"上帝"是"白帝"的观点，目前没有考古物件证明。

秦人源于商人，对周人有亡国之恨。秦人一方面接受周王的封赐，另一方面又直接祭祀上帝，相信天命降临自己，相信秦人会拥有四方，这自然会引起周天子的紧张，也会引起中原周系诸侯国的紧张，这就是中原各国排斥秦国的根本原因。

对晋国以德报怨

秦穆公将自己平定晋国内乱的决定，归于上帝在梦中对他的启示。如果把这件事放在《圣经》的背景中看，我们会觉得很正常，因为《圣经》中有不少上帝通过梦境启示君王的记载。但在中国文献史中，这样的记载并不多，中国人不习惯把这种神圣梦启当成历史真实，更习惯将其理解为神道设教的政治策略。春秋时期的中国人延续了西周对上帝的看法，上帝是伦理性的，是爱护民众的，是惩恶扬善的。秦穆公将平定晋乱归因于上帝启示，意味着这是神圣使命，秦人是去救晋人而不是去害晋人的，这深刻影响了秦穆公对晋的外交态度。我们来看一下秦穆公面对晋国时以德报怨的态度。

前 651 年，晋献公去世，晋国发生内乱。晋公子夷吾请求秦穆公帮助，并承诺自己成功当上晋君以后，就割让晋国黄河西边的土地给秦国。当时的晋国是超级大国，秦的力量相对弱小，秦国要发兵帮助夷吾争夺晋国王位，是很冒险的事。秦穆公梦见上帝让他去平定晋国内乱后，就下定决心，派兵帮助夷吾归国为晋君。公子夷吾在秦穆公的帮助下成为晋国国君，就是晋惠公。然而，晋惠公当上晋君以后，马上就翻脸不认人，违背事先的承诺，不愿把河西之地划给秦国。秦穆公被不守信的晋惠公欺骗了。

前 647 年，晋惠公任晋君第四年，晋国发生饥荒，晋惠公厚着脸皮向秦穆公求援，要从秦国购买粮食。秦穆公开会讨论，询问大臣意见。

> 缪公问百里奚，百里奚曰："天灾流行，国家代有，救灾恤邻，国之道也。与之。"邳郑子豹曰："伐之。"缪公曰："其君是恶，其民何罪！"（《史记·晋世家》）

百里奚讲得很清楚，说天灾是正常的，一个国家一定时间都会遇到的，救助灾荒、帮助邻国，是为国的道义所在，得给粮食。但是邳郑子豹主张趁晋国闹饥荒时去讨伐晋国。秦穆公说："晋国的国君确实有罪恶，但晋国的百姓有什么罪过呢？""其君是恶，其民何罪"，这句话凸显了秦穆公的爱民心理。四年前，秦穆公将晋惠公扶上君位却被晋惠公欺骗，但秦穆公不念旧恶，把晋国君主和民众分得清清楚楚。饥荒伤害的是民众，就算晋君有罪，也必须救助晋国民众。秦穆公认为自己是受命于上帝去平定晋乱，所以对晋国的民众负有责任，他得关爱民众，包括关爱晋国的民众。秦国给晋国输送了大量粮食以救饥荒。

前 646 年，秦国发生饥荒，向晋国求助。晋惠公情商极差，他不仅不给秦国粮食，反而趁秦国闹饥荒发兵进攻。前 645 年，秦晋之间爆发韩原之战。晋惠公不讲道义，秦军义愤填膺，晋军自知理亏，士气不振。晋军战败，晋惠公被活捉。秦穆公对晋惠公很生气，他说："吾将以晋君祠上帝。"我要把晋君拿来祭祀给上帝。晋惠公的姐姐是秦穆公的夫人，她身穿丧服为弟弟求情，周天子也来求情，于是秦穆公答应放晋惠公回国，晋惠公回国后将晋国黄河西部之地献给了秦国。秦国占有晋国河西之地，秦晋两国开始以黄河分界。

《史记·秦本纪》记载，韩原之战 22 年前，即前 667 年，秦德公曾经以三百牢牺牲祭神，占卜预言："后子孙饮马于河。"意思是：你后代子孙的土地会扩展到黄河，要到黄河去给马饮水。这个预言在秦穆公身上实现了。秦国早期政治有浓郁的宗教氛围。前636年，秦穆公派兵扶持晋公子重耳当上了晋君，是为晋文公。前632年，秦穆公与晋国、齐国组成联军，在城濮之战打败了楚国联军，形成了春秋时期晋国联盟与楚国联盟南北对峙的均势和平秩序。

善待岐下野人

秦穆公在外交上讲信誉、讲道义，在内政上宽爱得人，善用人才。前645年韩原之战中，秦穆公率部下纵马追赶晋惠公，陷入晋军的包围圈，秦穆公受伤。危急时刻，有三百多岐下乡野之人赶来迎战晋军，大败晋军，不仅救秦穆公脱险，还活捉了晋惠公。这三百多乡野之人为什么会冒死救秦穆公呢？

> 初，缪公亡善马，岐下野人共得而食之者三百余人。吏逐得，欲法之。缪公曰："君子不以畜产害人。吾闻食善马肉不饮酒，伤人。"乃皆赐酒而赦之。三百人者闻秦击晋，皆求从。从而见缪公窘，亦皆推锋争死，以报食马之德。（《史记·秦本纪》）

这三百多名岐下百姓，曾经偷吃了秦穆公的一匹良马。官吏捉到这三百人要法办，但秦穆公没有杀掉这些人，而是说："君子不因为牲畜的缘故伤害人。我听说吃了马肉不喝酒会伤身体。"秦穆公给这三百人送了酒，然后放了他们。于是才有后来的三百人冒死突袭晋军，救了秦穆公，这是为了报答秦穆公的恩德。宽容会让人感恩，秦穆公对本国百姓宽容，得到了救命的报答。

发现人才、信任人才

秦穆公是一位优秀的国君，他知道国君的主要任务不是忙于事务，而是忙于发掘人才、任用人才。他把在楚国当家奴放牛的百里奚提拔为大夫，任用戎王使者由余为重臣，开创了秦国用外来客卿担任朝廷高官的传统，使各国人才都流向了秦国。

秦穆公不仅善于发掘人才，也非常善于信任和使用人才。孟明等将军先后两次被晋军打败，但秦穆公自己承担失败的责任，坚持任用孟明等将军。前624年，孟明等人率秦军渡过黄河，破釜沉舟大败晋军，获得最终的胜利。

大事业的基础，是善于发掘人杰，任用人杰。但要用人杰，自己就必须有心胸以容人。心胸，与志向有关。志向远大，事业艰难，才需要人才，也才能容纳人才。《孔子家语》中记载孔子对秦穆公的评价："其国虽小，其志大。其处虽僻，而其政中。其举也果，其谋也和，法无私而令不偷。"国家虽小，志向远大。虽地处偏僻，然执政中正。举事求结果，谋划求和谐。法律无私，政令不敷衍。

一个人的行为方式与他的内在信仰有关。秦穆公志向远大，行事公正，与他有着跟周王朝一样敬天爱人的政治神学思想有关。秦穆公时期的秦国，并非商鞅变法后的霸道虎狼之国，而是遵循周王朝政治神学的王道礼仪之国。从秦穆公的思想及行为看，秦国政治文化仍然属于周王朝的政治神学范围，秦人并非异文化族群，秦穆公本人则富有西周早期那种阳光明亮、敬天爱人的政治精神。

第 21 讲

季文子：礼以顺天

这一讲我们来讲季文子的故事，《史记》中关于他的记载并不多。季文子先后担任过三位鲁国君主的正卿。他为政忠诚清廉，直到他去世，妻子都没有穿过绸缎衣服，马厩里的马没有吃过粟米，府上没有金玉。

> 季文子卒。家无衣帛之妾，厩无食粟之马，府无金玉，以相三君。君子曰："季文子廉忠矣。"（《史记·鲁周公世家》）

我们讲季文子，并不主讲他的忠诚廉政，而是讲他对礼与天关系的看法。《左传·文公十五年》记载了季文子说过的一句话："礼以顺天，天之道也。"周公以德礼治国，礼成了周王朝政治宗教制度的重要基础。季文子的"礼以顺天，天之道也"这句话，触及礼的非常本质的问题，即礼的神圣来源是什么。孔子虽然继承了周礼，被后人视为儒家礼教的创始人，但孔子对周礼的理解似乎还没有达到季文子的深度。

世卿子弟季文子

季文子，姬姓，是鲁国开国君主周公之子伯禽的后裔。鲁国在春秋时期是一个中等规模的国家，位置以今天的山东曲阜为中心。季文子先后为鲁宣公、鲁成公和鲁襄公时期的正卿，执政时间大约从前601年到前568年，共计33年。

在周朝宗法制下，姬姓诸侯是周天子的小宗[1]，诸侯国内卿大夫又是诸侯的小宗。卿大夫家族内，士是卿大夫家族的小宗。《左传·桓公二年》中说："天子建国，诸侯立家，卿置侧室，大夫有贰宗，士有隶子弟。"嫡长子做君主，其他公子辅佐主君治理国家，公子们是卿大夫家族的来源。当然也会有一些异姓功臣被封为卿，发展为异姓卿大夫家族。

季文子姓姬，但他不属于鲁国公族，而属于鲁国卿族。季文子时代，不仅鲁公的君位是世袭的，卿位也是世袭的，称为世卿制。季氏家族世袭鲁国的司徒职位。司徒有点类似今天的总理，季氏可以算是鲁国的世袭总理家族。季文子时代，季家的实力已经超过了鲁国公族，掌控了鲁国的实权。

我们主要探讨季文子的三个方面：第一是季文子和鲁公的关系；第二是季文子为人的性格特征；第三是季文子论礼和天的关系。

既有实力又有思想的季文子

我们先讲第一个方面，季文子和鲁公的关系。季文子掌控了鲁国的实权，他跟鲁国的公族关系并不好。

《左传·文公十八年》记载，前609年，莒国的国君莒纪公废除了太

1　中国古代宗法制规定，嫡长子一系为大宗，其余子孙为小宗。天子之王位由嫡长子世袭，称大宗；余子对天子为小宗。诸侯之君位亦由嫡长子世袭，在本国为大宗，余子对诸侯为小宗。卿、大夫、士、庶人皆准此。

子仆，引起国人不满。太子仆弑杀莒纪公，拿着宝玉西逃到鲁国。鲁宣公大概是受了贿赂，他要季文子选一块地给莒太子仆，并要求当天就办妥。季文子不仅不安排土地，还马上命令掌管司法的司寇，把莒太子仆递解出境，同样要求在当天完成。

鲁宣公听说季文子驱逐莒太子后，让人责问季文子为什么要这样做。季文子让太史克回话说："见有礼于其君者事之，如孝子之养父母也，见无礼于其君者诛之，如鹰鹯之逐鸟雀也。"看见对君主有礼的人，我们要侍奉他，就如同孝子侍奉父母。看见无礼于君主的人，我们要杀掉他，就如同老鹰和鹞鹰去追逐鸟雀。

太史克还传话说："则其孝敬，则弑君父矣，则其忠信，则窃宝玉矣，其人，则盗贼也，其器，则奸兆也。"如果要衡量他的孝敬，太子仆杀了自己的君主和父亲；如果要衡量他的忠信，太子仆窃取了莒国的宝玉，所以这个人就是盗贼，他带来的这些宝玉，是奸邪的兆头。

除此之外，太史克还讲述了先君周公制礼的规定："为大凶德，有常无赦，在九刑不忘。"对那些有大凶德的人，有恒常的法典在，罪不可赦，不能忘记，有九种刑法对付这种大凶德行为。

季文子的意思很清楚，你作为人君，你的行动应该是国家价值取向的表率。身为鲁国国君，接纳弑君之人，这样的表率非常不好。按照周礼，太子仆这种人就该杀，我只是赶他出境，算是给你面子了。

鲁君下的命令被驳回，季文子又言之在理。鲁国的司寇执行的是季文子的命令，鲁国的史官克来传达季文子的话，这说明季文子完全控制了鲁国的政权，鲁宣公只是一个形式上的国君。从这次冲突中可以看出，季文子既有实力又有思想。相对来说，鲁宣公显得治国无方、愚蠢无能。

春秋时期各诸侯国内部的政治冲突，主要是君主家族与卿大夫家族之间的冲突。总的趋势是诸侯君主的实力下降，卿大夫家族的实力上升。为什么会出现这种情况呢？因为卿大夫的工作就是辅佐君王，他们总在做事，长期下来，谁做的事越多谁就会越能干。人性多是偷闲躲懒、乐于享受。诸侯国中最有条件放纵、享乐生活的，就是君主及其家人。别人干活，君主及其家族享受生活，长此以往，干活的人变得越来越能干，享乐的人变得越来越愚蠢。于是卿大夫家族强大了，而享乐的君主家族衰落了。从长远看，多干事就能多担事，能力就会成长，最终不会吃亏。

子贡眼中的季文子

现在我们讲第二个方面，季文子为人的性格特征。《论语》中说："季文子三思而后行。"季文子是做事非常谨慎、深思熟虑的人。一般来说，小心翼翼的人都比较胆怯，但季文子并不是胆怯之人。

举个例子，春秋时期是封建贵族共和的时期，季氏的力量很大，但是鲁国有力量的卿大夫家族除了季孙氏，还有孟孙氏和叔孙氏，这三家其实是三兄弟，都出自鲁桓公，因此又叫三桓，是鲁国卿大夫家族中最庞大的家族系统。此外还有臧孙氏，各大家族之间都是亲戚关系，但是又相互约束。

鲁国的国卿之一叔孙氏叫叔孙宣伯，他不满季文子专权，向晋国告状，请求晋国杀掉季文子。季文子在出使晋国之前，让家人先给自己办了丧礼，然后出发去晋国。晋襄公让人把季文子抓起来，但晋国的卿大夫为季文子说话，认为季文子是一位义人，结果晋国就放了季文子。季文子是一位三思而后行的人，但同时也是一位敢作敢为、敢于直面生死风险的人。

> 十六年，宣伯告晋，欲诛季文子。文子有义，晋人弗许。（《史记·鲁周公世家》）

西汉《说苑》里记载了子贡和卫国一名将军的对话——关于季文子的

评价。卫国将军叫文子，文子问子贡说："季文子三穷而三通，何也？"所谓三穷三通是指三次处于困境之中，但三次都成功地走通了，这是为什么？子贡回答说："处于困境时，他侍奉贤人；顺利成功时，他帮助那些处于困境中的人；富裕了，把财富分给贫穷的人；地位尊贵了，能够礼待地位低下的人。他处于困境时，侍奉贤人而不做后悔的事；成功以后就去帮助那些穷困之人，意味着他忠于朋友；富有了，就把财富分给穷人，这样宗族成员就亲爱他；地位高贵了，但他对社会地位低的人非常礼遇，这样百姓就爱戴他。"

> 卫将军文子问子贡曰："季文子三穷而三通，何也？"子贡曰："其穷事贤，其通举穷，其富分贫，其贵礼贱。穷而事贤则不悔，通而举穷则忠于朋友，富而分贫则宗族亲之，贵而礼贱则百姓戴之。"（《说苑·善说》）

礼是上天律法

接下来我们讲第三个方面：季文子论礼和天的关系。大约在前610年，齐国军队越过鲁国边境去攻打曹国。这对鲁国来说是非常挑衅、非常违礼的行为。《左传·文公十五年》记载了季文子对此事的猛烈批评。

> 季文子曰："齐侯其不免乎，己则无礼，而讨于有礼者，曰：'女何故行礼！'礼以顺天，天之道也。己则反天，而又以讨人，难以免矣。《诗》曰：'胡不相畏，不畏于天？'君子之不虐幼贱，畏于天也，在《周颂》曰：'畏天之威，于时保之。不畏于天，将何能保？以乱取国，奉礼以守，犹惧不终，多行无礼，弗能在矣！"（《左传·文公十五年》）

季文子说，齐懿公免除不了天罚，他自己不讲礼，却要去讨伐讲礼的曹国，居然还说，你为什么要去行礼？礼是顺天而来的，是行上天之道。齐懿公违反了天道，还去讨伐别人，他难以免除天罚。

这里出现了这段话中最重要的句子："礼以顺天，天之道也。"季文子还说："《诗经》上说：'为何无敬畏之心？为何不敬畏上天？'君子不去虐待年幼的人和地位低下的人，是因为敬畏上天。《周颂》上说：'敬畏上天，上天就能及时保佑。不敬畏上天，怎么能够自保？'齐侯以非法手段取得君位（齐懿公在齐昭公死后，杀死了齐昭公的儿子，夺取了齐国国君之位），这种情况下就算严格遵奉礼义去守国，都要担心难有善终，结果还多行无礼无义之事，是很难存在下去呀！"

这段话有两层意思：第一层强调上天信仰，认为唯有敬畏上天之威，保护幼小者，尊重低微者，才能保证国家和自身的安全；第二层揭示了礼的本质，就是敬仰上天，顺从上天。礼就是上天之律法，上天之律法要求保护幼小、尊重底层百姓。行礼就得爱护生命、敬天爱人。

季文子如同先知预言了齐懿公的命运。其后齐懿公因多行不义，遭国人怨恨，前 609 年被自己的两位车夫所杀，未得善终。

礼以顺天，天之道也

季文子所讲的周礼由敬天到爱人，是一套以上天信仰为基础，把道德和刑法结合在一起的律法。他提到的一些礼的细节，"礼以顺天，天之道也""君子之不虐幼贱，畏于天也""为大凶德，有常无赦，在九刑不忘"等内容在后代的礼书中并没有详细的记载。季文子所读到的周礼典籍应该有许多内容没能流传下来。其中最重要的就是"礼以顺天，天之道也"。这句话明确地把至上神、上天作为礼的来源，"礼"的本源就是天礼，是上天的法则。

季文子关于礼和天的观点其实非常古老。从"礼"这个字形的变化可以看出,"礼"最初是祭神的器皿,是把粮食放在鼎里去献祭给神。所以《说文解字》上说:"礼,履也,所以事神致福也。"礼就是祭神以求福。礼的核心就是祭祀之礼,就是一套宗教礼法。

为什么说季文子可能比孔子更懂礼的本质呢?因为孔子虽然重礼、畏天,但并没有把礼和天的关系讲清楚。《论语》记载,林放问:"礼的本源是什么?"孔子的回答就跑题了。孔子说:"大哉问!礼,与其奢也,宁俭;丧,与其易也,宁戚。"你问的这个问题十分重大,礼,与其去求奢华隆重,不如寻求俭朴;办丧事,与其去求平抑,不如悲戚。林放问礼的来源是什么,孔子回答的却是礼的价值和表现形式之间的关系,并没有真正回应林放的问题。

孔子还说,商朝继承了夏礼,改动了多少,这是可以知道的。周朝继承了殷礼,改动了多少,也是可以知道的。以后的朝代继承周礼,即使百代,同样可以推测。

> 子曰:"殷因于夏礼,所损益,可知也;周因于殷礼,所损益,可知也;其或继周者,虽百世可知也。"(《论语·为政》)

孔子讲的是礼的形式演变,把礼当成历史变化的产物。从哲学上说,这是把礼的形式进行了历史流变的处理。但他忽视了礼源于上天的内在恒定性,减少了礼本质上的神性、永恒性和超越性,认为礼只是人造之礼,是一种社会规范,会随着时代而演变。而季文子心中的礼无论形式如何变化,根本原则不会改变。因为礼是上天之道,上天是永恒不变的,所以君子不能虐幼贱,凡有大凶德的,就必须九刑伺候。这些根本原则是不能动的。如果只看到礼的形式变化,看不到礼背后精神的永恒性和超越性,那就意味着礼只是人礼,是人在制礼,也就意味着人可以随时改变礼。

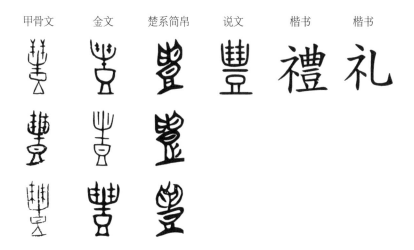

| 甲骨文 | 金文 | 楚系简帛 | 说文 | 楷书 | 楷书 |

礼字的演变。

孔子讲礼的历史流变，又讲"克己复礼""非礼勿视、非礼勿听、非礼勿言、非礼勿动"，这在逻辑上是不通的。如果礼本身就是在历史流变之中，还怎么去克己复礼，去坚守礼的规定呢?

孔子对礼的暧昧态度

孔子在礼的起源问题上暧昧模糊，没有明确礼的上天之源，这就给后来的荀子等自然主义思想家开了后门。《荀子·礼论》篇中讨论礼的起源，说人有欲望，有欲望实现不了，又不能不去求，如果求的时候没有边界，就不能不争。争，就天下大乱。乱，就穷困。先王害怕天下大乱，就制定一些礼仪，来划分大家的权利和义务，以此满足人的欲望和需求，使欲望不至于因财物匮乏而得不到满足，也使这些财物不至于因人的欲望而枯竭。两者能够相平衡，这就是礼的起源。

荀子的解释表面上看起来好像很合理，礼就是君王为了防止争夺而制定的人法，是君王统治的工具。既然是君王统治的工具，那么君王就可以根据统治的需要进行更改，那么，反对君王的人自然也可以去更改礼，不把礼当回事。

如果说法律是统治阶级的统治工具，就意味着法律要分出统治阶级和被统治阶级，意味着不可能有法律面前人人平等，也意味着法律就是强权的产物，没什么神圣性、超越性、平等性可言。

礼顺于天，不顺于人

对季文子来说，礼顺于天，因为上天高于任何人，所以天理高于任何人。今天我们在受冤屈的时候，仍然会喊天理难容，说明至上神之天、正义之天，仍然在人们的心灵深处。因为心中有天，季文子用"礼"来否定鲁公的决定，也用"礼"来否定齐侯的行为。对季文子来说，"礼"是天礼，天礼顺行的是天道，实行的是天义。对荀子来说，"礼"就是君礼，是君王之礼，君王之礼就是为了落实君王的权力。

今天我们可以把"礼以顺天，天之道也"的这个"礼"，改为"德"，也可以改为"法"，可以称为"德以顺天，天之道也""法以顺天，天之道也"。在中国古代思想史中，还有一个很重要的概念，叫作天灵。我们可以按照季文子"礼以顺天，天之道也"的句式，形成对中国古代"上天"与"德""法"之间关系的总结，这就是：德以顺天，天之灵也；法以顺天，天之道也。

第 22 讲

子产三论之一:
子产是如何坚守政商盟誓的?

子产是春秋时期郑国的国卿,执政时间是前543年到前522年。郑国是夹在晋、楚、齐等大国中的小国,子产是小国伟人,在郑国执政的20来年时间里,有突破性的历史成就。《史记》中多次提到子产,给予了很高评价,却没有专门为子产立传。关于子产事迹记载最多的是《左传》,但司马迁没有大量采用《左传》中的记载,我猜是因为价值观冲突。子产强调政商盟誓的重要性,开放民众批评朝廷,支持民众参政议事,这些都与君主集权的帝国意识形态有内在冲突。《史记》中未记载的子产的故事,对我们今天及未来仍有重要价值。我将取材于《左传》,用三讲分析子产。这一讲重点讲子产如何坚守政商盟誓。

子产去世时,孔子大约30岁。《史记·郑世家》记载,孔子听说子产去世后,流着眼泪说子产是"古之遗爱也"。"古之遗爱",指子产继承和发扬了古人为政仁爱的遗风,有仁爱之心。《论语·公冶长》记载了孔子评价子产:"子谓子产,'有君子之道四焉:其行己也恭,其事上也敬,其养民也惠,其使民也义。'"子产行为恭敬,侍奉君上认真负责,养育民众多施惠,使用民众讲道义。

然而司马迁借孔子之言对子产的赞美,其实没能揭示子产的政治价值及制度新取向的历史价值，反而使之模糊了。

四战之地的郑国

春秋时期的郑国，建国于前 806 年，灭亡于前 375 年，历时 431 年。郑国地处大平原，无任何险关可守。东南西北都有强国，四面备战，是典型的"四战之地"。北有强晋，南有强楚。东边有国土面积差不多大的宋、卫、陈、蔡等国。西边是周国。周国往西是秦国。郑国夹在大国晋楚之间，处于交通要冲、兵家必争之地，外交上非常艰难。《左传》记载郑国都城被敌人包围攻打的次数多达十二次。郑国与宋国因为土地纠纷而战争不断，春秋时期两国的战争次数有四十九次之多，差不多每五年打一仗。治理这样的国家难度可想而知。

《左传·襄公二十二年》记载子产之言："以大国政令之无常，国家罢病，不虞荐至，无日不惕，岂敢忘职？"因大国的政令无常，郑国疲于奔命，无日不在恐惧之中。在如此艰难的环境里，郑国竟然持续了四百多年的历史，很不容易。

郑国是小国，内部权力斗争厉害，对外却能同仇敌忾。前 707 年，周桓王率领陈、蔡等四个国家军队讨伐郑国。郑庄公率军反击，在繻葛（今河南长葛）打败了周王室的联合军队，还射中了周桓王的肩膀。郑国是春秋时期第一个挑战和打败周王室联军的诸侯国。繻葛之战的失败使周王室的威望一落千丈，拉开了春秋列国争霸的序幕。

子产严守政商盟约

前 543 年，子产出任郑国执政。《左传·昭公四年》记载子产之言："苟利社稷，死生以之。"若对国家社稷有利，个人生死就随它去。治理国家、推动变革，难就难在摆脱不了个人生死利害的考量。子产"苟利社稷，死生以之"的心态，是推动国家变革的前提。他一生带来了诸多历史变革，主要是因为想通了生死问题。

子产塑造历史传统的第一件事，是他对政商盟誓的坚守。

（韩）宣子有环，其一在郑商。宣子谒诸郑伯，子产弗与。曰："非官府之守器也，寡君不知。"子大叔、子羽谓子产曰："韩子亦无几求，晋国亦未可以贰。晋国、韩子，不可偷也。若属有谗人交斗其间，鬼神而助之，以兴其凶怒，悔之何及？吾子何爱于一环，其以取憎于大国也？盍求而与之？"

子产曰："吾非偷晋而有二心，将终事之，是以弗与，忠信故也。侨闻君子非无贿之难，立而无令名之患。侨闻为国非不能事大字小之难，无礼以定其位之患。夫大国之人，令于小国，而皆获其求，将何以给之？一共一否，为罪滋大。大国之求，无礼以斥之，何餍之有？吾且为鄙邑，则失位矣。若韩子奉命以使，而求玉焉，贪淫甚矣，独非罪乎？出一玉以起二罪，吾又失位，韩子成贪，将焉用之？且吾以玉贾罪，不亦锐乎？"（《左传·昭公十六年》）

大约在前543年，晋国韩宣子（晋国国卿）有一只玉环，另一只在一位郑国商人手中。韩宣子向郑伯郑定公请求得到这只玉环，子产不同意，说："这玉环非官府保有的玉器，我们君主不了解。"郑国大夫子大叔、子羽对子产说："韩宣子所求没多少，对晋国也不能怀有二心。晋国、韩宣子，都不可轻视。若有谗人陷害，从中挑拨离间，鬼神再帮助他，激起晋国、韩宣子的凶暴愤怒之心，后悔还来得及吗？您何必爱惜一只玉环，招来大国的憎恨呢？为什么不找来给他呢？"子产说："我并不是忽视晋国而对它有二心，郑国仍要事奉晋国，所以才不给他，这是要讲忠信的缘故。我听说君子忧虑的不是没有财物，而是身居官位却没有好的名声。我听说治国之难，并非难在能否事奉大国、安抚小国，而是能否按礼仪来维护国家的地位。大国之人，如果随意命令小国就能得到满足，那么将来再拿什么供给他们？有时供给了，有时拒绝了，罪过岂不是更大？大国之贪求，如果不因他们的无礼而拒斥之，他们岂有厌足之时？我国假若将来成为他们的边疆城邑，就失去了作为一个国家的地位。如果韩宣子是受命于晋国出使郑国，却为自己私下求取玉环，这是贪淫的行为，难道不是犯罪吗？我拿出一只玉环，却兴起两件罪行，使我们国家失去诸侯国的地位，使韩宣子成为贪污犯，哪能采取这种做法呢？我以送玉买来罪恶，不也是伤人吗？"

子产认为，不论大国小国，都应该以忠信为准则。韩宣子私下向郑国求玉环，伤害了两国之间的忠信关系，也伤害了韩宣子的名声。为了晋郑两国关系健康，也为了韩宣子的名声，郑国不能满足韩宣子的私人请求。

韩宣子不能从郑国朝廷要到玉环，就去找郑国商人购买玉环。

> 韩子买诸贾人，既成贾矣。商人曰："必告君大夫。"韩子请诸子产，曰："日起请夫环，执政弗义，弗敢复也。今买诸商人，商人曰：'必以闻。'敢以为请。"
>
> 子产对曰："昔我先君桓公，与商人皆出自周。庸次比耦，以艾杀此地，斩之蓬蒿藜藋，而共处之。世有盟誓，以相信也，曰：'尔无我叛，我无强贾，毋或匄夺。尔有利市宝贿，我勿与知。'恃此质誓，故能相保，以至于今。今吾子以好来辱，而谓敝邑强夺商人，是教敝邑背盟誓也，毋乃不可乎！吾子得玉而失诸侯，必不为也。若大国令，而共无艺，郑，鄙邑也，亦弗为也。侨若献玉，不知所成，敢私布之。"
>
> 韩子辞玉，曰："起不敏，敢求玉以徼二罪？敢辞之。"（《左传·昭公十六年》）

双方达成了买卖，但商人说："这事您得向子产大夫汇报一下。"韩宣子请求子产说："之前我请求得到这只玉环，执政官您认为不符合礼义，我不敢再次请求。现在我从商人处买到这只玉环，商人说，必须向您汇报，所以特向您请示。"子产回应说："从前我们先君桓公和商人们都是从宗周（今陕西西安一带）迁居出来的，到此地共同耕作这块土地，除治此地杂草，斩伐蓬草、蒿草、蒺藜和藿香，一直居住在这里。世代有盟誓，互相信赖，盟誓说：'你不背叛我，我不强买你的货物。不要乞求、不要掠夺。你有赚钱的买卖和宝贵的货物，我也不加过问。'依靠这质于神明的盟约，我们相互保卫，直到今天。今天您带着好意来我们国家，而让我国去强夺商人的东西，这是教我国背离与商人的盟誓，不可以这样的。如果您得到玉环而使晋国丧失诸侯的信任，您肯定不会这样做。如果是晋国有此指令，要郑国不讲礼义而供奉玉环，那就是把郑国当成了边鄙小城，我们也不会这样做。如果我把玉献给您，真不知道有什么道理和好处，斗胆私下向您阐明。"韩宣子决定辞退玉环，对子产说："我虽然不聪明，岂敢以一玉环犯下对晋国、郑国的罪过？斗胆辞退此玉环。"

郑国开国君主郑桓公与郑国商人之间的盟誓，后来变成了郑国朝廷坚守的一个传统。朝廷不能强迫商人，不能强买强卖，不能剥夺商人的财产权，不能贪念商人的钱财，但同时要求商人不能背叛朝廷。朝廷保护商人的自由买卖和财产权，换取商人对朝廷的拥护与支持。郑国朝廷世代坚守政商盟誓，政商关系非常稳定，商人参政议政的爱国精神也成了郑国的传统。

春秋盟誓的四个环节

春秋时期各国的关系主要依靠盟誓盟约来确定。盟誓一般有四个环节：第一是商定盟誓内容；第二是宰杀牛羊牺牲；第三是歃血宣读盟誓，歃血是把献祭的牛羊之血抹到嘴上，这是一种血祭形式；第四是向明神奉献牺牲。盟誓以邀请明神质证开始，以向明神献祭收尾。以明神的名义发誓，以明神的名义见证。明神，指上天、上帝。宰杀牛羊祭品来歃血为盟，除了献祭明神，还是对盟誓各方的提醒，如果谁违背了盟誓，将如这些牛羊祭品一样被宰杀。

以牲畜之血作为人与神的媒介，是古代普遍的血祭习俗。《圣经·出埃及记》记载，上帝要惩罚埃及人，让犹太人把羊血抹在门框上。死亡天使经过的时候，看见门上有牺牲的血就越过此家人，所以叫逾越节。春秋中国的重大盟誓，一定要歃血为盟，宰杀牛羊牺牲敬献神明。《史记·高祖本纪》记载，前 209 年刘邦起兵反秦时，也"衅鼓旗，帜皆赤"，把牺牲的血涂抹在鼓旗上，旗帜皆红色。

《左传·成公十二年》记载：前 579 年，晋楚两大对立军事集团达成弭兵盟约，盟誓中称："有渝此盟，明神殛之。"有谁违背这盟誓，愿明神诛杀他。

为什么郑国重视商人的作用？

郑国朝廷和商人之间的盟约，是中国历史上前无古人的创举，可惜也后无来者。郑国如此重视商人，是郑桓公对郑国困难处境的创造性应对。郑国国土狭小，又正好处于中原中心地带，居东西南北交通之要冲。战争时期是四战之地，兵家必争，处境险恶。但在和平时期却占尽天时地利。郑国成为当时中国贸易的中转中心，手工业、商业、娱乐业都很发达。娱乐业发达，所以靡靡之音就比较多。《论语》中记载了孔子曾批评郑国诗歌"郑声淫"。

郑桓公深知郑国的国家实力源于商业的强大，所以对商人采取平等合作的态度，力保郑国商业繁荣。郑国商人也投桃报李，愿意为国家奉献牺牲。中国历史上爱国商人的形象就是从郑国商人开始的。

《史记·秦本纪》记载，前627年，秦军从秦国出发，越过周国去偷袭郑国。郑国商人弦高赶十二头牛到周国出卖，在滑邑遇见秦军。弦高担心被杀被俘，自己以郑国国君的名义，向秦军献上十二头牛，说："听说大国将诛伐郑国，郑国君主小心修建防卫以备战，派使臣我以十二头牛犒劳军士。"秦国三位将军互相说："将偷袭郑国，郑国今已发觉，去也达不到目的。"于是灭了滑邑。滑邑是晋国边境城邑。秦军在返程途中，被晋国打了一个埋伏。晋军"大破秦军，无一人得脱者"，秦军全军覆没。

> 兵至滑，郑贩卖贾人弦高，持十二牛将卖之周，见秦兵，恐死虏，因献其牛，曰："闻大国将诛郑，郑君谨修守御备，使臣以牛十二劳军士。"秦三将军相谓曰："将袭郑，郑今已觉之，往无及已。"灭滑。滑，晋之边邑也。（《史记·秦本纪》）

郑国商人的这种爱国热情，也表现在他们在乡校中议论时政，热情参与政治，这才有子产不毁乡校的故事。

政商平等激发商人爱国心

春秋时期列国相互竞争，都需要发展经济，因此商人的地位很高。孔子的学生子贡经商有成，还积极参与外交协调，受到各国重视。秦始皇征服六国建立君主集权制以后，商人的地位开始下降。

郑国处在中原的中心，其政商盟誓是地地道道的中国传统。政商平等是激发商人爱国之心的一个重要条件。这种平等观念的背后，是上天之下的政商平等和权利的相互维护，是人和人的平等。面向神明的平等盟誓，是中国春秋时期曾有过的优秀传统。一个国家的基本法律秩序，例如宪法，也是神圣的全民盟誓的产物，这样的制度具有真正的民心基础，人人都会发自内心来维护。

子产三论之二：子产铸刑书

前 536 年，子产将刑法铸在鼎上，对外公布。晋国大夫叔向感到子产铸刑书是一件会引发变革的大事，他派人给子产送来一封信，批评子产铸刑书的行为。叔向是晋国重臣、外交家和著名学者，以其贤明广受敬重。叔向的信很长，原文如下：

> 三月，郑人铸刑书。叔向使诒子产书，曰："始吾有虞于子，今则已矣。昔先王议事以制，不为刑辟，惧民之有争心也。犹不可禁御，是故闲之以义，纠之以政，行之以礼，守之以信，奉之以仁，制为禄位以劝其从，严断刑罚以威其淫。惧其未也，故诲之以忠，耸之以行，教之以务，使之以和，临之以敬，莅之以强，断之以刚。犹求圣哲之上，明察之官，忠信之长，慈惠之师，民于是乎可任使也，而不生祸乱。民知有辟，则不忌于上，并有争心，以征于书，而徼幸以成之，弗可为矣。夏有乱政而作《禹刑》，商有乱政而作《汤刑》，周有乱政而作《九刑》，三辟之兴，皆叔世也。今吾子相郑国，作封洫，立谤政，制参辟，铸刑书，将以靖民，不亦难乎？《诗》曰：'仪式刑文王之德，日靖四方。'又曰：'仪刑文王，万邦作孚。'如是，何辟

之有？民知争端矣，将弃礼而征于书。锥刀之末，将尽争之。乱狱滋丰，贿赂并行，终子之世，郑其败乎！肸闻之，国将亡，必多制，其此之谓乎！"复书曰："若吾子之言，侨不才，不能及子孙。吾以救世也，既不承命，敢忘大惠？"（《左传·昭公六年》）

三月，郑人把刑书铸在鼎上。叔向派人送信给子产，说："开始我对您寄予期望，现在没有了。从前先王讨论事情，以礼制来决定，不制定刑法，这是担心百姓有争竞之心。但还是不能禁止犯罪，所以以礼义来防范，以政令来纠偏，用礼制来奉行，用信誉来坚守，以仁爱来事奉。制定俸禄权位，以勉励人遵从。严格以刑罚断罪，以威慑其过分的行为，即便这样还是忧惧难以收效，所以教诲民众要忠心，劝勉其行为，教之以事务，用和悦的态度差使他们，用敬重面对他们，用威严管理他们，用坚决的态度判定他们的罪行。还要访求圣明贤哲的卿相，廉明审视的官员，忠诚守信的乡长，慈爱和惠的老师，人民这才可以使用，而不发生祸乱。民众知道有刑法，就不顾忌上面的人，就有了争执之心，以刑书为依据，图侥幸去成就自己的欲望，这就不可治理了。夏有乱政时，做了禹刑的刑法。商有乱政时，做了汤刑的刑法。周有乱政时，做了九刑的刑法。这三种刑法兴起，皆在末世。今天你辅佐郑公治理郑国，按田界沟洫确立土地权属，设立批评朝政的制度，制订参政的法律，将刑书铸在鼎上，想以此安定民众，不会很难吗？《诗》中说："以文王之德为准绳榜样，能使四方每日安宁。"又说："以文王为榜样，万邦信服。"如果这样，何必需要法律？民众就知道争执的原因了。你将废弃礼制而以刑书为证据，使人在锥刀之尖的小事上也尽力争夺，使刑狱案件滋生增多，贿赂并行。到你死之前，郑国要败亡了。我听说，国家将亡，必多法制，就是说的你这种情况吗？"子产复信说："如您所说的这样。我才能不够，不能考虑到子孙，只是为了挽救当下的世界。虽然我不能接受您的命令，但我岂敢忘了您对我的恩惠？"

叔向不仅批评子产铸刑书，还全面批评子产的执政举措，包括土地确权（作封洫），允许批评朝政（立谤政），立刑法（制参辟）等。子产没有回应叔向任何具体的批评，只礼貌地强调自己所做的都是些救世举措。

叔向认为铸刑书的负面影响主要在于民众了解了法律，就有竞争之心，会"以征于书"，引证刑书，"则不忌于上"，不再顾忌"上"。这个"上"指谁？显然不是指子产和郑公，因为刑书是郑国朝廷所铸，民众"以征于书"，是对朝廷的信任，不属于"不忌于上"。子产铸刑书，说明立法权和司法权由郑国支配，谁的立法权、司法权会因铸刑书而受损呢？什么样的立法制度、司法制度会因铸刑书而遭到破坏呢？这是我们理解叔向与子产在铸刑书上的矛盾的关键。

叔向是晋国重臣，他长篇大论地批评子产，并不仅仅是因为关心郑国，而是因为这个问题也关乎晋国。叔向没能阻挡郑国变法，也没能阻挡晋国自身的变法。郑国铸刑书23年后，晋国执政卿大夫们也将刑书铸于鼎上，这引来了孔子的批评。孔子与叔向都反对铸刑书，但孔子的理由更明确一些。

孔子反对晋国铸刑鼎

前513年，晋国执政卿大夫赵鞅、荀寅将范宣子在前550年就已制订的刑书铸于鼎上，公之于众。孔子对此批评道：

> 仲尼曰："晋其亡乎！失其度矣。夫晋国将守唐叔之所受法度，以经纬其民。卿大夫以序守之。民是以能尊其贵，贵是以能守其业，贵贱不愆，所谓度也。文公是以作执秩之官，为被庐之法，以为盟主。今弃是度也，而为刑鼎，民在鼎矣，何以尊贵？贵何业之守？贵贱

无序，何以为国？且夫宣子之刑，夷之蒐也，晋国之乱制也，若之何以为法？"蔡史墨曰："范氏、中行氏其亡乎！中行寅为下卿，而干上令，擅作刑器，以为国法，是法奸也。又加范氏焉，易之，亡也。其及赵氏，赵孟与焉。然不得已，若德，可以免。"（《左传·昭公二十九年》）

孔子说："晋国要灭亡了吧！丧失法度了！晋国应遵守唐叔所传的法度，以治理其民众。卿大夫按照等级差序来坚守法度，民众才能尊敬贵族，贵族才能守住家业。贵贱等级不错乱，此所谓法度。晋文公因此设立负责差秩等级的官员，制订被庐之法，以作为盟主。现在废弃传统法度，将刑书铸于鼎上，民众只在意鼎上刑书，怎么会尊敬贵族？贵族何以守家业？贵贱无序，还怎么治理国家？而且范宣子的刑书是在夷地检阅时制定的，是违反晋国旧礼的乱法，怎么能把它当成法律呢？"蔡史墨说："范氏、中行氏恐怕要灭亡了吧！中行寅是下卿，但违反上面的命令，擅自铸造刑鼎，以此作为国家的法律，这是违反法令的罪人，又加上范氏改变被庐制定的法律，这就要灭亡了。恐怕还要牵涉到赵氏，因为赵孟参与了。但赵孟出于不得已，如果修养德行，是可以避免祸患的。"

孔子与叔向的观点是一致的，都认为铸刑书以后，民众以刑书为法，就不在乎"上"，不尊重贵族了。这背后反映的是春秋时期政治权力结构的变化趋势：由传统的君主—贵族—礼制的封建政治结构，转为君主—官僚—法律的集权政治结构。

郑国、晋国铸刑书给秦制开路

郑国、晋国向社会公布刑书，说明了两大变化：第一，君主朝廷是唯一的立法者，全国刑法立法统一；第二，随着立法权的统一，司法权也将逐步统一到朝廷手里。立法权和司法权向君主朝廷集中，直接侵犯到了贵族的立法、司法自治权。西周的封建制度是以天子为天下共主的多元国家体系。各诸侯国对天子承担一些上贡和听从调兵的义务，但在国内是独立自治的，拥有自己的军权、立法权、司法权。各贵族家族也是武装自治的宗法团体。西周至春秋的青铜礼器铭文中，有些内容涉及法律性规定，但这都属于宗族内部的礼制，具有家规性质，并不具备社会普遍性。

历史文献记载中，子产铸刑书是第一次将不分宗族的、普遍适用的刑法铸在鼎上供全社会了解，晋国铸刑鼎是第二次，叔向、孔子都从中看到了西周封建社会崩溃的征兆。铸刑书所传达出的君主集权制精神在后来的商鞅变法中得到了最彻底的实施。这背后的历史动因，就是地域国家对血缘国家的历史替代。

西周是典型的血缘贵族国家制度，社会关系由血缘关系决定。一个国家就属于一个或几个贵族家族，君主、卿大夫皆由贵族子弟们担任，治家即治国，治国即治家。在家讲孝，在国讲忠，忠孝统一，家国一体。各家有各家的家法，内部自治，但各家族的宗主们又联合起来治理国家。要联合起来，就得有超越家族的共同且普遍的法律。春秋时期有法律普遍化的社会需要。晋国铸刑鼎至少是晋公、赵氏、中行氏和范氏四大家族联合的产物。这样的刑书必须清除宗族性的内容，展示超越宗族的普遍性刑法条款。一旦铸了刑书，各家族审判案件就得以朝廷所铸的刑书为准，各族内部的立法权和司法权就会被自然削弱。

叔向、孔子担心的正是宗法制秩序的崩溃。家庭内部是血亲关系，父母子女之间有天然的血亲情感和血亲等级。孩子有错以教育为本，不能冷漠地依法惩处。父母有错只能小心劝诫，重要的是父慈子孝。把这种血亲关系放大到家族，就是由族长、长老等大家长商量着裁决族内事务。裁决所依靠的不是法律条款，而是家族的历史传统，依靠德高望重的族长、长老们的公正仁爱。儒家的根本出发点就是通过教化，实现君仁臣忠父慈子孝，将以血缘关系为基础的族群关系放大到国家关系中，建设一个一家亲的宗法制社会。但他们却发现，以子产为代表的变法派贵族们正在毁灭封建制度，正在抽空贵族阶层得以存在的权力基础。

叔向、孔子看到的问题，子产他们没看到吗？不，他们看到了另外的问题，即家族式治理的封建制度已经不适应于地域化发展的国家了。郑国没有一家独大的贵族，而是由多个相对均势的贵族家族控制，因此需要一股超越家族的力量来协调秩序。郑国同时还是工商业中心，各地往来的工商业者占人口结构中的很大一部分，社会纠纷常发生在陌生人之间，不可能用某个或某几个家族的宗法制礼法来治理整个社会。为了现实的治理需要，必须有统一的、公开的、成文的、普遍的法律。这是子产铸刑书的历史动因，也是晋国铸刑鼎的历史动因。但正如叔向和孔子所看到的，这一变革埋葬了贵族封建社会，打开了通向君主集权的秦制道路。

子产三论之三：子产为何不毁乡校？

这一讲我们分析子产的第三个故事，"子产不毁乡校"。子产以国卿执政郑国的时间大约是在前543年到前522年，共21年。政治人物的历史价值在于塑造传统。子产坚守政商盟誓、铸刑书两件事，都是在塑造传统。子产不毁乡校的故事广为流传，向来被视为中国少有的保护言论自由及参政议政权的传统基因。

子产不毁乡校

《左传·襄公三十一年》记载：郑国人游于乡校，议论朝廷执政情况。然明对子产说："毁了乡校，如何？"子产说："为什么？人们早晚做完事，游于乡校，议论执政的好坏。他们认为好的，我就实行。他们厌恶的，我就改掉。这是我的老师，为什么要毁掉它？我听说要以忠善来减少怨恨，没听说要用威权高压来防止怨恨。难道是做不到立刻制止议论吗？但这就像防洪一样，大水决堤，伤人必多，我就不能救了。不如小水疏通进入渠道，不如我把听到的批评当成良药。"

郑人游于乡校，以论执政。然明谓子产曰："毁乡校，何如？"子产曰："何为？夫人朝夕退而游焉，以议执政之善否。其所善者，吾则行之。其所恶者，吾则改之。是吾师也，若之何毁之？我闻忠善以损怨，不闻作威以防怨。岂不遽止，然犹防川，大决所犯，伤人必多。吾不克救也。不如小决使道，不如吾闻而药之也。"（《左传·襄公三十一年》）

孔子后来听说子产之言，说："以是观之，人谓子产不仁，吾不信也。"孔子把子产不毁乡校，当成子产个人仁德的素质。出于对参政议政权的渴望，人们对子产不毁乡校的评价很高，但评价方法大都与孔子差不多，习惯于从子产本人的德性素养入手，这固然是很重要的一个原因，但可能不是最本质的原因。下面我们通过分析子产执政风格背后的社会政治力量，来分析子产不毁乡校的社会环境原因。

各政治集团的均势共和

子产之所以能够允许民众聚会议政、批评朝廷执政，建立在两大制约君权力量的基础上：一是贵族力量；二是商人力量。西周的各诸侯国不仅内部自治，还能参与周王室对全国的治理。例如郑庄公（前743年—前701年在位）既是郑国国君，同时也是周桓王（前719年—前697年在位）的左卿士，是执政重臣。春秋时期王室衰弱，诸侯国内部各贵族家族争权夺利，尤其是君权与卿权的斗争层出不穷，这种内斗在郑国表现得尤为激烈。

前566年，郑国第十六任君主郑僖公被三卿之一的子驷所杀，子驷执政，另立5岁的郑简公，这时子产18岁。前563年，大夫尉止谋杀子驷，后被子产等平乱，郑简公命子孔执政，这时子产21岁。前554年，子孔被杀，子产被任命为卿士，这时子产 30 岁。短短 12 年间，郑国一位君主、两位执政被杀，若干关联的公子和大夫被杀，郑国政坛非常凶险。

子产是郑穆公的孙子，公子发的儿子。他能成为执政国卿，是郑国贵族内部平衡的结果。子产德高望重，但在他执政的第 11 年，诸公子内战，子产差点被杀。《史记·郑世家》记载："（郑简公）二十三年，诸公子争宠相杀，又欲杀子产。公子或谏曰：'子产仁人，郑所以存者子产也，勿杀！'乃止。"

在郑国这种各大贵族集团势均力敌的情况下，执政者稍不小心就会引来杀身之祸。解决这种矛盾只有两条路：要么集权专权，彻底消灭所有竞争对手；要么学会宽容与妥协，彼此共存。子产选择了第二条路。

《左传·襄公十年》记载子产劝子孔说："众怒难犯，专欲难成。"还说："专欲无成，犯众兴祸。""专欲"，即专制之欲望。专制之欲望，不仅成不了事，还会惹众怒，兴灾祸。子产生活在一个可能面临"众怒"的政治环境中。政治宽容的传统，必定是对立力量长期均衡、相互制约的结果。这也是 1215 年英国国王约翰王被迫与教会、贵族们签署《大宪章》的历史背景。英国封建时代能形成君王、教会、贵族以宪章方式确定各自权利、相互制衡的局面，是因为教会以及贵族的力量独立而强大，与王权长期相互制衡。我们可以猜想，如果郑国国内对立势力势均力敌、相互制约的状态长期不被打破，假以时日，子产这类求同存异的贵族政治家们可能会走向类似大宪章式的约法。

在郑国相互强制约的状态下执政，子产不毁乡校，不完全是因为他为人仁爱宽容。因为当时在乡校聚会，关心政治、批评执政的人们，不是没有文化的野人，而是郑国有势力的贵族和商人。如果执政者随便关闭乡校、禁止议政，很可能引发流血冲突。政治宽容的传统，是不同政治势力相互约束出来的。

郑国商人参政的传统

在郑国执政，除了面对贵族集团的制约，还要面对商人阶层的制约。我们之前分析过郑国的经济情况，商业是郑国国家实力的重要基础。从子产对政商盟誓的坚守中，我们可以看出郑国朝廷对商人阶层的高度依赖。许倬云先生在《西周史》中认为，当时的郑国商人非常国际化，政商盟誓的背景是郑国商人已经拥有类似商会这样的重要组织。他们是以集体的名义与郑国达成盟约的。

郑国商人的来源也是一个重要因素。郑国商人主要是殷商遗民。大约在前 1043 年，周公平定三监及武庚之乱时，将一部分商人贵族强行迁徙到宗周（今陕西西安一带）监视居住。这些殷商遗民失去了土地和政治权利，只能利用他们原有的经验从事工商业，商人由此成了买卖人的代名词。前 773 年，郑桓公举族从宗周东迁到京城（今河南郑州一带），一部分在宗周的商人家族随之迁居京城。郑公家族与商人双方达成盟誓，相互支持，共建国家。

前 707 年，郑庄公敢于率领郑军打败周桓王率领的五国联军，背后有商人集团的鼎力支持。郑国商人十分爱国，有一种国家主人翁意识。弦高救国有功，郑国君主准备嘉奖他，却被他拒绝。他认为救国是义务，不需要嘉奖。郑国商人都有国家意识，积极参政。弦高一事不是孤例，《左传·成公三年》记载，前 597 年，晋国为救援被楚国围困的郑国，与楚国爆发邲之战，晋国大夫荀䓨被楚军俘虏。郑国商人想去救荀䓨，计划把荀䓨装入囊袋中带出楚国。制订好计划后，还没开始实施，楚人就把荀䓨放了。后来这位郑国商人去晋国，荀䓨对他很好，就如同他真的救出了自己一样。郑国商人说："我没有功劳，岂敢接受与有功劳一样的接待？我是小人，不可以这样欺骗君子。"于是就离开晋国去齐国了。

荀䓨之在楚也，郑贾人有将置诸褚中以出。既谋之，未行，而楚人归之。贾人如晋，荀䓨善视之，如实出已。贾人曰："吾无其功，敢有其实乎？吾小人，不可以厚诬君子。"遂适齐。(《左传·成公三年》)

这位郑国商人为人真诚，不贪便宜，有自己明确的价值坚守。

国人参政议政的传统权利

西周以及春秋时期，贵族从商是常态。1981 年陕西岐山发现了一尊青铜器鲁方彝盖，大约制作于周恭王时期（前 922 年－前 900 年），铭文内容为一名商人齐生鲁做生意挣了钱，还与诸侯做了朋友，于是制作了一件彝来纪念。这是西周贵族重商的重要证据。郑国是商业中心，贵族从商是常态。这些在乡校中议论国事的国人，主要是关注国家命运的贵族和商人。

"乡校"并不是指乡下的学校。周朝时期，国家都城划分为三个区域。都城内君主直辖的区域称为"国"，主要住有大贵族、官吏及服务他们的工商业者。"国"之外称为"郊"，郊设"六乡"，居住着中小贵族、中小官吏、工商人士等。《国语·齐语》记载，齐桓公时，齐国的工商之乡有 6 个，商人往往聚族而居。"乡校"是指设置在"乡"这些地方的学校，大部分学生是乡里"士"阶层的子弟。宗法制社会里，士阶层也归属于大贵族主导的宗族，与上层统治阶层关系密切。"乡校"是士阶层子弟共同学习文化知识、武装训练、相聚议政的地方。

"郊"之外称为"野"，"野"主要是从事农牧业的庶民居住。住在"国—郊—乡"范围内的，称为"国人"。国人是以周人为主的统治阶层，上到君主、卿大夫，下到普通的士阶层。朝廷凡有军国大事，要向国人通报，召集国人商议。国人有参政议政的权利，国人子女有受教育的权利。

孔子能十五岁入小学，因为他父亲叔梁纥属于士阶层。

西周到春秋时期，从事战争的主要是国人。居住在野的"野人"，主要是殷商遗民和原住民，他们没有佩带武器的权利，不参与作战。国人是政治、经济领导阶层的一部分，以宗族为组织中心，自备武器和粮草，是地方自治武装力量。国家常备军的规模不大，家族武装就是国家武装力量的基础。参政议政本就是国人的传统权利。子产明白国人是国家的基础，必须得到他们的支持，不可惹怒国人反叛，这是有历史教训的。前841年，周厉王止谤，侵犯了国人的参政议政权，最终导致"国人暴动"，贵族、高官和工商业者联合反叛周厉王，周厉王出逃。

保守国人的传统权利

子产的执政风格，是在各大贵族宗族制约、商人集团的制衡下所形成的特有的包容风格。子产不毁乡校，看似是政治上的创新求变，其实是保守求稳。他深知在各派势力的均势状态中，不能随意侵犯国人参政议政的传统权利，不能轻易打破脆弱的均势平衡，否则会犯众怒，惹出大乱。

子产时期的郑国，是一个周旋于晋楚两大国之间的小国，周边还有宋国这样势均力敌的敌国，外交上非常困难。子产在兼容以巩固内政的前提下，采取均势外交的战略。凡涉及重大的道义及利益问题，外柔内刚，不卑不亢，取得了外交上的主动，为郑国的国家利益做出了重要贡献。子产执政期间，郑国是一个小而强的国家，讲礼义原则，令各国敬重。

公元前5世纪前后是人类文明突破的轴心期，有天命降临的特殊能量激荡在这个时期的历史人物身上。子产与老子、孔子、孙子、范蠡这些人物属于同一时代，他们身上都有着特殊的智慧和能量。子产是小国伟人，他坚守政商盟誓、铸刑书、不毁乡校的行为，塑造了超越历史的意义，成为中华精神史上一笔宝贵的财富。

春秋大复仇之伍子胥

这一讲我们来评点伍子胥，讲春秋时期的大复仇精神。伍子胥是春秋时期楚国人，大约生活在前 559 年到前 484 年，出生地在今天的湖北监利。伍子胥比孔子年长 8 岁，是楚庄王时期重臣伍举的后人。伍举就是那位问楚庄王"有鸟在于阜，三年不飞不鸣，是何鸟也？"的大臣。

伍子胥的父亲伍奢为楚平王之子太子建的太师。太子建遭费无忌谗害，伍奢及其长子伍尚一同被楚平王杀害。伍子胥逃往吴国，被吴王阖闾接纳并重用。

前 506 年，伍子胥和写《孙子兵法》的孙武，率领吴国军队攻入楚国都城郢都。伍子胥为报父兄之仇，掘开楚平王坟墓，鞭尸三百，留下了中国历史上有名的复仇故事。其实鞭尸楚平王的有两个人，一个是伍子胥，另一个是伯嚭。伍子胥是为父兄报仇，伯嚭是为爷爷报仇。《史记·伍子胥列传》记载："乃掘楚平王墓，出其尸，鞭之三百，然后已。"《史记·吴太伯世家》记载："子胥、伯嚭鞭平王之尸以报父雠。"

孝大于忠的春秋价值观

中国先秦史籍如《左传》《国语》《韩非子》《吕氏春秋》等，都提到了伍子胥复仇的故事，而且都充满了同情和赞美。《史记·伍子胥列传》也赞美伍子胥为"烈丈夫"，这个现象值得研究。伍子胥率领吴军攻破自己的祖国楚国，为什么很少人咒骂他为楚奸？伍子胥把楚平王从坟墓中拖出来鞭尸三百，为什么很少人指责他对君主大不忠？先秦时期的中国人，他们秉持的是什么样的价值观？

先秦思想家们不约而同地赞美伍子胥的大复仇，似乎说明在忠与孝的关系上，他们认为孝应该高于忠。伍子胥的行为，是典型的血亲复仇行为。男儿不顾一切为父兄报仇，这在先秦中国人心中是大孝行。今天的中国人对这种孝高于忠的观念已经比较陌生了。伍子胥之大孝，超越了对国家和君主的大忠。不仅是思想家们认同伍子胥，民间更是认同。《史记·伍子胥列传》记载："吴人怜之，为立祠于江上，因命曰胥山。"伍子胥后来在吴国被冤杀，吴人同情他、怀念他，为他在江边立祠烧香上供，伍子胥就成了吴地的潮神，至今仍受民间香火祭拜。

血亲复仇的伦理困境

血亲复仇的大孝与忠于君王国家的大忠相冲突，忠孝不能两全，不仅是中国思想史上的大问题，也是西方思想史上的大问题。

前458年，伍子胥去世26年后，古希腊伟大戏剧家埃斯库罗斯的戏剧《俄瑞斯忒斯》三部曲在雅典上演，讲的是血亲复仇的伦理困境：公元前12世纪的特洛伊战争中，希腊统帅阿伽门农把自己的女儿杀死献祭给神。阿伽门农妻子克吕泰涅斯特拉心痛如焚。待阿伽门农凯旋后，克吕泰涅斯特拉亲自动手杀死了他。阿伽门农的儿子俄瑞斯忒斯为给父亲复仇，杀死了自己的母亲。

父亲杀死自己的女儿，是为了献祭给神。妻子杀死自己的丈夫，是为了给女儿复仇。儿子杀死自己的母亲，是为了给父亲复仇。谁对谁错？埃斯库罗斯把血亲复仇的伦理困境推到了极致。俄瑞斯忒斯为报父仇杀死母亲是否有罪？雅典选出了十二位公民进行投票表决，表决结果是6：6。女神雅典娜帮了俄瑞斯忒斯，她宣布俄瑞斯忒斯无罪。雅典娜的选择，说明父权战胜了母权。

古希腊戏剧无与伦比，后人迄今无法超越。主人翁被投放到极度的困境中，引发了人们的情感震动与深度思考。对于血亲复仇的行为，中国先秦思想家们表达过自己的伦理态度，但似乎没有达到希腊思想家的思想深度。

春秋战国时期的中国，主流伦理讲忠讲孝，但似乎是以孝为本，孝高于忠，家高于国，血缘共同体高于国家利益共同体。1993年发现的战国郭店楚墓竹简中的儒家典籍《六德》这样说："为父绝君，不为君绝父。为昆弟绝妻，不为妻绝昆弟。为宗族杀朋友，不为朋友杀宗族。"这是宗法制伦理发展到极致的结果，父系血亲的宗族高于一切。从中我们可以理解伍子胥为父报仇的行为。君王冤杀父亲，儿子必须去杀君王，即使凶手死了也不能放过。

孔子的复仇观

孔子与伍子胥是同时代人，大家多关注孔子讲仁讲爱，其实孔子也高度肯定血亲复仇。《礼记·檀弓上》记载，子夏问孔子："有父母之仇，应该如何？"孔子说："以草席为睡垫，以盾牌当枕头，不做官，与仇人不共戴天。不论在集市或官府，遇到仇人，不返回拿兵器（指随身带兵器），马上决斗。"

> 子夏问于孔子曰："居父母之仇，如之何？"夫子曰："寝苫枕干，不仕，弗与共天下也。遇诸市朝，不反兵而斗。"（《礼记·檀弓上》）

《礼记·檀弓上》所记的孔子之言是否真实，我们已不得而知，也许是托名孔子以传血亲复仇的观点。但我们至少可以知道，《礼记·檀弓上》的作者是秉持这个观点的。《论语·子路》中所记的孔子之言"父为子隐，子为父隐"，也说明孔子认同孝高于忠、家高于国、血缘共同体高于国家利益共同体。《礼记·曲礼》上还说："父之仇，弗与共戴天。兄弟之仇不反兵。交游之仇不同国。"杀父之仇是不共戴天。杀兄之仇要随时携带兵器准备杀死对方。杀害朋友之仇，不与对方同处一国。这就是儒家所倡导的"大复仇"精神。以复仇为大，崇尚复仇。

这种价值观源于远古的氏族或者部落文化，是一种比较原始的正义观。它的广为弘扬，与当时的宗法制社会密切相关。宗族以血缘关系为基础，采取嫡长子继承制，家族成员要忠于宗族利益，这是"孝"的核心。一个家族如果连家族成员都保护不了，这个家族将无法在社会上立足。基于"孝"的大复仇精神一直存在于中国历史中，是家族抗拒朝廷任性的一种不绝的力量。

曹操高陵遗址博物馆收藏有一块名为《七女复仇图》的画像石。画中是七个女儿为父报仇击杀咸阳令的故事。七个女儿在家中无兄弟的情况下，不惜生死，联合伏击咸阳令车队，最终击杀成功。类似题材在河南、山东等地发掘的汉代墓葬壁画或画像石中多有发现，似乎说明那时血亲复仇仍被广为推崇。

为什么早期中国从思想家到民间社会都普遍肯定血亲复仇呢？他们如何思考私人复仇和国家司法的关系？也许，禁止私人复仇的前提是国家司法的有效和公正。如果国家从立法到司法都不公正，而且效率低下，那么私人复仇就是约束邪恶的必要条件，以自然正义校正社会的不正义。冤有头，债有主。在求告无门的时候，讨个说法，争个公正，该复仇就复仇，这种大复仇精神是春秋时代精神的一大特征。民众能保有如此的精神气质，朝廷坏不到哪儿去，社会也坏不到哪儿去。

忠孝冲突延续至今

法家与儒家又不同，法家以国压家，认为人与人的矛盾纠纷，只能通过朝廷来处理。《史记·商君列传》里记载，商鞅之法严禁血亲复仇，规定："为私斗者，各以轻重被刑大小。"谁要进行私斗，那就得根据情节轻重判处刑罚。血亲复仇是私斗的重要内容。商鞅之法实施，使"民勇于公战，怯于私斗"。

法家强调国法至上，要忠于君主，大义灭亲。并且挑动家庭成员相互告密，摧毁血亲情感与孝道传统。儒法之争，表现在法家扬忠而抑孝。从唐朝《唐律疏议》来看，唐律将孝纳入了刑法系统，在法家的法律框架中，增加了对血亲关系的保护，这算是国与家的一种平衡。

司马迁在《史记·伍子胥列传》中，盛赞伍子胥说："如果伍子胥和父亲伍奢一起受死，他与蝼蚁何异？伍子胥放弃听从君命的小义，雪了大耻，名垂后世。悲壮啊！伍子胥在江上困窘危急的时候，在逃跑路上讨饭吃的时候，他何尝有一刻忘记楚国郢都的仇恨？他隐忍下来成就复仇的功名，如果不是刚正有气节的男子，谁能做到这样呢？"

> 向令伍子胥从奢俱死，何异蝼蚁？弃小义，雪大耻，名垂于后世。悲夫！方子胥窘于江上，道乞食，志岂尝须臾忘郢邪？故隐忍就功名，非烈丈夫孰能致此哉？（《史记·伍子胥列传》）

司马迁是太史令，又是掌管皇帝档案文书诏令的中书令。但他在给伍子胥立传时，仍然站在了血亲复仇的立场上，可见西汉初年的意识形态仍然是春秋战国时期血亲至上的传统意识形态。

第 26 讲

伍子胥时代的闪光人物

这一讲我们讲伍子胥身边的闪光人物。在伍子胥一生中，有盟友吴王阖闾，朋友孙武，对手越王勾践、文种和范蠡等，都是春秋名人。但这里我们要评价的不是这些名人，而是其他四位名气并不算大，但有个性闪光的楚人。第一位是伍子胥的哥哥伍尚；第二位是送伍子胥过江的渔父；第三位是王子綦，他在楚昭王逃亡途中冒死顶替楚昭王；第四位是伍子胥的好友申包胥，在吴军攻破楚国都城之后，他请秦国出兵救楚。这些人做人做事，首要考虑的不是个人的利害得失，而是善恶是非，他们按照自己的价值准则行动，展示了春秋时期充满魅力的楚人精神。

伍尚的生死抉择

我们先讲第一个人物，伍子胥的哥哥伍尚。伍奢被捕后，兄弟俩面临着不同的抉择。伍子胥说："如果我们两人都去的话，肯定会和父亲一起死。对父亲之死有何益处？去了，反而无法报仇了。不如投奔他国，借力以雪父亲之耻。一起去死，不要做这种事。"伍尚说："我知道去也不能保全父亲的性命。但内心只恨我为求生，父亲召我而不去，以后又不能雪耻，终为天下人嘲笑。"伍尚对伍子胥说："你逃走吧！你能报杀父之仇，我去死在父亲那儿。"使者抓捕了伍尚后，又去抓捕伍子胥。伍子胥拉弓搭箭对着使者，使者不敢近身，伍子胥逃走了。他听说太子建在宋国，就去宋国追随太子建。伍奢听说伍子胥逃亡，说："楚国君臣将遭遇战争苦难了。"伍尚到楚平王处，楚平王杀了伍奢与伍尚。

> （伍子胥）曰："二子到，则父子俱死。何益父之死？往而令雠不得报耳。不如奔他国，借力以雪父之耻，俱灭，无为也。"伍尚曰："我知往终不能全父命。然恨父召我以求生而不往，后不能雪耻，终为天下笑耳。"谓员："可去矣！汝能报杀父之雠，我将归死。"尚既就执，使者捕伍胥。伍胥贯弓执矢向使者，使者不敢进，伍胥遂亡。闻太子建之在宋，往从之。奢闻子胥之亡也，曰："楚国君臣且苦兵矣。"伍尚至楚，楚并杀奢与尚也。（《史记·伍子胥列传》）

伍尚明明知道自己去见父亲的结局，还是从容赴死。伍尚并不反对弟弟伍子胥逃亡来日再复仇，但他有自己的价值选择，他认为自己不能为了逃生而不顾父亲召唤，他宁愿与父亲共同赴死。他说："我将归死。"这是一位将孝的价值置于个人生死之上的人。你怎么看待伍尚的选择呢？

江上渔父自沉于江

我们讲第二位人物，救伍子胥过江的渔父。伍子胥逃难到江边，江上有一位渔父在划船。渔父知道伍子胥很危急，就摆渡他过江。伍子胥渡江后，解下自己佩剑说："这把剑价值百金，以此酬谢您。"渔父回答："依楚国法令，谁能抓住伍子胥，赐粟粮五万石，封执圭高爵位，岂止价值百金呢？"这位渔父不要伍子胥的剑。

至江，江上有一渔父乘船，知伍胥之急，乃渡伍胥。伍胥既渡，解其剑曰："此剑直百金，以与父。"父曰："楚国之法，得伍胥者赐粟五万石，爵执圭，岂徒百金剑邪！"不受。（《史记·伍子胥列传》）

渔父明知楚平王的悬赏令，抓到伍子胥就有富贵荣华。但渔父选择冒险救其过江，并且不接受酬谢。这位默默无闻的渔父，他心里所求的是什么？在《吴越春秋》的记载里，后续的故事更令人震撼。渡江后，渔父见伍子胥饥饿，就给他带来食物。伍子胥吃完饭，离开的时候告诫渔父说："你把汤碗给藏好了，不要泄露我的情况。"渔父答应了。伍子胥离开几步，回头一看，渔父已经把船颠覆，自沉于江水之中了。渔父救了伍子胥，但伍子胥仍然担心渔父泄露他的行踪，渔父感到不被信任且受到侮辱，于是以沉江的方式告诉伍子胥，你放心，我永远也不会泄露你的行踪了。

既去，诫渔父曰："掩子之盎浆，无令其露。"渔父诺。子胥行数步，顾视渔者已覆船自沉于江水之中矣。（《吴越春秋》）

你怎么看这位自沉于江的渔父呢？

王子綦冒死救楚昭王

第三位人物是王子綦。前506年，伍子胥、孙武率军攻入楚国郢都，楚昭王逃到随国。随国在楚国北边，和楚国接壤，在今天的湖北省随州市。西周王朝建国后，在汉水东面封了几个姬姓诸侯国，但到前506年时，只剩下了随，随国成了楚国的附庸国。

吴国大军压境，包围了随国。《史记·伍子胥列传》记载，吴军对随人说:"周之子孙在汉川者,楚尽灭之。"周人子孙在汉川所建之国,都被楚国消灭了。你们是周王室子孙,楚国是我们共同的敌人。

随人想杀楚昭王,王子綦把楚昭王藏了起来,自己冒充楚昭王交给随人。王子綦这种替楚昭王赴死的行为,《史记》中不过寥寥数语:"随人欲杀王,王子綦匿王,己自为王以当之。"

有趣的是,随人抓住王子綦以后,占卜,问是否应该把楚昭王交给吴国军队。占卜的结果是不吉。随人对占卜神意的重视超过了对现实利害的考量。随人向吴国道歉,说不能把楚昭王交给吴国。随国并非大国,吴军也没有因此继续攻打随国抓捕楚昭王。王子綦侥幸不死。楚昭王复国以后,王子綦成为楚国重臣。

春秋时期的中国人有一些我们今天难以理解的行事方式和精神气质。

申包胥"子亡之,我存之"

第四个人物是申包胥。《说苑》记载,伍子胥要逃往吴国前,与他的好朋友申包胥告别。伍子胥说:"以后三年,楚国如不灭亡,我不再见你了。"申包胥说:"你勉力为之,我不可以帮助你。帮助你,就是讨伐楚国宗庙。制止你,就不是朋友。你要能覆灭楚国,我就能保存楚国。"

> 子胥将之吴,辞其友申包胥,曰:"后三年,楚不亡,吾不见子矣。"申包胥曰:"子其勉之。吾未可以助子。助子是伐宗庙也。止子是无以为友。虽然,子亡之,我存之。"(《说苑·至公》)

申包胥与伍子胥是好友,他认同父仇必报的原则,并不阻止伍子胥覆灭楚国以报父仇的想法,他还鼓励伍子胥努力去做,"子其勉之"。按春秋时期的价值观,朋友之仇即自己之仇,有帮朋友复仇的义务,如《礼记·曲礼》所言"交游之仇不同国"，不与朋友的仇敌同在一个国家。但申包胥又忠于楚国，他不愿讨伐祖国宗庙，所以他明确告诉伍子胥，"子亡之，我存之"。也就是说，你尽你的孝，我尽我的忠。

前 506 年，吴军攻破楚国郢都，申包胥逃亡山中。他听说伍子胥对楚平王掘坟鞭尸，派人对伍子胥说："你这种报仇，太过分了！我听说人多似乎可以胜天，但天一定可以击破人。你是楚平王的旧臣，亲自称臣侍奉过他。今天你竟然去屠戮死去的人，这岂不是无天道至极？"伍子胥对给申包胥传话的人说："为我谢谢申包胥，对他说我日暮途远，所以才故意倒行逆施。"伍子胥知道自己掘坟鞭尸是倒行逆施，但他不后悔这么做。

> "子之报雠，其以甚乎！吾闻之，人众者胜天，天定亦能破人。今子故平王之臣，亲北面而事之，今至于僇死人，此岂其无天道之极乎！"伍子胥曰："为我谢申包胥曰，吾日莫途远，吾故倒行而逆施之。"（《史记·伍子胥列传》）

申包胥于是自己赴秦国请救兵，一开始秦哀公并不同意。于是申包胥站在秦国的宫廷前，昼夜哭泣，不吃不喝，七天七夜不绝其声。秦哀公哀怜他，说："楚王虽然无道，但有这样的臣子，能不保存楚国吗？"于是派兵车五百乘击吴救楚。吴军撤退，楚昭王复国。

《春秋左传》对申包胥的事迹记载得更为详细，说秦哀公见了申包胥后，对他说："我听到了。你姑且先到馆舍安顿下来，我考虑后告诉你。"申包胥说："我的君主还流落荒野，没有得到安身之所。臣下我哪里敢休息呢？"申包胥靠着秦宫廷的墙壁痛哭，哭声日夜不停，无一勺饮食入口。第七天，秦哀公（召见他），对他吟诵了《无衣》这首诗歌，申包胥磕了九个头以示敬意，然后才入座。秦国于是出兵救楚。

秦伯使辞焉，曰："寡人闻命矣，子姑就馆，将图而告。"对曰："寡君越在草莽，未获所伏，下臣何敢即安？"立依于庭墙而哭，日夜不绝声，勺饮不入口。七日，秦哀公为之赋《无衣》，九顿首而坐，秦师乃出。(《左传·定公四年》)

申包胥以自己的爱国精神，震动秦国。秦哀公对着申包胥唱出《无衣》，然后发兵救楚。那时的秦国，讲礼义，能救人，敢战斗，令人敬重。

楚昭王复国以后，封申包胥荆地 5000 户，但申包胥推辞不受。《说苑》记载："申包胥辞曰：'救亡非为名也，功成受赐，是卖勇也。'辞不受。"

拯救国家不是为了声名，事成功就后接受赏赐等于是在出卖勇气。申包胥做事有价值有原则，清清楚楚，是典型的春秋中国人。

秦哀公与子同仇

秦哀公为申包胥吟诵的那首《无衣》被收入到《诗经》里，所以我们今天还能有幸读到。这首诗充满了英雄豪气，表达了秦哀公与申包胥患难与共的态度。

岂曰无衣，与子同袍。王于兴师，修我戈矛，与子同仇。
岂曰无衣，与子同泽。王于兴师，修我矛戟，与子偕作。
岂曰无衣，与子同裳。王于兴师，修我甲兵，与子偕行。
(《诗经·秦风·无衣》)

译文如下：
岂能说无衣？与你同穿长袍。君王要发兵，修整我戈与矛，与你共对仇敌。

岂能说无衣？与你同穿内衣。君王要发兵，修整我矛与戟，与你共同行动。

岂能说无衣？与你同穿战裙。君王要发兵，修整甲胄刀兵，与你共同前进。

面对申包胥，秦哀公也是性情中人，重礼守义，行事颇具春秋风范。伍子胥和申包胥两人立场相反，一个要救楚，一个要亡楚，司马迁对他们皆加以赞美：伍子胥是"烈丈夫"，申包胥是"楚虽无道，有臣若是，可无存乎！"的忠义之臣。可见司马迁判断人不是基于国家本位而是基于个人本位，他关注个人的价值，看重的是人物的坚毅性格和价值自觉，这是《史记》优于之后任何史书的魅力所在。

伍子胥的这个故事中，哥哥伍尚，救伍子胥过江的渔父，以自己顶替楚昭王的王子綦，请秦国出兵救楚的申包胥，这些人有一些共同特点。他们做事首先是基于善恶是非的价值判断。他们重情重义，不惜生死，不顾利害，唯价值理想是从。他们首先是价值行动者，然后才是利益行动者。这是春秋时期特有的精神特征，价值观优先，善恶是非优先。在某种程度上说，春秋中国是中国精神的高峰，是中国人格的高峰。

第 27 讲

老子的历史突破

这一讲我们来评点老子。我研究《道德经》多年，出版过三本和老子有关的书。第一本是 2003 年出版的《老子详解：老子执政学研究》，第二本是 2016 年在美国出版的英文新译本《道德经》，第三本是 2017 年出版的《杨鹏解读〈道德经〉》。这一讲课程的主要内容，是分析老子思想，讲解老子的历史突破。

老子的出生年份

中国古代文献中提到老子的不少，《庄子》《列子》《孔子家语》和《礼记》等皆有记载。司马迁在《史记·老子韩非列传》中最早给老子立传："老子者，楚苦县厉乡曲仁里人也，姓李氏，名耳，字聃，周守藏室之史也。"

苦县在今河南鹿邑县，当时属于楚国。老子的生卒年没有确切的记载，但孔子与老子有交集，我们能根据孔子的时间来大致推算。孔子曾多次去拜访老子求教，《礼记·曾子问》记载有四次，《庄子》记载有五次。《史记·老子韩非列传》记载道："孔子适周，将问礼于老子。"没有提到两人的年龄。《史记·孔子世家》中记载："鲁南宫敬叔言鲁君曰：'请与孔子适周。'鲁君与之一乘车，两马，一竖子俱，适周问礼，盖见老子云。"这段记载有时间地点。鲁国南宫敬与孔子入周拜访已成名的老子，当时孔子的年龄在 17 岁到 20 岁之间，这是孔子第一次见老子，接受老子教导，因此年份在前 534 年到前 531 年之间。《礼记·曾子问》记载，曾子向孔子请教送葬时遇日食的葬礼规定。孔子说自己曾给老子当助手，给人主持丧礼，发生了日食。按孔子入周的这段时间，有专家查询公元前 6 世纪的日食资料，显示前 521 年 6 月 10 日上午 7 点 54 分 41 秒，发生日全食，时间有 1 分 26 秒。9 点 30 分，发生日偏食，中原地区能清楚地看到日食情况。这年孔子 30 岁，这是孔子第二次见老子。如果老子比孔子年长 20 岁，老子大约出生于前 571 年。这是一个非常神奇的时间，因为古希腊哲学家、数学家毕达哥拉斯大约出生在前 570 年，佛教创始人释迦牟尼大约出生在前 565 年。也是在这个时间点前后，以色列祭司们完成了《圣经·旧约》的文字编撰。

孔子问礼于老子。出自山东嘉祥画像石。

老子、毕达哥拉斯、释迦牟尼、编撰《圣经·旧约》的以色列祭司们，他们的年龄相差无几。这是人类精神史上不可理解的神秘时刻，德国哲学家雅斯贝尔斯称其为人类精神共同突破的"轴心时代"（指以公元前500年为中心的人类各地文明共同突破的现象）。老子、孔子、墨子、孟子、庄子都是轴心时代有代表性的中国思想家，而老子是其中最为深刻的。

史官的职能

《史记·老子韩非列传》说老子是"周守藏室之史也"，老子是周王室守藏室的史官。守藏室相当于现在的中央档案馆和国家图书馆，负责管理周王室的档案、典籍、地图及祭祀法器等。史官有七个主要职责：一是主持宗教祭祀，管理祭祀法器；二是观察星象，制订历法；三是记言记事，编写史书；四是向君主建言献策；五是起草朝廷的文诰和法典；六是管理君主朝廷的重要档案；七是宣告朝廷重要诰命。太史是史官负责人，在朝廷中地位很高。西周文献《尚书·顾命》中记载周康王的登基仪式如下：

> 太保、太史、太宗皆麻冕彤裳。太保承介圭，上宗奉同瑁，由阼阶跻。太史秉书，由宾阶跻，御王册命。曰："皇后凭玉几，道扬末命，命汝嗣训，临君周邦，率循大卞，燮和天下，用答扬文、武之光训。"王再拜，兴，答曰："眇眇予末小子，其能而乱四方，以敬忌天威。"

太保、太史、太宗都戴着麻帽穿着礼服。太保捧着大圭，太宗捧着酒杯和瑁，从东阶上来。太史拿着策书，从西阶走上来，进献策书给康王。

太史说:"大王靠着玉几,宣布他临终的教命,命令您继承文王、武王的大训,治理领导周国,遵守大法,协和天下,以宣扬文王、武王的光明教训。"王再拜,然后起来,回答说:"我这个微末的小子,怎么能协和治理天下以敬畏天威呀?"

从这段记载,可见史官地位。

老子,其犹龙邪!

《史记》中司马迁通过孔子的话传达出老子的特殊形象。孔子向老子问礼,老子批评和教导孔子,孔子心服口服,离开以后对弟子说:"鸟,我知道它能飞。鱼,我知道它能游。兽,我知道它能跑。能跑的兽,我可以用猎网。会游的鱼,我可以用鱼线钓。会飞的鸟,我可以用矰这种箭来射。至于龙,它乘风云而上天,我就无能为力、不了解它了。我今天见老子,他就如同龙。"孔子时代认为龙源于上天,神秘莫测、神奇有力。

> 孔子去,谓弟子曰:"鸟,吾知其能飞;鱼,吾知其能游;兽,吾知其能走。走者可以为罔,游者可以为纶,飞者可以为矰。至于龙,吾不能知,其乘风云而上天。吾今日见老子,其犹龙邪!"(《史记·老子韩非列传》)

孔子问礼于老子,老子是这么说的:"子所言者,其人与骨皆已朽矣,独其言在耳。"你所说的礼的创造者,他们的人和骨头都已腐朽了,只剩下他们的一些话还在。老子的意思是说,周公他们当年制礼作乐,是针对当时的情况,解决当时的问题,后人很难把握周公当时的具体动机及策略、方法。时过境迁,今天有今天的问题,周公当年的礼制未必有用。

看起来,老子似乎不太重视传统。其实这种观点在《道德经》里也有充分的表达。《道德经》第十四章里说："执今之道，以御今之有。"要以今天的道，今天的办法，来驾驭现实中的一切。为什么老子显得不那么重视传统？因为他认为道是自在的，不受时间和历史限制。所以道就在过去、现在和未来，要用鲜活的心智去认识现实中的道，而不是去翻陈旧的古代典籍。

儒道之别：教化与自主

有意思的是，老子是周王室守藏室的史官，是当时的文化贵族，对历史传统最了解，掌握历史典籍最丰富。结果他反而否认固守传统的价值。孔子正好相反。孔子是平民出身，从小生活贫贱。但他好学，迷恋古代文化。孔子说自己"述而不作，信而好古"。面对古代文化，二人的态度完全相反。

《史记》中说"世之学老子者则绌儒学，儒学亦绌老子"，世界上学老子的人都贬低儒学，学儒学的人也贬低老子。"道不同不相为谋"，"李耳无为自化，清静自正"，"无为"是指君王无为，"自化"是指百姓自我演化，"清静"是指朝廷清静，"自正"是指百姓自我走向正道。

这是儒道之间的很大差别：儒家要求君王去教化民众，驱使百姓归向正道；道家则注重民众自主。这种"道不同不相为谋"的情况在今天仍然存在，儒道两家仍然是相互排斥者居多。但老子和孔子的关系似乎很好，孔子不止一次去拜见老子，向老子请教。

　　老子修道德，其学以自隐无名为务。居周久之，见周之衰，乃遂去。至关，关令尹喜曰："子将隐矣，强为我著书。"于是老子乃著书上下篇，言道德之意五千余言而去，莫知其所终。(《史记·老子韩非列传》)

《史记》上说老子在周王室很长时间，看见周王朝已经衰败了，就离开了。到函谷关时，函谷关的关令叫尹喜，对老子说："老师您要隐居了，勉强为我写本书吧。"于是，老子留下五千余言后就离开了，不知所终。民间传说老子去了昆仑山，昆仑山上有通天之道，先知老子返回天界去了。

老子的创世论与宇宙观

在此背景下，我们来分析老子的三观：宇宙观、人生观和治理观。老子的宇宙观是："道生一，一生二，二生三，三生万物。万物负阴而抱阳，冲气以为和。"这讲的是宇宙万物的来源及基本的运行秩序。

"道生一"指的是有一个道的本源力量，通过生一、生二、生三，最后创生出宇宙万物。这种创生的宇宙观，在哲学上称为"创世论"。《圣经》的开篇也是如此："起初，上帝创造诸天和大地。上帝说要有光，就有了光。"宇宙万物是被创造出来的。道是宇宙万物的来源，是无比宏大的创生力量。我们可以把道的核心特征总结为一个字："生"，生长、创生、创造。

老子为什么会对孔子说"子所言者，其人与骨皆已朽矣，独其言在耳"？是因为老子认为孔子所学习的礼制是过去创生的结果，重要的不是去关心过去的结果，而是要关心现在的创生，未来的创生。去看现在的道，体会现在的创生精神。

道创生出宇宙万物，那宇宙万物按什么样的秩序运行呢？"万物负阴而抱阳，冲气以为和。"万物是阴阳相冲的，它分

《老子骑牛图》，现藏于台北故宫博物院。

成对立两方的力量，相反对冲。所以道的第二个特征就可以简化为"冲"这个字，冲气、对冲、竞争。对冲的结果是什么？就是"和"。和，就是平衡。阴阳冲气，达到平衡。这个对冲是必然的、永恒的。这个和是动态的，最后达成一种动态平衡。所以道的第三个特征可以简化为"和"，太极图就是"万物负阴而抱阳，冲气以为和"的图形化。这是道的运行秩序，是宇宙万物所遵循的秩序。

老子的宇宙观有三大特征：首先是"生"，道是生，是创生、创造的力量；其次是"冲"，对冲、竞争的运行逻辑；最后是"和"，冲气的结果就是和，一种动态平衡。创生永远在进行，对冲永远在进行，也永远在达成一个新的平衡。

"生、冲、和"的宇宙观与人生观

老子这样的宇宙观引导我们去看宇宙的三大本质。我们要去看创造，看无处不在、无时不在、无人不有的生的力量。其次也要看冲突与竞争，看制约与平衡，看和谐，看起伏，看热与冷，看收益与贡献，看权利与义务的统一。

"生、冲、和"在万物之中，也在每个人身上。"生、冲、和"的宇宙观引出了相应的人生观，我们每个人身上都充满着"生、冲、和"的力量，这是人最深处的人性，由天道而来的人性。

看人要看生，因为人最爱生、最怕死。生是多层面的：创作一首歌是生；盖一栋房子是生；生个孩子是生；建立一个国家是生。死也是多方面的：身体的死是死；精神被奴役是精神之死；灵魂不能永恒也是一种死。看人的生，要从多层面去看。看人的死，也要从多层面去看。看人也要看冲。人生下来就处于阴阳冲气之中，处于竞争之中。有生就必有冲，必有竞争，这是天道的运行方式，也是生命的存在方式。竞争是消除不了的，一切试图消除竞争的做法，只不过是换了一种竞争方式而已。所以，既不要怕看到别人的冲气，自己也不要怕冲气，这是生命存在的秩序。看人也要看和。永远在求创生，永远在竞争之中，就需要有一个关系来平衡。在自然状态下，这种平衡就趋向和谐。所以，人会处于自己最恰当的竞争生态位上。这种竞争的生态位会随着创生的变化，随着竞争的变化而调整。和的平衡点永远在调整。那种把某个人、某个群体固化在某个竞争生态位的做法，是不自然的、不可持续的，它会引发更大的冲突、更大的斗争。所以，"生、冲、和"是宇宙观，也是人生观。天道的秩序是"生、冲、和"，人性的趋向是"生、冲、和"，走向"生、冲、和"才能走向人生的本质。

最好的治理是保护"生、冲、和"

了解了"生、冲、和"的宇宙观与人生观，那么"生、冲、和"的治理观就自然清楚了。治理天下就是保护万物万民中的"生、冲、和"，保护自然的人性，尊重自发的秩序。

保护生，首先是保护生命，保护各种想法，保护创业。保护冲，就是保护竞争，保护公平的竞争秩序。保护和，就是保护人与人之间的自然关系，例如保护合约。治理天下就是成全天下人，所以君王就应该是一个大保安，朝廷就是安保机构，而不是领导。

《道德经》第六十四章说："以辅万物之自然，而不敢为。"治理天下就是辅助万物的自然本性，而不是去干扰和破坏。这个"万物之自然"是什么？就是我们总结的"生、冲、和"，就是要看到每个人身上的创生、竞争、平衡的力量，保护这个力量，释放这个力量。老子所讲的无为而治也是这个意思，在执政治理上无为而治，遵循万物的自然本性。

《道德经》第二十三章说："希言自然。"自然是希言的。那个独立自在的创生力量，是很少发言的。老子的《道德经》也很简洁。我把老子《道德经》五千言总结为：他的宇宙观是创世论的宇宙观，天道是"生、冲、和"，他的人生观是生命应该"生、冲、和"，他的治理观就是保护万物的"生、冲、和"。

《道德经》第四十八章说："无为而无不为。"如果能够做到无为而治，去保护民众身上的"生、冲、和"，这个国家就会非常富强。

第 28 讲

孔子的历史突破

这一讲我们分析孔子的历史突破。

孔子大约生活在前 551 年到前 479 年。他与中国的思想家老子、古希腊的思想家毕达哥拉斯、古印度的思想家释迦牟尼是同时代人,孔子比他们年轻一些。

不合"礼"的出生

孔子的生平,可用三件事来说明:第一是生于山东曲阜尼山夫子洞;第二是孔子葬母;第三是孔庙。

传说孔子出生于山东曲阜尼山夫子洞。现在,每年都会有老师带着学生到夫子洞向孔子表达敬意。孔子为什么会出生在这个荒郊野外的小山洞里?没有官方记载,只有一些民间传说。传说孔子的母亲被孔家抛弃,无人照顾,就在这个小山洞里生下了孔子,还在这里住了一段时间。还有另一种传说,孔子的母亲去尼山求神,经过这个洞时生下了孔子。总之,孔子的出生不太寻常。

孔子葬母的故事也不寻常,《史记·孔子世家》是这样记载的:"孔子母死，乃殡五父之衢，盖其慎也。郰人挽父之母诲孔子父墓，然后往合葬于防焉。"孔子十七岁左右，他的母亲去世了。孔子想把母亲与父亲合葬，但不知父亲的墓地在哪里，于是就把母亲的灵柩摆放在官府前的大路上，希望有人告知父亲的埋葬地，这是慎重。后来，有一个车夫的母亲偷偷告诉了他，孔子就把母亲葬入了父亲的墓地。

从孔子葬母的故事中，我们可以知道，孔子和他的母亲是被他父亲的家族排斥和抛弃的。孔子不知道父亲的安葬之地，说明孔子从小就没有参加过祭奠父亲的活动，不被父亲家族所承认。孔子要打听父亲的安葬地，四处打听没有结果，说明当地人不愿意告诉他。随后他做了一件惊世骇俗的事，他把母亲灵柩停放在官府门前的大马路上，要引起社会关注，让人告诉他父亲的墓地，同时这也是一种对社会的抗议。

孔子父亲叫叔梁纥，鲁国武官，曾任郰邑大夫，属于中等士阶层。叔梁纥有一妻一妾，十个孩子。叔梁纥在年近七十的时候，与十六七岁的颜氏生下孔子。孔子的父亲有过官职，不是平民，曲阜尼山这么个小地方，为什么孔子就打听不到父亲的墓地呢？这与孔子不合礼制的出生有关。

《史记·孔子世家》记载："纥与颜氏女野合而生孔子。""野合"指非礼交合。年近七十的叔梁纥跟十六七岁的颜氏女，为什么野合而生孔子？我们不得而知。我们能明白的是，颜氏女既非正妻，也非小妾，没有被正式纳入叔梁纥家族的成员范围。颜氏生了叔梁纥的孩子，但是叔梁纥家族并不承认颜氏母子和他们家族有关系。孔子母亲颜氏是一位单亲妈妈，带着私生子孔子独自生活。孔子父亲去世后，颜氏与孔子父亲的家族不再有来往。

孔子不知道父亲的墓地，也打听不到，肯定不是因为没有人知道墓地在哪儿，而是因为孔子父母的野合关系极不光彩，孔子的母亲颜氏也避而不谈，所以大家对此采取避讳态度，不愿意告诉孔子。

孔子应当多少知道叔梁纥是他父亲，所以他才采取了极端的行动，把母亲的灵柩停放在官府门前的大路上，这是逼父亲家族和当地社会承认母亲和自己的身份。春秋社会是血缘等级社会，人的社会地位由血缘出身决定。孔子这么做，既是为母亲争名分，也是为自己争名分；既是做给父亲的家族看，也是做给全社会看。孔子对母亲、对自己，都有一种名分的焦虑。也许我们由此能理解孔子这一生对名分的重视和追求，如《论语·子路》记载孔子之言："名不正则言不顺，言不顺则事不成。"孔子为了争取名分，行为极端，态度坚决，从中也可以看出孔子非常有个性。

将母亲安葬在父亲家族墓地以后，孔子认为社会应当承认他属于士的阶层，承认他是贵族阶层的一员。《史记·孔子世家》记载，鲁国季氏宴请士族，孔子不请自去。但被季氏家臣阳虎拦住。阳虎斥责孔子说："季氏飨士，非敢飨子也。"季氏是宴请士人，可不敢宴请你。这一方面可能是不承认孔子的士人身份，另一方面也可能是责怪孔子服丧期间赴宴不合礼制，更可能两者皆有。

孔子已经将母亲葬到父亲家族墓地，但是社会仍然不承认他"士"的身份。家族不承认，社会排斥，如《论语·子罕》记载孔子之言："吾少也贱。"意思是，我小时候是个贱民。从心理上看，孔子有极强的名分焦虑，他对社会等级的封闭状态，对血缘贵族等级的封闭状态，有痛苦的体验。

从夫子洞到孔庙

孔庙是祭祀孔子的祠庙，也是孔子去世后被社会广泛承认的标志。现在的山东曲阜孔庙，主要是明清两朝所建。除了孔子，中国历史上没有任何一个其他思想家或帝王将相死后能拥有这么壮观的祠庙，享受这么持久的尊荣。

从出生在尼山野外山洞之中，到死后在高规格祠庙中享受历代祭祀，孔子经历了从贱民到圣人的飞跃。孔子从一位非礼出生而被礼教排斥的孩子，从被人歧视的单亲母亲养大的私生子，从社会底层的平民，成长为大圣人，成长为"生民未有"之"万世师表"，君王推崇，读书人顶礼，万众膜拜。这是一个传奇的自我正名的过程，是一个感人的逆袭成功的榜样。

《孟子·万章》赞美"孔子之谓集大成"，是六艺传统文化的集大成者。

司马迁对孔子评价极高，情真意切，含有司马迁对自己命运的寄托。《史记·孔子世家》中的原文是："天下君王至于贤人众矣，当时则荣，没则已焉。孔子布衣，传十余世，学者宗之。自天子王侯，中国言六艺者折中于夫子，可谓至圣矣。"意思是说：天下君主贤人多了，活着的时候有荣名，死了就没有了。孔子只是一介布衣，其学问传承十余世，学者以他为师宗。从天子到王侯，凡讨论六艺，就必须以夫子为标准！可见，孔子是至圣之人。

天子王侯，荣耀一时，过眼烟云。孔子传承文明，超越了天子王侯，是至圣之人。宋朝朱熹引无名氏诗句说："天不生仲尼，万古如长夜。"中国历史上没有人享受过这么高的评价。

孔子从贱民阶层逆袭而上，历史地位超越王公贵族。孔子穿越阶层的历程，是读书改变命运、教育改变命运的历程。

孔子开辟平民学道

《论语》开篇第一句话："学而时习之，不亦说乎？"这句话显得很平淡。但编者把这平淡无奇的话作为《论语》的开始，这是深懂孔子之心。对孔子来说，这句话可不平淡。

孔子所处的春秋时期，一个人的社会等级是由出身和血缘等级决定的。周朝封建等级社会，是天子—诸侯—卿大夫—士—庶民的等级结构。

孔子父亲叔梁纥虽然属于士阶层，但是孔子因为名不正言不顺的出生，被孔家排斥，孔子事实上属于庶民，而且是庶民中的贱民。春秋社会是血缘固定的封闭社会，社会流动僵化，难有庶民上升通道。

孔子另辟蹊径，利用学习来改变命运。仅从血缘上来说，孔子难超越士阶层，更不用说超越王公贵族之上。孔子之前，受教育是贵族特权。孔子刻苦学习，依靠学习改变自己的命运，并且开办私学，有教无类，带领不同阶层的学生一起学习，通过学习来提升自身的命运。孔子的身份、地位和尊严，都是通过学习争取来的。

"学而时习之，不亦说乎？"对孔子来说，这句话不平淡，而是孔子生命的尊严与快乐。估计孔子常说这句话，所以弟子们把这句话排在了《论语》第一句。孔子开通了一个"下学而上达"的学道。这不是血缘的道路，而是学习的道路。

孔子之前，也有底层逆袭成功的榜样。商朝开国相伊尹，家奴厨师出身，但辅助商汤灭除夏朝建立商朝，成为商朝开国相。还有周王朝的开国太师姜尚姜太公，传说也是平民出身，辅助周武王推翻商王朝建立周王朝，被封为齐国开国国君。伊尹、姜尚都是底层平民逆袭成功的案例。

《孟子·公孙丑》记载孟子之言："五百年必有王者兴，其间必有名世者。"伊尹、姜太公、孔子三人之间，正好各相距约五百年。他们三位都从底层逆袭成功了，但是孔子的成功比伊尹和姜太公的成功具有更深远的历史意义。

孔子逆袭的历史意义，不仅在于他自己成功逆袭，还在于他给那些与他类似的平民读书人，开通了一条苦读诗书修身进德的上升通道。世俗层面，平民通过学习上升到社会上层；精神层面，平民与天命建立联系，平民可以通过学习、修德而与上天相通，以德配天，承接天命。

孔子相信"天命"会降临平民

《论语·宪问》中有句话最能体现孔子精神的精华："不怨天，不尤人，下学而上达，知我者，其天乎！"孔子最有理由怨天尤人。他被世人排斥歧视，但他并没有沉沦，他通过下学而上达，从平民私生子，成长为文教之圣人。孔子不仅是社会地位上的上达者，更是精神上的上达者，他上达了天命。孔子有强烈的天命意识，在精神上，总觉得自己有强大的依靠，有上天作为自己的后盾。

孔子作为与周王室血缘无关的人，作为被周人征服的商人的子孙，内心却拥有天命意识，这是中国精神史上能够达到的最高程度。"下学而上达"的最高峰，就是明德以敬天，最后天命降临。在孔子之前，跟天命关联的，都与君王有关。从西周青铜器铭文看，天命所降临的是周文王。周文王承接天命，周武王实现天命，周王的使命就是以德配天，维护天命。西周周成王时期青铜器何尊上有这样的铭文："肆文王受兹大命，唯武王既克大邑商。"文王受此大命，武王征服大邑商。

《诗经·大雅·大明》有诗句："有命自天，命此文王。"有命自天而降，命令这位周文王。上天将天命赋予周文王，周文王受命于天，开创新王国。周文王、周武王等能够缔造一个新王朝，是因为他们以德配天，上天辅助，天命在身而奉天承运。

孔子虽然"少也贱"，却有强烈的天命在身的感觉。《论语·子

"何尊"为西周成王时期（前1042年—前1021年）青铜器，尊内底铸有铭文122字，记载周成王迁居洛邑成周之事。铸鼎者为贵族"何"。现藏于宝鸡青铜器博物院。

罕》记载孔子之言："文王既没，文不在兹乎？"文王去世以后，能够继承天命文明的，不就是我吗？孔子明确地把自己和周文王并列，认为自己为上天拣选，如同周文王一样承载上天赋予的传承天启文明之使命。《论语·述而》记载孔子之言："天生德于予。"上天把德赋予了我。这种话从一个平民嘴里说出来，有历史突破的意义，意味着天命可降临平民。

这种天命有德的思想，在孔子之前，周公已经表达过。《尚书·蔡仲之命》记载周公之言："皇天无亲，惟德是辅。"皇天并不按血亲偏爱谁，谁有德性，上天就辅助谁。一个人有德，是上天选择的前提。西周初年，周公、召公等对周人推翻商王朝、建立周王朝的理论解释，就是天命转移，上天辅助有德之人。孔子所言"天生德"，与国家缔造、新王权的兴起密切关联。

《礼记·中庸》中说："故大德者必受命。"凡有大德者，一定会承受天命。对孔子来说，"德"可以通过学习实践修炼出来。上天辅助有德之人，天命降临好学修德之人。有上天之辅助，即成为天命的承载者，奉天承运，将上天好生之德推向世界。修德以配天，修德以待天命，这是周王朝主流政治神学。这个政治神学，过去主要运用在周文王、周武王这样的开国君王身上。但孔子把它普适化了，他认为这样的政治神学原则对每个好学上进、修德行善的人都适用。

孔子以这样的观念来看自己，也以这样的观念来看别人。他有教无类，开办私学，领着学生走的正是这样的道路。

孔子"学道"的学习等级

孔子这种以"德"为中心而非以"血缘"为中心的思想，打破了春秋以来主流的以血缘、身份等级为中心的宗法制现实，展现出一种平等精神，对传统的世袭制是一种超越。

孔子对政治现实有批评，但他不是一个造反者，而是社会等级秩序的自觉维护者。这有没有矛盾？对孔子来说，没有矛盾。孔子有他的中庸之道。开放上升通道，对孔子来说就是学道，读书做君子做官。坚守等级秩序，对孔子来说，就是"君君臣臣父父子子"。在开放上升通道与维持社会等级秩序两者之间，孔子有他特有的平衡。正是这个特有的中庸的平衡点，奠定了孔子的历史地位和影响力。

人与人的差异，一定程度上是由社会等级导致的，但社会等级的形成过程有时也会出错或很不公正。上天在分配精英种子的时候，在各阶层中是均衡分配的。老子《道德经》第三十二章："天地相合，以降甘露，民莫之令而自均。"天地中阴阳之气相合，降下甘露，无人指令，自动均衡。上天撒出的精英种子，如甘露一样撒向社会各个阶层。不管是庶民还是士，不管是大夫、诸侯或皇族，精英的种子撒下来，各阶层都会有。各阶层精英的比例，似乎是按人口数量均衡分布的。

养过信鸽和狗的人都知道，血统对信鸽和狗来说非常重要。不仅外形特征会遗传，内在的速度、力量、敏捷度这些能力特征也会遗传。购买信鸽和狗，血统直接影响价格。但奇怪的是，人并不这样。人的一些外形特征会遗传，但内在素质、能力似乎并不完全遗传。要不然，冠军的儿子永远是冠军，统治者家族就永远是统治者了。但历史不是这样演变的。人类社会跟动物社会并不一样，人类社会是独特的。对动物界，血统论是有依据的；对人类社会，血统论在很多方面都不成立。所以，人类社会如果社会阶层固化，社会流动被限制，底层精英没有上升通道，就会导致能力和地位不匹配的现象出现，社会就容易失衡。一旦社会出现严重失衡，能力很高但地位很低的精英为了争取更高的地位，容易产生叛逆情绪，甚至会有所行动，从而引发剧烈冲突，最严重的时候就是社会暴动、改朝换代。

孔子这样一粒大教育家、思想家的种子，被上天送到一个不被礼制认可的单亲妈妈的怀里。这粒种子不会落到底层而枯死，而是一定要长成。

孔子长成的路径，就是读书学习。孔子把自己成长的体验修成了一条上升的学道，让许多像他一样的底层平民子弟，能够通过读书学习来改变命运。同时，孔子并没有破坏社会阶层秩序，反而有助于社会的有序性。所以说，孔子真正的历史贡献，就是在保障社会阶层等级秩序的同时，开放了一个教育、学习的竞争通道，突破血缘控制下社会阶层的固化。

孔子梦想的世界是流动的秩序，是开放的等级，这就在社会等级的稳固性和精英种子分布的均衡性之间，找到了一条中庸之道，这在人类历史上是超前的。

隋唐开创科举制，把孔子开拓的学道予以规范化。到了宋代，统治阶层通过学道吸纳来自各阶层的精英，上升的精英又成为社会秩序的主动维护者，这样就消解了不同阶层的精英因为没有上升通道而造成的重大社会冲突。这可能是中国社会长期相对稳定的重要原因。

社会阶层的存在是必然的，但是一个公正的社会阶层，必须是在开放竞争的基础上形成的。社会秩序是必要的，但一个稳定的秩序，必须保障公平竞争，保障人员上下的流动，尤其是底层精英上升的流动。孔子开创了学道的流动，找到一种开放竞争与秩序稳定的平衡点，这是他的独特贡献。

人类文明史上，凡是能够为社会阶层的形成过程带来更多开放流动与公平竞争的，无论是思想还是制度，观念还是行动，都促进了文明的发展。孔子时代如此，今天如此，未来也如此，美好社会总离不开开放的公平竞争的秩序。

孔子的开放学道，并没有开放到王权，这使孔子的学道并不彻底。顶层有王权世袭制的封闭系统存在，迟早会有封闭特权自上而下地蔓延，直到使社会因权责失衡而动荡。但孔子一生的努力，给我们一个启示：必须尊重合理的阶层分化，才有社会的秩序；必须开放竞争，才能形成公正的社会阶层。阶层秩序与开放竞争，必须统一。开放竞争的上升通道愈多，社会愈有活力愈和谐。

学习改变命运

"学而时习之，不亦说乎？"当我们从社会流动及开放教育的角度来看《论语》这句开篇之语，会感到这句平淡的话其实很有深意。

孔子的学习观、教育观也带给我们一个要重视的大问题。我认为，对孔子来说，学习不是为了探索真理，而是为了改变命运，为了解决名分问题，为了解决社会阶层公平流动的问题——说到底还是名位等级的问题。

孔子的教育，不是为了寻求大自然的规律，不是为了揭示社会演化的规律，更不是为了发明创造新的产品和服务，而是着眼于教育改变命运，着眼于社会阶层流动的有序性，这种教育观今天仍然支配着中国的高考和应试教育。教育考试与真理探索无关，只与社会阶层的上升有关。孔子个人经历和体验的升华，形成了中国教育改变命运的名分教育观，支配了中国教育精神两千多年。新教育在继承孔夫子教育观的前提下，应当导向信仰、自由、公正、创造，导向对信仰的关注、对自然规律的探寻、对发明技术的热望，导向人与人之间的合作，导向建立一个能让我们骄傲和热爱的美好世界。

第 29 讲

曾子：了不起的自由人

说起曾子，一般人都会想起《论语·学而》所记的曾子名言："吾日三省吾身，为人谋而不忠乎？与朋友交而不信乎？传不习乎？"

司马迁在《史记·仲尼弟子列传》中说，曾子小孔子 46 岁。那么，曾子大约生活在前 505 年到前 434 年之间。

我之所以称曾子为了不起的自由人，是因为曾子他非常清楚自己要什么，也知道自己不要什么。他头脑清醒、性格坚强，坚持自己的选择，走自己的人生道路。大家知道儒家、道家两家"道不同不相为谋"，常常互相批判。但曾子不仅受儒家尊崇，同时也得到了道家人物庄子和法家人物韩非的赞美，他一定有过人之处。

曾子不事权贵

《庄子·让王》中记载：曾子居住在卫国时，非常贫穷，面目浮肿，三天吃不上饭，十年没有做新衣服。但是曾子却高唱着《商颂》，歌声充满在天地之间，声音如同青铜乐器和石磬乐器一样洪亮清幽。原文是："声满天地，若出金石。"

庄子提到的曾子吟诵的《商颂》，是商朝的颂歌。现在《诗经》中有《商颂》五首，其中一首很有名："天命玄鸟，降而生商，宅殷土芒芒。古帝命武汤，正域彼四方。"大意是：上天命令神秘的灵鸟，降到商人始祖身上，商人得以诞生，安居在茫茫殷商之地。亘古本源之上帝，命令商王武汤，前去征伐四方。

《庄子·让王》评价曾子，说他"天子不得臣，诸侯不得友"。意思是，天子无法使他为臣，诸侯想和他交朋友都做不到。看来曾子对天子和诸侯是拒绝的。

西汉《说苑·立节》记载，曾子穿着破旧的衣服耕地，鲁国国君派人去找曾子，说要把一个城邑封给他，也就是把这个城邑的赋税给他。使者传话很客气，说是"请以此修衣"，意思是以此让你换一件好点儿的衣服，可是曾子谢绝了鲁国国君的好意。

鲁君再次派人去请曾子接受城邑，曾子再次拒绝。使者就说："不是先生您去求人，是人家主动把城邑献给您，您为什么不接受呢？"曾子回答说："我听说接受谁的好处，就会敬畏谁。赐给谁好处，会对人骄傲。就算是你赐给我东西，而对我不傲慢，但如果我接受了鲁君的赏赐，那么我自己在内心能不敬畏鲁君吗？"最终曾子没有接受鲁君的美意。

> 曾子衣弊衣以耕，鲁君使人往致邑焉，曰："请以此修衣。"曾子不受，反，复往，又不受。使者曰："先生非求于人，人则献之，奚为不受？"曾子曰："臣闻之，'受人者畏人，予人者骄人'，纵君有赐，不我骄也，我能勿畏乎？"终不受。（《说苑·立节》）

曾子不希望鲁君对自己有傲慢的资本，也不希望自己对鲁君有敬畏之心，为此他拒绝了鲁君的美意。他宁愿身处贫困，辛苦劳作，虽然衣裳破旧、一手老茧，仍然高声吟诵古代诗篇《商颂》。

曾子除了拒绝鲁国国君赐予城邑之外，还拒绝了更大的诱惑。西汉《韩诗外传》中记载齐国想聘请他为丞相，楚国想请他去做令尹（令尹相当于丞相），晋国也欢迎他做上卿，但曾子都没有答应，"皆不应命"。

曾子是孔子的学生。孔子的儿子出生时，鲁君送来一条鲤鱼。孔子非常感恩，给儿子取名为孔鲤，以作纪念。孔子周游列国，总想寻求一官半职以实现自己的理想。曾子却是诸侯国争相聘请，他全部拒绝。孔子和曾子对待为官的态度，完全不同。孔子"畏大人"，曾子"不畏大人"。

承上启下的关键人物

庄子赞美曾子，是因为曾子在权贵面前保持了自己的独立自主、自由自尊，做到了"天子不得臣，诸侯不得友"，这是庄子欣赏的人生境界。

不过，曾子跟庄子其实有根本的不同。庄子拒绝现实，避世独立，精神上天马行空，独往独来。曾子拒绝权贵，谢绝诸侯，并非为退隐避世，而是因为心中有重要的事要做，他不愿意为权势而偏离自己的现世目标。

曾子对现实世界有强烈关怀，他有自己关于理想社会的价值追求，他一步一步、踏踏实实地推进自己的目标，取得了卓越的历史成就。我们甚至可以说，如果没有曾子，可能就没有后来的儒家，没有儒家这个统一的学派。我们也可以说孔子在思想上开创了儒家，但曾子在儒家经典文本及学派组织上，奠定了儒家的基础。我们甚至可以粗略类比一下，曾子和孔子的关系，似乎有点类似《圣经》中保罗和耶稣的关系。曾子是儒家不可缺少的承上启下的人物。

《论语》中，有名有姓的孔子学生有 27 人。其中记载孔子表扬过十位优秀的学生，后人称这十位弟子为"孔门十哲"。有意思的是，其中并没有曾子。而孔子曾对他的四个学生有批评，其中一位就是曾子。

《论语·先进》记载孔子之言："参也鲁。"参，曾参，即曾子。鲁就是鲁钝、迟钝的意思。孔子眼中，曾参有点迟钝，不是一位灵敏的学生。但正是这位鲁钝的学生，成了孔子学生中历史成就最高的弟子。孔夫子看人，也有看走眼的时候。

曾子的历史贡献

曾子的贡献主要表现在四个方面：一是他主持编撰《论语》；二是他撰写《孝经》；三是可能是他撰写了《大学》；四是可能是他教育了孔子的孙子子思，子思写成《中庸》。

曾子最大的贡献是编撰《论语》。《论语》是孔子去世以后弟子们共同编撰的。我们知道，一群人聚在一起编撰一本书，总得有一个主编。学界对此有许多研究，多数学者认为曾子应该是《论语》的主编。其中有两个重要的理由：一是在《论语》中，除了孔子之外，被称为"子"的还有几位弟子，但提到曾子的次数最多。另一个重要理由是《论语》中记载了曾子的遗言。曾子去世的时间离孔子去世已有44年，这说明《论语》的编纂工作在曾子去世时仍在继续。

曾子的第二个贡献是撰写《孝经》。《史记·仲尼弟子列传》中记载："曾参，南武城人，字子舆。少孔子四十六岁。孔子以为能通孝道，故授之业。作《孝经》。"《论语》和《孝经》是儒家历史上影响最大的两部儒学经典，都与曾子密切相关。

曾子的第三个贡献是可能是他撰写了《大学》。关于《大学》的作者，学界意见不统一。宋朝的理学家朱熹认为曾子是《大学》的作者，这种观点成了学界主流。

曾子的第四个贡献是可能是他教育了子思，而子思写成《中庸》。孔子的儿子孔鲤先于孔子去世，留下了子思这个未成年的孤儿。孔鲤去世三年后，孔子也去世，是谁在照顾和教育子思？史籍记载中，与子思有过交往的孔门弟子只有曾子。传说孔子临死前，把子思托孤给了曾子，曾子就承担起了养育和教育子思的责任，成了子思的老师。

今天我们所讲的儒学的正统传承，就是从孔子到曾子，再到子思，后到孟子。曾子是子思的老师，而孟子受业于子思的门人。儒家最重要的经典《论语》《孝经》《大学》《中庸》《孟子》，都直接或间接与曾子有关。如果没有曾子，可能就没有儒家。曾子毫无疑问是儒家承上启下的关键人物。

曾子守信的故事

除了以上贡献外，曾子在历史上留下不少广为传颂的故事。曾子是历史上孝子的榜样，也是守信的榜样，我们讲讲他守信的故事。

> 曾子之妻之市，其子随之而泣。其母曰："女还，顾反为女杀彘。"妻适市来，曾子欲捕彘杀之。妻止之曰："特与婴儿戏耳。"曾子曰："婴儿非与戏也。婴儿非有知也，待父母而学者也，听父母之教。今子欺之，是教子欺也。母欺子，子而不信其母，非以成教也。"遂烹彘也。（《韩非子·外储说左上》）

曾子的妻子要去集市，儿子哭着跟着她，不要她去。曾妻就对儿子说："你回去，我回来就杀猪给你吃。"结果妻子从集市回家后，曾子就要去抓猪来杀。他的妻子制止他说："我这是骗小孩的戏言。"曾子说："小孩是不能够戏弄的。小孩没有知识，只是从父母身上学习，听从父母的教育。今天你欺骗了他，这是教孩子去欺骗人。母亲欺骗了孩子，孩子就不信母亲，这是不能够成就教化的。"于是曾子就把猪杀了给儿子吃。

对曾子来说，对小孩子守信，这是重要的教化。看来曾子是一位非常有原则的人。正因为曾子非常讲信用，法家的韩非子很喜欢曾子。历史上的儒家人物，我最喜欢的就是孔子和曾子。曾子甚至比老师孔子把问题想得更透彻，是非更分明，行为也更坚定。

值得记住的曾子语录

曾子是坚定的理想主义者。以下曾子的语录十分值得记诵。

曾子曰："吾日三省吾身，为人谋而不忠乎？与朋友交而不信乎？传不习乎？"（《论语·学而》）

曾子曰："可以托六尺之孤，可以寄百里之命，临大节而不可夺也。君子人与？君子人也。"（《论语·泰伯》）

曾子曰："士不可以不弘毅，任重而道远。仁以为己任，不亦重乎？死而后已，不亦远乎？"（《论语·泰伯》）

曾子喜欢《商颂》，我们也可以套用《商颂》的句型来赞美曾子这位了不起的自由人："天命玄鸟，降而生参。"我们学习曾子，走自己的路，服务世界。

第 30 讲

孔门弟子的历史影响

　　《史记》中有《仲尼弟子列传》，专门为孔子弟子立传。孔子说自己的学生"受业身通者七十有七人"。孔子学生很多，学六艺成绩好的有七十七人。《史记·孔子世家》里也提到孔门弟子："弟子盖三千焉。身通六艺者七十有二人。"

　　孔子所教"六艺"的具体内容是什么？有人认为就是周朝贵族教育的六大科目：礼、乐、射、御、书、数。"礼"就是礼节、礼仪。"乐"就是音乐、乐舞。"射"就是射箭。"御"就是驾驭马车、战车。"书"就是书法、书写。"数"就是算术。但研究《论语》记载的师生对话，我们会发现孔子所教的"六艺"是诗、书、礼、乐、春秋、易。《论语》中没有孔子教射、御、数的记录。

儒家思想并非从孔子开始

　　《史记·孔子世家》记载："孔子以诗书礼乐教。"孔子教育的内容主要是诗、书、礼、乐。孔子是一位独立自主的教育家，他在诗书礼乐方面有自己编订的教材。

"诗"指《诗经》。《史记·孔子世家》记载，孔子之前的古代诗歌，有三千余篇。孔子删编为三百零五篇，各篇都修订了乐曲。孔子教学生吟诵，用的是自己编辑的《诗经》选编本和乐曲。

"书"指《尚书》。《史记·孔子世家》记载："孔子之时，周室微而礼乐废，诗书缺。追迹三代之礼，序书传，上纪唐虞之际，下至秦缪，编次其事。"孔子对《尚书》重新编辑，作为教学资料。

"春秋"指孔子编的《春秋》。孔子是鲁国人，他的学生也主要是鲁国人，孔子教历史，除了用重新编辑的周王室史官的《尚书》外，还有鲁国史书《春秋》。孔子以鲁国《春秋》史书为资料，重新编撰《春秋》。孔子版的《春秋》记事极其简略，不像完整史书，更像历史课上所用的讲学提纲。如果没有老师讲解，很难读懂。

"易"指《易经》。《史记·孔子世家》记载："孔子晚而喜易，序彖、系、象、说卦、文言。"孔子晚年喜欢《易》，对《易》中的"彖、系、象、说卦、文言"这些内容做了排序。从这个描写看，孔子对《周易》也重新编辑了一遍。

"礼"，不仅指礼仪规范，也指相关国家社会管理的伦理制度规范，这是孔子教学的重要内容。《论语》中提到孔子教礼的地方很多，如《论语·颜渊》中记载孔子之言："非礼勿视，非礼勿听，非礼勿言，非礼勿动。""礼"的行为规范部分是需要操练的，所以《论语·学而》第一句"学而时习之"中的"习"，就有练习的意思。

"乐"指器乐、歌唱和舞蹈。《论语·阳货》中记载孔子"取瑟而歌"。《史记·孔子世家》记载："孔子讲诵弦歌不衰。"孔子教诗，鼓瑟吟诵。

从孔子所教内容，我们可以明白儒家在中国历史上成为主流文化的根本原因：诗、书、礼、乐、春秋、易，皆为古代朝廷官学传统。孔子教育的主要内容，是夏、商、周以来中国传统的主流政治文化。儒家并非从孔子开始，它继承的是夏、商、周的政治文化传统，所以，也可以说孔子及其弟子主要是继承者而非创新者。老子《道德经》中常称圣人之言，显然老子也有传承，但我们不知道老子的榜样具体是谁。墨子将自己的榜样定为大禹，但从大禹到墨子的思想演化，并无史料支持。

道家主要是从老子开始，墨家主要是从墨子开始，而儒家不是从孔子开始，而是从周公开始的。《论语·八佾》记载孔子之言："子曰：'周监于二代，郁郁乎文哉！吾从周。'"孔子的意思是，周借鉴了夏商二代，文明郁郁繁荣啊！我遵从周。《论语·述而》记载，孔子称自己"述而不作，信而好古"，讲述而不创作，信奉热爱古代文化。我们都知道孔子"梦周公"，以周公为榜样，周公是礼乐之教的开创者。

孔子向弟子们秘传了什么？

孔子对古代诗书礼乐重新编辑整理，并在鲁国史书的基础上编撰《春秋》。孔子编撰《春秋》，通过对历史人物的评判来建立自己的政治价值体系。对历史人物具体评判的内容，孔子只是口头向弟子们秘传。秘传的确切内容是什么？后世有"春秋三传"（《春秋左传》《春秋公羊传》《春秋穀梁传》）试图解释，但"春秋三传"属于后人理解，由于缺少孔子讲学的详细记录，孔子所讲的内容已消失在历史的尘埃之中。

孔子对诗书礼乐的编辑过程，是一个重新理解和规范的过程。以"乐"为例，《史记·孔子世家》记载："吾自卫反鲁，然后乐正，雅颂各得其所。"孔子说："我从卫国返回到鲁国，然后校正乐音，《雅》《颂》各归其应处的位置。"

《诗经》有歌词乐谱，孔子时代，学诗如同今天学唱歌。《诗经》中的《雅》和《颂》，是商周君王贵族们赞美上天、歌颂祖先的诗篇。孔子精通音乐，他重新整理歌词乐谱，领着学生们吟诵赞美上天、歌颂祖先的诗篇。

《诗经》中《雅》和《颂》的主要内容是什么？举一个《颂》的例子。《诗经·周颂·我将》中写道："我将我享，维羊维牛，维天其右之。仪式刑文王之典，日靖四方。"意思是：我奉上祭品给您，有牛有羊，祈求上天护佑。我遵循文王法典，希望早日安定四方。

这是周武王的祭祀歌，内容是敬天法祖，敬奉上天，取法文王。孔子教这些祭祀颂诗，会领着学生吟诵。在共同的吟诵中，周文王、周武王推翻商朝，平定天下的伟业，崇拜上天的浓郁氛围，会对学生的心灵有深刻的影响。这些学生中就有周人子弟，吟诵着这样的历史颂歌，吟诵着敬拜上天的颂歌，他们内心会有强烈的激荡。

孔子的教育是诗书礼乐的教育，今天的人仅仅读《论语》的文字，其实很难进入孔子的精神世界。

孔子以后，儒分为八

孔子以诗书礼乐教学生，这是一种集宗教、历史、伦理、文艺于一体的教育方式。孔子的学生一定受益良多，他们非常崇敬孔子。孔子去世后，很多学生在他墓旁盖上草屋守孝三年，具体人数今天难以查证，但其中有一个重要的学生子贡，为孔子守孝六年才离开。子贡后来成为一位成功的商人和外交官。《史记》中记有子贡不少精彩故事。

孔子去世后，学生分散四方，形成不同的儒家学派。《韩非子·显学》说："孔墨之后，儒分为八，墨离为三，取舍相反不同，而皆自谓真孔墨。"孔子、墨子以后，儒家分成了八派，墨家分成三派。他们取舍相反，取向不同，但都认为自己得了孔墨真传。

孔子去世以后，孔门弟子形成了思想多元的不同的儒家学派。《韩非子》没有说到的是，虽然孔子学生各自开宗立派，但还是有一个主流学派，就是以曾子、子思和后来的孟子所形成的主流派别，他们流传下来的思想构成了今天我们所理解的儒家思想。可惜的是，除了曾子、子思、孟子这一派，其他儒家学派的著作没有传承下来。

孔门弟子编撰完成《论语》

孔门弟子的主要历史影响有四个：一是他们完成了《论语》的编撰工作；二是他们写成了《孝经》《大学》《中庸》这些儒家经典；三是他们成了中国商周以来"六艺"传统的传承人；四是隋唐开始实施科举制后，儒学经典成为考试科目，孔门弟子演化为朝廷官员后备军，深刻影响了中国历史。

孔门弟子的首要历史影响，是他们编撰了《论语》。《论语》中记录的孔子弟子有 27 人，其中有几位被称为"子"，"子"就是老师，说明《论语》是在孔子的学生辈，甚至是在学生的学生中完成的。

美国汉学家白牧之（E.Bruce Brooks）和白妙子（A.Taeko Brooks）在其 1998 年出版的著作《论语辨》中提出了《论语》形成的"层累说"（Accretion Theory）观点。他们认为，《论语》一书的编写持续了将近 230 年，从前 479 年孔子去世到前 256 年鲁国被楚国所灭。其间孔门不同宗派的弟子围绕《论语》编写的主导权和阐释权有不少博弈。他们认为《论语》的形成是一个历史过程，展现的并不完全是孔子的思想，而是孔子以后不同派别、不同代际的学生们在互动中形成的思想，是早期儒学思想的汇聚。这两位汉学家认为，孔子学生中曾子这一派最后主导了《论语》的编撰，他们把自己对世界的看法，对孔子思想的理解，变成了我们现在读到的《论语》。

曾子是孔子晚年收的弟子，是孔子学生中最有成就的一位。曾子小孔子 46 岁，他 16 岁时拜孔子为师，那时孔子 62 岁。曾子是孔子的继承者，是孔子以后孔门的当家人。曾子之后的孔门当家人，是孔子的孙子子思。子思是曾子学生。子思撰写了《中庸》等儒家经典。孟子属于子思一派，他是子思弟子的学生。孔子以后的儒家道统，以曾子、子思、孟子为主流。

有趣的是，孔子在世时表扬过的十名优秀学生，被称为"孔门十哲"的颜回、子骞等人，并没有留下传世作品。曾子不在"十哲"之列，但我们今天读《论语》，很大程度上是在读曾子心中的孔子。

由宇宙观决定的儒学主线

孔子的宇宙观是什么？抓住孔子的宇宙观，才能抓住儒学演化的主线索。我认为有两句话特别能够概括孔子的宇宙观。一句话出自《论语·为政》："为政以德，譬如北辰，居其所而众星共之。"对孔子来说，宇宙之结构，北极星居中运转，众星随北斗旋转运行。这是周朝观测北极—北斗以制订历法的天文学传统。孔子认为天人合一，君王当效仿北极—北斗，众臣万民环绕君王旋转，这是一种中心—边缘的天象结构观。

另一句话出自《周易·系辞上》："天尊地卑，乾坤定矣。卑高以陈，贵贱位矣。"《史记·孔子世家》里说孔子编辑过《周易·系辞》。孔子认为，宇宙秩序是等级秩序。天地的结构，天尊地卑，贵贱有等，是一个有序的等级秩序。

孔子的宇宙观决定了儒家的走向。孔门弟子虽有不同观点，但他们的宇宙观都出自孔子，在宇宙观上他们是一致的。他们都认为世界秩序应当是一个太阳系秩序，即"中心—边缘"结构；他们都认为社会秩序应当是一个"金字塔结构"，是一个尊卑有别的等级秩序。

宇宙观决定人生观，也决定政治观和社会观。心中有"中心—边缘"的宇宙观，儒门弟子在政治上就会去找中心，这个中心就是有德之天子；在家庭之中，也会找中心，这个中心就是有德之父亲。国家的顶端是天子，家庭的顶端就是父亲。天子就是天下人的大父亲，父亲就是家里人的小天子。有这种金字塔式的上下等级的宇宙观，就会关注谁居于顶端以控制下方。这种宇宙观浓缩成了两个政治—社会的概念：忠和孝。在国忠于天子，在家孝于父亲。忠孝一体，国家一体。

这种"金字塔—太阳系"一般的宇宙观和政治观，在孔子生活的时代并不受欢迎，因为那时的中国是一个太极图秩序。周王室衰弱，没有太阳那么明亮强大，诸侯国多元自主。诸侯国之间相互竞争，各国国内各贵族之间也充满竞争。国际国内都充满竞争，人人个性自主而强悍，中国是一个虚君共和的太极图秩序。孔子这种"中心—边缘"和"上下等级"的观念在当时没有大市场。春秋时期的中国，是封建贵族共和的中国，太极图是政治现实，各国接受不了孔子的"金字塔—太阳系"理论，孔子生前就只好"累累若丧家之狗"。

从一定程度上来说，儒家思想是为中央集权准备的。以后随着秦灭六国统一中国，汉承秦制，中央集权开始，儒家这种太阳系的宇宙观、政治观和社会观，就有了维护中央集权的巨大政治市场，相反，春秋时期太极图式的多国体系成为君王提防的对象。

科举制助力儒家成为主流

儒家上升为中国的思想主流，有两大标志性事件：一是前134年董仲舒上书汉武帝，主张"独尊儒术"，得到了汉武帝的支持，儒家开始成为主流；二是607年，隋炀帝下诏，要求"文武有职事者，五品以上，宜依令十科举人"，这可视为科举制的开始。儒家自此彻底成为主流。将儒家抬上政治文化主流地位的，主要是两个人：汉武帝和隋炀帝。

科举制开创于隋朝，成熟于唐朝，到清朝1905年废除，在中国持续近1300年。科举制下考试做官，儒家经典是考试内容，儒生发展成中国知识分子的主流。

儒家成为文化主流，意味着塑造了中国人"金字塔—太阳系"的心理认知结构。这种中心边缘结构，金字塔式的上下等级结构，通过中国儒家而成了中国知识分子的核心心理结构。这种心理结构是对中央集权政治结构的重要支撑。

科举制成熟于唐朝，唐朝的执政思想受道家影响。唐朝的科举考试中，除了要考《论语》和《孝经》等儒家经典，还要求考《老子》。而且除了科举外，唐朝还有"道举"，直接嘉奖和提拔熟悉其他经典的人士。但科举制的发展趋势是，儒家经典逐渐成了唯一的考试内容。明朝皇帝朱元璋崇尚《道德经》，亲自注《道德经》颁布给朝臣学习，但明朝科举考试中并无道家经典。清朝顺治皇帝亲自注《道德经》，深知不增加民众负担是长治久安之道，但清朝科举考试内容纯为儒家经典，而且几乎只是以朱熹注的《四书》为中心。

科举制对中国儒家知识分子的影响极其深远，塑造出了一种特别的政治心理，认为唯有强大的中央才是公平之源，唯有天子权威才能够带来公平。为什么会这样？因为科举制的竞争不看门第，不看家庭出身，只看考试水平，这就给平民子弟开通了一条读书做官的道路，这对出路不多的平民士子社会地位的上升非常重要。春秋封建社会的贵族制度下，血缘等级决定了一个人的社会等级，虽然在讲"亲亲"的同时也讲"贤贤"，但实际上平民就算有才华，也难有社会地位。有了科举制，平民读书人有了一条相对公平的竞争通道，这就完全不同了。唐朝孟郊46岁考中进士，他这么写："昔日龌龊不足夸，今朝放荡思无涯。春风得意马蹄疾，一日看尽长安花。"一个穷读书人中了进士，这扬眉吐气！这快乐！皇帝之下，这个世界多公正！只要能熟读儒家经典，掌握考试技巧，穷读书人可能摇身一变成为官员，成为有社会地位有财富有尊严的人。

北宋君王赵恒的《劝学诗》表达了科举制给读书人的希望："富家不

用买良田，书中自有千钟粟。安居不用架高堂，书有自有黄金屋。出门莫恨无人随，书中车马多如簇。娶妻莫恨无良媒，书中自有颜如玉。男儿欲遂平生志，六经勤向窗前读。"还有一首广为流传的《神童诗》，据传是在宋朝汪洙的诗上不断增添而成，展示了儒门弟子的自豪："天子重英豪，文章教尔曹。万般皆下品，唯有读书高。少小须勤学，文章可立身。满朝朱紫贵，尽是读书人……朝为田舍郎，暮登天子堂。将相本无种，男儿当自强。学乃身之宝，儒为席上珍。君看为宰相，必用读书人……"

科举制下，儒生成为官僚士大夫，儒家成为王权的一部分，自觉服务于王权的稳定，这是中国君主集权制得以长期稳定的重要原因。

道家也有弟子传承，但相比儒家弟子成为王权的组成部分和社会主流，道家弟子是边缘人群。但也许是这种边缘性，使道家弟子对中国科技的贡献高于儒家弟子，也使他们有更高的独立性。英国科学史学家李约瑟在写作《中国科学技术史》时发现，东亚的化学、矿物学、植物学、药物学、养生学都起源于道家。

儒门弟子天然对抗太极图秩序

科举制成就了孔门弟子的政治地位，但似乎也因此封闭和摧毁了他们独立的精神生长。对平民读书人来说，政治上的中心—边缘结构是合理的，金字塔式的社会等级结构是公平的，因为这样的社会结构中开通了一条打破社会层级的学道。平民知识分子只要努力学习儒家经典，科举考试成功，努力巩固王权，维持中央权威，就会有官做、有钱用、有个人尊严。所以中心—边缘的政治社会结构，不仅满足了王权独大的需要，也满足了平民读书人阶层上升的需要。平民读书人成了中央集权的最大受益群体，成为中心—边缘结构的受益集团及维护者。

中国主流的儒家读书人会天然地对抗太极图秩序。太极图是无中心的结构，无等级的秩序。如同孔子批判春秋诸侯、卿大夫不尊崇王权一样，主流儒家知识分子会认为太极图结构意味着贵族血缘的支配地位，是贵族集团之间的制约平衡，意味着社会的不公平和不稳定。太极图结构意味着对王权的约束、横向竞争和中间阶层的壮大。王权和孔门弟子的利益来源，就是要尊崇一个中心，压制贵族多元竞争。

最有力量对君主形成制约的是贵族集团。孔门弟子这种尊奉天子打击贵族的心态，对渴求集权的君主来说非常重要。君主集权意味着要反对贵族、消灭贵族。周王朝封建贵族共和制度下，贵族力量强大，王权备受约束。春秋天子弱势、诸侯贵族强盛的多国秩序，一直是后代秦制君主的心病，他们最不愿意的就是回到春秋，最不喜欢的就是回到太极图秩序中。君主反对贵族，消灭贵族，依靠谁来支持？依靠来自平民的精英。科举制使中央王权直接跟平民儒生相结合，军权加教权，刀权加笔权，构成了打击贵族、压制多元的力量，这是中国中央集权的帝国制度得以长期存在的奥秘。

中央集权的君主与读书做官的平民士大夫，联手打击社会中上层阶层，把社会打造成一个漏斗形结构。儒生士大夫对上强调忠于皇上，对下强调为民做主，他们脚在民间头在朝廷，把消灭贵族阶层理解为忠于皇上和为民做主的前提。

中国知识分子与西方知识分子的历史发展很不相同。古希腊雅典时期，知识分子多为贵族或自由市民，他们生存靠自己而不靠政府。基督教国家，知识分子有独立教会可以依靠，还可以依赖独立商人对学校的资助。欧洲中世纪的封建社会与中国春秋时期的封建社会有些类似，没有一个统一强大的王权在控制社会，贵族对王权有很大的制约力量。西方大多数知识分子对王权不感兴趣，不喜欢"金字塔—太阳系"的王权结构，他们习惯的是太极图式的结构，表现为教会与王权之间的互动，以及后来大学、企业、教会、社会组织与王权平等互动的社会结构。

中国儒家知识分子，是君主集权的体制给了他们上升通道，是朝廷给了他们工资福利，他们属于王权利益集团，最后演化成了君主的学术臣仆，成了中央集权的主动维护者。他们的心灵结构多是"金字塔—太阳系"式的，这样的朝廷是一个向心结构，王权不断汲取社会资源到中央，不断从下面抽取资源到上面，以中心的稳定来实现社会的稳定。这么一个中心—边缘结构，趋向内卷、封闭和稳定。

儒门弟子的生与杀

儒门弟子在演化中对中国历史最大的影响，是从内心深处构建了中国人"金字塔"式的心理模式，构建了中国中央集权制度的心灵基础。其好处是能够维持一个王朝一二百年相对的稳定，缺点是吸干民众财富，压制民众思想，毁坏了社会活力，使整个国民弱化。一旦遇到强大的外部竞争，就显出内部的僵死和虚弱来。

读书做官，与王权结合，分享特权，使孔门弟子容易遗忘一个事实：读书人真正的黄金时代，不是在秦制下读书做官，而是春秋战国时期的自由竞争，是太极图秩序带来的自由与尊严。孔子本人的思想成就，不是在君主集权的"金字塔—太阳系"的制度环境中生成的，而是在太极图式的社会多元互动中诞生的。

第 31 讲

墨者：中国曾有过的圣徒们

墨子是春秋战国时期墨家学派的创始人，大约生活在前 468 年到前 376 年。墨子的出生地，有人说是宋国，有人说是鲁国。

墨子处于中国由春秋向战国转折的时期，比老子和孔子晚百年左右。墨子与古希腊思想家苏格拉底、柏拉图是同时代人，他们都关注人神关系、人与自然的关系以及人与人的关系，都研究自然科学、逻辑学。墨子还注重科学实验，是重要的发明家。

司马迁在《史记》中为孔子、老子、孟子、庄子、商鞅、韩非等思想家列传，没有专门为墨子列传。墨子学派是战国显学之一，墨子在中国思想史上的地位当与孔子、老子并列，但司马迁不给墨子列传，原因可能是他不认同墨家使人"尊卑无别"的思想。《史记·太史公自序》中仅引述司马谈对墨家的评价，说墨子与孔子一样是贤人，其优点是"强本节用"，缺点是"俭而难遵"。"强本节用"指重视生产，节约消费。"俭而难遵"指生活过于简朴，难以让人遵从。

看来司马谈评价一个人，缺少两个重要的维度：一是人与自然的维度，即科技的维度；二是人与神的维度，即宗教信仰的维度。今天我们知道，科技和信仰非常重要，中国传统知识分子往往缺少这两个维度。如果加上科技与宗教这两个维度，墨子的思想地位就很高，位列人类思想巨人。

中国未来价值中不能缺墨子

墨子是中国曾有过的圣徒，他不仅是一位科学家、发明家，也是一位宗教家。墨子的科技与他的天志信仰有关。

中国人大多知道孔子、老子、孙子，知道墨子的不多。但在战国时期，墨家是显学，《孟子·滕文公下》说："杨朱、墨翟之言盈天下。天下之言，不归杨，则归墨。"

杨朱属于道家的贵生学派，认为个体生命的价值高于一切，不能以任何其他社会理由来压迫和伤害生命。与杨朱强调自我不同，墨翟强调要为公共利益而奋斗牺牲。这两家都非常符合生命最根本的需要。但是秦统一中国建立起秦制后，两家的思想流派都因与秦制有矛盾而被压制。

英国科学史学家李约瑟在《中国科学技术史》里对墨子推崇备至。李约瑟把墨家学派的科技成就归纳为如下几条：物理学方面，墨家是原子论的先驱之一，提出了波与粒子论；在天文学方面，墨家有对日、月及恒星位置运行的研究；在数学上，有"量"的发现、"零"的发现并提出位置概念；墨子发明了军用四轮车、云梯，还发明了活塞风箱和弩机；墨子是风筝的创始人，还发现了万花筒之谜和小孔成像的原理；墨子还发明了地听器。

诸子百家中，我特别喜欢墨子。老子深刻，但太高冷。孔子正能量，影响大，但他喜欢围绕君主朝廷转。商鞅法家组织效率高，但魔性太深，杀气太重。如果要做事，我会选择和墨子一起做。

西汉以后，墨家作为一个学派在中国逐渐消失。幸运的是，《墨子》这部墨家经典保留了下来，而且古代其他学派的文献中也记载了不少墨家的思想和事迹。墨子是战国时期重要的思想家，研究中国思想史不能绕过墨子，成就中国未来价值更不能缺了墨子。

关于墨子，我讲五点：一是墨子的"非攻"思想和他的武装维和行动；二是墨子的"兼相爱、交相利"思想；三是墨子选举天子和官吏的思想；四是墨子的宗教信仰——天志思想；五是墨子的圣徒思想，这是墨家的宗教实践。

"非攻"思想与武装维和

我们先讲一下墨子的"非攻"思想和武装维和行动。"非攻"指否定攻击，制止战争，维持和平。墨子认为，人间最邪恶之事就是人杀人，尤其是有组织的人杀人。墨子建立了自己的武装组织来维持和平，墨家用自己的团队、自己的技术去制止各国之间的侵略战争。

《淮南子》说："墨子服役者百八十人。皆可使赴火蹈刃，死不还踵。"意思是说，有弟子一百八十人追随墨子。这些弟子都可以冒着烈火、踩着刀刃前进，宁死不屈，死不回头。墨者们为维持和平，奋不顾身、舍生忘死，这在中国思想学派上可谓"前无古人，后无来者"。墨子建立了民间武装，不是为了去抢劫财富或兼并土地，而是为了维持当时中国的国际和平。办法就是：何处有战争，墨者就去制止；保卫被侵略的国家，反对侵略者。《墨子·公输》中记载了一个墨子阻止楚国进攻宋国的故事。

墨子知道楚国准备攻打宋国后，走了十天十夜，从齐国赶到楚国首都郢都，见到了公输盘。公输盘是当时的军事器械专家，他为楚国制作了一种登城云梯，楚国准备借此攻打宋国。墨子到了楚国，与公输盘摆沙盘。公输盘攻城，墨子守城。在模拟攻防战中，公输盘输了。

公输盘输了后说："我知道怎么对付你，但我不说。"墨子也说："我知道你想怎么对付我，我也不说。"楚王问他们什么意思。墨子说："公输盘的意思不过就是想把我杀了，杀了我宋国就没有人能守，就可以去进攻了。但是我的弟子禽滑厘等三百人，已经拿着我的守城器械，在宋城上等着楚国的侵略。就算杀了我，你也不能把守城的人都杀绝。"楚王就说："好吧，我不攻打宋国了。"

《墨子·公输》原文如下：

> 公输盘诎，而曰："吾知所以距子矣，吾不言。"子墨子亦曰："吾知子之所以距我，吾不言。"楚王问其故。子墨子曰："公输子之意，不过欲杀臣，杀臣，宋莫能守，乃可攻也。然臣之弟子禽滑厘等三百人，已持臣守圉之器，在宋城上而待楚寇矣。虽杀臣，不能绝也。"楚王曰："善哉！吾请无攻宋矣。"

墨子孤身一人，从齐国走了十天到楚国，制止了楚国进攻宋国。墨子回齐国时路过宋国，天黑下雨，墨子想到宋国的城门下面避雨，但是宋国守城的士兵不认识他，不让他进去。墨子没有解释，冒雨离开。

墨子阻止楚国侵略宋国，纯粹是和平志愿者的行为。墨家有规定，墨者帮助受侵略的国家，不能接受任何报酬或者礼物。

2006 年上映的电影《墨攻》，由刘德华主演，讲的是前 370 年赵国攻打燕国的梁城，墨家人物革离孤身救城。电影讲了墨者革离大无畏的牺牲精神，讲了他守城的组织技术之高超，讲了墨者对和平与爱的追求，也讲了现实人性的贪婪与阴暗。

兼相爱、交相利

下面讲墨子"兼相爱、交相利"的思想。"兼相爱"指不分尊卑亲疏远近的博爱，"交相利"指互惠互利。

墨子认为人与人之间相互伤害，是因为天下人缺少"兼相爱、交相利"的思想。如果所有人都只爱自己的家人，不爱别人的家人，都只想占别人的便宜，不愿意互利互惠，世界就无法太平。人类应该以"兼相爱、交相利"为原则，来构建社会关系。

这种"兼相爱、交相利"的观点在当时并非主流，主流思想是忠孝，孝敬父亲、忠于君王。"兼相爱"是不分亲疏和阶级的平等的爱，人与人不是君王统治民众的关系。"交相利"是利益平等交换的关系，君王与民众就不再是统治与被统治的关系，而是一种平等交换服务的关系。《史记·太史公自序》评价墨家："使天下法若此，则尊卑无别也。"若天下遵从墨家之法，天下人就会讲平等，无尊卑之别了。

《孟子·滕文公》记载孟子站在传统忠孝立场上指责杨朱和墨子："杨氏为我，是无君也。墨氏兼爱，是无父也。无父无君，是禽兽也。"

孟子认为，杨朱讲自我是不忠君，墨子讲兼爱是不孝父；不忠君不孝父，等同于禽兽。孟子站在维护君父特权的立场上，指责推动"兼相爱、交相利"的墨家为禽兽。但墨子"兼相爱、交相利"的思想，讲人间的博爱与互利，正是现代文明社会的价值基础。墨子把这种平等思想推向政治，就产生了选举天子官吏的思想。

天子与官吏选举产生

《墨子·尚同》认为，无政府状态，天下会大乱;要选举天下贤明之人，立为天子，为天下人服务。选立天子之后，天子个人的力量不够，还要选举天下贤明之士，立为三公来辅佐天子，治理社会。

> 是故选天下之贤可者，立以为天子。天子立，以其力为未足，又选择天下之贤可者，置立之以为三公。"（《墨子·尚同》）

墨子认为建国立都，选举天子、三公及各位官长，不是用来取悦王公贵族和官吏们的，而是要为民众维持公正和平的秩序。设立君王公侯，辅之以官吏，分授职责，使他们能够辅助上天，实现上天光明正大之治，"唯辩而使助治天明也"，实现"兼相爱、交相利"的社会目标。而当时那些君主重臣认为权力要凭实力获得，人与人之间是征服和被征服的关系，他们不喜欢墨子这种思想也是理所当然的。

墨子的天志思想

墨子重视科技，强调"兼相爱、交相利"，强调选举天子官吏，是基于他对上天的信仰和对天志的尊崇。

> 是故子墨子之有天志，辟人无以异乎轮人之有规，匠人之有矩也。今夫轮人操其规，将以量度天下之圜与不圜也。（《墨子·天志》）

这段话的意思是，墨子有天志，譬如制轮人有圆规，匠人有矩尺。制轮人匠人拿着规矩，度量天下的方圆。墨子度量天下是非曲直的标准，就是天志，上天之志。这个上天之志又是什么呢？

> 非独子墨子以天之志为法也，于先王之书《大夏》之道之然："帝谓文王，予怀明德，毋大声以色，毋长夏以革，不识不知，顺帝之则。"此诰文王之以天志为法也，而顺帝之则也。（《墨子·天志》）

《墨子·天志》中说：并非只有我墨子以天志为法度，先王之书中的《大夏》（即《诗经·大雅》）之道也这样说："上帝对文王说：我喜欢你有光明之德，不疾言厉色，不依仗刑具兵革，不依仗自己知识，全心顺从我上帝之法则。"这说明周文王以天志为法，是顺从上帝法则的。

天志，即上天之志，上帝之法。《墨子·法仪》中说：上天要人们相互关爱、相互帮助，不要人们相互憎恶、相互伤害。"天必欲人之相爱相利，而不欲人之相恶相贼也。"

> 且吾所以知天之爱民之厚者有矣。曰：以磨为日月星辰，以昭道之；制为四时春秋冬夏，以纪纲之；雷降雪霜雨露，以长遂五谷麻丝，使民得而财利之；列为山川溪谷，播赋百事，以临司民之善否；为王公侯伯，使之赏贤而罚暴；贼金木鸟兽，从事乎五谷麻丝，以为民衣食之财。（《墨子·天志》）

墨子说，他之所以知道上天对民众之厚爱，是因为上天布列日月星辰，以光明引导民众；上天制定一年四季春夏秋冬，以为民众之纲纪；上天降下雷电雨雪霜露，以生长成五谷麻丝，使百姓有财利之用；上天分列山川溪谷，广为赋以百事，降临监察民众善恶；上天设立王公侯伯，使之赏贤而罚暴；上天利用金木鸟兽，从事五谷麻丝，以为百姓衣食之财。

墨子关于上天与生命关系的认识，与当代西方宇宙学研究中提出的"人择原理"观点类似。两者都认为宇宙万物各种条件的设定，正好是有利于生命的生长和维系，这说明宇宙万物的秩序是按照生命的需要来选择和安排的，宇宙秩序的目标是人的生命。

墨者为了人间和平，投身科技，舍生忘死，这是因为他们信奉上天，以天志为法，认为上天要让人"兼相爱、交相利"，让人相爱相利，这是宗教信仰的精神。墨者认为，"兼相爱、交相利"是人类历史演化的大方向，就算有反复，最终必然如此。身为墨者，当奉行上天之志，舍生忘死，兴天下之利，除天下之害，全心全意遵循上帝之法则。

墨家的圣徒思想

墨者要行天志，助人相爱相利，所以身为墨者，必须"非攻"禁暴，为和平献身，勤奋工作，奉献世界。这就是墨家的圣徒思想。

《墨子·尚贤》中规定："有力者疾以助人，有财者勉以分人，有道者劝以教人。"意思是，有力量者，当快去帮助人；有财富者，当努力分给穷人；有天道知识者，当积极教导人。

孟子批评墨家讲兼爱交利而不讲忠孝，但他也认为："墨子兼爱，摩顶放踵利天下，为之。"墨子讲兼爱，为了利益天下人，愿意自己摩顶放踵。摩顶就是把头磨破了，放踵就是把脚后跟磨破了。墨者为天下人的公共利益，甘愿自我奉献牺牲。《庄子·天下》中也描述墨者说："日夜不休，以自苦为极……虽枯槁不舍也。"他们日夜不休地工作，把自己苦到了极点，就算弄得身体枯槁，也不放弃。

墨者严于律己，他们为了信仰、为了使命活着。他们日常生活完全宗教化、神圣化，勤奋工作，极简生活，投身公益，服务生命，不畏强暴，坚守和平，这是一群以爱护生命为己任的圣徒。

我们讲了墨子的"非攻"思想及武装维和；讲了他"兼相爱、交相利"的思想；讲了他选举天子及官员的思想；讲了他的天志信仰；还讲了他的圣徒实践。墨子最特别的是，这一切理想，他都要通过有效的科技手段去实现。

2016 年 8 月 16 日，中国量子卫星发射升空，取名为墨子号，以纪念墨子在科技上的成就。希望我们今后不仅要从科技发展的角度纪念墨子，还要从他的天志信仰、"非攻"思想以及"兼相爱、交相利"的社会理想的角度去纪念他。

第 32 讲

春秋史官独立的原因

《史记》中有两则关于几位史官的故事，读来令人震动。在这一讲中我们将寻找史官的独立精神得以形成的原因。

鉏麑不杀赵盾

第一位要讲的是晋国太史董狐。我们先来了解一下当时的历史背景。晋国是春秋时期的大国，位置以现在的山西为主，兼有河北、河南一部分。前 620 年，晋文公重耳的孙子姬夷皋在国卿赵盾等人的辅佐下，登基成为晋国幼君晋灵公，那时他才四岁。晋灵公长到十六七岁的时候，成了一个暴君。他行为荒唐残暴，有两个例子可以说明：一是他吃熊掌时，觉得不够熟，就叫人把厨师给杀了；二是这位晋灵公喜欢站在高台上，用弹弓打人，看人躲避弹弓他很开心。中国古代的弹弓，跟现在用橡皮筋做的弹弓不一样，它是弓的形状，只不过弹出的是石子。

当时晋国的执政国卿是赵盾，相当于现在的总理。赵盾是赵衰的儿子，赵衰追随晋文公重耳流亡十九年，晋文公返国当上国君后，赵衰为执政重臣。赵盾是赵氏家族中执政重臣的第二代。赵家是晋国大族，赵盾和其他人力劝晋灵公改正毛病，但晋灵公才智有限，性格有缺陷，无法改变。晋灵公被赵盾劝烦了，先后两次派杀手去杀赵盾。赵盾两次都躲过追杀，大难不死。这并非赵盾事先有所准备，而是他向来待人仁爱，得道多助。

《史记·赵世家》记载，晋灵公杀了为他做熊掌的厨师，拖出尸体时被赵盾看见了，晋灵公就很紧张，准备杀了赵盾。但赵盾向来仁爱待人，曾经送食物给一位在桑树下挨饿的人，这位受恩者出手保卫赵盾，赵盾最终得以逃走。原文是这样的："盾素仁爱人，尝所食桑下饿人反扞救盾，盾以得亡。"

《史记·晋世家》记载，晋灵公担心赵盾，派杀手鉏麑去杀赵盾。鉏麑潜入赵家，见赵盾房门开着，一举一动皆遵守礼节。鉏麑退出，感叹说："杀忠臣是罪，放弃执行君主的命令也是罪。"于是自己撞树而死。

> 灵公患之，使鉏麑刺赵盾。盾闺门开，居处节，鉏麑退，叹曰："杀忠臣，弃君命，罪一也。"遂触树而死。（《史记·晋世家》）

鉏麑是一位有价值坚守的杀手，他宁死不违道义。

桑下饿人示眯明报恩救赵盾

《史记·晋世家》记载，赵盾常去首山打猎，一次桑树下遇见一个挨饿的人，名为示眯明，赵盾就给他食物，但他吃了一半。赵盾问他为什么只吃一半，他说："离家为宦奴三年，不知母亲是否还在，想留下送给母亲。"赵盾认为他是义子，就给了他更多饭和肉。后来示眯明当了晋灵公的厨师，赵盾并不知道。九月，晋灵公请赵盾喝酒，计划安排伏兵攻杀赵盾。晋灵公的厨师示眯明知道有埋伏，担心赵盾喝醉不能起身，就进来说:"君主赐臣喝酒,三杯就可以停止。"想以此让赵盾离开先走。赵盾离开时,晋灵公的伏兵还没有集合,就放出名为敖的猎狗,但示眯明帮助赵盾击杀了猎狗。赵盾说:"放弃人而用狗,就算狗凶猛,能做什么?"但赵盾不知道示眯明是私下在报恩。然后晋灵公放出伏兵来追杀赵盾,示眯明反击伏兵,伏兵不能前进,终于使赵盾逃脱。

> 盾常田首山,见桑下有饿人。饿人,示眯明也。盾与之食,食其半。问其故,曰:"宦三年,未知母之存不,愿遗母。"盾义之,益与之饭肉。已而为晋宰夫,赵盾弗复知也。九月,晋灵公饮赵盾酒,伏甲将攻盾。公宰示眯明知之,恐盾醉不能起,而进曰:"君赐臣,觞三行可以罢。"欲以去赵盾,令先,毋及难。盾既去,灵公伏士未会,先纵啮狗名敖。明为盾搏杀狗。盾曰:"弃人用狗,虽猛何为。"然不知明之为阴德也。已而灵公纵伏士出逐赵盾,示眯明反击灵公之伏士,伏士不能进,而竟脱盾。(《史记·晋世家》)

《史记·晋世家》记载:"赵盾素贵,得民和。"赵盾向来地位尊贵,能够团结民众。赵盾能脱难,与他向来仁爱待人有关,也与杀手鉏麑重礼守义、厨师示眯明知恩必报的德性有关。从鉏麑撞树自杀、示眯明以死报恩的行为,我们能看到春秋时中国人那种令人震动的、舍生取义的精神。

赵盾被晋灵公追杀出逃,赵家人不干了。前607年,赵盾堂弟赵穿弑晋灵公,派人召回赵盾,这个时候赵盾还没有逃出晋国的国境。赵盾返回以后继续当正卿,执政晋国,扶持晋文公重耳之子黑臀当上晋成公。

以上这么长的故事,是晋国太史董狐出场的历史背景。晋灵公被赵穿所杀,晋国发生了臣弑君这么重大的事,晋国太史该怎么去记载这段历史呢?

晋太史董狐写史

《史记·晋世家》记载，晋国太史董狐写下了"赵盾弑其君"，而且还在朝廷上展示给赵盾和众臣看。赵盾说："弑君者是赵穿，我无罪。"董狐说："你是正卿，你逃亡的时候没有逃出晋国国境。你返回以后，也不去诛杀乱国之人，弑君者不是你是谁？"

> 晋太史董狐书曰"赵盾弑其君"，以视于朝。盾曰："弑者赵穿，我无罪。"太史曰："子为正卿，而亡不出境，反不诛国乱，非子而谁？"（《史记·晋世家》）

董狐按照写史的传统规章，把这件事写成赵盾弑君，赵盾申辩了几句后也无话可说，并没有因此惩处董狐，要求其改写。

孔子听说这件事以后，说："董狐符合古代优秀史官的标准，他书写历史不隐瞒事实。赵宣子赵盾是善良的卿大夫，但按照史官写史的章法，赵盾承受了弑君恶名。可惜了！如果当时赵盾已经离开了晋国国境，就可以免除弑君的恶名了。"

> 孔子闻之，曰："董狐，古之良史也，书法不隐。宣子，良大夫也，为法受恶。惜也，出疆乃免。"（《史记·晋世家》）

孔子懂得史官写史的传统章法。如果当时赵盾已逃出晋国，他就可以不对晋国国内发生的弑君行为承担责任。

孔子赞美董狐"书法不隐"，但孔子自己编写鲁国史《春秋》的时候，却开创了春秋笔法，寓褒贬于隐讳的描写中。例如，前632年晋文公重耳召周襄王到践土会盟诸侯。诸侯召天子开会，有损天子权威。孔子为顾及周天子尊严，把这事件记成"天子狩猎于河阳"，即天子去黄河的北面狩猎。孔子为尊者讳，采用了春秋笔法，讲了天子去河阳这个史实，却隐瞒了天子被诸侯召来开会这么一个失礼的事实。孔夫子在继承"六艺"德礼传统上有重要贡献，但也开启了一个为尊者讳的不好的史学传统。

齐国史官三兄弟

董狐这种情况在春秋时期并非孤例，还有齐国四位史官的故事。前548年，齐国发生内乱，齐庄公被权臣崔杼杀害。齐国的史官们如何书写这种弑君之事呢？

《史记·齐太公世家》记载：齐太史书曰"崔杼弑庄公"，崔杼杀之。其弟复书，崔杼复杀之。少弟复书，崔杼乃舍之。

齐国太史和二弟因为写"崔杼弑庄公"被杀，三弟仍然如此写，才被放过。《左传·襄公二十五年》还记载，南史氏听说太史尽死，手执竹简前往史官官署，路上听说史官已写下"崔杼弑庄公"，才返回。"南史氏闻大史尽死，执简以往，闻既书矣，乃还。"

为了写上"崔杼弑庄公"这桩史实，已经有两位齐国史官被杀，但另外两位齐国史官仍然宁死不屈地坚持，这是一件令人震动的事件。晋国史官董狐，齐国四史官，他们独立写史，书法不隐，具有独立自尊、舍命求真的伟大精神。

春秋史官独立的原因

为什么晋国史官董狐、齐国四位史官敢于犯颜直写，不怕牺牲？赵穿杀了晋灵公，为什么不杀董狐？齐国崔杼敢杀齐庄公，也杀了两位写他弑君的史官，但是他没有勇气把第三位史官也杀掉。晋国、齐国弑君者们，他们为什么不把所有不服从的史官都杀干净呢？

史官历史告诉我们，春秋时代的中国是有文明尊严底线的中国。这种底线不仅仅表现在晋国的史官董狐和齐国的史官们身上，也表现在晋国赵盾这样的当权者身上。即便是坏到像崔杼这样敢杀史官的人，最后也无可奈何地容忍史官写下"崔杼弑庄公"。春秋史官这种精神的独立、尊严和牺牲令人震动。这种精神的源头在哪儿？我想可能有两个原因：一是史官的信仰传统；二是春秋的社会环境。

我们先看春秋史官继承的信仰传统。中国自商朝和西周，史官是一个崇高的职业，政治地位很高。从商朝甲骨文中可看出商代朝廷职官分为三大类，臣正、武官和史官。臣正主要负责行政，武官主要负责军事，史官是群巫中掌握文字的职官，他们是神职人员，主要工作有以下几个方面：第一，史官从事宗教祭祀占卜，负责沟通神界和人界；第二，史官负责观测天象，制订历法；第三，史官负责记录君王朝臣的言行，独立编写史册；第四，史官负责起草朝廷的诰令、法典等文件。

商朝后期，史官属于神职人员的一部分。西周时期，史官地位上升，逐渐取代商朝群巫中的贞人阶层。西周史官的职责不仅包括商代史官的祭祀礼仪、天文历法、历史记录等内容，还受命于周王，承担一些重要的行政事务，例如监督各地官员。西周青铜器乍册嗌卣铭文记载，西周太史由周武王弟弟毕公担任，有巡察四方的任务。以神职为基础向行政延伸，这是史官职务的历史变化，也是理解史官地位的关键。

司马迁在《报任安书》中表达了自我定位："亦欲以究天人之际，通古今之变，成一家之言。"究天人之际以明天道，通古今之变以治天下，这就是史官职责。中国思想史上有两位重要史官，一位是老子，一位是司马迁。老子著有《道德经》，司马迁著有《史记》，他们的共同追求就是"究天人之际"，明天道以治天下，他们都深刻地影响了中国思想史。

宗教祭祀、天象观察、制订历法、记录历史、起草文诰法典，这些工作要求专业传承，一般人做不了。史官往往是家族世袭，内部自治，不由君王任免。例如司马迁的父亲司马谈是太史，司马迁子承父业也成为太史。史官是神职人员，他们的真正权威并非源于君王恩赐，某种程度上他们是神意的代表。

中国春秋史官之所以独立，有一个信仰传统在支撑，亦即史官守护天道的传统。他们有宗教的超越性，同时也有世袭制的制度保障，而且君王不干预史官写作是当时的主流价值观。史官的精神独立，是有信仰传统和制度保障的。

独立思考与事实呈现关系密切。史官因为独立，才能够直面事实，他们的写作才不会被政治所干预扭曲。给后人留下真实的历史记录，这是文明的重要基础。春秋中国是急剧变化的中国，传统史官的独立尊严开始被任性的君王破坏，这正是史官为维护传统权利而抗争的时代。如果没有史官这种独立精神的传承，就很难出现后来的诸子百家。历史不总是进步，也常常退步。后来的史官精神，尤其是在秦王朝君主集权制建立以后，似乎不是进步而是退步，甚至可以说是坠落。

晋国史官董狐，齐国四位史官，他们不惜生死都要保持真实记录历史的权利，是中国史官守护天道的独立精神的延续。赵盾不杀董狐，即便是残暴的崔杼，在杀了两位史官以后，也不敢再杀第三位史官，是因为他心中还有对社会舆论的抨击和上天惩罚的敬畏。史官是神职，受民众敬重，杀史官不得人心，而不得人心在政治上是危险的。

春秋史官们能这么独立，除了史官们有自己的信仰传统及一定的权利制度保障之外，还有一个重要原因，就是春秋时期的社会环境。当时的社会是权力多元、相互约束的社会，如果谁打破了道义底线，是非常危险的，会引来残酷的报复。齐国杀史官的崔杼，他的残暴给自己带来了恶果。《史记·齐太公世家》记载："其秋，齐人徙葬庄公，僇崔杼尸于市以说众。"到了秋天，齐人将庄公迁葬，在集市砍烂崔杼的尸体，以取悦民众。

概括起来，春秋史官为什么会有独立写史的精神？原因有三个：一是春秋史官出自沟通天人的神职阶层，他们对天命—天道的敬畏，超越了对世俗权力的畏惧；二是保障史官权利的历史传统还没有被破坏，如史官世袭制；三是春秋中国是多国竞争体系，国与国之间、人与人之间相互约束，国内国际秩序建立在共同的道义礼制原则上，背离道义礼制，为众诸侯国所不齿，会损害国家的国际地位，这对各国君主形成了外在约束。这三个条件，使春秋史官保有一种独立写史的精神魅力。到战国以后，各国君主的权力集中，到秦建立大一统君主集权制度，史官的独立性就渐渐被侵蚀破坏了。

第 33 讲

春秋时期的盟约传统

　　这一讲我们分析中国历史上两个重要传统：盟约传统和强权传统。

　　春秋时期是中国政治及思想酝酿重要变革的时代。关于春秋结束时间的断代，史家主要有几种不同看法：一种认为是前 481 年，以鲁国史《春秋》纪年为依据；一种认为是前 475 年，以《史记·六国列表》为依据；一种认为是前 453 年，按韩、赵、魏三家灭智氏为准；一种认为应是前403 年，这个观点出自司马光的《资治通鉴》，以周威烈王册封韩、赵、魏三家为诸侯为准。周威烈王册封韩、赵、魏为诸侯，是对卿大夫篡夺瓜分国家的行为给予了政治合法性认证，是西周以来礼崩乐坏的标志性事件，是中国由西周到春秋的封建贵族礼制政治终结，进入战国君主专制政治的标志性事件。我认同司马光的春秋断代观点，将春秋的结束和战国的开始断定在前 403 年。按此春秋断代，春秋时期从前 770 建立东周到前 403 年韩、赵、魏三家被封为诸侯，共计 367 年。

　　春秋三百多年是中国历史上一个充满思想活力的时代。技术上，春秋中国处于技术升级期，开始由青铜时代迈向铁器时代。经济上，传统公社井田制衰微，农村户营经济和城镇自由工商业开始兴起，中国经济进入繁荣期。人口上，春秋中国人口增长迅速。思想上，产生了管子、老子、孔子、孙子、墨子等思想巨人。

春秋传统中，有一个特别值得珍惜和研究的传统。我把它概括为盟约中国传统。

各类盟誓盟约

春秋时期，盟书众多。1965 年至 1966 年，山西侯马考古发现了一批晋国盟书。盟书大多写在圭形玉片上，有 5000 多片，时间大约是前 550年。把契约写在珍贵的玉片上，可见盟约人极重视这些盟约内容。

1980 年到 1982 年，在河南温县考古又发现盟书圭片万余片，称为"温县盟书"，内容主要是晋国韩氏和卿大夫之间的盟誓，时间大约在前490 年。

《左传》记载的春秋时期的盟誓有 160 多个。春秋时期，盟约无处不在。诸侯国之间有盟约，朝廷和商人、工匠之间也有盟约，君王贵族和国人之间有盟约，法庭的举证也要有盟约，甚至谈恋爱也有盟约……这是一个以盟誓为形式、以盟约为内容的特别的盟约中国。

晋楚弭兵会盟

在诸侯国之间的关系中，代表性的盟约有前 579 年和前 546 年晋楚两大军事联盟之间的弭兵盟誓。"弭兵"就是停止战争。晋楚两大联盟和平谈判，举行弭兵盟誓，达成停战盟约，带来了春秋中叶半个多世纪的大国间的和平。

《左传·成公十二年》记载：

> 宋华元克合晋楚之成。夏五月，晋士燮会楚公子罢、许偃。癸

亥，盟于宋西门之外，曰："凡晋楚无相加戎，好恶同之，同恤灾危，备救凶患。若有害楚，则晋伐之。在晋，楚亦如之。交贽往来，道路无壅，谋其不协，而讨不庭。有渝此盟，明神殛之，俾队其师，无克胙国。"

前 579 年，宋国华元促进晋楚讲和。夏季，五月，晋国士燮会见楚国公子罢、许偃。初四癸亥日，晋楚在宋国西门之外盟誓，说："凡晋、楚两国，互相不以兵戎相见，好恶相同，共同体恤灾难危亡，准备救援凶事祸患。若有危害楚国的，晋国讨伐它。对晋国，楚国也是如此。两国使者往来，不阻塞道路，协商不和之事，讨伐背叛之国。若有违背盟约，神明诛杀之，颠覆其军队，不保佑其国家。"

第一次弭兵会盟，只维持晋楚三年和平。前 576 年，楚国再次攻打晋国的同盟郑国，第一次弭兵盟约终结。

《左传·襄公二十七年》记载：

> 宋向戌善于赵文子，又善于令尹子木，欲弭诸侯之兵以为名。如晋，告赵孟。赵孟谋于诸大夫。韩宣子曰："兵，民之残也，财用之蠹，小国之大灾也。将或弭之，虽曰不可，必将许之。弗许，楚将许之，以召诸侯，则我失为盟主矣。"晋人许之。如楚，楚亦许之。如齐，齐人难之。陈文子曰："晋、楚许之，我焉得已。且人曰'弭兵'，而我弗许，则固携吾民矣！将焉用之？"齐人许之。告于秦，秦亦许之。皆告于小国，为会于宋。

前 546 年，宋国大夫向戌和赵文子（晋国赵氏家族宗主，晋国国卿）关系好，又和令尹子木（楚国宰相屈建）关系好，他想要停止诸侯间的战争以获得名声。他去晋国，告诉赵文子。赵文子与诸大夫商量。韩宣子说："战争，是残害民众之事，是损耗财货之蠹虫，是小国的大灾。有人要消除战争，虽说不一定能办到，但我们必须答应。不答应，楚国肯定会答应，用以号召诸侯，我们晋国就会失去盟主地位。"晋人答应了向戌。向戌又去楚国，楚国也答应了。去到齐国，齐国人感到为难。陈文子（齐国大夫）说："晋国、楚国都答应了，我们怎么能不答应？而且别人说'消灭战争'，我们不答应，就背离吾国民众之心了，今后还怎么使用他们？"齐国人答应了。告诉秦国，秦国也答应了。都通告各小国，到宋国会盟。

第二次弭兵之会，有晋国、楚国、齐国、秦国、鲁国、卫国、陈国、蔡国、郑国、许国、宋国、邾国、滕国等国参加，创造了中国历史上的盟约奇迹。此后 140 余年间，从前 546 年到前 403 年，楚晋两大南北军事集团之间，虽然各种纠纷不断，但没有再发生大规模的军事冲突，这正是孙子、老子、孔子、墨子等诸子百家兴起的时代。孙子、老子、孔子、墨子的文字皆有温和仁爱的风格，无残暴戾气，也许是因为生活在弭兵会盟带来的和平大环境中。和平大环境下的多元竞争，是科技、经济和思想各领域释放创造性力量的沃土。

前 497 年到前 483 年，大约 14 年时间，孔子周游列国，没有遇到什么大危险。《论语》里面没有战争的气息。孔子身处的中原环境，和平是主流，经商、言论、结社、教育、议政都很自由。孔子平民出身，开办私学，没有官府的教育管控。孔子公开讲学，经常批评执政者，没有人审核他的思想，控制他的言论，而且孔子还能得到诸侯贵族的礼遇和资助，这是因为弭兵盟约的和平大环境以及各国多元竞争对人才的礼遇使然。

除了国家之间的弭兵盟约之外，还有朝廷和商人的盟约。大约在前 773 年，郑国郑桓公与商人盟誓，内容有"尔勿我叛，我勿强贾"，你们不背叛朝廷，朝廷不强夺商人。朝廷和商人之间有平等的盟约。甚至爱情中也有盟誓。《左传·庄公三十二年》记载，鲁庄公遇见女子孟任，追求孟任，孟任闭门拒绝。鲁庄公承诺娶她为夫人。孟任与鲁庄公割臂盟誓，与鲁庄公生下了儿子般，"而以夫人言，许之，割臂盟公，生子般焉"。割臂盟誓，歃血为盟，指把手臂割破，把血抹在嘴上，向神明发誓忠于盟约。

春秋时期以盟约来建立国家内外秩序，可以说，春秋社会是盟约社会。盟约双方不是上下级关系，而是协商约定式关系，盟约各方比较平等。晋楚两大军事联盟达成弭兵盟约，前提是双方势均力敌，和平是大家的共同利益。鲁庄公是一国之君，他为了追求孟任，采取割臂盟誓的方法，也表达出爱情上的平等关系。

明神见证

春秋盟誓有四大步骤：第一各方商定盟约；第二宰杀牲口（一般是牛），把牛耳切下来，盟主先执牛耳；第三歃血宣誓，将牛耳之血抹到嘴上发誓，这叫"歃血"；第四宣读盟约，向神明奉献牺牲，宣称不守盟誓者，由神明监督惩罚。

前579年晋楚盟约有这样的句子："有渝此盟，明神殛之。"有谁违背盟约，明神会杀死他。"明神"，光明之神，指的是什么神？《诗经·大雅·云汉》中有诗句："昊天上帝，则不我虞。敬恭明神，宜无悔怒。""明神"是上帝、上天的同义词。《三国志·吴主传》记载，吴国与蜀国的盟誓中有"有渝此盟……明神上帝，是讨是督"的表达，也能说明"明神"指上帝。为什么《左传》记载的盟誓中，只称明神不直称上帝或上天，这与盟誓者皆为诸侯君主有关。按传统周礼，唯有周天子能直接向上帝、上天献祭，周天子尚在，诸侯君主不能使用天子规格的礼制，但他们又需要超越祖先神和地方自然神的至上神来见证他们的盟誓，于是就选了"明神"这个没有直接称呼上帝、上天的概念。对春秋盟誓各方来说，上帝是盟誓的最高监督者，是能对违反盟誓者实施惩罚的最高法官。

诸侯国之间的盟约要长期履行有两大条件：第一是对明神见证盟约的

敬畏，第二是盟约各方的实力制衡。敬畏明神，实力制衡，这是盟约社会得以运行的基本前提。这种以神为名的盟誓，在世界各文明中都存在。今天美国总统手按《圣经》起誓捍卫和遵守宪法，以上帝之名向国人承诺，属于传统盟誓的一种表现。

中国的思想传统中，道家思想比儒家、法家思想更适应盟约化的世界。《论语·季氏》记载孔子之言："天下有道，则礼乐征伐自天子出；天下无道，则礼乐征伐自诸侯出。"孔子希望礼乐征伐权集中在天子手中。他心中的社会秩序，是中心边缘的等级秩序，不是平等商议的盟约秩序。《商君书·画策》记载商鞅之言："故以战去战，虽战可也；以杀去杀，虽杀可也；以刑去刑，虽重刑可也。"重在以征战与重刑建立集权秩序，追求绝对强权秩序，这与盟约秩序的世界有着根本冲突。

孔子、商鞅的思想与盟约秩序有深刻矛盾，而老子的思想则与盟约秩序统一。《道德经》上说："道生一，一生二，二生三，三生万物。万物负阴而抱阳，冲气以为和。"对老子来说，宇宙的秩序是阴阳对立冲突而自发达到平衡和谐的状态，这样的原则包含在一切事物之中。人与人之间、国与国之间，必然符合"万物负阴而抱阳，冲气以为和"的自然法则。

这是不是基于盟约社会、均势秩序基础上的一种哲学发现？这个著名的太极图，是不是盟约社会的心智才会发现的一种宇宙观？

对老子来说，上天之道就是"万物负阴而抱阳，冲气以为和"。所以，当人间敬天行道，履行上天之法，就会出现"道生一，一生二，二生三，三生万物"的状态。生命的活力将被释放，人性中的创生力量，将支撑社会的繁荣。"万物负阴而抱阳"的规律，将使各方力量的自主互动最终进入平衡与和谐。

第 34 讲

赵简子：战国精神之父

这一讲我们讲赵简子。我认为他是战国精神之父，开启了军功爵制量化激励和全民战争的模式。

赵简子，生年不详，卒于前 475 年，他是晋国赵氏家族领袖，晋国执政国卿。赵简子比孔子大，他们在时间上有交集。

大约在前 493 年，孔子曾经想去投靠赵简子。孔子走到黄河边的时候，听说赵简子杀了晋国两位贤大夫窦鸣犊和舜华，便决定不去见赵简子了。孔子的理由是："刳胎杀夭，则麒麟不至郊。竭泽涸渔，则蛟龙不合阴阳。覆巢毁卵，则凤皇不翔。何则？君子讳伤其类也。"物伤其类，君子也一样。孔子的自我定位，是贤大夫窦鸣犊和舜华这类人。

《史记·赵世家》中说："赵名晋卿，实专晋权。"赵简子名义上是晋国国卿，但事实上垄断了晋国政权。晋国是春秋大国，赵简子作为正卿掌控晋国十七年之久。赵简子不仅塑造了晋国历史，也深深地影响了中国历史。

为什么这么说？首先，赵简子是中国历史上第一个明确把军功赏赐与爵位、土地授予直接挂钩并量化的人，由此开创了春秋军功爵制，对后来的法家影响至深。其次，赵简子是第一个实行全民战争总动员的政治家，激励平民、工商业者和奴隶上战场去获取军功，这彻底改变了春秋时期贵族战争的形式。

春秋军礼传统，战争是贵族之间的事，重礼守信，战争是争利也争义，战争目标并非完全以人头换土地和爵位。赵简子的军功爵制和全民战争动员，打破了春秋的价值底线，破坏了春秋的战争礼义，开启了后来商鞅法家以军功爵制为中心的思想和制度之门。

赵简子是春秋人，但他一只脚已经踏入了战国，他在精神上敲响了战国的战鼓，拉开了战国的血腥序幕。

赵氏孤儿之孙赵简子

我们先看赵简子家世背景。前665年，晋国公子重耳开始外逃流亡，一位名叫赵衰的贤士追随重耳流亡了19年。

赵衰的家族历史悠久，在商朝和周朝时期都是军功贵族。赵氏始祖造父，乃蜚廉[1]四世孙，著名的善御者，曾为周穆王驾战车西征，又曾一日千里为周穆王驾车赶回镐京平定徐偃王之乱。周穆王赐造父以赵城，自此造父一族始姓赵。

赵氏家族在周幽王时期离开镐京迁入晋国，成为晋国豪族。赵衰是位贤人，是重耳的核心谋士。重耳成功返国当上晋国国君后，赵衰成为执政大夫。赵衰的儿子赵盾，继位为晋国国卿。赵盾的儿子赵朔，也继位晋国国卿。

《史记·赵世家》记载，晋景公（前599年—前581年在位）时期，晋国大夫屠岸贾举兵消灭了赵氏家族，唯独赵朔的遗孤赵武幸免于难。赵武

1　蜚廉，嬴姓，商朝贵族，纣王的亲信。据《史记》记载，"蜚廉善走"，意思是说他是飞毛腿，也有解释说他是一个驭车高手。

长大后复仇，杀了屠岸贾，赵氏一脉得以延续。

赵简子名赵鞅，是赵氏孤儿赵武的孙子。赵简子虽然是世袭贵族出身，但是他爷爷刚出生的时候，赵氏遭难，几乎被灭族。赵简子也许继承了族人惨遭屠戮的苦痛记忆。赵简子时期的晋国政坛，六大家族权争激烈、危机重重，赵简子的危机感也极重。他对敌人出手很重，身上缺少了春秋贵族那种遵礼重义、平和典雅的精神，多了一份凶狠残暴。

赵简子梦见上帝

谶语是指上帝给人的启示，是必然应验的启示。司马迁并非有宗教心态的人，但是他在《史记·赵世家》中，用了700多字来记载赵简子梦见上帝并从上帝那里得到启示的事情。这段文字记载很有趣：

> 赵简子疾，五日不知人，大夫皆惧。医扁鹊视之，出，董安于问。扁鹊曰："血脉治也，而何怪！在昔秦穆公尝如此，七日而寤。寤之日，告公孙支与子舆曰：'我之帝所甚乐。吾所以久者，适有学也。帝告我：'晋国将大乱，五世不安；其后将霸，未老而死；霸者之子且令而国男女无别。'公孙支书而藏之，秦谶于是出矣。献公之乱，文公之霸，而襄公败秦师于殽而归纵淫，此子之所闻。今主君之疾与之同，不出三日疾必间，间必有言也。"

赵简子生病，五天不省人事，大夫们都很害怕。医生扁鹊给他看病后出来，董安于询问病情，扁鹊说："血脉正常，何必惊怪！从前秦穆公也曾如此，七天才醒过来。醒来那天，告诉公孙支和子舆说：'我到了上帝的住所，很快乐。我之所以很久不省人事，是因为我在学习。上帝告诉我：'晋国将大乱，五世不得安宁。此后有人将称霸，称霸之后不到老年就会死。

霸主的儿子将使你们国家男女关系混乱。'公孙支写下来藏好，秦国的预言由此传出来了。晋献公的混乱，晋文公的称霸，晋襄公在崤山大败秦军，回去后放纵淫乱，这些你都知道。如今你们主君的病与秦穆公一样，不出三天病就会好转，好转之后会有话要说。"

> 居二日半，简子寤。语大夫曰："我之帝所甚乐，与百神游于钧天，广乐九奏万舞，不类三代之乐，其声动人心。有一熊欲来援我，帝命我射之，中熊，熊死。又有一罴来，我又射之，中罴，罴死。帝甚喜，赐我二笥，皆有副。吾见儿在帝侧，帝属我一翟犬，曰：'及而子之壮也，以赐之。'帝告我：'晋国且世衰，七世而亡，嬴姓将大败周人于范魁之西，而亦不能有也。今余思虞舜之勋，适余将以其胄女孟姚配而七世之孙。'"董安于受言而书藏之。以扁鹊言告简子，简子赐扁鹊田四万亩。

过了两天半，简子醒过来，对大夫们说："我到了上帝所在，非常快乐，与百神同游于钧天。宏伟的乐曲多次演奏，还看到万种舞蹈，不像夏、商、周三代的音乐，乐声打动人心。有一头熊来抓我，上帝让我射它。我射中熊，熊死了。又有一只罴过来，我又射中了罴，罴也死了。上帝非常高兴，赐给我两个竹箱，都配有小箱。我看见一个小孩在上帝身边，上帝又托付我一只翟犬，说：'等你的儿子长大了，把这只犬赐给他。'上帝还告诉我：'晋国将世代衰落，到第七代就要灭亡，嬴姓的人将在范魁西边大败周人，但也不能占有那里。现在我追念虞舜的功勋，到时候我将把舜的后代之女孟姚嫁给你的第七代孙子。'"董安于听了这番话，写下来藏好。他把扁鹊的话报告给简子，简子赐给扁鹊四万亩田。

《史记·赵世家》继续写到，有一天赵简子外出，有人挡道。说有话要跟赵简子说，赵简子就见了这位"当道者"。这个人是来解梦的。

他日，简子出，有人当道，辟之不去，从者怒，将刃之。当道者曰："吾欲有谒于主君。"从者以闻。简子召之，曰："嘻，吾有所见子晰也。"当道者曰："屏左右，愿有谒。"简子屏人。当道者曰："主君之疾，臣在帝侧。"简子曰："然，有之。子之见我，我何为？"当道者曰："帝令主君射熊与罴，皆死。"简子曰："是，且何也？"当道者曰："晋国且有大难，主君首之。帝令主君灭二卿，夫熊与罴皆其祖也。"简子曰："帝赐我二笥皆有副，何也？"当道者曰："主君之子将克二国于翟，皆子姓也。"简子曰："吾见儿在帝侧，帝属我一翟犬，曰'及而子之长以赐之'。夫儿何谓以赐翟犬？"当道者曰："儿，主君之子也。翟犬者，代之先也。主君之子且必有代。及主君之后嗣，且有革政而胡服，并二国于翟。"简子问其姓而延之以官。当道者曰："臣野人，致帝命耳。"遂不见。简子书藏之府。

有一天，简子外出，有人拦路，驱赶他也不离开，随从们很生气，要杀他。拦路人说："我有事要拜见主君。"随从把他的话禀告简子，简子于是召见他，一见面就说："嘻！我曾经清楚地见过你呀。"拦路人说："让左右侍从退下，我有事禀告。"简子让人们退下。拦路人说："您生病的时候，我正在上帝身边。"简子说："对，有这件事。你见到我的时候，我在做什么？"拦路人说："上帝让您射熊和罴，都被您射死了。"简子说："对，将会怎么样呢？"拦路人说："晋国将有大难，您是为首的。上帝让您灭掉两位上卿，熊和罴就是他们的祖先。"简子说："上帝赐给我两个竹箱，并且都有相配的小箱，这是什么意思？"拦路人说："您的儿子将在翟攻克两国，他们都是子姓。"简子说："我看到一个小孩在上帝身边，上帝给我一只翟犬，并说：'等你的儿子长大了把这只犬送给他'。把翟犬送给小孩是什么意思？"拦路人说："小孩就是您的儿子，翟犬是代国的祖先。您的儿子将来必定占有代国。到您的后代，将有政令变革，要穿胡人的服装，在翟吞并两国。"简子问他的姓并要聘他做官。拦路人说："我是乡野之人，只是来传达上帝的旨意罢了。"说完就不见了。简子把这些话记载下来保存在秘府里。

赵简子这个梦，涉及的尽是生死攸关的大事：一是要让他灭除晋国的两大卿大夫家族，即范氏和中行氏；二是说他的后代会吞并翟人的两个国家；三是说他的儿子将拥有代国；四是晋国将要终结。这埋下了赵简子的儿子赵襄子吞并代国的伏笔，也埋下了赵敬侯十一年（前376年），魏、韩、赵三家分晋的伏笔。

此后，赵简子就完全按照这个梦境的启示去行动了。赵简子这样的梦中谶语，今人会有两种解释：一种认为这是赵简子故意装神弄鬼，明明他已经想好了他的政治战略，却以神道设教的方式表达出来；还有一种解释就是尊重《史记》的记载，赵简子确实做了一个梦，得到了来自上帝的神秘启示。

关于晋国和赵家命运的启示，把这个梦当成政治阴谋可能行不通。因为赵简子做这个梦时，晋国还是六卿执政，六大家族相互制约。赵简子梦中上帝启示的内容涉及各大家族和晋国的国家安危，如果保密不慎就会立即引发内战，赵简子也将自身难保。但作为梦境启示，他又不敢不认真记录下来藏好。《史记》上说"简子书藏之府"。赵简子把这个谶语的内容写下来，藏入了机要的档案库。司马迁这么逼真地描写赵简子的梦中谶语，或许是司马迁已经拿到了赵国的机密档案。

开启军功爵制

讲完赵简子神秘的上帝启示及神秘的赵氏谶语，我们再来讲讲赵简子开启的军功爵制，这是他对中国历史影响最为深远的地方。赵简子梦中谶语的第一条就是要射死一熊一罴，即晋国的两大卿大夫家族：范氏和中行氏。范氏和中行氏当时得到了齐国和郑国的支持，所以晋国这场内战就变成了一场国际战争。

前493年，在今天的河南濮阳西北，赵简子率军迎击范氏、中行氏还有郑国、齐国的联军。这就是历史上的"铁之战"。赵简子进行了战前动员，这个战前誓词明确表示了论功行赏的政策，深刻地改变了中国。我们有必要读一遍原文，留下更深的印象。

> 简子誓曰："范氏、中行氏反易天明，斩艾百姓，欲擅晋国而灭其君。寡君恃郑而保焉。今郑为不道，弃君助臣，二三子顺天明，从君命，经德义，除诟耻，在此行也。克敌者，上大夫受县，下大夫受郡，士田十万，庶人工商遂，人臣隶圉免。（《左传·哀公二年》）

赵简子起誓说："范氏、中行氏违背和改变天命，斩杀灭绝百姓，想在晋国擅权而灭亡晋国君。我们晋国国君本想依靠郑国来保护自己，但今天郑国无道，抛弃晋国国君，帮助范氏、中行氏这些为臣之人。我们这些人顺从天命，服从晋国国君的命令，遵循德义之道，消除污秽和耻辱，就在这次战斗中。战胜敌人的，上大夫可得县，下大夫可得郡，士可得到十万土地，平民工商人士可以做官，为人奴隶的免除奴役获得自由。"

这篇誓词有两个核心内容：第一，清楚地规定了军功爵位、土地、财富和权力的量化对应关系。参战者都清楚地知道战争胜利对自己的具体好处，这样人人为谋取利益而战，人人为自己而战。第二，全民皆兵，激励平民、工商人士和奴隶参与战争，告诉他们可以通过军功改变社会身份、提升社会地位。这打破了春秋战争限于贵族之间的规则。也就是说，凡立有军功者，不问出身门第、阶级和阶层，都可以享有爵禄。这开启了平民、奴隶进入中国战争舞台的大门，贵族阶层及其特有的礼乐文化的末日就此来临。

赵简子的战争观和组织学后来被商鞅继承和发挥，在秦国将军功爵制推到极致。赵简子死后81年，商鞅出生。赵简子叫赵鞅，商鞅叫公孙鞅，两人的名都是"鞅"，也许冥冥之中他们是有某种关联的。

在"铁之战"上，赵简子肩部被砍伤，倒在车里，军旗已被郑军抢走，但他爬起来扑在弓箭袋子上，一边吐血，一边击鼓进军。《左传》原文是"伏弢呕血，鼓音不衰"。"弢"就是装弓箭的袋子。

赵简子是一位非常有使命感、非常顽强的人。赵简子在"铁之战"中以少胜多，打败了范氏、中行氏和郑军、齐军联盟，完成了梦中上帝要他射死一熊一罴的任务，巩固了赵氏在晋国的实权和地位。

赵简子"铁之战"的誓言及胜利，完全改变了春秋时期的战争观。战争的目的由坚守礼义荣誉，变成了以人头来换取土地财富和提升社会地位的机会。

至死不忘使命

赵简子梦中谶语的任务只完成了射死一熊一罴。他临死前念念不忘其他目标。《吕氏春秋》记载赵简子临死留下遗言，"而上夏屋之山以望"，死后要把他抬上夏屋之山，他要到那儿去看看。夏屋山，在今山西代县东北。

> 赵简子病，召太子而告之曰："我死，已葬，服衰而上夏屋之山以望。"（《吕氏春秋·长攻》）

赵简子死后，大臣们都反对这样做，认为不符合礼制，但赵简子的儿子赵襄子坚持遵照父亲的遗言，把灵柩抬上了夏屋之山。从那儿往北一看，就是代地。站在夏屋山上，赵襄子就明白了，说："先君是用这样的方法来教导我。"他回去以后，马上制订了吞并代国的计划。

赵简子的梦中谶语对他影响巨大，他把这个启示当成了使命，至死不忘。研究赵简子，我总结出"上天下地"四个字，这四个字似乎后来也成了中国成功学的一个潜规则。

"上天"指的就是赵简子梦见上帝，获得启示以奉行上帝的使命。在周朝礼制下，这是非常僭越的事情。因为与上帝直接沟通、奉天承运，是把自己放在天子行天命的精神位置上。"下地"指的是进入人性最阴暗、底层的世界，调动人性深处最贪婪、最残暴的力量。用暴力来换取土地和财富，用人头来换取权力和爵位。相对于当时主流的春秋礼乐文明价值观，赵简子可以说是上破了高线，下破了底线。

春秋文明秩序在赵简子身上已经完全崩塌，赵简子在中国历史上塑造了一个取得成功的潜规则：就是要上天下地。上要上得高、上得远，要上到奉天承运；下要下得低、下得烂，下到调动人性最残暴和最贪婪的欲望，这是一种高使命感支配下的极度功利主义。

这种成功学有一种很大的威胁，就是一旦调动出人性最底层的贪婪和残暴，这种为实现目标的使命感的堤坝，就可能被人性之恶的洪水所摧毁。最后是魔性横行，伤害万民。赵简子所开创的成功学的奥秘，在历史中常被人使用，也常常在成就个人功绩的同时，对万民造成巨大伤害。

当代考古发现里的赵简子

当代有两个重要的考古发现跟赵简子有关：第一是 1965 年、1966 年在山西发现的侯马盟书，这是一批玉片，盟誓的内容写在玉片上。有意见认为这批盟书就是赵简子时期的盟书。内容涉及宗族内部的团结，同盟之间的同仇敌忾，还有诅咒、算命等。参加盟誓的有近两百人，大规模的、频繁的盟誓活动说明赵简子为了抗击外敌，极度重视宗族还有盟友的内部团结。

第二是 1988 年在山西发现的赵简子墓，出土的随葬品极多，共有3421 件。其中有一种兵器非常独特，叫虎鸟戈，老虎的爪子抓着鸟头，嘴巴咬着鸟的尾巴。这是一个老虎战胜一只鸟的图案，鸟应该指的是楚人和秦人，赵简子则以老虎自居。

赵简子墓的规模及随葬品的丰富程度远超一般国卿，墓葬在某些方面是按照诸侯的礼制来设定的，这也是一种僭越。

赵简子是中国春秋时期一个特别重要的人物，他在保有春秋上帝信仰的同时又开创了法家先河，堪称战国精神之父，深刻地影响了中国历史。

侯马盟书内容主要分为五类，最多的是赵氏宗族内部的盟约。现藏于山西博物院。

第 35 讲

赵襄子：拉开战国序幕的人

赵襄子名赵毋恤，赵氏宗族领袖，晋国大夫。赵襄子生年不详，卒年是前 425 年。赵襄子处于中国由春秋向战国过渡的关键时刻，他和父亲赵简子一起敲响了战国的锣鼓，推开了战国的大门。

前 403 年，周威烈王封赵籍、韩虔和魏斯为诸侯，正式承认三家分晋。但是，赵、韩、魏三家分晋，源于前 453 年这三家联手灭智伯，而赵襄子是三家灭智氏的关键人物。

关于赵襄子，我讲六个方面：一是赵简子立赵襄子为继承人；二是赵襄子阴谋灭除代国；三是赵襄子联合韩、魏两家灭智家；四是赵襄子围攻中牟；五是赵襄子与刺客豫让；六是赵襄子归位嫡长子伯鲁。

天所授，虽贱必贵

我们先看赵简子废嫡立庶、立赵襄子为继承人的故事。《春秋公羊传》总结周朝嫡长子继承制的原则是："立嫡以长不以贤，立子以贵不以长。"宗法制下立宗子，要选择正妻嫡长子，不是在众子中选贤举能。赵襄子的母亲并非赵简子正妻，而是来自北方民族翟人的一位婢女，但赵简子还是以选贤举能为原则，选立赵襄子为继承人。

为选择接班人，赵简子先请人看相。赵简子时代有一位著名相师，名叫姑布子卿。《韩诗外传》上说这位姑布子卿曾经给孔夫子看相，他说孔夫子若"丧家之狗"。《史记·赵世家》原文如下：

> 简子遍召诸子相之。子卿曰："无为将军者。"简子曰："赵氏其灭乎？"子卿曰："吾尝见一子于路，殆君之子也。"简子召子毋恤。毋恤至，则子卿起曰："此真将军矣！"简子曰："此其母贱，翟婢也，奚道贵哉？"子卿曰："天所授，虽贱必贵。"

《史记·赵世家》记载，赵简子请姑布子卿给儿子们看相。姑布子卿看了赵简子诸位儿子，认为没有人可为将军。赵简子说："难道赵氏要灭族吗？"姑布子卿说："我来的路上见到一位公子，大概也是您的公子吧？"赵简子传召毋恤。赵毋恤到后，姑布子卿说："这位是真将军。"赵简子说："他母亲地位低贱，是翟人婢女，岂能说尊贵？"姑布子卿说："上天所授，虽贱必贵。"

相师姑布子卿"天所授，虽贱必贵"这句话，对我们理解春秋战国社会动荡和思想变革很重要。"天所授，虽贱必贵"的背后是说：天命的选择不分贵贱，不一定按照嫡长子的血缘关系来安排。这是对周王朝嫡长子继承制的否定。

"天所授，虽贱必贵"这句话，赵简子肯定爱听。赵简子虽是世袭卿大夫贵族，但相对于晋国君主，赵简子只是卿的地位。从实力上看，赵简子强于君主，实际掌控晋国政权，但从合法性上看，赵简子的主君是晋公。

边缘贵族逆袭上位

前 1046 年西周王朝建立，逐渐确立嫡长子继承制。嫡长子继承制降低了权力继承中的兄弟冲突成本，但也让不少无能无德的嫡长子成为国家君权的继承人。君主能力和地位不匹配，名实偏离，严重扭曲人与人在社会中的自然等级。

由出身决定社会地位，这种等级形成方式不公平、不自然。几百年积累下来，社会能力和地位出现巨大扭曲。无能无德者在上位，有能有德者在下位，社会不健康不稳定。在和平时期，这种能力和责任不匹配的现象，尚无致命问题，但当国家冲突加剧，君主能力决定国家存亡的时候，才能不配位的问题就很突出。春秋时期，正是各国兼并加剧的时期，对君主能力提出了更高要求，原有世袭制延续下来的权力结构开始受到普遍挑战。卿大夫家族势力普遍上升，君主家族势力普遍下降。原因可能很简单，艰难困苦，玉汝于成。君主家族养尊处优，卿大夫家族在负责朝廷具体事务中得到磨炼，不断成长壮大。

春秋时期的政治冲突，主要发生在贵族之间，在君主和卿大夫以及卿大夫家族之间。这样的政治动荡与平民百姓关系并不紧密，平民百姓不是政治行动的主体。这是贵族政治的内在冲突，是实力上升的贵族家族对君主或当权卿大夫家族的夺权运动，也是对周王朝礼制的根基——嫡长子继承制的一次血腥调整。这种政治冲突，在思想上的突破就是反对血统论，认为上天唯德是辅、唯才是举，不受血统支配。

从《左传》记载来看，春秋战国人物中，在思想和政治上对中国历史影响深远的人，大多不是嫡子出身，而是贵族系统中相对边缘的人。这是一场边缘贵族凭实力挺进权力中心的历史运动。

开启战国的赵襄子，是翟人婢女所生。开创儒家的孔子，父亲只是士阶层，母亲没有名分，连小妾都算不上。开创法家的商鞅，是卫国国君的小妾所生。秦始皇的母亲是一位歌女。这些人身上有一个共同的特点：他们在血缘上都是贵族社会的边缘人，要想出人头地，只有靠自强不息以实力说话——好学的就靠知识和品德，好斗的就靠军功业绩。他们的优点是都有狂热进取的精神，缺点是往往求成功心切而容易忽略或丧失价值底线。

文武之道，儒家走的是边缘逆袭的文道、学道，法家走的是底层逆袭的武道、血道。这种底层逆袭的文化和边缘贵族逆袭上位的心理，是理解中国精神的一个重要方面。

我们回到赵襄子。赵简子听了相师姑布子卿的话，开始重视赵襄子。但在宗法制为主的社会中，废嫡立庶是违逆礼制的大事，赵简子对此事小心翼翼。处理不好，众人不服，对赵简子、赵毋恤都有政治风险。

赵简子再次公开考察诸位儿子。

> 简子乃告诸子曰："吾藏宝符于常山上，先得者赏。"诸子驰之常山上，求，无所得。毋恤还，曰："已得符矣。"简子曰："奏之。"毋恤曰："从常山上临代，代可取也。"（《史记·赵世家》）

赵简子对儿子们说："我在常山上藏了宝符，谁先找到就赏给谁。"符是调兵的凭证。诸子跑到常山上去找，都无所得。赵毋恤去了常山回来说："我找到符了。"赵简子说："你奏明。"赵毋恤说："从常山上出发攻击代国，我们可以攻取代国。"

赵毋恤攻取代国的说法，暗合了赵简子曾经做过的梦，梦里上帝告诉赵简子赵氏会拥有代国土地，这说明赵毋恤觉察到了上帝赋予的使命，和父亲赵简子心灵相通。在公开竞争中，赵毋恤在众人眼前展示了自己更敏锐的政治嗅觉和更宏大的理想。于是，赵简子决定废黜嫡长子伯鲁，改立赵毋恤为继承人。赵简子按照贤能的标准废嫡立庶，这是对周朝嫡长子继承制的否定。

赵襄子阴谋灭代

前 476 年，赵简子去世，赵襄子继位为赵氏宗族首领。赵襄子安葬了父亲赵简子，在服丧期间身穿丧服，邀请自己的姐夫代王及随从到夏屋山上参加宴会。赵襄子安排每位客人身后站一位厨师舀酒伺候。他让厨师们准备了碗口大的铜勺，亦即科。

《史记·张仪列传》的记载与《史记·赵世家》有细微不同：

> 昔赵襄子尝以其姊为代王妻，欲并代，约与代王遇于句注之塞。乃令工人作为金斗，长其尾，令可以击人。与代王饮，阴告厨人曰：'即酒酣乐，进热啜，反斗以击之。'于是厨人进斟，因反斗以击代王，杀之，王脑涂地。

在代王及其随从仰脖子喝酒的时候，站在身后的厨师一齐动手，用大铜科猛击代王及其随从的脑袋。代国的精英阶层瞬间脑浆迸飞，悉数被灭。赵襄子马上发兵平定代地。赵襄子用这种残忍邪恶的办法，实现了他父亲赵简子的梦中预言，兑现了自己对父亲的承诺。

> 简子既葬，未除服，北登夏屋，请代王。使厨人操铜科以食代王及从者。行斟，阴令宰人各以科击杀代王及从官，遂兴兵平代地。其姊闻之，泣而呼天，摩笄自杀。代人怜之，所死地名之为摩笄之山。（《史记·赵世家》）

谋杀了姐夫代王之后，赵襄子派人去接他的姐姐代王夫人。赵襄子的姐姐听说此事后，痛哭喊天，她不愿苟活，于是磨尖自己的发笄，自杀身亡。代人怜悯她，把她自杀的地方称为摩笄之山。

赵襄子服丧期间以奸诈手段谋杀代王，灭了代国。他的手段残忍下作，直破底线。但司马迁《史记·赵世家》并没有从道德上否定赵襄子谋杀代王一事，而是采取了以成败论英雄的态度，传达出强烈的历史信息：为了成功，可以不择手段。

晋阳被围，反击智伯

赵襄子一生的重头戏，是晋阳之战。前455年，晋国正卿智伯率领韩康子、魏桓子一起进攻赵襄子。赵襄子退守晋阳城。晋阳在晋国北面，今山西太原西南位置。

> 襄子出，曰："吾何走乎？"从者曰："长子近，且城厚完。"襄子曰："罢民力以完之，又毙以守之，其谁与我？"从者曰："邯郸之仓库实。"襄子曰："浚民之膏泽以实之，又因而杀之，其谁与我？其晋阳乎！先主之所属也，尹铎之所宽也，民必和矣。"乃走晋阳。（《国语》）

《国语》中记载，赵襄子被攻，要找退守之城，问手下："我该去哪里？"手下说："长子城比较近，城墙坚厚完整。"赵襄子说："刚修完了城墙，百姓疲惫不堪，现在又让他们以死守城，谁会支持我呢？"手下又说："邯郸城的仓库储备充实。"赵襄子说："刚榨取民脂民膏来充实仓库，又让他们去送死，谁会支持我呢？还是晋阳吧，这是先主专门安排叮嘱的。尹铎执政晋阳，待民宽厚，民众一定团结。"于是赵襄子去了晋阳。

赵襄子在危急时刻头脑很清楚，他知道治国靠的是政宽民和，而不是城墙完备和仓库充实。晋阳是赵简子修建的北方根据地，为了团结晋阳民众，长期采取宽政低税养民的政策。赵襄子在晋阳城被围困近三年，民众无背叛之意。

晋阳城久攻不下，智伯急了，他心生一计，掘开晋水堤坝，水灌晋阳，造成晋阳城内"悬釜而炊，易子而食"。水攻灭国，战争的残酷性急剧上升。智伯得意于自己的妙计，在韩、魏两家面前炫耀说："现在我终于知道水可以灭国了。"智伯这种打破传统军礼底线的残暴，使被迫追随他的韩魏两家感到恐惧。大约在前453年，赵襄子安排谋士张孟谈悄悄潜入敌营去拜见韩、魏两家主君。张孟谈说："我听说唇亡齿寒，现在智伯率领你们两家君主讨伐赵氏，赵氏灭亡之后也就轮到你们韩魏两家君主了。"《战国策》中的原文是这样说的："臣闻唇亡则齿寒，今知伯帅二国之君伐赵，赵将亡矣，亡则二君为之次矣。"

《史记·赵世家》这样记载：

> 三国攻晋阳，岁余，引汾水灌其城，城不浸者三版。城中悬釜而炊，易子而食。……襄子惧，乃夜使相张孟同[1]私于韩、魏。韩、魏与合谋，以三月丙戌，三国反灭知氏，共分其地。

韩魏两家当即与赵氏约定联盟。赵襄子亲自率赵军晚上突袭晋水堤坝，反而放水倒灌智伯军营，智伯军队大乱，韩、魏两军配合赵军攻击，三家联手灭除了智伯，乘胜追击消灭了晋国最强大的智氏家族，瓜分了智氏土地。

赵襄子能忍能战，抗打击能力及反弹能力极强。赵襄子与他父亲赵简

1　在《战国策》中为张孟谈，在《史记》中，司马迁为避其父司马谈之讳而改为"张孟同"。——编者注

子一样，也有一些宗教上的奇遇。《史记·赵世家》记载，赵襄子在逃难途中，有三位神灵给他传话说："余将使女反灭知氏。"意思是，我们会让你反过来灭了智氏。赵襄子的坚守和反击，基于一种宗教的自信。

一般而言，春秋时期的政治对手之间有一套相互尊重的礼仪，但赵襄子对智伯就不讲礼仪了。《史记·刺客列传》记载："赵襄子最怨智伯，漆其头以为饮器。"赵襄子杀了智伯以后，把智伯的头盖骨上了漆制成酒器，用来喝酒。

从赵襄子身穿丧服，让人在宴会上用大铜枓击杀代王和随从，到他把智伯的头盖骨制成酒碗来喝酒，可见他内心极为残暴、行为令人发指。魔鬼要血祭，人心已变冷，严酷的战国时代来临了。

赵襄子的春秋遗风

晋国六卿冲突中，范氏、中行氏和智氏先后被灭除，原因是什么？1972 年在山东考古发掘了西汉时期抄写的《孙子兵法》，其中有不见于通行本《孙子兵法》的佚文"吴问篇"。"吴问篇"描写了孙武和吴王阖闾的对话，分析晋国六卿家族的命运。

孙武根据六家执行的税收高低来分析晋国六卿的命运。孙武认为晋国的范氏、中行氏和智氏将先后败亡。孙武说，范氏、中行氏他们是按照长宽 160 步作为一亩征收 1/5 的税收，实行五一税。智氏是按照长宽 180 步作为一亩来征收五一税。韩氏、魏氏是按照长宽 200 步作为一亩来征税。税收最轻的是赵氏，他们是按照长宽 240 步作为一亩，而且他们不征收土地税。孙武认为赵氏"公家贫，其置士少，主上俭朴臣子收敛，以御富民，故曰固国，晋国归焉"。吴王回应说，这是"王者之道——厚爱其民者也"。孙武判断一个家族的兴衰，是从赋税高低来判断的。赋税低则爱民，民为所用；赋税高则伤民，民心离散，国家难保。孙武认为，民富才能国强，长期坚持低税收的国家，会战胜高税收的国家。当然，战争的胜败有很多偶然性，并非只由民众是否亲附决定。但赵襄子在晋阳被包围了三年，民众死心塌地追随他作战，能得民众死力是他胜利的关键。

赵襄子个性复杂，一方面是极度的功利和残暴，做事不讲规矩、毫无底线；另一方面他身上仍有春秋遗风，也有重信讲义的时候，野蛮和文明皆交织在他身上。我们来看看两件他颇具春秋遗风的故事。

> 昔者赵之中牟叛，赵襄子率师伐之，围未合而城自坏者十堵。襄子击金而退士。军吏曰："君诛中牟之罪而城自坏，是天助也，君曷为去之？"襄子曰："吾闻之于叔尚曰：'君子不乘人于利，不迫人于险。'使之城而后攻。"中牟闻其义，乃请降。(《新序》)

刘向的《新序》记载，赵简子去世以后，中牟城的守将背叛赵氏，投向齐国。赵襄子率军去围攻中牟，包围圈还没有完成，中牟城有十堵城墙忽然自己倒塌了。这是最好的进攻机会，但这时赵襄子却鸣金收兵。将士们都说："您来讨伐中牟的罪，现在城墙自己坏了，这是上天在帮助您，您为什么这个时候退兵？"赵襄子说："我听叔尚说过：'君子不乘人之危去牟利，不在敌人处于险境的时候去逼迫人。'让他们把城墙修好以后，我们再进攻吧。"结果中牟人看他如此讲道义，就自请投降。赵襄子阴谋暗杀代王的时候，不讲信义，残忍下作，但他对中牟之人又重礼守义。

再来看赵襄子对待刺客豫让的故事。豫让是智伯家臣。晋阳之战智伯被杀之后，豫让决心要为智伯报仇。豫让第一次刺杀赵襄子失败被捕，赵襄子的手下要杀豫让，但赵襄子说："这是个义人，我小心避开他就好了。智伯死后没有后代，他的臣子要为他报仇，这是天下的贤人。"放走了豫让。

襄子曰："彼义人也，吾谨避之耳。且智伯亡无后，而其臣欲为报仇，此天下之贤人也。"卒释去之。(《史记·刺客列传》)

豫让第二次行刺赵襄子又失败被捕。这次赵襄子没放过豫让，他让军士包围了豫让。豫让请求赵襄子让他刺几下赵襄子的衣服，就算是报仇之意了。赵襄子就把衣服脱下来，让使者交给豫让。豫让跳起来刺了赵襄子的衣服三下，说这样自己可以到下界去向智伯报告了，随后自杀。赵襄子对待豫让的态度，颇具春秋遗风。

最后我们分析赵襄子归位于嫡子伯鲁后代的故事。赵襄子是赵简子废嫡立庶上位的，在合法性上有隐忧。赵襄子灭除代国以后，并没有把代国封给自己的儿子，而是封给了长兄太子伯鲁的儿子，叫成君。成君死后，赵襄子就把成君的儿子浣立为自己的继承人。赵襄子死后，浣继位，为赵献侯，赵氏重新回归到嫡长子继承制的传统中。

赵襄子是集春秋的文明礼义和战国的野蛮残暴于一身的人。历史总有些神秘的巧合，赵襄子的名字叫赵毋恤，"毋恤"就是不怜悯的意思。赵襄子是战国的主要开启者，意味着他开启了一个"毋恤"的时代，一个没有怜悯之心的时代，这就是战国时代。

第 36 讲

战国精神的本根

今天我们来分析一下战国精神的本质。我从两起重要的事件讲起。一是前 403 年，赵、韩、魏三家分晋；另一件是前 386 年，齐国的田氏代齐。这两件事被视为中国由春秋进入战国的标志性事件。

三家分晋：强权取代忠信

> 烈公十九年，周威烈王赐赵、韩、魏皆命为诸侯。(《史记·晋世家》)

前 403 年，东周的第二十位君王周威烈王，册封晋国的卿大夫赵籍、韩虔、魏斯为诸侯，对三家分晋的事实予以承认，赵、韩、魏就此瓜分晋国，建立了三个独立的国家。司马光在《资治通鉴》中，把这个事件当成战国时代的正式开始。

那时的东周王室虽然实力衰微，但仍有天下共主的名分，分封诸侯仍是周天子的权力。在这之前，齐国、鲁国、晋国都出现了卿大夫专权的情况，废除国君或者弑君的事时有发生，但往往会从君主的血脉中另选国君，还没有出现过异姓卿大夫自立为国君、篡国的情况。在意识形态上，篡位是大罪，各国卿大夫都不愿意背上篡位的恶名。

司马光在《资治通鉴》的开篇，对周威烈王册封赵、韩、魏为诸侯的事情痛心疾首。他把春秋到战国时期政治和社会风气的恶化归罪于周威烈王，认为是周威烈王守不住名分，破坏了君臣秩序和忠奸善恶的底线。

> 今晋大夫暴蔑其君，剖分晋国，天子既不能讨，又宠秩之，使列于诸侯，是区区之名分复不能守而并弃之也。(《资治通鉴》)

司马光认为周威烈王这样的做法等于是鼓励不忠不信，带来了凭欺诈、阴谋和暴力的战国时代，"则天下以智力相雄长""生民之类糜灭几尽，岂不哀哉"！

司马光的意思是，东周王朝就算实力很弱，但维持天下共主的地位已经几百年，一直是宗法制的代表，代表着各国的忠君制度以及嫡长子的权力。而周威烈王封赵、韩、魏三家为诸侯，等于向天下宣布篡位是合法的，谁有实力，谁就可以暴力篡位。周威烈王破坏了周王室延续了五百多年的忠信价值系统。

田氏代齐：实力获得合法性

三家分晋以后第十七年，前386年，周威烈王的儿子周安王又册封专权齐国的卿大夫田和为齐侯，齐国的姜姓君权就被废除了。

晋国君主的血脉源于周武王的儿子叔虞，齐国君主的血脉源于姜太公。晋国和齐国是周王朝系统中最大的两个诸侯国。在这两个国家，专权的卿大夫家族都获得了合法废除其君主的权力，被周王室册封为诸侯君主，这证明拥有国家政权的唯一基础就是实力。谁有实力，谁就可以抢夺政权；谁有实力，谁就能拥有合法性，实力就等于合法性。

在当时，这是一场巨大的社会动荡和思想震荡。周威烈王封赵、韩、魏三家为诸侯，大概只是贪图这三家给的一点实际好处，他一定没能想到这从根子上颠覆了中国传统价值，也抽空了周王室得以继续存在的历史原因。

我们试想一下，如果周威烈王坚守自己的价值系统，拒绝册封赵、韩、魏三家为诸侯，你们再有实力，这个名分我就是不给你，我宁肯为忠信价值殉难，这对中国的历史精神会留下什么样的影响？周威烈王这位平庸君王，糊里糊涂地终结了一个讲忠信的春秋时代，开启了一个不讲忠信的战国时代。

法家兴起：信任崩溃与强权兴起

《史记·周本纪》记载："周威烈王二十三年，九鼎震。"前403年，九鼎震动，这不仅是周王权的震动，也是各国王权的震动，也是中国人思想深处的震动。

今天我们来看三家分晋和田氏代齐，可能会认为竞争是必然的，人在竞争中发生社会地位的变化也是必然的，重要的是找到一个和平公正的竞争机制，就如同今天企业的市场竞争及政党的选票竞争，都可以是有益无害、和平有序的。但是战国时期的中国人，不像我们今天这么想。面对三家分晋和田氏代齐这么重大的事件，当时的中国思想家如何面对因此而带来的社会信任的崩溃呢？

思想家们有两个努力的方向：一是重建社会信任，儒家、道家、墨家都希望以各自的办法重建社会信任，但在当时并不成功；另一个方向是在没有社会信任的基础上建立社会秩序，因此"三晋法家"就出笼了。所谓"三晋法家"，指的是以商鞅、荀子、韩非子等为代表的来自魏、赵、韩这三个国家的法家群体。法家思想认为，人和人之间的相互信任是不可能的，在没有社会信任的情况下，要想建立秩序就只能依赖强权。战国精神的实质，就是由商鞅、荀子、韩非子的思想为主导，在人和人之间缺少信任、人和人之间相互伤害的背景下，依赖强权来构建社会秩序。

周王朝是以信任为基础构建的王朝，这种信任在世俗层面是以血缘信任为基础的宗法制度；在宗教信仰方面是信奉皇天上帝，相信皇天是以德为中心的，是辅助有德之人的，而有德之人就是善待生命之人。又比如《道德经》所言："天之道，利而不害。"周王朝对上天之道有一种宇宙观上的信心，认为这是一个爱心导向的宇宙，是一个对生命"利而不害"的宇宙。这些都是社会信任系统建构中非常核心的观念。在宇宙观上，在人性观上，周朝都有一种温馨的精神氛围。

赵、韩、魏三家瓜分的是周王族的土地、周王族的国家，他们对周王室是否定的抵触的。三晋的思想家不约而同地从否定周王室到否定周王朝的思想理论，既否定其宗法制的血亲信任，也否定其"敬天保民"的上天信仰。

"制天命而用之"的荀子

商鞅属于三晋的思想家，他是卫国国君的庶子，不是嫡长子。卫国是魏国的属国，商鞅本人在魏国任职，深受三晋历史的影响。一部《商君书》，没有神性的上天，没有天命的概念。商鞅认定人性就是贪生怕死、追名逐利，君主可以用严明的赏罚来管制和驱动民众。商鞅眼中的世界是一个唯物、冷漠、功利的世界。

荀子是三晋中的赵国人。荀子眼中的天已经不是那个唯德是辅、有意志、有爱心的天，而是唯物的天，是冷漠地按照自然规律演化的天。

荀子说："天行有常，不为尧存，不为桀亡。"这是说上天有规律地运行。上天无意志无爱意，不关心人间的善恶是非。我们生活在一个按照物质规律演化的、非常冷漠的世界之中。

周王朝是以敬天保民为国家哲学的，荀子有针对性地说要"制天命而用之"，认为天命都是可以控制起来使用的，用强权的人代替了威严的上天。

荀子的《性恶篇》中，有二十次提到人性恶。他说："人之性恶，明矣；其善者，伪也。"人性恶，这是很明显的；人表现善，这是虚伪的。荀子成了"性恶论"在中国思想史上的代表。荀子眼中，没有丝毫的社会信任，只有极度的社会不信任。

三家分晋和田氏代齐，对商鞅和荀子有深刻的影响。对他们来说，这是一个冷漠的宇宙，不关心人类的善恶是非。人的本性是邪恶的，我们生活在性本恶的人群之中。而生活在这样的环境下，要想有点秩序就得依靠强权。这样，人生的选择就很简单：要么成为强权者，控制别人；要么成为奴仆，被人控制。

行为令人发指的商鞅和李斯

商鞅在秦国的变法，把原来非常重礼守信的秦国文化，改成了只认成败的文化。荀子的两位学生李斯和韩非子都到了秦国。李斯成了秦国的宰相，成了秦国争霸战争的组织者。追求强权者只管胜败输赢，商鞅、李斯两位的行为方式，常常令人发指。

> 卫鞅遗魏将公子卬书曰："吾始与公子欢，今俱为两国将，不忍相攻，可与公子面相见，盟，乐饮而罢兵，以安秦魏。"(《史记·商君列传》)

以商鞅为例，前341年，商鞅率军进攻魏国。魏国派公子卬迎战，两军对峙时，商鞅派使者送信给公子卬说："当初我跟你相处得很快乐，如今你我成了敌对两国的将领，我不忍心相互攻击，我可以与公子见面且当面订立盟约，然后我们喝几杯就各自撤兵，让秦国和魏国两国相安无事。"

公子卬非常高兴地赴会，结果被商鞅埋伏的甲士俘虏。商鞅趁机攻击魏军，魏军大败。商鞅为了求胜利，肆意欺诈朋友，不择手段。

再以李斯为例，《史记·李斯列传》记载："秦王乃拜斯为长史，听其计，阴遣谋士赍持金玉以游说诸侯。诸侯名士可下以财者，厚遗结之；不肯者，利剑刺之。离其君臣之计，秦王乃使其良将随其后。"在李斯的眼中，国家与国家的关系，就只是征服和被征服的关系，是你死我活的关系。这背后的观念是：人生就只是输赢而已，没有什么其他的意义可言。

到今天依然有很多思想从不同的角度表达着相同的观点：人性邪恶，世界凶险；强权是必要的。

社会信任的崩溃与强权的兴起有密切的关联，而社会信任的崩溃也是一个宇宙观和人性观的问题。当我们认定这个宇宙是冷漠的，宇宙之中没有上天的主宰力量，当我们认为人性是邪恶的，人性之中没有来自上天的灵性之光；那么，我们就必然会拥戴强权。

春秋时代多数人是信奉上天的，战国时代就不信上天了；春秋时代多数人是相信人性的，到战国时代就无法相信人性了；春秋时代是重礼守信的，战国时代则无礼无信；春秋时代即便是战争也仍然珍惜生命，战国时代却以不择手段战胜敌人为目标；春秋时代是有善恶是非准则的，到了战国时代就只剩下胜败输赢。

社会信任崩溃造成了强权的兴起。强权为了保障自己的存在，又会花样百出地制造人与人之间的不信任，千方百计地摧毁人和人之间的信任，因此进入恶性循环。

商鞅、李斯等人否定天命，认为一切都看实力，胜利决定一切。但看来天命还是默默存在的，不然商鞅就不会被车裂，李斯也不会被腰斩，秦王朝也不会灰飞烟灭了。

无论如何，血雨腥风的战国时代来临，我们的《史记》人物五十讲已经走过了温馨的春秋，要开始进入战国了，我有一种从春天进入严冬的感觉。凛冽的寒风已经吹起，我们要去看看强权心理支配的战国，人性会黑暗到什么地步。

第 37 讲

从《孙子兵法》看战争观的变迁

孙子大约生活在前 545 年到前 470 年，齐国人。孙子与孔子是同时代人。司马迁在《史记·孙子吴起列传》中为孙子立传，写道："孙子武者，齐人也。以兵法见于吴王阖庐。"《史记·太史公自序》评价孙子："非信廉仁勇不能传兵论剑，与道同符，内可以治身，外可以应变，君子比德焉。"司马迁认为孙子、吴起的兵法符合天道法则，"与道同符，内可以治身，外可以应变"。

兵法文化是中国文化的一部分，北宋时编成了《武经七书》，里面有《孙子兵法》《吴子兵法》《六韬》《司马法》《三略》《尉缭子》《李卫公问对》。《武经七书》是中国兵学集成。《史记·孙子吴起列传》里面讲到了孙子十三篇，但没有介绍兵法的内容，只是讲了孙子操练吴王阖庐（阖间）的宫女，以及孙子与伍子胥率领吴军破楚的故事。司马迁赞美孙子治军严谨："申明军约，赏罚必信。"

现代战争打的是科技，打的是经济，《孙子兵法》是 2500 年前的战争哲学，还有实际作用吗？相信世界上很少有军事指挥员会抱着《孙子兵法》去指挥现代战争，但并不是说《孙子兵法》就不再有价值。

那么，《孙子兵法》的现代价值何在？

《孙子兵法》有仁爱之心

《孙子兵法》在当代军事实战中的指导作用已经不大了，但它在人类军事思想史上的地位并没有消失。这种地位主要表现在《孙子兵法》的战争观，即孙子对战争目的的定位，这是一种富有仁爱原则的战争观。举例如下：

"是故百战百胜，非善之善者也；不战而屈人之兵，善之善者也。"这句话说明孙子追求的是最低成本的胜利。这种低成本有经济成本的考虑，但最重要的是生命安危的考虑。

"亡国不可以复存，死者不可以复生。"这是一种慎战思想，前提是关注生命和国运。

"故进不求名，退不避罪，唯人是保，而利于主，国之宝也。"战争的目的就是保民利国，不能是政治军事领导人的个人野心权欲，这是根本原则，要以最低生命成本，去实现保民利国的目标。

孙子的战争观中有仁爱之心。孙子认为，"将者，智，信，仁，勇，严也"，他认为"为将者"的五种品格要求中应包括"仁"。

中国诸子百家中，老子反对侵略战争。不过，老子认为没办法排除战争，他视战争为人类的丧礼。《道德经》第三十一章说："战胜，以丧礼处之。"丧礼是一件悲伤的事情，是悲剧。人不会喜欢丧礼，但是得办好丧礼，因为人类避免不了丧礼。对老子来说，不惧战但不能好战，不能歌颂战争。热情歌颂战争，这是变态心理。

孔子不好战但要求备战，《论语·颜渊》记载孔子之言："足食，足兵，民信之矣。"

诸子百家里，唯有墨子坚决反战。墨子提出"非攻"原则，否定进攻，而且他亲自组织墨家民间维和部队去制止各国的侵略战争。在战争问题上，墨子最具反战和平魅力。

法家是好战派。商鞅在《商君书》里说："国之所以兴者，农战也。"国家要兴起就得靠农业和战争。就战争组织学而言，中国历史上没有一部兵书能超越《商君书》。

《孙子兵法》讲谋略讲诡计，但也有内在的仁爱之心，本质上是慎战的。读《孙子兵法》会读出一种仁爱之心，没有好战的残暴邪恶之气。

种族主义争夺生存空间的绝对战争

相比《孙子兵法》的仁爱精神，1832年出版的卡尔·冯·克劳塞维茨（Carl von Clausewitz，1780—1831）的《战争论》，显示出异常残暴的战争观。卡尔·冯·克劳塞维茨提出了绝对战争理论，认为"战争是一种暴力行为，而暴力的使用不应有限度"。《战争论》说："因此消灭敌人军队是一切军事行动的基础，是一切行动最基本的支柱。一切行动建立在消灭敌人军队这个基础上，就好像拱门建立在石柱上一样。"对克劳塞维茨来说，战争的绝对目的，就是消灭敌人。为了消灭敌人必须最大限度地使用暴力，把暴力用到极致，这就是绝对战争。

1897年出版的德国地理学家弗里德里希·拉采尔（Friedrich Ratzel，1844—1904）的《政治地理学》系统论述了生存空间争夺理论，认为生存空间是种族发展的基础，争夺生存空间就是种族国家的政治方向。

在1925年出版的希特勒的《我的奋斗》中，希特勒把19世纪末在欧美发展起来的种族主义"雅利安人至上论"与"生存空间理论"及"绝对战争理论"混杂在一起，形成雅利安人以绝对战争消灭劣等种族、占有生存空间、建立第三帝国统治世界的德国纳粹主义理论。这种纳粹主义思想在第二次世界大战期间被德国、意大利和日本三国法西斯继承和实践。他们都认为战争是绝对的，优秀种族抢夺和清理生存空间是必需的。他们因此无限制使用暴力，滥用各种武器对付敌对国家的军人和平民。

为什么不杀光？

丹尼尔·希罗（Daniel Chirot）是美国社会学家，他与克拉克·麦卡利（Clark McCauley）在 2006 年出版了《为什么不杀光？》（*Why Not Kill Them All*？）。他在研究种族屠杀的过程中发现，虽然有少量局部性的种族灭绝行为，但从整体来看，人类几千年的战争不是以灭绝人口为目标的。通常情况下，战胜者并不会对战败者赶尽杀绝。战争胜负一分明，对方一投降，大规模杀戮就停止了。

也许是造物主在创造万物和人类的时候，出于对生命的保护，留有一些生物相互伤害但不能越过的底线。也许孙子写《孙子兵法》时，是看到了这种天道所规定的战争限度，司马迁才说孙子是"与道同符"，亦即符合天道的法则。按孙子保民的战争观，试想如果孙子掌握了原子弹，他会怎么做？他的原则是不战而屈人之兵，做个示范给敌人看就可以了，他一定不会滥用原子弹。试想如果是克劳塞维茨掌握了原子弹，他的原则是绝对战争，他会怎么做？

从《孙子兵法》到《战争论》，我们能发现人类邪恶的集成大爆炸。《孙子兵法》是有底线的战争观，它告诉我们，人性的缺陷会造成人与人之间的冲突，但是这种有组织的互相伤害，应在保护生命的仁爱底线之上，人类的一切战争行为都要在这个天道的底线之上。从今天来看，《孙子兵法》的价值不在实战，而在其关爱生命价值的军事伦理学。

第 38 讲

范蠡式成功学

范蠡是一位传奇人物，在政治、经济、学术、爱情上四丰收。政治上，他兴一国灭一国，兴越灭吴，青史留名。经济上，他有自己清晰的经商哲学，艰苦笃行，成为当时的中国首富。学术上，范蠡可能是道家黄老学派开宗立派的人物。爱情上，按唐朝陆广微《吴地记》记载的传说及唐宋众多的文章和诗篇，灭除吴国后，范蠡重情讲义，带上西施，泛舟而去。

范蠡入越背景

范蠡大约生活在前 536 年到前 448 年，与孔子同时代，但比孔子小。《越绝书》记载，范蠡是楚国宛地三户人。宛地在现在的河南南阳。宛地是南北交融之地，历史上名人很多，除范蠡外，还有汉光武帝刘秀、诸葛亮等。

范蠡所处的春秋时期，中国的政治格局主要是北方的晋国和南方的楚国相互争霸。中原各国或是与晋国结盟，或是跟楚国结盟。北方的晋国为了制约南方的楚国，积极扶持吴国对抗楚国。前 506 年，伍子胥、孙武（即孙子）率吴国军队攻入楚国首都郢都，楚昭王出逃。伍子胥为报楚平王杀父兄之仇，还掘开楚平王墓，鞭尸三百。后来楚大夫申包胥请秦国出兵救楚，吴国才撤军，楚国得以复国。吴楚就此结下深仇。这时范蠡30岁左右。

楚国为了对付吴国，就扶持吴国的宿敌越国。文种和范蠡是在这样的背景下去越国的。文种本来是宛城县令，范蠡是宛城读书人。范蠡的老师叫计然，计然也当过楚平王的老师，因此范蠡与楚平王属于同学关系，文种则是楚平王的手下。

伍子胥鞭尸楚平王，对计然、范蠡、文种来说，都是奇耻大辱。春秋时期的中国人重礼守义，楚平王被鞭尸，计然、范蠡、文种三个人都志愿去了越国，帮助越王勾践消灭吴国。

信仰"上帝"的范蠡

前496年，范蠡和文种到越国不久，还没有完全取得越王勾践的信任。这时越王勾践得知吴王夫差在积极备战，他决定先发制人进攻吴国。范蠡知道越国实力不够，反对在没有充分准备的时候贸然挑战吴国。《史记·越王句践世家》里记载，范蠡劝勾践："阴谋逆德，好用凶器，试身于所末，上帝禁之，行者不利。"

一般人习惯关注范蠡的阴谋，很少人会关注他的信仰。从范蠡的表达来看，他信仰上帝。他认为上帝关爱生命，战争是为了保护生命，不能好战杀戮，不能在没有准备好的时候，轻易把国民推入战争的旋涡之中。

范蠡没能劝住勾践，越国发起进攻，被吴国打败。越王勾践听从范蠡的建议，向吴王夫差投降。范蠡陪着勾践去吴国当人质，伺候吴王夫差。吴王夫差喜欢范蠡，他希望范蠡加盟吴国。范蠡只要答应吴王，就可以在吴国享受高官厚禄。但是范蠡婉拒了吴王盛情，结果被夫差关入石牢中。

《吴越春秋》记载，吴王夫差说："子既不移其志，吾复置子于石室之中。"你既然不改变你的志向，那我就得把你关回石牢里。范蠡说："臣请如命。"他情愿被关到石牢里去。很显然，范蠡图的不是高官厚禄。勾践和范蠡最终取得了吴王夫差的信任，得以返回越国。

准备二十年的复仇行动

> 越王句践反国，乃苦身焦思，置胆于坐，坐卧即仰胆，饮食亦尝胆也。曰："女忘会稽之耻邪？"身自耕作，夫人自织，食不加肉，衣不重采，折节下贤人，厚遇宾客，振贫吊死，与百姓同其劳。(《史记·越王句践世家》)

越王勾践返国后，苦身焦思，置苦胆于座位上，坐卧都能仰望苦胆。饮食也尝苦胆。说："你忘记会稽的耻辱了吗？"他亲身耕作，夫人自己织衣，吃饭不加肉，衣服没有两种颜色，折节以处贤人，厚遇宾客，救济贫穷者，凭吊去世的人，与百姓同担劳苦。

勾践有强烈的复仇之心。春秋时期复仇是荣誉，不复仇是羞耻。要复仇，就得有所准备。计然认为首先得强化经济实力，这是国家政治军事的物质基础。为兴越灭吴，搞什么样的经济政策才能够提升越国的经济实力呢？《史记·货殖列传》记载计然的经济思想，认为要做到"农末俱利"，使农业和工商业都有利润，有钱可赚，这样生产者才有积极性。要实现"农末俱利"的目标，朝廷就得轻徭薄赋。《国语·越语》记载，越国"十年不收于国，民俱有三年之食"。十年不收税，老百姓家里都存有足够吃三年的粮食。勾践"非其身之所种则不食，非其夫人之所织则不衣"。范蠡等人从事朝廷买卖以平抑物价，稳定经济，叫平粜。"粜"就是卖米的意思。平粜政策就是在粮食丰收的时候，朝廷收购粮食作为国家储备粮，到粮食歉收的时候，朝廷出售国家储备粮来维持粮价的稳定。

越国十年无税收，农工商俱有利，越国经济得以繁荣起来。《史记·货殖列传》里记载："修之十年，国富。厚赂战士，士赴矢石，如渴得饮。"十年无税赋，经济繁荣起来，朝廷终于有财富重奖战士。战士们面对敌人的箭矢和礌石，如同干渴之人遇到了水。

计然、范蠡、文种等人思路务实，保护经济发展，积累了财富。有了财富，就可以厚赏战士。有了厚赏，战士就会奋战，无往不胜。

《左传·哀公元年》记载："越十年生聚，而十年教训。""生聚"指人口增加，生产扩展，力量积聚，这就是"十年生聚"。"教训"是指教育和训练民众，之后十年用来教育和训练民众。勾践、计然、范蠡、文种等规划复仇大业，用了二十年时间来发展经济和训练民众。

越国"十年生聚，十年教训"，二十年没有对外战争，集中力量积累国力，准备复仇。与此同时，吴国却不断地对齐国等国用兵，国力消耗极大。二十年后，越国的综合国力已经远远超过吴国，越国有了充分的条件灭除吴国。

道商首富

春秋时中国有两个有名的商人：一个是范蠡，我们称他为道商，因为他的老师计然是老子的学生，范蠡的思想属于道家；还有一个就是子贡，孔子的学生，子贡是儒商，子贡的特点是利用经济实力，结交王侯协调外交。

作为中国商人的鼻祖，范蠡之商道，后世有不少总结，我选择其中一条，范蠡是按照自然规律经商的。范蠡遵从老师计然的理论，按农业丰歉规律安排贸易。《史记·货殖列传》上记载，计然说："六岁穰，六岁旱，十二岁一大饥。"连续六年风调雨顺，就会出现旱灾，每十二年会有一次大旱和饥荒。

农业丰收和歉收，影响粮食产量，决定农产品价格波动，也会影响依赖农业加工的工商业的兴衰。把握气候的自然规律，才能做好商业。计然和范蠡认为要细心观察岁星的运行，岁星即木星。他们发现岁星每十二年绕太阳循环一周，每年都会经过天空十二星宿的一个星宿。岁星运行的变化对应着大地气候的变化。他们密切观察岁星的变化情况，研究相应的气候变化对农产品供给及工商业的影响，提前安排贸易。

范蠡从商，是根据岁星运行和气候变化的大数据预测未来，并提前安排商业活动。他不是凭着经验和直觉，而是细心观察气候规律，然后把这种气候和农业知识运用到商业管理中去，这是一种极度冷静的理性主义精神。范蠡做事，总是按照自然规律事先预测和有所准备。在灭吴的战争中，范蠡积累了财富。

《史记·越王句践世家》记载，消灭吴国以后，范蠡向勾践辞职，勾践不同意，说："孤将与子分国而有之。不然，将加诛于子。"勾践说，我要把国家与你分享。不然的话，我就得诛杀你。范蠡说："君行令，臣行意。"君王你按你的命令办，我按我自己的心愿去做。"乃装其轻宝珠玉，自与其私徒属乘舟浮海以行，终不反"，于是带上他的珠玉财宝，带上自己的人，乘船从海上走了，再也没回来。

范蠡离开越国，提前准备好了海船，带上财富和西施离开，也许这一切都在他原有的计划之中。

黄老道家奠基人范蠡

老子开创道家以后，道家向两个方向发展：一个是老庄，以庄子为代表，注重个人修炼，注重个人生命的自然与永恒；另一个是黄老道家，这是治国哲学，是道家与法家的结合。黄老道家的作品很多，《黄帝四经》

《吕氏春秋》《淮南子》等著作，都大体属于黄老道家的思想范围。

陈鼓应先生研究认为，范蠡上承老子道家，下开黄老道家，是黄老道家的奠基人，是老子道家转向黄老道家的关键转型人物。

《史记·太史公自序》论六家要旨里所讲的"道家"概念，指的是黄老道家。汉朝文景之治、唐朝贞观之治，甚至清朝的康乾盛世，都受到黄老道家的影响。

黄老道家的核心思想在战国文献《黄帝四经》中有清晰表达。《黄帝四经》开篇如下："道生法。法者，引得失以绳，而明曲直者也。故执道者，生法而弗敢犯也，法立而弗敢废也。"法由道生。法，以法律为准绳去衡量得失，以明曲直。所以执道者，能制定法律而自己不敢违背法律；能建立法律而自己不敢废除法律。

法的根源为道，道的实现为法，道法一体，道为体，法为用，这就是黄老道家的核心思想，所以又被称为道法家。"道生法"，法由道生，法是神圣的，不能轻易改变和轻易废除。要"以法行道"，用法律的手段来行道。我们可以理解为用法家的法律手段来保障《道德经》的理想实现，用法律来保障老百姓的自主和自然发展，这就是黄老道家。

范蠡兴越灭吴后功成身退。他在齐国被征召为相，但随后辞去相位。他三次聚财三次散财。既不被权力控制，也不被财富约束。正像他对勾践所说的，他是"行意"，是按照自己的意愿去做事去生活。范蠡是一个按照自己的想法生活的自由人。所以，范蠡式成功学的核心，是心有信仰，践行天道，依法行事，做自由人。

第 39 讲

如何评价商鞅之法

我大学一年级时开始读《商君书》，书中一些观点无形中影响了我后来的机构管理工作，例如明确工作目标，量化赏罚标准，严格执行规则等。《商君书》有助于把团队力量聚焦于机构的核心目标上，在目标单一的组织竞争层面很有效率，但绝不能作为国家的宏观执政哲学。

商鞅的出身

商鞅是法家的代表人物，大约生于前 390 年，死于前 338 年。

商鞅是战国时期卫国人。卫国在今天河南安阳一带，是周朝姬姓封国，曾经是魏国的属国，后被秦国所灭。卫国历史文化悠久，孔夫子曾在卫国游居十年。

商鞅与古希腊思想家亚里士多德同时期，比亚里士多德大约大六岁。人类有些历史时期是同频的，商鞅变法秦国东进的同时期，正是希腊北部的马其顿王国东进扩张时期。亚里士多德是马其顿国王亚历山大的老师。商鞅与亚里士多德的价值取向很不相同。商鞅是权力导向的，亚里士多德是知识导向的。

《史记·商君列传》记载："商君者，卫之诸庶孽公子也。"说商鞅是卫国国君诸多小妾之一所生的庶出公子。对中国思想史影响很大的孔子和商鞅都不是嫡子出身。孔子的母亲完全没有名分，连小妾都算不上。商鞅的母亲是君主的小妾。他们这样的出身，在当时的宗法制社会中，是很受歧视和压抑的。

商鞅由魏入秦

中国法家思想的代表人物李悝、吴起、商鞅出于魏国或其属国卫国，韩非出于韩国，荀子出于赵国，他们都出自韩、赵、魏这种卿大夫篡位夺权的分晋国家，这个现象耐人寻味。篡位者们怎样论证自己的合法性？会不会就是实力至上，把实力当成合法性呢？

战国时期的魏国，是最先成功变法的国家，也是战国初期最具进攻性的中原霸主。魏文侯在位的时间是前445年到前396年，他奖励军功，兴修水利，发展经济，先后打败了齐国、秦国、楚国，消灭了中山国，夺取了秦国黄河西部的土地。

魏文侯邀请众多人才齐聚魏国，使魏国成为当时中原的一个文化中心。法家有李悝、吴起、西门豹等人，道家有尸佼，儒家有子夏以及公羊高、榖梁赤等人。传说子夏在魏国西河讲学，影响了魏国儒学的发展。

商鞅最早出仕，担任魏国宰相公叔痤的侍从官，在魏国的权力中枢工作，受到公叔痤的赏识。公叔痤临死前向魏惠王推荐商鞅，建议由商鞅接替自己做魏国的相，但魏惠王不用商鞅，也许这是魏惠王一生中最灾难的决策。

前361年，21岁的秦孝公继位。秦孝公的父亲秦献公曾经流亡魏国，对魏国的变法图强印象深刻，回国后就开始在秦国变法图强。秦孝公继承父亲的传统，一上任即发出《求贤令》，"将修缪公之业"，渴求人才相助，变法强国。商鞅在魏国朝廷工作，深懂魏国变法。商鞅入秦，很快便受到秦孝公的重用。

商鞅变法的核心：壹赏、壹刑和壹教

商鞅变法的核心，是壹赏、壹刑和壹教。

什么是壹赏？《商君书》中说："所谓壹赏者，利禄官爵，抟出于兵，无有异施也。"壹赏就是利益俸禄，官位爵位，由打仗来决定，没有其他路径。还说："富贵之门，要存战而已矣。"要升官发财，获得富贵，只能上战场去砍人头，只有军功一个途径。贵族血缘关系没用了，学术思想、道德品格也没用了。这就是壹赏，有军功才给赏赐。

其次是壹刑。《商君书》说："所谓壹刑者，刑无等级。"就是刑法不分等级。还说："卿相将军以至大夫庶人，有不从王令，犯国禁，乱上制者，罪死不赦。"自卿相将军以至大夫庶人，有不遵从王令、触犯国家禁令、破坏国家制度的，罪死不赦。商鞅的壹刑，大家不要当成法律面前人人平等，因为君主及其亲属超越法律之上，只能说是接近君主之下的赏罚。

然后是壹教。《商君书》中说："所谓壹教者，博闻辩慧，信廉礼乐，修行群党，任誉清浊，不可以富贵，不可以评刑，不可独立私议以陈其上。"所谓壹教，指各种人等，如知识广博，见闻广博，具有辩才，有智慧，讲信誉，讲廉洁，讲礼乐，讲修行，讲朋友关系，讲声誉，讲清浊之辨，所有这些人，都不可以凭他们这些德才表现来给他们富贵。他们不可以评论刑律，不允许独自把自己的想法呈给国君。一切都以国家的军令法令为准，把知识分子当成士兵对待，完全封杀了思想表达的自由。

商鞅的壹赏、壹刑、壹教，目的只有一个，把所有人都逼向农和战。

《商君书》中说："凡人主之所以劝民者，官爵也；国之所以兴者，农战也。"君主激励民众，靠的是官位和爵位；国家之所以兴起，靠的是农和战。还说："善为国者，其教民也，皆从作壹而得官爵。是故不以农战，则无官爵。"善于治国者，他教导民众，只能从一个途径去获得官位和爵位，不走农战之路，就得不到官位和爵位。

商鞅变法的具体内容

司马迁在《史记》中对商鞅变法的内容做了总结，我概括如下：一是实施什伍连坐法；二是分家，解散大家族；三是推行军功爵制；四是奖励耕织；五是打压商业；六是推行县制。

先看第一条，实施什伍连坐法。《史记》记载："令民为什伍，而相牧司连坐。不告奸者腰斩，告奸者与斩敌首同赏，匿奸者与降敌同罚。"商鞅之法，将居民以五家编为一伍，十家编为一什，居民相互监督检举，一家犯法十家连坐。不告发奸人的腰斩，告发奸人的和斩敌人首级者受到同等赏赐，藏匿奸人的与投降敌人者接受一样的处罚。这完全破坏了贵族宗法制下血亲成员相互救援的传统。《论语·子路》所记孔夫子所倡导的"父为子隐，子为父隐"的行为，依商鞅之法会被腰斩。

再看第二条，分家，解散大家族。《史记》记载："民有二男以上不分异者，倍其赋。"一户有两个儿子而不分家的，就要加倍缴纳赋税。强迫分居解散大家庭。在宗法制下面，家族聚族而居，形成一个朝廷外的家族权力中心。商鞅变法解构了贵族大家族，君主朝廷的权力直接进入小家庭，消除了大家族这个中间组织环节。

第三条，推行军功爵制。《史记》记载："有军功者，各以率受上爵。"有军功者，依功大小，授予对等爵位。并且"明尊卑爵秩等级"，把爵位分为等级，明确尊卑，后来发展为 20 个等级。规定"宗室非有军功论，不得为属籍"，亦即贵族子弟如果没有军功，不能再属籍于贵族之列。

商鞅之法的军功赏赐规定得非常具体。例如从"罚"来看，军队基层以五人为单位来编制，由屯长率领。战场上只要有一人临阵脱逃，其他四人皆受刑。四人中除非有斩首级功，方可免罪。作战的时候，五人小组如果没有斩获敌人的首级，屯长将被处斩。从"赏"来看，士兵如果斩甲士的首级一个，可获爵位一级，良田一顷，住宅地九亩，还拥有担任官吏的资格。量化规定非常细致。

秦军进入战场，每位官兵都清楚地知道战争对自己的个人利害所在。只有两条路：或杀敌立功受奖获利，或作战不力被军法处罚。秦人为了获利或者保命，必须砍掉敌人的人头。以严刑峻法，推行以人头换富贵安全的赏罚制度彻底激发了官兵的战斗力，就是商鞅变法的核心。

第四条，奖励耕织。《史记》中说："耕织致粟帛多者复其身。"凡生产粮食布帛多的，就可以免除徭役赋税。对商鞅来说，经济要军事化，发展经济是为了给军队提供粮食布帛的后勤保障。

第五条，打压商业。《商君书》中说："使商无得籴，农无得粜。"使商人不能买进粮食，"籴"就是买进粮食；农民不能卖出粮食，"粜"指卖出粮食。除此之外，还加大各种商业税收，打击商人群体。商鞅认为商人有害于战争，无助于战争，要打压商人。

第六条，推行县制。《史记》记载："而集小（都）乡邑聚为县，置令、丞，凡三十一县。"商鞅把小乡邑聚为大的行政县，直接任命"令"和"丞"去管理，共三十一县。商鞅设县完全按地域来进行，由中央朝廷直接管理，这就剥夺了地方贵族的传统地方治权。

商鞅通过这一系列措施，建立起了一个君主集权化、国家军事化的秦国。君主的意志转化为法制，依法治国，以法胜民，但君主在法制之上。商鞅之法，就是建立以君主为中心的全面的军事大一统。

对周朝封建秩序的全面颠覆

商鞅变法，把原来宗法贵族共和的国家，变成了一个以君主集权为中心的国家。一个人的社会地位只靠军功来决定，靠杀人和生产粮食布帛的数量来决定。

从《尚书》中可见敬天保民是周王朝的政治神学，一部《商君书》，没有神性的上天，没有上帝，没有天命，更没有保民这样的概念。倒是充满了"胜民"（战胜民众）、"制民"（制服民众）的概念。

《商君书》上说："故胜民之本在制民，若冶于金，陶于土也。"战胜民众的根本，就在于要把民众给制住，如同冶金和制陶，民众就是冶金的材料，就是陶土。君王要用法制、用自己的意志来塑造民众，把民众变成一门心思从事农战的战争机器。

《商君书》中把礼乐、诗书、孝悌、诚信、贞廉、仁义等都称为虱子，骚扰商鞅变法大计的虱子，严令禁止。《韩非子》中说商鞅"燔诗书而明法令"，烧了诗书，明确法令。后来李斯的焚书坑儒，就是继承了商鞅烧诗书的传统。

周朝的政治神学是敬天保民爱人，商鞅的国家哲学是逆天制民杀人，商鞅变法是对西周以来周朝意识形态的破坏和颠覆。我们可以把商鞅变法与周朝封建秩序作一些比较。商鞅不信上天，否定周王朝的天命信仰。商鞅用君主一元的集权取代周朝的贵族分封分权，用设县直接任免官吏取代周朝的诸侯立国自治，用鼓励军功等级取代周朝传统的血缘世袭，用规定小家庭制取代周朝的大家族宗法共同体，用土地私有到家取代周朝土地家族共有，用君王的依法治国取代周朝的诸侯遵守礼制。这是对周制封建秩序的全面颠覆和替换。

商鞅最终被车裂，但商鞅之法被秦国保留。秦国在商鞅之法的塑造下，成为一个不得不去从事战争、不进攻就会崩溃的国家，成为一个一旦灭除了六国，自己也必然毁灭的国家。

前 221 年，秦灭六国。秦统一中国后 15 年，前 207 年，刘邦率军进入咸阳，秦王子婴投降，秦国灭国。在这个意义上，可以说商鞅和秦始皇最终毁了秦国。

商鞅之法最大的危害：弱民

比较一下刘邦入秦后的约法三章和商鞅之法，会给人不少启发。

《史记·高祖本纪》记载："与父老约，法三章耳：杀人者死，伤人及盗抵罪。余悉除去秦法。诸吏人皆案堵如故。凡吾所以来，为父老除害，非有所侵暴，无恐！"

刘邦心中的国家定位与商鞅全然不同。商鞅心中的国家是一个君主化国为军，逼迫民众，集中民力对外征服的国家。刘邦心中的国家是一个保护民众生命和财产安全、维护秩序的国家。

商鞅的理论目标管理明确，赏罚严守规矩，用于组织管理实现单项目标是有益的，但上升到国家哲学，用于统治民众，就是魔鬼对世界的支配了。

商鞅式国家制度最大的危害就是弱民。把民众改造成对君王法制严格服从的傻兵、狠兵，成为纯粹的战争工具，民众因此失去了自主自由的能力，失去了生命活力和文明的创造力。

人类历史上没有一个弱民的国家能够保有文明的创造力量得以长期富强。相反，凡是民众权利保护得好的地方，民众自我选择空间大的国家，民众强的国家，国家就真正富强。

司马迁在《史记·商君列传》中评价商鞅："商君，其天资刻薄人也。"说商鞅是天资刻薄的人。

司马迁没有揭示的是，商鞅刻薄在以人性的残暴和贪欲，作为国家动力的基础；刻薄在把人际关系变成战争关系；刻薄在以君主集权为目标，破坏了民众的自主空间；刻薄在鼓励民众相互举报，摧毁了人与人相互信任的社会资本。

第 40 讲

杨朱：个体生命高于一切

这一讲我们讲杨朱。杨朱又称杨子，是中国先秦时期一位有特殊贡献的非主流思想家。《孟子》《庄子》《韩非子》《列子》《吕氏春秋》《淮南子》这些典籍都谈到了杨朱。杨朱本人没有著作留存，他的思想是通过别人的记录流传下来的。

《孟子》谈到了杨朱的思想影响，那么杨朱应在孟子之前出生（孟子出生年份是前 372 年）。杨朱生活的时间在学术界有争议，这里采纳的时间大约在前 450 年到前 370 年。

杨朱强调"为我"和"贵生"，认为个体生命高于一切，在中国思想史上有着特别贡献。杨朱既不认同儒家的"忠孝共同体"，也不认同墨家的"兼爱共同体"，也没有发展出基于"为我"的共同体思想，其思想缺少公共性，没有建立自由共同体的力量。杨朱主张"为我""贵生""人人不损一毫"的思想，他的思想充满争议，被儒家、法家和墨家同时批判。

《孟子·滕文公下》中说："杨朱、墨翟之言盈天下。天下之言，不归杨，则归墨。"杨朱、墨子学派的言论满天下，天下的言论不归于杨朱学派，就归于墨子学派。在孟子时代，杨朱和墨子的思想理论在社会上影响很大。

个体生命高于一切

《列子·杨朱》记载："伯成子高不以一毫利物，舍国而隐耕。大禹不以一身自利，一体偏枯。"意思是，杨朱说，伯成子高这个人，他不以自己的一根毫毛去有利于外物，他舍弃了国家，隐居农耕；大禹不去做对自己身体有利之事，结果半身不遂。

伯成子高是尧时候的诸侯，大禹当政后，他辞去诸侯权位，隐居务农。大禹治水十三年，过家门而不入，治水有功，开启夏王朝。在人们心中，伯成子高放弃国家去当隐士，在治国上是一个失败者。大禹治水有功而被选为君主，是成功典范、历史伟人。大禹的历史地位远高于伯成子高。但杨朱的看法非常非主流，他认为大禹不如伯成子高成功。按照杨朱的贵生价值观，生命的健康与安全至上。大禹后期半身不遂，一体偏枯，在身体健康上很失败。

杨朱评价历史人物的价值基点，不是能否建功立业、青史留名，而是能否保有身体的安全与健康，这是一种身体价值观，认为身体价值高于身体之外的任何社会价值。按杨朱的身体价值观，大禹是一个身体上的失败者，因此也是一个根本的失败者。

如果我们请杨朱来评价老子和秦始皇，杨朱可能会说，秦始皇很失败，才活了 49 岁。《史记·老子韩非列传》记载："盖老子百有六十余岁，或言二百余岁，以其修道而养寿也。"老子活了 160 余岁，还有可能是 200 余岁。老子修道而养寿，比秦始皇活的时间长得多，老子的人生自然就比秦始皇成功很多。

杨朱的价值基点十分清晰：个体生命高于一切。他认为保全生命、安享天年是人生应有的最高目标。杨朱的思想，被后人概括为贵生思想，即以生命为贵的思想。

拔一毛利天下而不为

> 禽子问杨朱曰："去子体之一毛以济一世，汝为之乎？"杨子曰："世固非一毛之所济。"禽子曰："假济，为之乎？"杨子弗应。（《列子·杨朱》）

一位叫禽子的人问杨朱："拔你一根毫毛去救济世界，你愿意做吗？"杨朱说："这个世界不是一根毫毛可以救济的。"禽子又说："假设可以救济，你愿意做吗？"杨朱不回答。大概这就是《孟子·尽心上》指责杨朱"拔一毛而利天下，不为也"的来由。

> 禽子出语孟孙阳。孟孙阳曰："子不达夫子之心，吾请言之。有侵若肌肤获万金者，若为之乎？"曰："为之。"孟孙阳曰："有断若一节得一国。子为之乎？"禽子默然有间。（《列子·杨朱》）

禽子离开杨朱后，对孟孙阳说了这事。孟孙阳说："你不太了解夫子之心。我给你解释一下，如果伤害你的皮肤，给你万金，你愿意做吗？"禽子说："我愿意。"孟孙阳又说："如果断了你的骨节，让你得到一个国家，你愿意吗？"禽子沉默了很久。

按照杨朱的思想，我们可以做一个主观评价调查表。我们把人体分成眼、耳、鼻、手、脚、生殖器。用这些来交换权力和财富，看看多高的权力、多大的财富，能够让人愿意把自己的器官甚至生命交换出去。估计很少有人愿意。比如说冲浪者，他们会愿意用手脚去交换世间的权力和财富吗？

杨朱的核心观点就是贵生，以生命为贵，以养生为重。个体生命的价值高于一切。一切伤害生命的东西都不好，人生就要保身养生，不值得为养生之外的事情去奔忙和消耗生命。

靠什么来掌控自己的命运？

杨朱持这种贵生思想，自然不认同战争。因为战争就是伤生害命，所以杨朱学派拒绝战争，拒绝从军参战。《韩非子》中说这些杨朱学派的人"不入危城，不处军旅"。要注意的是，杨朱反对战争，只是为安全而避战。墨子反对战争，是积极地非攻反战。

基于这种身体价值观，杨朱对肉体生活的享受持肯定态度。他说："丰屋美服，厚味姣色，有此四者，何求于外？"如果住的房子大、穿得漂亮、吃得好、有美女相伴，就很美好。健健康康活着比什么都重要，能好好享受生活比什么都实在。

杨朱这么看问题的理由是"理无不死"，即人没有不死的道理，人必然会死。人的存在只是短暂的一段时间，最宝贵的就是这点活着的时间。再大的权力也保存不了生命，再多的财富也延长不了生命。安全健康和享受生命不需要多少权力和财富，没必要为过多的权力和财富去奔忙，去伤害自己。

杨朱嘲笑说，大家都赞美大舜、大禹、周公和孔子，但这几个人"生无一日之欢，死有万世之名"，有什么用呢？后人称赞他们，他们已不知道，所以后人的称赞对他们本人毫无意义，他们的万世之名皆浮云。

杨朱还认为，人一生不得休息，是因为他们在为四件事情奔忙——长寿、名声、权位与财货。就因为人贪求这四件事，所以怕鬼、怕人、怕权威、怕惩罚。就不得不去求别人，被别人所控制。他用的词是"制命在外"。如果你不贪求长命百岁，不求名声，不求权位，也不贪求过多的财富，只是关心养生，对外无所求，你就不用迎合人，这样你就能自由自主，你的命就能自己控制，即"制命在内"。通过减少欲求来减少对外界的依赖性，增加自主性，有更多时间精力来养生养命、享受生活。

公共性的残缺

杨朱这种以自我生命为中心的贵生思想，在中国思想史上很重要。但同时我也感到，在触及个体和共同体的关系问题时，杨朱的思想是残缺的：公共性的残缺。

人们之所以赞扬大禹，是因为他服务大众、治水有功，对社会共同体有贡献。人们评价一个人的价值，主要是看这个人对共同体的贡献。

人依赖交换生存，人的生活和工作离不开共同体，没有共同体精神的人，会被社会共同体所排斥；拒绝对社会共同体做出贡献的人，会被共同体拒绝。反对某种形态的社会共同体，不能成为拒绝任何共同体的理由。杨朱学派的缺陷是，他们不满于当时的共同体制度对个体的压迫和威胁，因此彻底拒绝共同体本身，不去思考符合个体生命价值观的共同体的新形式，只是一味拒绝任何基于共同体的思考。

在高度重视个体生命的价值和建立保护个体权利的社会共同体之间，有没有一个统一点呢？中国其他的思想家，他们是怎么思考个体与共同体的关系的？

孟子、韩非对杨朱的批判

《孟子·滕文公下》批判杨朱说："杨氏为我，是无君也。"杨朱强调为自我，这是不忠于君王。孟子思考社会共同体，是以对君王之忠和对父亲之孝为中心的。他认为要想有好的社会共同体，就得人人都为君王和父亲献身。杨朱显然不认同孟子以君父特权为基础的共同体制度模式。

杨朱讲为我，墨子讲兼爱，表面上两者思想冲突很大，但其实在深层次里他们是能够相通的。墨子的"兼相爱、交相利"是一种平等的社会共同体，最有助于杨朱的"为我"和"贵生"思想的实现，有助于每个个体生命的安全与健康。

如果杨朱和墨子结合起来，可能会有这样的结果：为了杨朱所追求的个体生命的安全与健康，我们每个人都应该像墨子那样信奉上天。以奉行天志为本，"兼相爱、交相利"，共同抵抗对个体的侵略、压迫和奴役。真正的个体精神和平等的公共精神，二者之间本有一个桥梁。

中国思想主流讲天下为公，杨朱讲天下为我。其实在"为我"和"为公"之间，有一个共通点：建立保护个人权利的共同体。

遗憾的是，杨朱不认同墨子的兼爱共同体，不认同墨子为共同体而奋斗的精神。杨朱拒绝任何共同体。这种极端想法，在思想上有价值，但在现实中没有基础，这就把杨朱学派逼向了边缘。没有共同体支撑的个体权利梦想，是一种对外没有力量、对内无法自保的梦想。

与孟子批判杨朱无父无君不同，法家韩非对杨朱的批评是从另一个角度出发。《韩非子·六反》说："畏死远难，降北之民也，而世尊之曰贵生之士。"这些畏惧死难之人，这些只会逃跑和投降之人，世人居然还把他们尊称为贵生之士。韩非的意思是：你们别说这么好听，什么贵生？你们不就是用贵生的理论，来包装你们的胆小懦弱吗？你们不就是用"为我"的理论，来为你们的投降和逃跑涂脂抹粉、找点假尊严吗？

韩非是强权派，他的批评并非没有道理。杨朱这种寻求个体安全和自由，但又没有共同体精神、没有共同体组织支撑的人，在强权面前是极度脆弱的。在强权面前，他们不会有什么人格尊严和社会力量，他们最终也难以保证自己的生命安全和健康。

第 41 讲

庄子的五个意象

庄子是在老子之后中国道家学派最有影响的思想家，大约生活在前369年到前286年。《史记·老子韩非列传》记载："庄子者，蒙人也，名周。周尝为蒙漆园吏，与梁惠王、齐宣王同时。其学无所不阙，然其要本归于老子之言。"漆园指漆树种植园，庄子可能是人类漆园小吏中最有思想的人。

庄子比老子可能晚生两百多年，与孟子（约前372年—前289年）和屈原（约前340年—约前278年）在时间上可能有交集。三人属于同时代人，但个性和思想差异很大，可以想见春秋战国时期中国人思想上自由多元的繁荣景象。

从西方思想界看，庄子与古希腊哲学家亚里士多德（前384年—前322年）同期，他们都属于人类思想轴心期的开创性思想家。

道家两条路：黄老与老庄

《史记·老子韩非列传》中说庄子思想"归于老子之言"，即归属于老子的思想学派。庄子继承了老子的一些思想，但最终选择了自己的方向，为道家开拓了另一个精神世界。老子思考天道秩序，天人关系，最后主要落实在无为而治的国家治理上。庄子关注大道秩序，最后更多落点在超越生死的个体生命修炼上。

老子、庄子两人的思想路径不同，老子以后道家形成两条道路：一条是老庄出世的个人修炼之路；另一条是黄老之学，又称道法家，道家和法家的结合，是入世的国家治理哲学。

历史上文景之治、贞观之治，用的都是黄老治国哲学。司马迁《史记·太史公自序》中说的"以虚无为本，以因循为用"的道家学派，指的便是黄老之道，不是老庄之道。

庄子思想对中国思想史，对后来道教的个体修炼，对魏晋玄学、宋明理学，对中国文人墨客回归自然的生活态度和超越的艺术意境，都产生了深刻影响，同时也以其对超凡真人的渴慕，对政治人物产生了某种人格牵引的影响。

《史记·老子韩非列传》记载庄子"著书十余万言"，庄学后人不断删编，今天通行版《庄子》有八万余字，内容丰富繁杂。重要思想家都有一个特点，就是他们大多是中心发散型的，即从中心思想出发，发散到具体问题上。《庄子》这本书有些是庄子后学加入的篇章，内部有矛盾，但主旨大体清楚，我们可以找到庄子的思想中心。

中国诸子百家讲道理的多，讲故事的少，但庄子喜欢用寓言故事来形象地表达思想，一部《庄子》充满了诗意的意象。我用庄子的五个意象来评价庄子：第一个意象是鲲鹏展翅；第二个意象是蜗角之争；第三个意象是庄周梦蝶；第四个意象是泥中乌龟；第五个意象是真人不死。

鲲鹏展翅

鲲鹏展翅的意象出自《庄子·逍遥游》。我们先看《逍遥游》开篇：

北冥有鱼，其名为鲲。鲲之大，不知其几千里也。化而为鸟，其名为鹏。鹏之背，不知其几千里也。怒而飞，其翼若垂天之云。

大风起兮，鲲鹏借风势腾飞而起，远飞南海，"水击三千里，抟扶摇而上者九万里"，意象壮美！鲲鹏如此宏大壮美，却被小小的蝉和斑鸠嘲笑。庄子描写这场对话，他想说明什么？庄子自己解释说："此小大之辩也。"这是大和小的区别和辩论。鲲鹏与蝉、斑鸠的区别，首先在于鲲鹏大，蝉和斑鸠小。从庄子行文看，讲的是不同的生命所经历的时间和空间，有长短大小的差异，因此就有眼界和思想的差异。

人与人的外在形体差不多，但内在的心理差异很大。不同的人，时空经历不同，就会有不同的生命体验，拥有不同的心理时空。"心理时空"这个概念，有助于我们理解人与人的内在不同。一位常读历史著作的人，数千年往事，注到心头，心理时间就会拉得很长。一位跑遍世界做生意的商人，见的世面多，心理空间就比较大。特定的心理时空，会形成特定的思想状态。人和人对世界有不同看法，常常是因为背后的心理时空不同。当我们有了"心理时空差异"这种认知，就不太愿意与人争辩思想。当你改变不了人的心理时空时，你怎么可能改变人的思想状态呢？

大时空精神

心理时空不同，价值判断会很不同。《史记·燕召公世家》记载，前314年，燕国内乱，孟子动员齐宣王（前320年—前301年在位）攻打燕国，说："今伐燕，此文、武之时，不可失也。"齐国发兵攻打燕国，取得胜利，但燕人叛乱四起，无法统治。不久齐国便在赵、魏、韩、楚、秦诸国的压力下撤军。燕昭王（前311年—前279年在位）登基后，奋发图强报复齐国。前284年，燕昭王派乐毅率领以燕军为主力的五国联军攻打齐国，连下齐国七十余城，几乎将齐国灭国。

一个历史事件，影响的时空范围有限。齐国因燕国内乱伐燕，这事对当时的孟子、对齐国和燕国，都是大事。但从历史时间上看，这件事似乎对今天的人没有多少意义。从空间上看，这事对欧洲、美洲、非洲和阿拉伯世界就完全没有意义。相比齐伐燕事件，孟子留下的著作对今天的中国人还有些历史意义，因为我们还在研究《孟子》并受其影响。但对中国以外的地区，影响就很有限。同一件事，随着观察者心理时空的变化，意义大小随之变化。按照时空影响力，我们可以对人类的历史事件和思想著作进行排序。

庄子通过鲲鹏与蝉和斑鸠的大小对比，指向一个方向，就是扩大自己的心胸，拥有巨大的心理时空。用今天的话来说，就是扩大内心的眼界和格局。当你的心理时空扩大了，世界在你眼前就变小了，你对世界的体会和看法也就相应改变了。

庄子倡导一种大时空心理，大时空人生，大时空精神。要做大人，不要做小人。大人，指心理时空大的人。生命要像鲲鹏那样宏大壮美，而不是封闭在蝉和斑鸠那样狭窄的世界中。

《庄子》中许多篇章都服务于同一方向：扩大心理时空。《庄子·秋水》讲河伯从河流游向大海，由小到大，看到大海时，河伯望洋兴叹。心理时空扩大了，眼前的世界就改变了，价值观也就随之改变了。

中国精神史上，在扩大中国人内在心理时空上做出重要贡献的，思想家中有老子、庄子、邹衍、惠施等人，诗人中主要有屈原。读庄子作品的作用之一就是扩大心理时空。这种精神操练，对人的益处表现在两个方面：第一个是小天下，第二个是看本质。

所谓小天下，指放大自我的心理时空容量，就会把世界看小，把历史看短，也因此会把生活中的差异、矛盾、纠纷、冲突、麻烦，都往小了看。小天下，会带来内心的宽容平静。一瓶墨水，倒进一盆水里，会污染这盆水；

倒进大海，污染不了大海。因为大海有大容量，把墨水稀释净化了。

所谓看本质，指心理时空扩大的过程，是发现共同特征的过程，是发现万事万物共性的本质的过程。下面这幅图，是阿波罗8号宇航员比尔·安德斯（Bill Anders）1968年在第四次绕行月球背面时拍到的地球照片。

仔细观看这幅图，黑暗的太空中一颗美丽的蓝色星球，我们的精神会被带入外太空。从外太空看地球，地球变小了，地球的特征凸显了出来，那就是：光、水和生命。这是目前人类发现的唯一有生命存在的星球。

哥白尼提出了"日心说"，他这样的宇宙结构设想，引发出一个思想效应：地球不是宇宙的中心，人在宇宙中并不重要，这似乎解构了上帝对人之爱的神学。但也有科学家不按这种不在中间就不重要的思想来看问题。

1973年，在纪念哥白尼诞辰500周年的会议上，天体物理学家布兰登·卡特（Brandon Carter）提出人择原理（anthropic principle）。他认为，虽然我们所处的时间位置不一定是在"中心"，但在某种程度上处于特殊的地位。宇宙的各种基础参数（例如引力、光速等）所建构的秩序，使生命系统和人类得以产生和存续。宇宙秩序为什么是这样而不是其他样子？

宇宙秩序似乎是按人的生命的需要而设定的，这就是人择原理。

看着这幅幽暗太空中的地球照片，我们会感到地球来之不易，有一种恩典星球的幸运，会感到人类的国家战争、民族冲突、文化矛盾显得没有多少意义。我们会觉得地球上最大的问题，就是人类生命的生存和死亡问题，其他问题变得相对次要。

人类伟大的宗教创始人或思想家们，似乎都有这种特殊的眼光，从地球外看人类的眼光，所以他们普遍强调生命不易，强调人类之爱与世界和平。

庄子有一种大宇宙眼光，一种从地球外看人类的眼光，这也引出了庄子思想的第二个意象：蜗角之争。

蜗角之争

《庄子·则阳》中说，魏惠王与齐威王订有盟约，齐威王违背了盟约，魏惠王很生气，想派人去杀齐威王。大臣出各种主意。惠子把一位叫戴晋人的引见给魏惠王。戴晋人和魏惠王的对话很有趣。

戴晋人说："有一种动物叫蜗牛，君主知道吗？"

魏惠王说："知道。"

戴晋人接着说："有个国家建在蜗牛左角上，人称触氏。有一个国家建在蜗牛右角上，人称蛮氏。它们时常为争夺领地而挑起战争，战斗中伏尸数万，战胜方追逐战败方往往十天半月才能返回。"

> 戴晋人曰："有所谓蜗者，君知之乎？"曰："然。""有国于蜗之左角者曰触氏，有国于蜗之右角者曰蛮氏，时相与争地而战，伏尸数万，逐北旬有五日而后反。"（《庄子·则阳》）

戴晋人的意思是，如果能先"知游心于无穷"，使心游于无穷之宇宙，然后再回过头来看眼前的国家矛盾，会感到魏国和齐国之争与蜗牛角上的两国相争没有分别，这就是著名的蜗角之争的寓言。

庄子看列国争霸，如同蜗角之争。蜗牛很小，蜗牛角更小，把当时的中国当成蜗牛，把魏国和齐国当成蜗牛角上相争的国家，这是一种大眼光、大心量，这是一种重视生命的外太空视角，一种厌恶地球上人类战争的宇宙心胸。有了以鲲鹏为象征的大时空心理意象，才会产生出现实国家的争夺不过是蜗角之争的意象。

把心放大到宇宙，地球就变小了，生命系统的特殊性和珍贵性就突出了，大地上的战争就会变得愚蠢可恶。

庄周梦蝶

讲完鲲鹏展翅和蜗角之争，我们来看庄子第三个著名的意象：庄周梦蝶。

昔者庄周梦为胡蝶，栩栩然胡蝶也，自喻适志与！不知周也。俄然觉，则蘧蘧然周也。不知周之梦为胡蝶与，胡蝶之梦为周与？（《庄子·齐物论》）

庄周梦蝴蝶，是蝴蝶梦到我，还是我梦到蝴蝶？这美丽的意象表达的是《庄子·齐物论》中"天地与我并生，而万物与我为一"的思想。

对庄子来说，万物的差异，如同浪花与浪花的差异，虽然形态各异，但浪花有一个共同的本源，就是大海。人与蝴蝶有差别，却源于统一的造物力量。万物如同浪花，有一个共同的本源，就是"造物者"。

庄子反复用"造物"或"造物者"来指称宇宙万物的创生本源。《庄子·大宗师》上说："伟哉！夫造物者。"伟大呀！造物者。《庄子·田子方》中说，老子"游心于物之初"，老子的心是游向了创世之初，游向万物本源。《庄子·天下》说，心灵要"与造物者游"。人心游向万物本源，游向造物者，会体会到宇宙万物的共同性。造物者是万物共同来源，是唯一的统一性。从造物者的角度看，万物是统一的。这就是庄周梦蝶背后的思想。

泥中乌龟

体会到生命之宝贵，自然会体会到生命之悲哀。为什么呢？有生必有死。浪花起起伏伏，个体生命生生灭灭。

面对个体生死问题，庄子讲生命之达观。生死浪潮之中，生就是死，死就是生，个人生生死死，如同浪花起起伏伏，顺其自然而已。同时，知生命之瞬间生灭，则知生命之珍贵。世间事唯生死事大，岂能不爱惜生命？这就引出庄子思想的第四个意象：泥中乌龟。

> 庄子钓于濮水，楚王使大夫二人往先焉，曰："愿以境内累矣！"庄子持竿不顾，曰："吾闻楚有神龟，死已三千岁矣，王巾笥而藏之庙堂之上。此龟者，宁其死为留骨而贵乎？宁其生而曳尾于涂中乎？"二大夫曰："宁生而曳尾涂中。"庄子曰："往矣！吾将曳尾于涂中。"（《庄子·秋水》）

庄子在濮水钓鱼，楚威王派两位大夫去找他，委托他来治理楚国。庄子手持鱼竿，头也不回地说："我听说楚国有一只神龟，死了三千年了，楚王用竹箱装着它，用丝巾覆盖它，珍藏在宗庙里。这只神龟是愿意死去留下龟壳享受尊贵呢，还是愿意拖着尾巴活在泥水里？"两位大夫说："它愿意拖着尾巴活在泥水中。"庄子说："你们走吧！我就宁愿拖着尾巴活在泥水中。"

庄子关注的是权力与生命的问题，他选择生命。当楚国相，会有权势带来的好处，但同时会让生命承受政务负担和政治风险，影响生命的自由与安全。《庄子·大宗师》中说："其者欲深者，其天机浅。"嗜欲深重的人，对上天奥秘的理解就很肤浅。

《史记·老子韩非列传》中说，庄子言论开阔放纵，只求自由，"故自王公大人不能器之"，王公大人不能重用庄子，这是肯定的。庄子也一定不会倚重王公大人们，庄子有自己贵生主义的选择。

在权力、地位和个体生命之间，庄子选择了个体生命的自由与安全，情愿当个贵生的乌龟。这是胆怯避世，还是参透了宇宙的奥秘和生命的本质？

真人不死

庄子一方面听天由命，顺应自然之生死，另一方面又内心悲哀，心有不甘，努力探寻个体生命对生死的超越，期望抵达永恒之乡。我们来看《庄子·知北游》的一段感叹：

> 人生天地之间，若白驹之过隙，忽然而已。注然勃然，莫不出焉。油然漻然，莫不入焉。已化而生，又化而死，生物哀之，人类悲之。

这段话大意如下：人生天地之间，若白驹之过隙，忽然一下就过去了。自然而然、蓬蓬勃勃，不得不出生。已然物化而生，又必然归入寂灭，不得不入死。生物为此哀叹，人类为此悲哀。

人出生入死。不得不生，不得不死，自然生死法则下，谁是自由人？这个世界上，有没有不生不死的力量？有没有不生不死的存在？庄子认为有。既然有，他就要修炼自己去寻找这个力量，让个体生命追随永恒的造物力量进入永恒。

《庄子·大宗师》中说："见独，而后能无古今；无古今，而后能入于不死不生。杀生者不死，生生者不生。"看见那个独立自在的实在，内心即无古今之别。无古今之别，能入于不死不生的状态。那个能杀掉生命的，他本身是不死的。那个能创造生命的，他本身不是被创造的。

有一个独立自在的力量，生命在他，他是生命的创造者。死亡在他，他是生死法则的规定者，他自己不死，永恒自在。靠近造物者，就是靠近永恒。人生的意义，就在于靠近造物者，靠近生命之本源。

庄子用了许多概念来描写通过修道靠近造物者的人："真人""至人""圣人""神人""天人"。这些概念指向修道生命的不同版本，尽管是不同的版本，但在内涵上其实有共性，都超越了"物"的限制。

《庄子·大宗师》上说："且有真人，而后有真知。"先有真人，才会有真知。获得真知，是成就生命高级版本的前提。《庄子·齐物论》这样描写"至人"：

> 至人神矣！大泽焚而不能热，河汉沍而不能寒，疾雷破山、飘风振海而不能惊。若然者，乘云气，骑日月，而游乎四海之外，死生无变于己，而况利害之端乎！

至人太神妙了！林薮焚烧不能使他感到炎热，黄河汉水冰冻不能使他感到寒冷，迅雷炸破群山，飓风翻江倒海，不能使他感到惊恐。他乘着云气，骑着日月，游于四海之外。生和死都改变不了他，何况人间的利害小事呢？

庄子这么写，是出于对生命的渴望，还是灵性认知呢？了解了庄子这种游于四海之外、超越生命的心态，就能理解庄子为什么会谢绝楚王邀请他当楚国相了。

庄子认为，人世间没有比生死更大的问题，任何事业都不如超越生死抵达永恒更重要。"天地有大美""万物有成理"，沿天地之美，达万物之理，近万化之源，智慧方能日明，生命方能日强。相比起来，求真体道，近造物者，才是圣人正业。"帝王之功，圣人之余事也"，所谓帝王之功，不过是圣人业余之事。

人走向造物者，与天地精神往来，生命会日趋强盛。生命强盛，超越万物之奴役，进入得道自由之境界。内在强盛而圣明，若分心于世间，内在力量外流，则带来生命之自然与祥和，这就是"内圣外王之道"。庄子知道人世间一切有益于生命的丰功伟业，根源本在宇宙深处，在造物者隐秘而宏大的力量运行之中。《庄子》中"内圣外王之道"的概念，为后世儒家所继承。

庄子是特殊的思想家，有庄子在，中国人有了一种宏阔的意境和超越的精神。庄子把人的精神从世俗红尘中引向仰望星空，以生命为贵，仰望创世之源，极大扩展了中国人的心理时空。

第 42 讲

稷下学宫：中国大学的模因？

这一讲我们讲稷下学宫。稷下学宫是战国时期齐国所办的中国第一个高等学府，塑造了以后中国高等学府政教关系的模因。"模因"（meme），指具有一定自我复制能力的文化基本单位，这个概念是英国生物学家理查德·道金斯（Richard Dawkins）在 1976 年出版的《自私的基因》中提出的，中文通常译为"模因"。

田齐政权为什么要办稷下学宫？

稷下学宫大约创始于齐桓公田午在位时期（约前 374 年—前 357 年）。在齐威王在位时期（前 357 年—前 320 年）和齐宣王在位时期（前 320 年—前 301 年），稷下学宫开始兴盛。《史记·田敬仲完世家》记载，齐宣王时期"是以齐稷下学士复盛，且数百千人"。齐宣王重视稷下学宫，稷下学士有几百上千人。前 221 年，秦国消灭齐国，稷下学宫终结。

《史记·田敬仲完世家》记载，稷下学宫"七十六人，皆赐列第，为上大夫，不治而议论"。有七十六位稷下先生，朝廷安排宅子，享受上大夫薪酬福利待遇。朝廷供养学士，近千名学士聚集在齐国讨论学术问题，编写相关政治理论著作，齐国因此成为当时中国的政治学术中心。

稷下学宫持续了 150 年左右。战国时期的一些著名学者，比如邹衍、孟子、荀子、慎到等人，都是稷下先生。荀子还曾三次担任稷下学宫的祭酒，祭酒相当于主持人或者校长。

田氏政权为什么要办稷下学宫？《战国策》中记载齐宣王是这么说的："寡人忧国爱民，固愿得士以治之。"一方面这是春秋战国养士的传统，另一方面是田氏政权要解决自己政治权力合法性不足的心病。

田氏政权有弑君篡位的恶名。前 485 年，田乞杀了齐悼公。前 481 年，田乞之子田常（田成子）杀了齐简公。前 456 年，田常杀了齐平公。前 391 年，田成子四世孙田和废除齐康公。前 386 年，田和放逐齐康公于海上，自立为国君。同年，周安王册命田和为齐侯。田氏家族充满弑君篡位的历史。

田氏家族名声不好。《史记·田敬仲完世家》记载："田常乃选齐国中女子长七尺以上为后宫，后宫以百数，而使宾客舍人出入后宫者不禁。及田常卒，有七十余男。"田氏家族第八任首领田常担任齐国国卿期间，为了扩大家族实力，致力于扩展家族人口。田常选择齐国七尺以上、身材高大的女子进入后宫。田常后宫有上百位女子，他不禁止自己的宾客和舍人进出后宫与这些宫女相通，凡宫女所生的孩子田常都认作田氏血脉。这样，田常去世的时候，有七十多个儿子。

田氏宗族兄弟众多，他们控制了齐国各实权位置。《史记·田敬仲完世家》中说，田襄子（田常之子）"使其兄弟宗人尽为齐都邑大夫……且以有齐国"，就是说，田襄子让他的兄弟和同族的人做了齐国大小城邑的大夫，控制了齐国政权。田氏家族靠人口竞争、任用亲属为官、给民众小恩小惠这些计谋，最终篡夺了齐国。

田氏这些做法，导致朝廷上下缺少信任。田氏家族篡夺齐国时很残忍，家族内部的斗争也很无情。前 375 年，田午杀死自己的哥哥齐君剡，自立为齐君。

在这么一个有弑君篡位传统的国家中，如何建立一个稳固发展的政权？田氏政权迫切需要对自己弑君篡位的历史有一个合理解释，他们有强烈的合法性论证的需求。正是这位弑兄自立的齐桓公田午，创立了稷下学宫。

齐桓公田午创立稷下学宫的目的很明显：第一是为田齐政权招揽人才；第二是要做政治理论和舆论工作，论证田齐政权的合法性；第三是给上上下下一个新愿景，抹掉过去的阴影，共赴未来。

稷下学派的思想成果

当时各国争夺人才，求贤若渴，学士们拥有人力资本市场的主动权。如果齐国不提供足够的资金和自由空间，学士们不高兴就可以立即走人。稷下学宫在管理上有一种特殊的平衡，大体是朝廷出资搭台，学士们唱戏。君主和学士相互迎合，互给空间。齐国朝廷选择稷下先生中有威望的学者来主持和管理稷下学宫，让先生、学士们按自己的方式学习，得以自治，朝廷不直接干预学术活动。稷下学士们是独立的思想者，虽然他们也会服务于田齐政权，但他们的思想并不完全是田齐政权直接塑造出来的结果，而是战国时代自由思想的产物，稷下作品有自主性。稷下学士们思想并不统一，《荀子·非十二子》就批判了12位学者的思想，被批判的学者中有孟子、慎子、田骈等，他们中有不少是稷下先生。

稷下学士们继承了老子、孔子、商鞅等人的思想，在相互辩论的过程中，形成了一种新的综合。这是诸子百家思想的一次集大成，形成了一个有别于周王朝政治思想的新传统。

稷下学派主要的思想成果有：道家黄老学的形成；荀子将神性之天重新解释为自然之天，否定了西周以来的天命政治神学；以孟子为代表的儒家民本思想。

与稷下学宫相关的理论著作在中国思想史上占有重要地位。例如《管子》《黄帝四经》《黄帝内经》《文子》《慎子》等。考虑到荀子和孟子是稷下先生，而且荀子担任稷下学宫祭酒，《荀子》《孟子》等著作也可以归入稷下学宫思想系列。

荀子：否定天命讲实力

《荀子·天论》："天行有常，不为尧存，不为桀亡。应之以治则吉，应之以乱则凶。"荀子定义的"天"，已不是神性之天，不是君权天授之天，而是自然规律之天。自然规律之天，不会因为地上的君主是尧还是桀而改变自己的规律，根本不会去干预人间的政权更替，君权与上天无关，只与人的智慧和能力有关。以善治之道回应自然规律，就吉利；以乱治之法回应，就凶险。

西周王朝的政治合法性论证，是"天命有德"与"天讨有罪"的政治神学。周文王、周武王和周人有德，天命降临周文王、周武王和周人。"天讨有罪"，上天讨伐有罪之人，灭除了商纣王，周朝替代商朝。齐国是姜太公的封国，姜太公是牧野之战的军事统帅，是辅助周武王征服商朝的功臣，周王朝"天命有德"的叙事是齐国姜氏政权的合法性来源。齐国田氏篡夺姜氏政权是无法在西周王朝的政治神学叙事传统中取得道德合法性的。荀子的"天行有常，不为尧存，不为桀亡"直接破除了姜氏政权的合法性叙事，将政权的合法性依据转向智慧与实力，因此也就转向了田氏政权。

《荀子·王霸》："用国者，得百姓之力者富，得百姓之死者强，得百姓之誉者荣。三得者具而天下归之，三得者亡而天下去之；天下归之之谓王，天下去之之谓亡。"荀子的描述可以直接服务于田氏政权的合法性叙事，因为田氏正是因为家族实力大，"得百姓之力""得百姓之死""得百姓之誉"，才取代了姜氏政权。

孟子：得民心者得天下

　　齐宣王问曰："汤放桀，武王伐纣，有诸？"孟子对曰："于传有之。"曰："臣弑其君可乎？"曰："贼仁者谓之贼，贼义者谓之残，残贼之人谓之一夫。闻诛一夫纣矣，未闻弑君也。"（《孟子·梁惠王》）

　　齐宣王问孟子："商汤放逐了夏桀，周武王讨伐商纣王，有这样的事吗？"孟子回答："经传上有这样的记载。"齐宣王又问："臣子可以弑君主吗？"孟子回答："贼害仁的人，就称之为贼。贼害义的人，称之为残。残贼之人，就称之为一夫。我只听说诛杀了独夫商纣，没听说过有弑君的行为。"

　　齐宣王提的问题，正是他的心病。臣子弑君篡位，这样做有没有合法性？他从商汤放逐夏桀，周武王讨伐商纣王问起，暗示田氏政权的弑君自立，有商汤和周武王这些伟人作为历史榜样。

　　传统儒学以忠孝为中心，如果你是齐宣王，听见儒家大师孟子的政治表态，是不是会很开心？

　　《孟子·离娄下》还记载："君之视臣如手足，则臣视君如腹心；君之视臣如犬马，则臣视君如国人；君之视臣如土芥，则臣视君如寇雠。"孟子对齐宣王说："君主看待臣下如同自己的手足，臣下看待君主就会如同自己的腹心；君主看待臣下如同犬马，臣下看待君主就会如同路人；君主看待臣下如同泥土草芥，臣下看待君主就会如同仇人。"依照孟子的价值标准，臣子可以视君主为仇人，这样臣子杀君主就没什么不可以了。

《孟子·离娄上》记载："孟子曰：'桀纣之失天下也，失其民也；失其民者，失其心也。得天下有道：得其民，斯得天下矣；得其民有道：得其心，斯得民矣。'"桀纣之所以失去天下，是因为失去了民众。失去民众，是因为失了民心。得天下者有其道，得到民众拥护，这就得天下了；得民众者有其道，赢得民心，就能得民众。

这就是著名的"得民心者得天下"。孟子说得很清楚，能够得到民众的拥戴，是因为得到了民心。得到了民心就等于得到了天下，这是因为有道。

这里面暗含着一个逻辑，就是能得天下者都是因为有道，都是因为得到了民心。孟子提出了一个迥然有别于周王朝的政治神学叙事：得天下等于得民心。

孟子还重新定义了王权存在的原因。《孟子·梁惠王》记载："曰：'德何如，则可以王矣？'曰：'保民而王，莫之能御也。'"齐宣王问："什么样的德，才可以为王？"孟子回答："谁能够保护民众，谁就可以当王，不可抵御。"

周王朝时期，世袭制是正式制度，血缘是合法性继位的基础；孟子"保民而王"的提法，将合法性确立在"保民"上。这对君主世袭制是潜在的冲击。

孟子这些话，我们可以理解为稷下先生的本职工作是论证田氏弑君篡位的政权合法性。同时，孟子也借此表达了自己"民为贵，社稷次之，君为轻"的民本思想。

为什么是稷下黄老？

齐国田氏源于陈国。大约在前 672 年，陈国公子陈完避难逃到齐国，当时的齐桓公接纳了陈完，任命其为齐国的工正，相当于工商部部长。

陈完的故乡陈国，有两个重要的文化资源：其一陈国是远古舜的后裔的封国，传说中舜是黄帝的后裔；其二陈国是老子的故乡。

周王朝政治神学，以天命为源，以忠孝为本，以礼为用。田齐政权不忠不孝违礼之事太多，在周王朝的政治神学中很难找到合法性依据。稷下学士们帮助田齐政权建立了一套理论，其中一个要点就是由舜追溯到黄帝，认祖归宗于黄帝，这样就摆脱了周王朝天命叙事的约束。稷下学派的一些文章托名于黄帝。

另外一个要点是依托老子思想。老子本是陈国人，前478年陈国被楚国兼并，所以后人又称老子为楚国人。老子是陈国最有影响的思想家，反对周王朝以礼治国的传统。稷下学士们要在黄帝传说和老子思想的基础上，建立新的政治意识形态，以超越周王朝的意识形态约束。这就是稷下学派以黄老道家为主的政治背景。

稷下学派创立了一个政治愿景：效法远祖黄帝，平定天下；采取老子的办法，以天道为法，顺乎自然，顺乎人性，依法保护无为而治，靠臣民自主自发释放的活力去使国家富强。

与稷下学派有关的《管子》《黄老帛书》《文子》《慎子》，以及《荀子》的一些思想，都有浓厚的黄老道家色彩，这是以法家和道家结合为基础的理论，兼容阴阳家、儒家、墨家、名家思想在内，属于道法家的治国哲学。或者说，黄老道家这棵理论大树的特征是：道家为树根，法家为树干，儒、墨、名、阴阳等学派为枝叶。

田氏认祖归宗于黄帝

黄老道家政治哲学影响深远，逐渐成为战国中后期中国思想界的主流，而且也无意间构建了中国以黄帝为远祖、认祖归宗的主流历史叙事。

在此之前，中国商周的甲骨文、金文以及《易经》《尚书》《诗经》这些古代文献中，都没有与黄帝有关的记录。最早出现黄帝名字的是战国齐国青铜器陈侯因齐敦，这是齐威王因齐祭祀其父亲齐桓公田午时所作的祭器。在陈侯因齐敦的铭文中，称黄帝为"高祖黄帝"。从字形来看，写成了"黄啻"，此"黄啻"是否就等于"黄帝"，仍是一个有待研究的问题。如果"黄啻"等于"黄帝"，那么黄帝作为中华民族祖先的历史叙事，肇始于齐威王在位期间，这是稷下学派最活跃的时期。

传统文献中最早出现"黄帝"名字的是《逸周书·卷六·尝麦解》，内容是黄帝、炎帝和蚩尤冲突的神话传说，没有谈到黄帝与后来舜的传说的关系。黄怀信等学者认为《逸周书·卷六·尝麦解》为西周文献，将本来是神话传说的黄帝做了历史化处理，当成齐国田氏的祖先，这可能是稷下学派对中国历史的一个影响。

黄老道家的思想发展

齐湣王在位期间（前 301 年—前 284 年），穷兵黩武，不再好好照顾稷下先生们，稷下先生们因此散居四方，将稷下思想带向了中国各地。

前 249 年，吕不韦担任秦国相国，稷下弟子们云集在吕不韦的门馆之中，编写出以道家黄老学思想为中心，综合各家的著作《吕氏春秋》。

道家黄老学的思想，将法置于道之下，道生法，人遵道则必行法。《管子》中说："法出乎权，权出乎道。"本质上是法出乎道。《黄帝四经》中说："道生法。法者，引得失以绳，而明曲直者也。故执道者，生法而弗敢犯也，法立而弗敢废也。"

道高于一切，法由道所生，所以法高于任何人。君王要用法律来保护无为而治，实现无为而治，保护好百姓的自主空间，释放民众自发的活力。黄老道家不再走西周王朝以德配天、以礼化民的传统，而是追求以法治国、任民自化。黄老道家不在乎民众心里是否讲忠孝，而是严明刑法保护自然，控制叛乱。

战国思想主要是三晋法家的思想和齐国稷下的黄老道家学说。需要注意的是，韩、赵、魏、齐四国，都是卿大夫篡位夺权的国家。篡位者最怕人篡位，弑君者最怕自己被弑，这四个篡权国会形成什么样的新政治呢？

稷下黄老道家成型以后，影响深远。刘邦厌恶儒家，西汉开国名臣张良、陈平、曹参是黄老道家的信奉者。汉文帝刘恒、汉景帝刘启，是信奉黄老道家的君王，他们采取稷下黄老道家的治理模式，有了文景之治。西汉《淮南子》这部重要著作仍是稷下黄老思想的延续。

司马迁父子都是信奉黄老道家的人物，司马迁写《史记》以黄老道家为尊，认祖归宗于黄帝，奠定了中国历史从黄帝开始的历史叙事。

《史记·太史公自序》记载，司马迁的父亲司马谈最赞美道家，认为道家"以虚无为本，以因循为用"，兼容了法家、名家、儒家、墨家和阴阳家的优点，"指约而易操，事少而功多"。

战国时期青铜器陈侯因齐敦铭文。内容是齐威王因齐向父亲齐桓公田午表示要继承先祖"黄啻"和父亲霸业。

第 43 讲

孟子引发的蝴蝶效应——兼评燕昭王

这一讲来讲燕昭王（前 311 年—前 279 年在位）。战国后期，燕昭王修建黄金台，引进人才强国，以弱小的燕国打败强大的齐国，"雪其先君之耻"，这故事广为人知。

先介绍一下燕国历史。西周王朝在前 1046 年前后建国，西周初年，分封了 71 个诸侯国。周公、召公与姜太公这三位西周王朝开国时最重要的功臣，分别获封鲁国、燕国和齐国。

召公是周文王的儿子，与周武王同父异母。燕国最初的地址在今天的北京房山一带。召公获封燕国后，留在周王室担任太保，派了长子克去担任燕国国君。

《史记·燕召公世家》中说："周武王之灭纣，封召公于北燕。其在成王时，召公为三公。自陕以西，召公主之；自陕以东，周公主之。"陕指陕县，今河南陕州。周成王时，陕县以西，召公管辖。陕县以东，周公管辖。

燕国延续 800 多年，地处边缘，国力弱小。前 663 年，山戎南下侵略燕国，燕庄公抵挡不住，派人向齐国求援。齐桓公急速出兵救援，打败山戎，燕国才得以安定。

孟子建议齐宣王侵燕

前314年，由于燕国国相子之和燕太子平之间的矛盾，燕国发生内乱。孟子此时是齐国稷下学宫的稷下先生，享受齐国卿大夫待遇。孟子建议齐宣王发兵讨伐燕国。《史记·燕召公世家》记载："孟轲谓齐王曰：'今伐燕，此文、武之时，不可失也。'"孟子说："现在讨伐燕国，这是成为周文王、周武王的时机，不可失去这个机会。"

齐宣王听从孟子建议，出兵打败燕国，燕王哙和燕太子平死于战争。孟子似乎能把握战机，但似乎也缺少大局意识。孟子的建议如同一只蝴蝶扇动一下翅膀引发一场海啸一样，引发了一连串的战乱。齐国是胜利了，却消化不了这场胜利，这场胜利最终给齐国带来了几乎灭国的大灾难。

燕国君王虽然被杀，但封建制度是贵族共和制，朝廷军队虽被打败，但是各贵族大家族还在，反叛者多，齐国很难有效控制燕国。同时赵国、魏国、韩国、楚国、秦国都向齐国施压，齐宣王只好退兵。

请大家注意一个反差情况。前663年，燕国受山戎攻击，齐国迅速救援。为什么前314年齐燕两国关系恶化到齐国会入侵燕国？

这300多年间，有太多事情发生，其中影响最大的是前386年发生在齐国的"田氏代齐"事件。之前的齐国和燕国，是姜太公后人与召公后人，双方有着祖先共同开创西周王朝的历史记忆，通过联姻双方也有复杂的亲戚关系，多少是一个命运共同体。当山戎攻击燕国的时候，齐国马上发兵救援。

但前314年杀死燕王的齐宣王，已经不是姜太公后人，而是篡位的田氏后人。其实，自前386年田氏代齐后，齐、燕两国就战争不断，田齐对燕国姬姓王族毫不手软。

招贤图强燕昭王

齐国撤军，但事情并未因此而结束，大麻烦还在后头。前311年，燕昭王继位为燕王，这是燕国历史上最强悍的一任君主。

齐国入侵燕国，燕昭王的父亲和长兄被杀，这是不共戴天之仇。对春秋战国时期的人来说，不报父兄之仇，无法立于天地之间。燕昭王即位，下定决心向齐国复仇。

燕昭王（前335年—前279年），本名姬职，燕国第三十九任君主。《史记·燕召公世家》记载："燕昭王于破燕之后即位，卑身厚币以招贤者。"

燕昭王深知要强化国力，必须引进人才，变法图强。《史记·燕召公世家》记载：

> （燕昭王）谓郭隗曰："齐因孤之国乱而袭破燕，孤极知燕小力少，不足以报。然诚得贤士以共国，以雪先王之耻，孤之愿也。先生视可者，得身事之。"郭隗曰："王必欲致士，先从隗始。况贤于隗者，岂远千里哉！"于是昭王为隗改筑宫而师事之。

燕昭王对郭隗说："齐国因为我燕国内乱，袭击攻破燕国。我知道燕国国小，力量少，不足以报复齐国。但是我诚心希望得到贤才共治燕国，为我的先王雪耻，这是我的心愿。先生发现有合适的贤士，我将亲自事奉他。"

郭隗说："如果大王确实想招揽贤士，请先从事奉我郭隗开始。那些比我更贤明的人，岂会因千里之远而不来？"于是燕昭王就为郭隗筑建宫室，并以师礼待之。

《战国策》记载，郭隗还给燕昭王讲了一个千金买马骨的寓言：

臣闻古之君人，有以千金求千里马者，三年不能得。涓人言于君曰："请求之。"君遣之。三月得千里马，马已死。买其首五百金，反以报君。君大怒曰："所求者生马，安事死马而捐五百金？"涓人对曰："死马且买之五百金，况生马乎？天下必以王为能市马，马今至矣。"于是不能期年，千里之马至者三。今王诚欲致士，先从隗始；隗且见事，况贤于隗者乎？岂远千里哉？

我听说古代有位国君，以千金求购千里马，三年没买到。一个内侍官说："请让我去求千里马吧。"三个月后购得千里马，但这马已经死了。这位内侍官就用五百金买了马头，回来报告给国君，国君大怒："我要的是活马，你怎么用五百金买了死马的马头。"这位内侍官说："死马我都可以用五百金去买，何况活马。天下人一定会知道你真能买马，马现在就会到了。"不到一年，果真就来了三匹千里马。大王如果您确实是想招纳贤士，就请从敬重我开始，贤士都会争着到燕国来。如果连我这样的人都被重用，何况比我更贤明的人呢？他们岂会因为千里之远而不来？

郭隗这一番话让燕昭王十分信服，于是为郭隗筑台修宫室，内放黄金，以重金招揽天下贤才，被称为黄金台。这一招果然奏效。《史记·燕召公世家》中说："乐毅自魏往，邹衍自齐往，剧辛自赵往，士争趋燕。"乐毅从魏国赶来，邹衍从齐国赶来，剧辛从赵国赶来，天下之士争相奔赴燕国。

今天的北京城有一个叫金台夕照的地方，便是为了纪念当年燕昭王筑黄金台招贤纳士。

乐毅破齐

《史记·乐毅列传》中记载，燕昭王重用乐毅，对乐毅说："我有积怨深怒于齐，不量轻弱，而欲以齐为事。"意思是，我对齐国有长期累积的怨恨和深深的愤怒，我不考量燕国的体量轻和弱小，就想对付齐国。乐毅认为，要战胜齐国，一定要先变法强化内政，同时要搞好外交联合。

齐国是大国，燕国是小国。燕昭王决心报仇雪恨，但他不拼血气之勇，他有想法有耐心，放权让利，引进人才，通过变法积累国力，小心翼翼地做准备，这一准备就是 28 年。

《史记·燕召公世家》记载：

> 二十八年，燕国殷富，士卒乐轶轻战，于是遂以乐毅为上将军，与秦、楚、三晋合谋以伐齐。齐兵败，湣王出亡于外。燕兵独追北，入至临淄，尽取齐宝，烧其宫室宗庙。齐城之不下者，独唯聊、莒、即墨，其余皆属燕。

燕昭王二十八年，燕国经济富裕，士卒开心安逸，都想战斗，于是以乐毅为上将军，与秦、楚、三晋合谋讨伐齐国。齐兵战败，齐湣王出逃于外。燕军独自追逐败军，进入齐国首都临淄，收取齐国宝藏，烧毁齐国宫室和宗庙。未被攻取的齐国城市，只有聊、莒和即墨，其余城市都归属燕国。同时，燕昭王向东攻打东胡，将燕国势力扩展到辽东一带，向南攻占中山国土地，扩大了南部的地盘。

前 284 年，燕军攻占齐国首都临淄时，儒学大师孟子已去世五年。如果孟子还活着，他会不会后悔当年建议齐宣王入侵燕国？如果孟子还在齐国临淄，燕昭王会怎么对待孟子？

难以消化的胜利

燕国打败齐国，一时成为战国一霸。可惜好景不长，前 279 年，燕昭王去世，他的儿子燕惠王继位。燕惠王缺少父亲的格局和智慧，他与燕军主帅乐毅有矛盾，中了齐将田单的反间计，剥夺了乐毅的兵权，于是乐毅逃往赵国。齐将田单率领齐人从即墨开始反击，打败燕军，又恢复了齐国。但经过这场战争，齐国元气大伤。

前314年齐宣王打败燕国，却消化不了燕国，结果自伤元气；前284年燕国打败齐国，也一样消化不了齐国，加上与赵国的连年战争，也是元气大伤。

贵族多元共治的封建国家，容易被外敌打败，但因贵族势力的存在，很难被外敌占领统治。齐国打败燕国，燕国打败齐国都是如此。前221年秦吞并六国、统一中国，也一样患上消化不良的毛病。陈胜吴广起义后，六国原有的旧贵族势力成了灭秦的重要力量。

社会行为的蝴蝶效应

从前314年孟子建议齐国进攻燕国开始，引发东方国家齐国、燕国、赵国之间的一连串战争，使东方大国实力严重损耗，为西方秦国的东进和统一中国创造了条件。这个故事值得我们思考社会行为的蝴蝶效应。

1963年，美国气象学家洛伦茨（Edward N.Lorenz）在一篇论文中说：一只海鸥扇动翅膀，足以永远改变气象的变化。他认为在初始条件下很微小的变化，可能带动整个气候系统长期、巨大的连锁反应。在1972年的一次会议中，他用了一个更形象的比喻："一只蝴蝶在巴西扇动翅膀，会在得克萨斯引发一场暴风雨吗？"他是想说明，事物发展的结果，对初始条件具有极为敏感的依赖性。初始条件的变化会引起结果的极大变化。这是一种混沌现象，我们人类对这种蝴蝶效应、连锁反应的预知能力极其有限。

孟子向齐宣王建议攻打燕国，由此引发的一系列后果，惹出了孟子自己也想象不到的一连串麻烦和灾难。孟子是个大思想家，但他的预知能力也极其有限，那一般人不就更有限了吗？在战国那个特殊的、非常脆弱的均势局面下，孟子鼓励齐宣王入侵燕国的建议打破了当时的均衡，无意间成了牵动战国局势变化的那一只蝴蝶。

蝴蝶效应告诉我们：人们对自己言行引发的连锁反应，往往缺少足够的预知能力。一念牵动大千世界。一个小小的善念和善行，可能带来一场滋润的春雨，引发巨大的变化；一个微小的恶念和恶行，可能带来毁灭性的暴风骤雨。

在一个混沌的社会系统中，我们不要小看自己的一个小小善行，它可能给这个世界带来巨大的改变；也不能低估自己的小小恶行，它可能带来无法预知的、毁灭性的后果。

孟子思想的两面性

这一讲我们讲孟子。孟子的思想有两面性：一方面有力地提升了传统知识分子的主观能动性，另一方面也深刻地破坏了知识分子群体的组织能动性。下面我们详细来分析。

儒家道统中的孟子

孟子是孔子以后儒家最重要的思想家，大约生活在前 372 年到前 289 年，比孔子晚 180 年左右。孟子出生于战国时期的邹国，亦即今天山东西南部的邹城。《史记·孟子荀卿列传》记载孟子"受业子思之门人"。孟子是子思弟子的学生，孟子属于孔子—曾子—子思这一脉的儒家学派，是儒学的正统传承。

孟子生活的时代，仍是人类思想有重大突破的轴心时期。孟子比商鞅小 18 岁左右，比亚里士多德小 12 岁左右。这三位思想家都有深远的历史影响力。

孟子在儒家道统中的地位是一个逐渐上升的过程。有两个人在提高孟子地位的过程中起了重要作用，一位是唐代的韩愈（768 年－824 年），一位是南宋的朱熹（1130 年—1200 年）。

韩愈在《原道》中，提出儒家道统说。他说尧把道统传给了舜，舜把道统传给了禹，禹又传给了商汤，商汤又传给了周文王、周武王、周公。文王、武王、周公又传给了孔子。孔子传给了孟轲，就是孟子。孟轲之后，儒家道统就没有人再传下来了。韩愈的儒家道统说影响很大，提升了孟子的地位，也塑造了儒生们的道统意识。

1190 年，朱熹刊印了《四书章句集注》，将《孟子》列入儒家新经典序列，把《大学》《中庸》《论语》《孟子》四书合一注释，由此彻底奠定了孟子的思想地位。南宋王朝从 1212 年开始，逐步把《四书章句集注》列为官方法定教科书。之后的元、明、清都把《四书章句集注》定为官方法定教科书和科举考试标准答案。从南宋 1212 年开始到 1905 年科举制结束，《四书章句集注》主导了中国读书人的思想世界近 700 年。

天命选择不分阶层

孟子对传统知识分子个体能动性的巨大提升，是他最主要的历史贡献。在这一方面，中国思想史上能和孟子比肩而立的，是奠定禅宗基础的惠能。王阳明是孟子和惠能的继承者。

我用孟子的两段话说明他在强化个体自尊和个人主观能动性上的贡献。

> 故天将降大任于是人也，必先苦其心志，劳其筋骨，饿其体肤，空乏其身，行拂乱其所为，所以动心忍性，曾益其所不能。（《孟子·告子下》）

这可能是中国思想史上最励志的名言之一。孟子在这段话结尾时还留下了另一句名言："然后知生于忧患而死于安乐也。"

这段话前面还有一段话："舜发于畎亩之中，傅说举于版筑之间，胶鬲举于鱼盐之中，管夷吾举于士，孙叔敖举于海，百里奚举于市。"意思是说：大舜是从耕田的农民中被发现任用的，傅说是从修墙的奴隶中被举荐任用的，胶鬲是从鱼盐商贩中被举荐任用的，管夷吾是从监狱官的手中被举荐任用的，孙叔敖是从海边的渔民中被举荐任用的，百里奚是从奴隶市场上被举荐任用的。概括起来，经历苦难，就是上天在拣选你的征兆。

孟子的"故天将降大任于是人也"，指的是天命既可能降临在贵族身上，也可能降临在社会底层人士身上，包括农民、奴隶、小商贩、囚徒、渔民等。这种天命选择不分阶层的思想，是对当时社会阶层固化的重大挑战和精神突破。孟子去世后80年，陈胜在前209年的大泽乡起义中更简洁地表达了出来："王侯将相，宁有种乎！"这是春秋以来突破血缘贵族阶层固化的思想运动的结果。

人人皆可以为尧舜

孟子这种天命选择不受社会阶层限制的思想，非常有突破性。他另外一句重要的话是"人皆可以为尧舜"。

> 曹交问曰："人皆可以为尧舜，有诸？"孟子曰："然。"（《孟子·告子下》）

曹交问孟子："人皆可以为尧舜，有这样的事吗？"孟子回答："当然。"孟子认为，人人皆可以为尧舜，人人身上都有尧舜的种子，人人都是圣人的种子。

孟子这句话，穿越社会阶层，有强烈的人人平等的意识。孟子认为凡人和圣贤的差异在于圣贤用心发育自己固有的道德本性，而凡人没有用心去发育自己固有的道德本性。舍生取义之心，并非只有贤者才有，人皆有之。所谓贤者，是没有丧失掉自己舍生取义的固有本性的人。

> 是故所欲有甚于生者，所恶有甚于死者，非独贤者有是心也，人皆有之，贤者能勿丧耳。(《孟子·告子上》)

孟子告诉我们，无论出身多么低微，人人都可以成尧舜，人人都可以成为圣人开创大业。这样一种平等的尊严和自尊自信，这样对人性的信任，这样强有力的励志表达，在中国历史上前无古人。孟子强有力地提升了知识分子的主观能动性，提升了中国人普遍的主观能动性。

《孟子·滕文公下》中说："富贵不能淫，贫贱不能移，威武不能屈，此之谓大丈夫。"中国人自尊自信、自强不息、自我奋进的精神动力，有相当一部分是被孟子开启出来的，在这个意义上我们对孟子怎么赞美都不过分。

"道德自性论" 的危害

在促进中国人的平等意识和提升个体主观能动性上，孟子有突破性的历史贡献。但另一方面来说，孟子也无意间对传统读书人、对中国人的组织能动性造成了深层次的破坏。

为什么说孟子的思想使中国传统读书人在精神上失去了群体自治能力？就是因为孟子的"道德自性论"。孟子认为，仁义礼智这些德行并非由外部影响铸就，而是人固有之本性，是内在于人的，亦即道德在我自己的本性之中。我把这种观点，称为"道德自性论"。

孟子的道德自性论，使中国传统读书人陷入了主观主义的一盘散沙中，这是一种自以为是的状态。这种主张破坏了人与人之间组织联合的可能性。

《孟子·告子上》中说道：

> 恻隐之心，人皆有之；羞恶之心，人皆有之；恭敬之心，人皆有之；是非之心，人皆有之。恻隐之心，仁也；羞恶之心，义也；恭敬之心，礼也；是非之心，智也。仁义礼智，非由外铄我也，我固有之也，弗思耳矣。

孟子认为，人的恻隐之心、羞恶之心、辞让之心、是非之心，都是人心中本自具有的。仁义礼智，是人性中固有的。孟子还有一句名言："万物皆备于我矣。反身而诚，乐莫大焉。"意思是，万物都备于我，返回到我自身，诚心于自己的本性，没有比这更快乐的了。

德的源泉、善的源泉，全然都在我自己身上，万物都在我自己身上，我全然完备，全然自给自足，全然自尊，全然自我主宰。基于这种判断，孟子对人性全面肯定，从而成为中国思想史上"性善论"的代表：人性本善，这种善的本性人所固有。

但是，说人性本善，人人皆圣人，那么问题就来了，为什么这个世界上充满了不仁不义、不忠不信的行为？孟子对此的解释是：如果恶人满街，世间邪恶，那是由于人们没有把自己固有的圣人种子发育好。

关于孟子的"道德自性论"和"性善论"，我们可以理解为：什么是圣人？就是把自己身上这一粒圣人种子种好的人；什么是凡人？就是没有种好自己身上圣人种子的人。

总之，一切光明、一切德行、一切善源、一切拯救的希望、一切自尊，都在自己的心中。重在返回自我，开发自我，不再外求，把自己当成一份圣人之田，自我耕耘好。孟子的"道德自性论"，在中国精神史上影响深远。

惠能（638 年—713 年）是中国禅宗的奠基人。从中国本土精神流脉来说，惠能用佛教术语表达出的佛性在内、光明在内的精神，与孟子有相近之处。某种程度上，惠能和王阳明都可以归入孟子的精神流脉。

集体组织生长的三原则

当我们从组织行为学的角度去考察，就会发现这种给中国读书人带来极高自尊审美的"道德自性论"，这种"万物皆备于我"的自给自足精神，对人的群体组织能力是一剂毒药。

为什么这么说？因为集体组织的生长有一些共同的组织原则。这里我只讲讲组织权威来源的"组织三性原则"：超越性、外在性、客观性。

所谓超越性，是指组织所依托的权威超越于其中的每个人，是每个人都要去顺从和服务的；所谓外在性，指组织的原则、组织的意义，是外在于组织本身的；所谓客观性，是指组织运行必须遵循客观的法则，不能仅遵从个体的主观意愿。

孟子的"道德自性论"，对超越性、外在性和客观性的组织权威是有破坏性的。因为"道德自性论"是不超越的，是内在的和主观的。

孔子、墨子是具有组织能动性的

中国春秋战国时期的墨家，是有组织能力的。因为他们信仰上天，遵循天志，他们探索科技问题，墨家的权威是超越的、外在的、客观的，是每位墨者要去尊奉的。

孔子是一位组织者，他开办私学，组织起了儒家学派。孔子心中的权威也是超越的、外在的、客观的。对孔夫子来说，上天、天命是超越性的存在，人的道德来源于上天之德，人只是一个承接上天之德的器皿。孔夫子对上天是敬畏、依靠的，他的思想符合"组织三性原则"。

孟子跟孔子不同。孟子虽然同样承认上天是"仁义礼智"等道德的终极根源，但对孟子来说，道德的力量和原则已经安放在人的本性中。人就像一块宝石，上天已经把宝石放在人的本性之中了。人的任务是打磨好这块宝石，所依靠的是人自己的主观努力。

这种观念在事实上已经把上天虚化了，天命已化为人性，上天不再选择，上天也就不重要了。上天已经把我们做成了一块宝石，我们自己得把它打磨出来。这就把超越性的上天权威虚化了，把客观天命的权威虚化了，把外在的上天权威内化了，我不需要在这块宝石之外寻求别的力量的帮助。孟子认为人可以依靠自力，可以提着自己的头发飞上天。

孟子讲"我善养吾浩然之气"，这种内向的依靠，似乎使读书人一门心思都想成为气功师。气功师关心的是把自己当成小宇宙，关注自己内在气运的感觉，这和敬畏外在的上天，信从权威天命的孔子是不一样的。

孔子知道人与上天之道相通，也知道人只是一滴水，上天之道才是大海，人如果不与上天之道相通、不敬畏天命，就会干枯、蒸发。

孟子也发现了人这滴水和上天之海品质的相同，但是他却把自己想象成了大海。一滴水，与大海之水本质相通。看到这种相通性，就把人性视为大海，这是孟子、惠能和王阳明；看到同质性，但知道一滴水就是一滴水，大海就是大海，这是老子、孔子。

伟大的组织者心底深处都有一种使命感，都有对外在的必然性的认识，都遵守一种客观性的权威标准。使命感意味着自己只是使者，有一个力量超越并且委派了自己，自己要对这个超越的主宰力量负责；必然性，意味着这个力量的不可抗拒；客观性，意味着规则是超越主观的，是人人可以明白并且遵从的。有使命感、必然性、客观性在心中，才有自我调整、自我约束、自我牺牲，也才有团队行动的共同依靠、共同信念、共同准则、共同制度。

不同时代的不同文化中，这种使命感、必然性、客观性，表达方式可能不一样。但无论如何，组织者承载的主要是外在的、客观的、必然的、不可抗拒的力量。

苏秦式读书人对价值底线的破坏

这一讲我们分析战国苏秦。锥刺股、挂六国相印的故事，在中国广为流传。"头悬梁"指汉朝的孙敬，"锥刺股"指苏秦。

关于苏秦的史料，主要有《史记》《战国策》，还有 1973 年长沙马王堆出土的《战国纵横家书》。三部史料中关于苏秦的记载，有些时间、地点、人物不大统一，引出学界关于苏秦生平的争论，至今没有定论。这一讲我以《史记·苏秦列传》为准，并根据《战国纵横家书》做了少量调整。

苏秦是战国时期东周洛阳人，出生年份不详，大约死于前 284 年。司马迁在《史记·苏秦列传》中说："夫苏秦起闾阎，连六国从亲，此其智有过人者。"苏秦出身平民，"闾阎"指平民居住的地方。连六国从亲，指在外交上使六国联合起来共同抵抗秦国。苏秦在才智上有过人之处。苏秦的历史地位，由合纵六国抗秦而来。

苏秦之成就：合纵六国

前 338 年，商鞅在秦国被车裂后不久，苏秦开始游说诸侯。当时的国际关系格局是：商鞅变法把原本重礼守信的秦国，变成了一个不择手段取胜的国家，一个战国七雄中的虎狼之国。秦国对其他六国构成了巨大威胁。当时的外交冲突是"合纵"与"连横"两大战略的冲突：南北为纵，燕国、齐国、赵国、魏国、韩国、楚国这些国家南北纵向联合的战略称为"合纵"。秦国在西边，以秦国为中心，发展以秦国为主的东西联合外交，迫使东边的国家臣服于秦国，这是"连横"战略。

从事国际关系的外交家们，被称为纵横家。纵横家有"合纵派"和"连横派"，苏秦是合纵派代表人物，他准确地捕捉到了六国联合的刚需，以一介平民知识分子的身份积极展开游说，终于实现了东方六国的结盟。

东方六国合纵盟约的持续时间，学术界有争论。《史记·苏秦列传》记载，由于六国盟约达成，"秦兵不敢阚函谷关十五年"。"阚"就是窥探，指秦兵有十五年不敢窥探函谷关以东，十五年没有越过函谷关东进。如果六国的合纵盟约在十五年内是有效的，那么苏秦的历史贡献就很大了。

苏秦时代的中国有两个选择：一个是维持多国均衡的太极图秩序，一个是建立金字塔大一统的秩序。如果苏秦关于天下秩序的理想，是通过建立六国联盟，形成与秦国的均势和平，以此实现太极图式的和平制衡秩序的话，那么苏秦在中国历史上就可能是一个伟人了。但是，苏秦不是这么考虑问题的。

个人奋斗的励志榜样

商鞅去世后不久，苏秦开始他的游说生涯。苏秦最早去见的是周显王，周显王左右都瞧不起苏秦，没理睬他。苏秦又去秦国见了秦惠王。

秦惠王就是车裂商鞅的秦王。苏秦劝秦惠王说："秦国应该吞并天下，您应该称帝而治理天下。"并表示愿意协助秦惠王成就帝业。《史记·苏秦列传》原文为："以秦士民之众，兵法之教，可以吞天下，称帝而治。"

但是苏秦的游说被秦惠王拒绝了。《史记·苏秦列传》记载："毛羽未成，不可以高蜚；文理未明，不可以并兼。"秦惠王说："秦国的羽毛未丰，不可能高飞；国家的施政方针不明，不可能去兼并天下。"

秦惠王刚刚车裂了商鞅，对外来的游士说客不感兴趣。苏秦只好又去赵国，但在赵国他也被蔑视和拒绝了。

苏秦游说周、秦、赵初试锋芒，三次受挫，贫困交加，只好回家。《战国策》记载，苏秦回到家里的时候，"形容枯槁，面目犁黑"。家里亲人瞧不起他、厌恶他，甚至"妻不下纴，嫂不为炊，父母不与言"，妻子不下织机，嫂子不给做饭，就连父母也不和他说话，备受家人歧视。

《战国策》记载苏秦这样感叹："妻不以我为夫，嫂不以我为叔，父母不以我为子。"苏秦体会到失败者面对的世态炎凉、人情冷漠，他内心悲凉。但苏秦不是普通人，他抗压能力很强，没有因为挫败而精神崩溃，没有就此安分做工，过小日子，而是更狂热地钻研学问，研究天下大势。《战国策》记载，苏秦研读《太公阴符》这本策略书："读书欲睡，引锥自刺其股，血流至足。"这就是"锥刺股"故事的来源。

苏秦想说服秦惠王吞并六国，秦惠王不予理睬，于是苏秦决定转向合纵，联合六国抵抗秦国。大约在前334年，苏秦去燕国拜见燕王。苏秦分析燕国之所以安全，是因为赵国挡住了秦军的路线。苏秦劝说燕王，燕国的根本利益就是与赵国联盟，这是双方共同的需要。燕王同意了苏秦的建议，派苏秦去赵国谈判。《史记》上说燕王于是资助苏秦车马金帛去了赵国。有了燕王的认可和支持，苏秦开始登上战国的外交舞台。

赵国也同意苏秦的建议，并且资助苏秦游说其他诸侯。《史记》上说："乃饰车百乘，黄金千溢，白璧百双，锦绣千纯，以约诸侯。"这在当时是一笔不小的财富。

联合抵抗秦国，这对当时的六国来说是最大的共同利益。在苏秦等人的努力下，六国盟约很快达成。《史记·苏秦列传》记载说："于是六国从合而并力焉。苏秦为从约长，并相六国。"六国合纵起来，并力抵抗秦国。苏秦成了六国合纵盟约的负责人，同时挂六国相印，兼任六国相，这相当于六国的联合国秘书长。这是苏秦的人生顶峰，一名贫困书生经个人奋斗取得的权势和影响，远高于孔子和与他同时代的孟子，苏秦成了个人奋斗的励志榜样。

《史记·苏秦列传》记载，此后秦国派犀首私下约齐国、魏国一起去攻打赵国，计划以此破坏合纵盟约。赵国责备苏秦，苏秦于是离开赵国回到燕国，六国合纵联盟解体，苏秦从人生顶峰跌落。离开赵国后，苏秦先后到燕国、齐国工作。在齐国担任客卿，私下却是燕国间谍，从事燕国颠覆齐国的工作。《史记·苏秦列传》中记载苏秦在齐国"欲破敝齐而为燕"，为了燕国的利益而破坏齐国。苏秦在齐国的间谍工作，为后来燕国的乐毅攻破齐国起了重要作用。

前284年，乐毅率领燕、赵、魏、韩、秦的军队进攻齐国，苏秦在齐国被车裂。苏秦为什么被车裂？今天不少学者认为，这是因为苏秦在齐国的间谍身份暴露，齐人报复，杀了苏秦。但《史记·苏秦列传》说苏秦是死于与齐国大夫的矛盾，被刺客刺伤，苏秦死前曾经请求齐王以罪犯的身份把自己车裂，从而诱使杀手现身。不过，《史记》也说苏秦死了以后，他燕国间谍的身份随即暴露。

苏秦的三段矛盾人生

苏秦有非常矛盾的三段人生。第一个阶段，苏秦游说秦惠王吞并六国，试图协助秦国建立中央集权的金字塔社会秩序。第二个阶段，苏秦游说并推动六国联合抗秦，形成太极图式的权力制衡秩序。苏秦的历史成就，主要在他人生的第二阶段。苏秦劝秦惠王强权统一中国与后来推动六国合纵建立均势秩序，在社会价值取向上是高度矛盾的。第三个阶段，苏秦为燕国在齐国当间谍，以齐国为敌，破坏齐国和燕国以及其他国家的关系。这也否定了他在人生第二阶段极力推动的六国联合战略。

从苏秦的人生三阶段看，他是读书人、知识分子，但他没有任何恒定的关于社会秩序理想的追求。苏秦可以为价值完全相反的社会秩序去工作。对苏秦来说，集权统一也好，多国权力均衡也好，甚至做国家间谍，都只是他个人谋利的手段。

《史记·苏秦列传》记载，苏秦成功后，衣锦还乡。苏秦的兄弟、妻子、嫂子都侧目不敢仰视他，嫂子匍匐在地侍奉他吃饭。苏秦嘲笑他的嫂子说："为什么你以前这么傲慢，现在这么恭敬？"他嫂子就像蛇一样匍匐在地，脸贴着地面谢罪说："现在我看见你地位高、金子多。"苏秦于是叹气说："我还是同一个人，但是富贵的时候亲戚都畏惧我，贫贱的时候亲戚都轻蔑我，何况众人？"

《战国策》中也记载了苏秦这段故事，苏秦说："嗟乎！贫穷则父母不子，富贵则亲戚畏惧。人生世上，势位富贵，盖可忽乎哉！"

苏秦认为人生所求莫重于势位富贵，有了权、有了钱，别人就畏惧你；没有钱、没有权，别人就蔑视你。苏秦的奋斗动力是个人有权有势，得到亲人和社会的尊重。为实现自己势位富贵的目标，苏秦竭尽了一切手段。

有人会说："苏秦说的是大实话呀！人生在世不就如此吗？"寻求势位富贵是正常人的心态，个人逐利也是天经地义。问题是，当大家认为苏秦说的是实话的时候，我们还得回到一个非常古老的问题，就是义利之辩，亦即实现个人富贵的路径问题，个人的逐利行为和社会共同体的利益关系问题。

个人的成功与社会共同体的破败

司马迁给苏秦列传，苏秦因此青史留名。历史人物在历史中留名的，有事迹与价值。事迹已经过去，但价值还活着。评价历史人物，要看事迹，更要看价值。

苏秦是社会底层出身，他的拼搏精神在任何时代都很励志。但是，从社会共同体来看，苏秦带来的是人与人之间的不信任，是对社会共同体信任的破坏。苏秦这种人没有恒定的价值坚守，没有可信的行为准则，一切唯利是图，让人不可信任。一个社会，如果人与人之间没有共同的正当行为准则，没有诚信，没有横向的信任，那就只能依赖纵向的强权来维持秩序。如果人人都如苏秦，人们就只是互不信任的分散的马铃薯，那就只有强权的口袋才能把大家装在一起。

当人与人之间有牢固的横向信任时，就不需要借用外来的力量来裁决和控制。也就是说，横向信任基础上的社会，人们会更平等、更自由、更有爱。人类历史上促进人与人之间相互信任的力量，就是促进自由和自治的力量，从这个角度看，宗教信仰起了非常重要的促进道德和信任的作用。

我在研究各种关于苏秦的评价时，发现多数评价是欣赏苏秦的，欣赏他的个人奋斗，很少有人从社会共同体的角度去判断苏秦。如果从建设社会共同体的角度来看，苏秦就是一个破坏者，他个人的成功就是社会共同体的失败。

有了共同体的立场，我们对历史人物的评价就会有新的眼光。例如孔子，在现实中是一个失败者、丧家狗，但是他对共同体的促进作用，远高于苏秦这样的人。

现实中有人作为个人成功了，但是他们的成功是以共同体的衰败为代价的；有的人似乎失败了，但他们却在精神上为共同体的建设做出了巨大的历史贡献。

苏秦式读书人的破坏性

我找不到一个恰当的词来形容苏秦这样的人。苏秦没有恒定的价值立场，他所做的一切都是为了个人富贵。也许我们可以把苏秦这类人称为无道能士，或者说缺德能人。他们有往上爬的决心，有才智、有能力，但是他们没有价值底线，不讲道义。

战国时代不只苏秦一个士子如此，商鞅、吴起身上都有这种为求个人成功而不择手段的精神特征，这是战国时代的功利精神。这些游士说客为求自己的功名利禄，千方百计阴谋欺诈，对西周以来的社会共同体精神产生了深度破坏作用。商鞅、吴起、苏秦这一系列人物登上历史舞台，他们以国家命运为自己的牟利工具，他们的个人成功以社会共同体精神的衰败为代价。

一群互不信任、相互欺诈的人生活在一起，社会秩序靠谁来维系？或者是靠黑帮，或者是靠强权国家。战国时期这些无道能士的作用，践踏人与人的信任，为强权的纵向控制开辟了邪道。

对照战国时期满世界苏秦式功利至上的无道能士，我们更能感受到孔子坚守仁爱价值的生命热力。《论语·里仁》记载孔子之言："富与贵，是人之所欲也，不以其道得之，不处也；贫与贱，是人之所恶也，不以其道得之，不去也。"孔子肯定人追求富贵的正当性，但要以正道得之。孔子心中有社会秩序和社会共同体的关怀，他追求人与人之间的社会信任。一个人寻求自我富贵的过程，不能建立在破坏共同体、让共同体衰败的基础上。

孔子与苏秦都出身平民，他们走的都是"读书改变命运"的道路，都是中国个人奋斗的典范。天道公正，苏秦个人奋斗的过程是输出不信任的过程，把自己的生命也引向了毁灭。孔子个人努力的过程是输出信任的过程，生命安全，后世敬仰。我们应该以谁为师？

第 46 讲

荀子的历史性破坏

　　荀子是赵国人，战国末期思想家。荀子的生卒年在学术上有争议。按照《史记·孟子荀卿列传》记载，荀子在齐威王时期已到齐国，齐襄王（前 283 年－前 265 年在位）时期"最为老师"，是齐国稷下学宫最有威望的老师。

　　荀子 50 岁才从赵国到齐国游学，先后三次担任稷下学宫祭酒。齐国稷下学宫是当时诸侯国中最大的官办学院，集中了当时各国各派的著名学者。荀子担任稷下学宫祭酒，说明他的学术地位很高。后来荀子在齐国受到排挤，离开齐国去了楚国，当了楚国兰陵县令，最终在兰陵去世。

　　《史记》记载，荀子有两个有名的学生，一个是法家思想家韩非，一个是法家李斯，后者后来成了秦国丞相。韩非、李斯皆批判儒家。李斯辅佐秦始皇统一中国，建立中央集权的郡县制，还是秦始皇焚书坑儒的动议者和实施者。

　　我之所以没有按传统习惯称荀子为儒家思想家，并不是因为荀子的学生韩非和李斯都是法家的重要人物，而是我认为荀子的核心思想与孔子完全对立。

　　荀子的文章常用儒家概念，这可能是一些人把荀子归入儒家的原因，但荀子表达出来的是与孔子全然对立的思想。

对周朝的传统精神来说，老子、孔子和墨子某种程度上都是创造性的继承者，他们的差异在于继承和发挥的层面和角度有所不同，而荀子却是周朝以来天命论传统信仰的根本破坏者。

《荀子》一书九万多字，主要是荀子的文章，但也有几篇荀子后学的作品混入其中。荀子的思想繁杂，法家、儒家、道家思想都杂糅其中，但基础框架是法家。这一讲我来讲荀子的三个核心思想：非天命论，性恶论以及圣王主宰论。我们可简化为"荀子三论"。

非天命论

荀子非天命论，指否定天命的理论。

西周时期，"天"这个概念主要有两种含义：一种是自然界、物理意义上的"天"，天空的天，与大地相对应；一种是宗教信仰意义上的神性的"天"，这是造物主、至上神、主宰神，有意志和能动性，能回应人间善恶，惩恶而扬善，决定国家和个人命运。

商朝称至上神、主宰神为"帝"或"上帝"，西周继承商朝，也称"帝"或"上帝"，但更多改称为"天"或"昊天上帝"等。我在《"上帝在中国"源流考》一书中，专门总结了中国先秦的上帝、上天信仰。

信仰上天、敬畏天命是周代政治和宗教的根本，是周朝的精神脊梁。以后历代王朝以不同形式继承了上天祭祀。

周公是天命论思想的奠基者，荀子之前的老子、孔子、墨子都受周公影响，都是不同程度的天命论者，相信物质世界背后还有更根本的、超越性的主宰力量。

老子说："天之道，利而不害。"上天之道对万物和生命有利，不伤害万物与生命。上天有好生之德，天道乃好生之道。

老子说:"天道无亲,常与善人。"认定上天之道对人间善恶是有选择的,上天之道辅助善人,这与《尚书》"皇天无亲,惟德是辅"的思想一脉相承。关于老子的信仰精神,关于神性之天与自然之道的关系,我在《杨鹏解读〈道德经〉》一书中有分析。

孔子"畏天命"(《论语·季氏》),"吾谁欺?欺天乎?"(《论语·子罕》)。孔子敬畏上天,不敢欺天。

孔子说:"天生德于予,桓魋其如予何?"(《论语·述而》)孔子认为上天赋德于己,把上天视为自己使命的依靠。关于孔子的天命信仰问题,我在《杨鹏解读〈论语〉》一书中有分析。

墨子认定"天必欲人之相爱相利,而不欲人之相恶相贼也",认定上天对人类是"兼而爱之,兼而利之也"(《墨子·法仪》)。

周公、孔子、老子、墨子都有上天信仰。西周以来政治神学的核心,就是天命论,就是信仰上天,敬畏天命,而荀子的思想是从破坏天命论入手的。

荀子否认了上天的神性、主宰性和公义性,把神性的天变成了唯物主义的自然规律。《荀子·天论》中说:"天行有常,不为尧存,不为桀亡。应之以治则吉,应之以乱则凶。"天的运行是有规律的,这规律不是为了尧而存在,也不会因为桀而消亡。以适当的治理去回应天,就会吉利;以混乱的方式回应天,就是凶事。

这句话的历史影响很大。许多人乍一听觉得很正确!这大概是因为我们普遍受物质决定论的影响。世界是物质的,物质之外没有其他力量。物质按客观规律运行,不受人类善恶行为的影响。人的成败得失就在于人对客观规律的主观回应。荀子这句话把西周有意志的、讲善恶的天,变成了不关心人间善恶的物质规律。

这个自然规律的"天",根本不在乎你是"尧"(代表善和德政)还是"桀"(代表恶和暴政)。这个"天"不在乎"尧"与"桀"的差别,善人与恶人的差别。"天"与道德毫无关系，国家命运与上天惩恶扬善也毫无关系。人与国家的成败得失和上天的干预没有关系，与天命转移毫无关系，只与人认识和运用自然规律的智力好坏有关系。这个世界，就是冷冰冰的按客观规律运行的物质世界。

我们再来看荀子要征服上天的言论。荀子说："大天而思之，孰与物畜而制之！从天而颂之，孰与制天命而用之！"意思是，与其尊崇天而思慕它，哪里比得上把天当成物一样蓄养起来而控制它呢？与其顺从上天而歌颂它，何如控制自然的变化规律而利用它呢？

周朝神性的上天，被荀子当成物去管制，要"物畜而制之"。周朝威严的天命，被荀子当成物质规律利用，要"制天命而用之"。中国商周以来的天命敬畏心，在荀子心中崩塌了。

性恶论

讲完荀子的非天命论，我们来讲讲荀子的人性论。

中国思想史上，孟子是性善论的代表，荀子是性恶论的代表。《荀子·性恶》认为：人的本性，生而好利。顺着人性来，就产生出争夺，人与人的谦让就消失了。人生而有嫉恨之心，顺着来，就产生出残暴戕害，人的忠信就消失了。人生而有耳目的欲望，喜好声色，顺着来，淫乱就产生了，礼仪和文明规矩就消失了。所以顺从人性，顺从人情，必然导致违犯名分和规矩，最终归于暴乱。人性本恶，善是虚伪的表现。

《荀子·性恶》原文如下：

> 今人之性，生而有好利焉，顺是，故争夺生而辞让亡焉；生而有疾恶焉，顺是，故残贼生而忠信亡焉；生而有耳目之欲，有好声色焉，顺是，故淫乱生而礼义文理亡焉。然则从人之性，顺人之情，必出于

争夺，合于犯分乱理，而归于暴。故必将有师法之化，礼义之道，然后出于辞让，合于文理，而归于治。用此观之，然则人之性恶明矣，其善者伪也。

这段话的核心观点是：人性就是贪欲与争夺，顺着人性，给人自由，就是一个恶的世界，会天下暴乱。人性必须被看管起来，天下才能太平。

荀子对人性的看法，与商鞅完全一样，与西周德源于天和孔子的儒家思想很不一样。孔子说："天生德于予。"人性中有上天赋予之德。孔子的教育目的是明德，使人本有的天德得以彰明。《中庸》中说："天命之谓性。"人性中有神圣天命。

荀子的人性论与老子更不相同。老子认为，上天之道在人性中，人性中有天道的创生与和谐力量，朝廷只要不强制干预，保护人的自由自主，就会有繁荣、和谐与富强之景。老子对人性的信任，还高于孔子。孔子认为要通过教化来培育人性之善的种子。老子认为，走向道德是万物之本性，是人性之自然，"万物莫不尊道而贵德"，不用朝廷教化，民众在自由之中自然趋向创生、善良与和谐。

当我们把荀子的非天命论和性恶论放在一起，就会看到这样一个特定的观念组合：冷漠的物质世界中，一群恶人在争斗。人就是相互吞食的野兽，顺着人性来，就是血腥的丛林世界。人性如此让人绝望，而且人性之上，人类社会之上，并没有创生的上天在推动，没有益生的天命在引导，没有一只看不见的手把人性引向创生、正义与仁爱的美好世界。

圣王主宰论

荀子的观点很明确："今人之性恶，必将待圣王之治。"也就是说，人性之恶要依靠圣王来管。《荀子》的中心内容就是描述圣王，呼唤圣王。

那么，圣王到底是什么？

荀子说："圣人也者，道之管也。"圣人是"道"的管道。荀子用的"道"，指圣人发现的自然运行规律，可理解为真理。荀子认为，圣王就是真理的管道。这意味着什么？意味着圣王就是真理、善与正义的通道，无圣王即无真理，无正义，也无善。请注意，支配一切的道的能量的流动，是有特定管道的，是通过圣王流出的，道并不是普遍地存在于万物和众人身上的。宇宙的结构就这样被荀子重新建构为：道—圣王—万物—万民。荀子认为，道并非普遍的，而是特殊的，是通过特定之人流出的。这与老子《道德经》的思想完全不同。《道德经》第三十四章中说："大道泛兮，其可左右也。"大道的力量广阔无边，可以任意使用。《管子·内业》中说："道满天下，普在民所。"道满在天下，普遍在民众中，讲的是大道的普遍性。大道的普遍性，意味着人性中有道，就有基于人性内在之道的平等性。如果只有圣人是"道之管也"，就意味着万民只能从圣人处得道，意味着道与万民之间只有圣人这个管道中介，圣人高于万民之上。

荀子说："积善而全尽，谓之圣人。"意思是，圣人积善而尽善，善集中在圣人身上。

人性恶，给人自由，就是创造了一个丛林世界，就会导致人对人的血腥战争。人性必须由圣王用礼制和刑法管制起来，这样人间才可能有秩序，民众才可能有善行。冷漠的世界，恶人在横行，人间有大救星——至智至能至善之圣王。

这里有一个严重的逻辑问题。如果人性恶，为什么圣王的人性不恶呢？圣王不是人吗？别奇怪，荀子还真就是这么想的。荀子是"人性恶二元论"：他的性恶论逻辑止步于圣王，人性之恶不会到圣王的人性中，圣王之人性，可以神圣到无恶状态。

荀子认为，圣王不是人性恶的庸人，而是本性善的超人。圣王上通天，下通地，知道天地规律，了解人性之恶，控制人性恶而成就大善之秩序。天地生出万民，圣王成就万民。有圣王领导人类，父子之间不得不亲爱，兄弟之间不得不顺从，男女之间不得不欢爱。孩子能生长，老人能得到赡养。立于天地之间的圣王，在冰冷的物质世界中，给邪恶的人类带来了秩序与欢爱。

> 父子不得不亲，兄弟不得不顺，男女不得不欢。少者以长，老者以养。故曰："天地生之，圣人成之。"此之谓也。（《荀子·富国》）

这种圣王观点并非荀子独创。在荀子之前，古希腊哲学家柏拉图（前427年–前347年）在《理想国》中倡导哲学王。认为唯有哲学王能洞悉宇宙奥秘，给人间带来正义与善的秩序。荀子的圣王似乎有些类似柏拉图的哲学王概念，只是没有柏拉图所强调的哲学王应具备数学理性思维。

荀子之后1900年左右，英国哲学家霍布斯1651年出版了《利维坦》，认为人性就是自私自利，而人的天然能力差异不大，人必会为争夺资源和优势地位而残酷斗争，所以在自然状态下，人类社会就是一切人反对一切人的战争状态（a war of every man against every man）。

霍布斯与荀子对人性和社会冲突的判断一样，他们给出的解决办法也一样。他们都试图将决定人类幸福与安全的权力交给某位由特殊材料做成的人。他们都认为必须有一个公正的、所有人都敬畏的仲裁力量的存在。这没问题，这是任何社会秩序都依赖的。但他们都诉诸想象中的圣王，想象中的伟人的暴力开明集权，而不是法律面前人人平等的法治。

利维坦是《圣经》中的深海巨兽。霍布斯认为，要想人类有秩序，就得有利维坦一样的巨人和强权来控制社会，消除冲突与动乱。《圣经》中的利维坦是被上帝摧毁的魔王。霍布斯故意以"利维坦"为书名，似乎对他来说，有魔王才有秩序。

荀子渴慕的圣王，如同霍布斯描写的利维坦，是一位高度集权、靠暴力专制带来社会公正秩序的圣王。圣王取代上天，成为社会秩序的主宰者。圣王的意志代替上天的天命，成为真理与正义的来源。中国历史上的君王们，可能心中都有一个荀子的圣王梦，将自己设定为公正秩序之源。

世界是冷漠的物质世界，物质世界按自己的规律运行，没有上天之正义在监管人类。但争权夺利的天下人又必须被管起来，只能由圣王来管制，由圣王来教化和惩处。学者该怎么办？"学者以圣王为师"（《荀子·解蔽》），学习圣王好榜样。天下人该怎么办？"天下以圣王为乐"（《申鉴》），天下人感恩圣王带来的幸福。

世界是物质世界，人世即争夺的战场，唯有圣王可依靠。在这里我们就会明白，为什么荀子的学生韩非、李斯是重要的法家人物而非儒家人物。

宇宙观决定人生观。冷漠的宇宙观带来冷漠的人生观和冷漠的社会，残酷的社会观带来争斗的人生和互害的社会，虚幻的圣王观带来圣王与庸人的区别以及圣王对庸人的高压统治。

分析清楚荀子的思想，能让我们对人对事有更深入的理解，形成面对世界的三个原则。

首先，不与无敬畏心的人合作。当一个人不敬畏天命，只相信世界是物质的，物质世界后面没有更深层的正义法庭，意味着他内心绝无敬畏，不可能慎独，做事会毫无底线，这样的人本质上是不可靠的。

其次，别与全然否定人性的人合作。人与人的合作，是善与善的合作，防止恶与恶的滥战。相信人之善而推进合作，相信人之恶而提防作恶，这才是对人的完整认识。不信任人，无法合作；不防备人，会导致合作失败。对不信任人者，不能合作，因为这种人只顾自己，只会唯利是图，不可信赖，不可深度合作。

最后，不与崇拜强权者为伍。当一个人认为世界只能靠强权来专断统治，他与你的关系，就只会是谁统治谁的关系，不会有平等的协作关系。

要么你奴役他，要么他奴役你，他会把你带向丛林法则。

我们需要超越荀子，释放人性创生和向善的力量，寻求平等基础上的有效协作。反对荀子，就得走更好的路，方法如下。

一、敬畏天命。物质世界按客观规律运行，但客观规律源于有益于生命的神圣超越的秩序和力量。发现和信任人内在的创生与和谐，是我们认知中的一个重要能力。

二、相信善意。相信人性中有创造、公正和爱的力量。与人性之善合作，这是与人友好相处紧密合作推进事业的前提。就算难以做到相信善意，也要有假定善意的态度。在假定善意的前提下，以信仰和法治来克制自己和他人的可能之恶。

三、平等合作。人通过学习和修身，可以使自己的德性变得更好，对他人更有善意，这没问题。但是，世界上没有一个人性无恶的圣人，人人皆有缺陷，皆可能行恶，要超越那种由圣王来领导大家走幸福之路的错误假想。人类历史上被推上"圣王"地位的人，都被历史证明因为压制了众人的独立自主而毁灭了众人的创造力、人格尊严和生命活力。幸福在独立自主的人格和平等合作的精神中。

第 47 讲

屈原的献祭和端午节的由来

农历五月初五端午节，也称端午祭，对中国民众来说是个特别的日子。端午节是纪念屈原的日子。传说屈原投江，百姓哀怜他，划龙舟到江中救屈原，向江里投粽子给鱼吃，让鱼放过屈原不要吃他。

中国自商朝以来三千六百多年文明史中，出现过许多影响历史的重要人物，有历朝王侯将相、文人墨客。但是，能被全国人民纪念且形成固定纪念日的，就只有屈原一个人。民心的历史，与朝廷的正史，往往不是一个标准。这一讲我们讲端午节的起源和屈原投江的心理，以此纪念屈原，体会他特别的力量。

端午节与屈原的关系

东汉应劭（约 153 年－196 年）所著的《风俗通义·辩惑》首次将屈原与端午节建立起联系。书中提到五月五日民俗，"以五彩丝系臂"，以"辟兵及鬼"，此民俗起因与屈原有关，"亦因屈原"。南朝吴均（469 年－520 年）《续齐谐记》中，则把端午节、包粽子和屈原三者联系在一起，记载如下：

屈原以五月五日投汨罗水，而楚人哀之，至此日，以竹筒贮米，投水以祭之。汉建武中，长沙区曲，忽见一士人，自云"三闾大夫"，谓曲曰："闻君当见祭，甚善。但常年所遗，恒为蛟龙所窃，今若有惠，可以楝叶塞其上，以彩丝缠之。此二物蛟龙所惮也。"曲依其言。今世人五月五日作粽，并带楝叶及五色丝，皆汨罗水之遗风。

屈原已化为神灵，五月五日端午接受祭祀，要求祭祀者以楝叶包米粽，捆上彩丝带，以防蛟龙偷窃，于是端午祭祀的风俗得以形成。

端午节源于楚地对"大水"的祭祀

端午节的起源是什么？众说纷纭。有说是纪念屈原的，有说是纪念伍子胥的，还有说是纪念勾践的。这些观点都出自民间传说，而学界一般有两种观点：一种认为端午节起源于龙图腾崇拜，一种认为是庆祝夏至日、祭祀夏至神的活动。

闻一多先生认为端午节可能与龙图腾有关。黄石、刘德谦、何星亮等先生则认为，端午节起源于远古时期的夏至日活动，历史可追溯到夏商周三代。

将端午确立为夏至日活动，主要是因为端午节是农历五月初五，接近天文上的夏至日。如果按先秦太阳历，夏至日与端午节是一致的。

夏至日，太阳到达北半球最高纬度，几乎直射北回归线，此后太阳直射点逐渐南移。夏至日的时候，中国楚地汉水、长江、淮河流域的日照时间长，气温高，雨天多，易形成洪涝灾害。

闻一多先生的龙图腾说有缺陷。端午节虽然划龙舟，但并没有祭龙仪式。从楚帛画及苗绣来看，龙在楚地只是祭师的坐骑，没有在北方那么神圣和受尊崇。苗绣中常出现的骑龙人，一般被认为是先祖祝融。

端午节以南方楚地为中心。研究端午节，应尽量综合楚地的考古资料及文献。我认为端午节起源于楚地对"大水"的祭祀。

1987 年，湖北荆门出土包山楚简。包山楚简有竹简 278 枚 12626 字，时间在前 316 年前后，内容主要是司法文书和卜筮祭祷，后者详细记录了楚人宗教活动的祭祀祷告对象。包山楚简为我们理解端午节打开了一道门，也为我们理解屈原投江的心理提供了重要线索。

从包山楚简看，楚人祭祀的神明分为两大类。一是至上神，称为"大"或"太"，即先秦典籍中的"大一"或"太一"，这是楚地的最高神。屈原诗篇《九歌·东皇太一》描写的就是祭司祭祀"太一"的情况。还有一类神明是后土、司命、司骨等，大概属于至上神、最高神"大一"之下的一些自然神、职能神。后土是土地神，司命、司骨是主宰命运、灾祸方面的神。

包山楚简的祭祀对象中，有一个特别的祭祀对象，名称是"大水"，这个"大水"跟端午节有关系。"大水"享受的祭品规格，与至上神"大一"一样。祭祀"大水"和"大一"，都以祖先神位配祭。而且，在祭祀后土这些自然神时，会同时祭祀"大水"。这个"大水"的神位规格很高，它是谁呢？

楚人祭祀的"大水"是谁？

从包山楚简里，我们看不出最高神"大一"与"大水"是什么关系。但我们从另一个考古发现郭店楚简里，能清楚地看到"大一"与"水"的关系。

郭店楚简 1993 年出土于湖北荆门。有竹简 804 枚 13000 多字。郭店楚简与包山楚简的内容可以相互印证。

郭店楚简中有一篇《大一生水》的有关创世记的重要文献，整理组定名为《太一生水》。我个人认为，就用原简中所称的"大一"才好，伟大的唯一的"大一"。

我选出《大一生水》篇五条内容如下：

一、"大一生水。水反辅大一，是以成天。""大一"创造天地万物之前，先是把"水"创生出来。"水"又反过来辅助"大一"，这样就生成了天地、阴阳、神明、四季、万物。我们可以清楚地看到"大一"与"水"的关系，以及"大一"创生出来的"水"的能量。

二、"天地者，大一之所生也。"天地为"大一"所创生，"大一"是天地万物之创造者和主宰者。

三、"是故大一藏于水，行于时。"创世的"大一"，它的力量和法则蕴藏于"水"中，运行在四时之中。"水"极其神圣，因为"大一"蕴藏于"水"中。

四、"周而或始，以己为万物母。一缺一盈，以己为万物经。""大一"让万物周而复始运行，"大一"以自己为万物之母。"大一"使万物缺盈变化，生灭演化。"大一"以自己为万物之法则。

五、"天所不能杀，地所不能埋，阴阳之所不能成。"天杀不了"大一"，地埋不了"大一"，阴阳成就不了"大一"。"大一"创生天地，超越天地。"大一"创生阴阳，超越阴阳。"大一"是独立自在的，是创生万物并超越万物的创世力量。"大一"的力量如水流动，天地万物都顺应"大一"的法则。

有了郭店楚简的《大一生水》篇为参考，我们就能理解为什么包山楚简里楚人祭祀"大水"和祭祀"大一"会采用同样等级的祭品规格。因为"大一生水"，"大水"源于"大一"，"大一"蕴藏于"大水"中。"大水"与"大一"不分离。"大水"相当于"大一"这个至高本体的力量运行，和"大一"本为一体。"大一"是本体，是主体，"大水"是"大一"能量的表现，所以"大水"和"大一"享受同等规格的祭品。汉武帝时期，祭祀的最高神就是"太一"神。

端午节的起源，应当是包山楚简中所记载的楚人对"大水"的隆重祭祀，也是对蕴藏于"大水"中的至上神"大一"的隆重祭祀。在这样的宗教观念背景下，我们再看端午节的习俗，往水里扔粽子，就是向"大水"献祭，间接向蕴藏于"大水"中的至上神"大一"神献祭。《史记·封禅书》中，把楚地所称的"大水"，称为"天水"，上天之水。

祭祀"大水"与端午节风俗

明白这样的宗教背景，我们就容易理解端午节的风俗了。为什么选在农历五月初五献祭呢？因为夏至日前后，雷雨最多、水量最大，这是"大水"展现力量的时候，也是至上神"大一"随"大水"而来的时候，这是上天之水。端午节就是大一之水、上天之水到来的季节。

端午节为什么要吃粽子？先以粽子祭神，然后再吃被神享用过的粽子，这样的粽子就有了神性。为什么要喝雄黄酒？要用酒祭神。把酒先倒入江中祭神，把酒醪滔滔。为什么要用兰草沐浴、用百草沐浴呢？这是要洁净自己，洗净暑气，准备向"大一"神献祭。为什么要挂艾草在家？取艾草驱蚊祛病的作用，也取"艾"（爱）这个音。"大一"之爱到家，上天之爱到家。为什么要戴香囊？这是要用馨香来愉悦至上神。通过这些仪式，创世神、主宰神的力量，"大一"神的力量，"大水"的力量进入你的生命，进入部族的生命。部族因此无病无灾，生命旺盛。

为什么端午节有送瘟神的仪式？人类宗教活动的内容，本质都是祈福免灾。龙舟竞赛就是驱散瘟神和送走瘟神的巫术。向至上神献祭，驱散瘟神灭除灾祸。

为什么叫端午节？"端"就是开端。开端就是"大一生水"，创世开始，宇宙万物的开端，生命的诞生。"午"就是正午，太阳直射北回归线，直射北回归线附近的楚地。太阳当空，降雨量很大，这就是夏至。苗语中，"午"除正午外，还有一个意思就是"水"。端午节，在太阳直射我们的时候，在"大水"到来的时候，祭祀创世的"大一"，祭祀创生万物及生命的本源之神。

闻一多先生认为，伏羲和女娲的传说出自楚地。苗族神话传说里伏羲是"大一"之光所化，女娲是"大一"之水所化，水光结合成生命之源。不理解这一层，就难理解端午节，难理解老子在《道德经》中对水的描述。对"大一"的深度思索，是《道德经》的精神背景。《道德经》里讲的"上善若水"，指的可能是这个"大水"，创世之水，"大一生水"之水。

由此，我们对端午节也就有了新的理解。以后吃粽子、喝雄黄酒，心里是不是应该想到"上善若水"四个字，想到"大水"，想到"大一生水"，想到宇宙万物的创生和运行想到我们可能是由"水"一样的能量所化的存在，想到"大一"的力量在"水"中流动，想到"大一"的力量在我们生命中流动，我们应带着对造物者的敬畏和感恩之心，好好过端午节。

王族祭司屈原

屈原大约生于前340年，死于前278年，是楚国王族，楚武王的后人。

在包山楚简里面，楚人祭祀的祖先主要是老僮、祝融、媸畬。"媸畬"即"蚩尤"。古文献中，老僮是颛顼的儿子，颛顼是大祭司。祝融的职务是火正，即负责点祭火的祭司。《管子》中说"蚩尤明乎天道"，蚩尤氏族为祭司氏族。

《清华简·楚居》记载，楚人先祖季连，会从事降神活动。楚王族属于祭司氏族。屈原曾任"三闾大夫"，负责祭祀及楚国王族（屈氏、景氏、昭氏）族内事务，相当于祭司长。屈原，字灵均，以"灵"入字，这是祭司特征。

包山楚简和郭店楚简入土的时候，屈原还活着，所以里面的资料对理解屈原精神非常有帮助。

《论语·公冶长》记载孔子之言："道不行，乘桴浮于海。"孔子说，道不能实行，我就乘船出海走人。孔子身份为"士"，是为贵族做事的职业经理人，似乎没有与国家共命运的主人心态。

屈原是王族祭司，在心理上，屈原是楚国的主人，他的命运跟楚国命运一体。屈原宁死不离开楚国，死也要死在楚国，为楚国的国脉和文化传统而死。屈原的精神是国家主人精神，和孔子的职业经理人精神有区别。

屈原身为王族祭司，不会不熟悉楚人最隆重的"大一"和"大水"祭祀，不会不熟悉老僮、祝融、嫲畬这些祖先的祭司身份，屈原有自己的宗教情感世界。同时，屈原是楚国朝廷的高级官员，要处理现实政治矛盾。宗教世界与现实政治有时会有深刻的矛盾冲突，从这一角度，我们似乎才能理解屈原诗篇的精神以及他投江的心理。

正因为屈原的祭司心态，所以在《离骚》中屈原才会有"乘骐骥以驰骋兮，来吾道夫先路"的说法。他骑着骏马飞奔，在前方引导楚王之路。

屈原这种楚王导师的心态，和中原文化不太一样。在楚文化里，祭司的地位比在中原地区高得多。楚国保留了上古的祭司文化，再加上楚王族本有祭司氏族的背景，屈原不会觉得自己是楚王的臣仆，他觉得自己是楚王的精神引路者。祭司的本领，在于能上下于天，交通神界。屈原诗篇描写自己上天下地、交通神灵，就是描述自己的祭司权能。我们不要仅仅理解为是一种浪漫主义的文学手法。

屈原诗篇中的飞越天地，交通神灵，不会使人觉得虚假，却能让人体会到他情感的真切和精神的宏大。屈原是历史上第一位极大扩展了中国人精神空间的诗人，可谓前无古人、后无来者。屈原以后的中国诗歌，心灵萎缩。这不仅是诗歌技法的问题，更是因为祭司精神消失了。屈原的诗篇贵在内在精神，而不是外在形式。后代诗人想学屈原，一学就假，因为不在祭司的精神状态中，浪漫不出那种真切而超越的境界。

祭司经过专门的训练，在香草药物的刺激下，会进入与神交往的迷幻状态中。屈原《招魂》一诗专门描写了上帝与巫阳的对话，上帝安排巫阳招魂。

司马迁在《史记·屈原贾生列传》中记载，屈原才华出众，曾受楚怀王信任和重用，但后来被疏远。楚怀王死于秦国后，屈原不满楚国朝廷迎合秦国的国策，被楚顷襄王和令尹子兰流放。

楚国战场失利，国势日衰，屈原内心忧伤、焦虑煎熬。传说他在农历五月初五投汨罗江而死。屈原为什么要投江？他投江的心理根源是什么？司马迁的解释是屈原是要保持自己的清白，不同流合污。要忠诚、要清白，为什么就要去投江呢？司马迁只将屈原视为一个忠臣，没有理解屈原祭司精神的一面。

作为祭司的献祭

英国学者詹姆斯·乔治·弗雷泽的人类学名著《金枝》（*The Golden Bough*）于 1910 年出版。书中认为，人类文明的初期普遍经历过祭司—君王一体化的时期。祭权决定王权，从事祭祀是权力的来源，王即为祭司王。祭司王平时有神圣权力，受部族尊重，但如果部族出现天灾人祸，祭司王就得承担责任，以自己为牺牲，把自己献祭给神，以平息神的愤怒，换来部族的平安与繁荣。

这种祭司王为部族牺牲自我的情况，中国也如此。商汤就是这样。《吕氏春秋·顺民》中记载：

> 昔者汤克夏而正天下，天大旱，五年不收，汤乃以身祷于桑林，

曰："余一人有罪，无及万夫。万夫有罪，在余一人。无以一人之不敏，使上帝鬼神伤民之命。"于是翦其发，磨其手，以身为牺牲，用祈福于上帝，民乃甚说，雨乃大至。

商朝建国以后，遇上连续五年大旱。商汤就以自己为牺牲，走上柴堆，主动把自己献祭给上帝求雨。结果，他的诚心感动上帝，上帝降下大雨，救了商国。

《道德经》第七十八章说："受国之垢，是谓社稷主；受国不祥，是谓天下王。""垢"指灾难，"不祥"指不吉利之事。能够承受国家的灾难，这就是社稷之主；能够承受国家的不祥之事，这就是天下之王。

老子所说的这种以自己为牺牲为民为国求福的精神，就是祭司王的精神。国民的灾难你必须扛起来，必须用你自己的牺牲去取悦神明，消灾祈福。

屈原以身献祭"大水"之神

屈原在诗篇中经常强调自己品德的贞洁，这不是一位朝臣对着君王的表白，我们更应当理解成这是一位祭司对神的表白。贞洁主要是面对神的。在商朝的时候，负责组织祭祀活动的祭司被称为贞人。

楚国郢都被秦军攻陷，国势如此衰败，谁的责任？在楚文化里，当然会认为楚王有责任，同时也会认为祭司有责任。祭司没有侍奉好神引发了神的愤怒。国家失败，这是神的惩罚。对屈原来说，国家的灾难，本质上不是来源于人而是来源于神。人间的灾难，来自神界。

我们从屈原最有名的诗《国殇》中能看出这一点。《国殇》写楚国官兵被杀戮，不是因为敌人的残暴，也不是因为楚人不勇猛，诗句是这样的：

天时怼兮威灵怒，

严杀尽兮弃原野。

出不入兮往不返，

平原忽兮路超远。

"天时怼兮威灵怒"，上天不满，威灵发怒，所以楚人才被"严杀尽兮弃原野"。这是宗教原因。要想减少杀戮，就要去平息上天或威灵之怒。谁能去平息呢？

楚怀王已死于秦国，楚顷襄王和令尹子兰无德无能，谁应去平息威灵之怒呢？谁能为楚国去向楚国之主宰神求情呢？身为祭司的屈原，把自己牺牲献祭，这是职务的传统要求。

司马迁引用屈原《怀沙》这首诗作为他的绝命诗。里面有哀怨，但更有一种淡定的决心，其中有这样的句子："定心广志，余何畏惧兮？"我心意已定，志向广阔，我有何畏惧？还有一句是："知死不可让兮，愿勿爱兮。"意思是，我知道我的死是不可推让的，愿我不要贪恋这生命。这不是自证清白的精神状态，而是自知必须去死，向死而生的心态。

屈原在农历五月初五这个特殊的日子投江，因为这是"大一生水"的日子，是楚国先王祭司们献祭"大水"的日子，这是至上神"大一"随"大水"而来的日子。

屈原承担自己的祭司责任，他要把自己献祭给"大水"之神，创世和主宰之神，以平息威灵之怒，拯救楚国，拯救楚地生灵。

屈原不死

屈原的名字之所以与端午节合一，是因为端午节的信仰和献祭的精神，最彻底地统一在屈原身上。屈原以自己的生命为牺牲，献祭"大水"

之神，献祭创世和主宰之神"大一"。屈原认定有超越现世的灵性之世界。屈原之投江，是祭司的自我牺牲和向死而生，他要承担对楚人的责任。屈原给楚人注入了一种不败之精神，给中国人注入了一种不败之精神。

楚国朝廷败了，但楚人不败。秦国灭了楚国，但"楚虽三户，亡秦必楚"。有屈原毅然决然的精神在心里，楚人败不了。

秦始皇死后一年，楚人纷纷起义，灭了秦国。陈胜、吴广、项羽、刘邦皆为楚人，他们心中不会没有屈原这种向死而生的精神力量。

司马迁在《史记·屈原贾生列传》中说，他读屈原诗文，"悲其志""未尝不垂涕"。今天，我们进一步理解屈原之死背后的牺牲精神，更会"悲其志"，"未尝不垂涕"。屈原不死！让我们一起纪念这位伟大的楚人、伟大的诗人、伟大的祭司、伟大的中国人。纪念他以自己的生命献祭"大一"，纪念他的"向死而生"。

第48讲

司马迁对孔子的褒与贬

这一讲我们分析司马迁对孔子的评价。《史记·孔子世家》对孔子有褒有贬。褒奖时用明确的笔法，贬损时用隐晦的笔法。司马迁称孔子为"至圣"，他对孔子历史价值的定位在于编辑、教育和传承"六艺"。但同时，作为黄老道家信徒，司马迁对孔子也有不少隐晦的贬损。这一讲我们将司马迁暗贬孔子之处揭示出来，来看看司马迁对孔子评价的复杂性。

黄老道家信徒司马迁如何为孔子立传？

《史记·孔子世家》是第一篇孔子传记，对孔子的形象有一种历史性的定格。司马迁之前的不少典籍，如《左传》《庄子》《孟子》《荀子》等都评价过孔子。《孟子·万章下》赞美孔子："圣之时者也，孔子之谓集大成。"《庄子·盗跖》借盗跖之口否定孔子，指责孔子之道是"诈巧虚伪事也，非可以全真也"。

《史记·太史公自序》中，司马迁记载父亲司马谈对"阴阳、儒、墨、名、法、道德"六家学说要旨的评价，认为"道德家"优于诸家，因为"道德家"是诸家之集大成，"因阴阳之大顺，采儒墨之善，撮名法之要，与时迁移，应物变化，立俗施事，无所不宜，指约而易操，事少而功多"。同时司马谈认为，儒家的优点主要在"列君臣父子之礼，序夫妇长幼之别"，儒家的缺点主要在"主倡而臣和，主先而臣随，如此则主劳而臣逸"，而且儒家礼制烦琐，"博而寡要，劳而少功"。

司马迁所说的"道德家"，是战国后期到西汉初期发展出来的黄老道家，主要是道家与法家思想的结合，代表作是战国后期到西汉初年形成的《黄老帛书》。黄老道家的基本思想是法主德辅，朝廷无为而治，清静守法，将朝廷职权限制在有限范围。刘邦的"约法三章"，"杀人者死，伤人及盗抵罪"，就是典型的黄老道家思想的政策实施。刘邦将朝廷职权限制在保护生命权和财产权上，其余无为而治，与民休息。黄老道家的治国之道，属于小朝廷大社会的有限政府，经刘邦—吕后—汉文帝—汉景帝的实践，带来了西汉早期的盛世。黄老道家的治国传统限制了君主朝廷的权力，也因此形成了传统的权力—利益格局，这是想积极有为的汉武帝要努力摆脱的。

《史记》中并没有记载董仲舒向汉武帝提议"罢黜百家，独尊儒术"，近似的说法出现在班固的《汉书·董仲舒传》和《汉书·武帝纪》中。《汉书·董仲舒传》记载董仲舒向汉武帝建言："臣愚以为诸不在六艺之科孔子之术者，皆绝其道，勿使并进。"《汉书·武帝纪》记载："孝武初立，卓然罢黜百家，表章六经。"这两则记载是后人称董仲舒、汉武帝"罢黜百家，独尊儒术"的出处。班固这段记载是否真实，学术界有争议。但汉武帝以后，大量儒生进入朝廷，朝廷执政思想明显儒家化了。《史记·儒林列传》记载，喜好黄老道家的窦太后去世后，汉武帝任命武安侯田蚡为丞相，罢黜黄老治国之道，提拔儒者数百人为官，大力推进朝廷治国思想的儒家化进程。汉武帝通过抬高六经儒学，从黄老道家治国之道的思想约束中解脱了出来，开始行积极有为之政。

及窦太后崩，武安侯田蚡为丞相，绌黄老、刑名百家之言，延文学儒者数百人，而公孙弘以《春秋》白衣为天子三公，封以平津侯。（《史记·儒林列传》）

前135年，汉武帝任命喜好儒学的田蚡为丞相，开始推进西汉朝廷的儒学化。前108年司马迁为太史令，约前104年开始编写《史记》，这时西汉朝廷已经过二十多年的儒家化进程，儒家意识形态成为朝廷治国的正统思想，信奉黄老道家的司马迁如何为儒学宗师孔子立传呢？司马迁写《史记》，不顾儒家已为朝廷正统的情况，仍然首推道家而贬低儒家，正如班固《汉书·司马迁传》评价司马迁是"论大道则先黄老而后六经"，但在写作方法上，则采取了明褒暗贬的春秋笔法。同时也说明一个情况，司马迁担任太史令、中书令，负责管理朝廷的档案和皇帝的书房，是皇帝近臣，职位很重要。让喜欢黄老道家的司马迁当太史令和中书令，《史记》中又褒道贬儒，这说明当时所谓的"罢黜百家，独尊儒术"，执行得并不严格，而且《史记》的写作过程是相对独立的，没有受到过多干预。

孔子的出生与不孝、不合礼

司马迁《史记·老子韩非列传》中说："世之学老子者则绌儒学，儒学亦绌老子。"意思是：世上学老子道家的人，就会排斥儒学；学儒家的人也会排斥老子。司马迁深知儒、道两家相互排斥，他自己是黄老道家信徒。他给儒家创始人孔子立传，怎么能够保持他的客观性？很难做到。司马迁在赞美孔子编订六艺的同时，也给孔子的历史形象埋入了不少陷阱。历史记载中，时间就是权威，《史记·孔子世家》令后世儒生苦恼不已。

比如，《史记·孔子世家》说"纥与颜氏女野合而生孔子"。"野合"指在野外交合。上古时期有一种古老的巫术，叫交感巫术。认为春天男女模仿天地相合，有利于天降甘露，粮食丰收。所以，男女交合是祈求神灵护佑，性与祈祷是结合在一起的。

四川成都出土过东汉砖画《桑林野合图》，从图中可看出：桑林是祭祀之地，也是春天男女交合之地，放任青年男女自愿交合。《桑林野合图》中，有一位女子三位男子，可见野合还带有群交色彩。桑林野合的信息在《诗经》《周礼》中都有记载。之后社会越来越讲礼制文明，野合慢慢变成了不符合礼仪的交合。唐玄奘在《大唐西域记》里讲到一个故事：僧人西行迷路，在树下睡着了，池塘旁边有一条小龙，变成小龙女来拥抱僧人。僧人惊醒以后，谢绝这种艳遇。僧人要求小龙女不要"凌逼野合"。

如果我们对孔子的思想比较了解，就能看出司马迁的写法中的问题。《论语·颜渊》记载孔子之言："非礼勿视，非礼勿听，非礼勿言，非礼勿动。"孔夫子竟是野合非礼出生，历代儒家对此很恼火，总希望给"野合"这个概念一个更正当的解释，为此不惜编造一些说法。我认为这完全没有必要，一个私生子从平民逆袭为伟大的圣人，更能说明孔子的伟大。

又比如《论语·述而》记载"子不语怪力乱神"，《史记》记载孔子父母"祷于尼丘得孔子"，这是向神祈祷，属于语神求神，有点怪力乱神。而且，孔子极重视孝道，《论语·为政》记载孔子谈孝："生，事之以礼；死，葬之以礼，祭之以礼。"但《史记·孔子世家》记载孔子长大以后，不知道他父亲的墓地，这说明孔子对父亲完全没有尽过孝，没有"生，事之以礼；死，葬之以礼，祭之以礼"。还有孔子曾着丧服赴宴，属于非礼。

这些栩栩如生的细节，司马迁有依据吗？可信吗？司马迁是史学家，他只写细节，不予评论。但从他写的这些细节中，读者自己可以得出结论：这些细节丑化了孔子的形象。

杀人乱国

孔子在鲁国从政四年，他做了些什么事？《史记·孔子世家》记载了三件事：杀艺人、杀学者、引发鲁国内战。

前500年，齐侯和鲁公在夹谷会盟。齐国属东夷，安排有东夷乐舞。孔子说："匹夫而胆敢蛊惑诸侯的，罪该诛杀！请命令有关官员执行！"有关官员于是施加刑法，艺人侏儒被处以腰斩而手足分离。

> （孔子）曰："匹夫而营惑诸侯者罪当诛！请命有司！"有司加法焉，手足异处。（《史记·孔子世家》）

齐国官方安排的礼乐，如果孔子觉得非礼，责任应该不在艺人而在齐国朝廷。孔子如果认为不合礼制，要求齐国把艺人退走就行了。为什么坚持要杀这些艺人？艺人是无辜的。《论语·颜渊》记载："樊迟问仁。子曰：'爱人。'"讲仁讲爱，这是《论语》中孔子的特征。但司马迁写孔子在齐鲁夹谷会盟中，为了他理解的礼制而滥杀无辜之人。

《史记·孔子世家》记载，孔子年五十六，为鲁国大司寇及代理相国，诛杀鲁国大夫乱政者少正卯。少正卯犯下了什么乱政的死罪？《史记·孔子世家》没有解释。但如果我们分析孔子杀少正卯的细节描写，会发现司马迁的暗讽。鲁定公十四年，孔子年五十六，担任大司寇兼行相国事务，面有喜色。门人说："听说君子祸至不惧，福至不喜。"孔子说："是有这说法。不是说'地位尊贵，要以礼贤下士为乐'吗？"于是诛杀了扰乱政治的鲁国大夫少正卯。

> 定公十四年，孔子年五十六，由大司寇行摄相事，有喜色。门人曰："闻君子祸至不惧，福至不喜。"孔子曰："有是言也。不曰'乐其

以贵下人'乎？"于是诛鲁大夫乱政者少正卯。（《史记·孔子世家》）

司马迁把"乐其以贵下人"与"于是诛鲁大夫乱政者少正卯"写在一起，这是明显的暗讽。"以贵下人"是地位虽高但要礼贤下士，而"诛鲁大夫"则是不谦以待人。

孔子从政所为最大的事，就是引发了鲁国内战。《史记·孔子世家》记载，前497年，孔子言于鲁定公曰："臣无藏甲，大夫毋百雉之城。"意思是说，臣子家族不能藏有甲兵，大夫家族不能有百雉大的城墙。古代计算城墙面积，长三丈高一丈为一雉。孔子建议拆毁季孙氏、叔孙氏、孟孙氏三大大夫家族的城墙，史称"堕三都"，理由是这些城墙太高大，不符合大夫应有的规格礼制。季孙氏有费邑，叔孙氏有郈邑，孟孙氏有郕邑，这是他们各自家族的都邑。迫于压力，叔孙氏把郈给拆了。季孙氏去拆费的时候，却受到了家臣公山不狃的武装抵抗，孔子命令军队打败了公山不狃。孟孙氏以郕是防备齐军重镇为由，反对拆除郕邑城墙。鲁公率其他家族包围了郕，孟孙氏武装抵抗，鲁公打不下郕。

鲁国公族与季孙氏、叔孙氏、孟孙氏皆为鲁桓公后裔。嫡长子鲁庄公继承鲁国君位，为鲁国公族。嫡次子为季孙氏，庶长子为孟孙氏，庶次子为叔孙氏。虽然这四大家族充满权力矛盾，但他们是同一个统治家族的不同血亲支系。《论语·泰伯》中记载孔子之言："君子笃于亲，则民兴于仁。"君子忠诚厚待亲人，民众则兴起仁爱。鲁公、季孙氏、叔孙氏、孟孙氏有共同祖先，是血亲家人，他们之间应当是"君子笃于亲"，团结至上，不能内战。但孔子"堕三都"的建议和行动，是为了巩固鲁公的权力，造成了鲁公、季孙氏、叔孙氏、孟孙氏这些血亲家族之间的矛盾和内战。最后鲁公、季孙氏等都不敢再留任孔子，孔子只好带学生离开鲁国，开始周游列国的生活。

不忠

《史记·孔子世家》记载，公山不狃占据费邑背叛季孙氏，派人来征召孔子。孔子尊奉周道已久，但郁郁不得志，没有人任用他，说："周文王周武王起于丰镐而为王，今天费邑虽然小，但也接近丰镐吧！"想去应召。子路不高兴，制止孔子。孔子说："征召我的人，岂是因为我徒劳无用？如能用我，我可以在东边推行周道啊！"但最后还是没去。

> 公山不狃以费畔季氏，使人召孔子。孔子循道弥久，温温无所试，莫能已用，曰："盖周文武起丰镐而王，今费虽小，傥庶几乎！"欲往。子路不说，止孔子。孔子曰："夫召我者岂徒哉？如用我，其为东周乎！"然亦卒不行。（《史记·孔子世家》）

《史记·孔子世家》还记载：

> 佛肸为中牟宰。赵简子攻范、中行，伐中牟。佛肸畔，使人召孔子。孔子欲往。子路曰："由闻诸夫子，'其身亲为不善者，君子不入也'。今佛肸亲以中牟畔，子欲往，如之何？"孔子曰："有是言也。不曰坚乎，磨而不磷；不曰白乎，涅而不淄。我岂匏瓜也哉，焉能系而不食？"

佛肸为中牟城宰。赵简子攻打范氏、中行氏，要讨伐中牟。佛肸以中牟背叛主君赵简子，使人征召孔子。孔子想去，子路说："我听夫子您说过：'亲自做坏事的人那里，君子是不去的。'佛肸以中牟背叛赵简子，您却想去，这如何解释？"孔子说："我是说过这样的话。但不是说真正坚硬的东西再磨也不会变薄，真正的洁白再受污也不会变黑吗？我岂是匏瓜，怎么可以挂在那里而不食用？"

《史记·孔子世家》中的这两则记载，对孔子形象的伤害是致命的，因为这说明孔子曾准备投奔叛臣。《论语》中，"忠"是孔子反复强调的臣子必备之品德，如《论语·八佾》记载孔子之言："臣事君以忠。"按臣子必须忠于君主的准则，孔子对公山不狃、佛肸背叛主君的行为，应当严厉批判，怎么能准备去投靠这些叛臣呢？这不是言行不一吗？

不信

《史记·孔子世家》记载：

> 过蒲，会公叔氏以蒲畔，蒲人止孔子。弟子有公良孺者，以私车五乘从孔子。其为人长贤，有勇力，谓曰："吾昔从夫子遇难于匡，今又遇难于此，命也已。吾与夫子再罹难，宁斗而死。"斗甚疾。蒲人惧，谓孔子曰："苟毋适卫，吾出子。"与之盟，出孔子东门。孔子遂适卫。子贡曰："盟可负耶？"孔子曰："要盟也，神不听。"

孔子一行途经蒲邑去卫国，遇到卫国大夫公孙氏以蒲邑反叛，蒲邑人拦住孔子。孔子的弟子公良孺，带着五辆私车随从孔子。公良孺长得高大，人也贤明，有勇力，他对孔子说："我昔日跟着夫子您在匡遇到危难，如今又在这里遇到危难，这是命啊。我与夫子您两次蒙难，我宁可战斗而死。"他激烈搏斗。蒲邑人恐惧，对孔子说："如果您不去卫都，我们就放你出去。"孔子和他们立了盟誓，蒲邑人将孔子放出东门。孔子接着前往卫都。子贡说："盟誓难道可以背弃吗？"孔子说："这是被要挟订立的盟誓，神不会听。"

孔子背弃与蒲人的盟誓，理由是这盟誓是被要挟的结果，可以不必守信。如果我们拿此事与齐桓公的故事比较，就知道孔子表现出"无信"的特征了。

《史记·刺客列传》记载，前681年，齐国与鲁国发生战争，鲁国战败，割地求和，双方在柯地会盟。齐桓公和曹沫在盟誓坛上，鲁国将领曹沫忽然手持匕首，冲上盟誓坛劫持了齐桓公，齐桓公左右侍从不敢动。齐桓公问："你要干什么？"曹沫说："齐强鲁弱，你们大国侵略鲁国也太过分。今天鲁国都城如果垮了，也会压到齐国国境（指齐国境已接近鲁国都城），你好好想想。"齐桓公许诺全部归还已侵占的鲁国土地。说完，曹沫扔了匕首，走下盟誓坛，面向北坐回群臣之位，脸不变色，言语如常。齐桓公愤怒，想违背约定，管仲说："不可以背约。贪求小利以图一时痛快，失信于诸侯，会失去天下的援助，不如依约把土地归还鲁国。于是齐桓公割让侵占的鲁国土地，即把曹沫指挥鲁军三次战争所丧失的土地，全部归还了鲁国。

孔子被蒲人要挟而与之盟誓，随后就背弃盟誓。齐桓公被曹沫要挟以后仍然坚守盟约，谁更讲信用呢？《史记》是一本大书，把《史记·孔子世家》中孔子背盟与《史记·刺客列传》放在一起比较，是不是能看出司马迁笔下的孔子不讲盟誓信用呢？

孔子祖先是殷人

司马迁给孔子立传中所设置的最大陷阱，是描写孔子临死前的话以及他的痛哭。

> "天下无道久矣，莫能宗予。夏人殡于东阶，周人于西阶，殷人两柱间。昨暮予梦坐奠两柱之间，予始殷人也。"后七日卒。(《史记·孔子世家》)

孔子对子贡说："天下无道已久，不能以我的思想为宗旨。夏人去世，灵柩停放在台阶东边。周人去世，灵柩停放在台阶西边。殷人去世，停放在两柱之间。昨天傍晚，我梦见自己坐在两柱之间被祭奠，我的祖先是殷人哪！"七天后去世。

司马迁为什么要这样写孔子的临终之言？这个细节指向一个严重的问题：孔子临死前得到梦的启示，说明他是殷人。孔子之前知道自己是殷人的后裔吗？《史记·孔子世家》写孔子的祖先是宋国人，宋人多为殷遗民。但孔子似乎并不知道自己是殷遗民。按司马迁这个写法，孔子最后是通过梦知道的，然后孔子就哭着死去了。这是一种深层的悲剧的描写。

我们知道，商朝是被周人灭掉的，周人是商人的征服者，而孔子一生最崇敬的，恰恰是征服和镇压殷人的周文王、周公等人。孔子常梦见周公，认同周文化，"吾从周"，将自己的使命定位在追随周文王、周公开创的周文化上。孔子临死之前，从梦中明白自己是殷人，这是巨大的悲剧。孔子要死了，死后得去见祖先，而他从梦中得知自己的祖先不是周文王、周公，而是殷人。孔子怎么去向自己的殷人祖先交代自己这一生的所作所为呢？这真是太悲剧了！一辈子呕心沥血，居然全部服务于毁灭自己祖国的敌人，而且是临死才明白。父母之仇不共戴天，这是儒家伦理。最高之孝是敬天法祖，孔子是殷人而从周，孔子算孝子吗？

借老子批评孔子

《史记·老子韩非列传》记载，孔子去周，问礼于老子。

孔子适周，将问礼于老子。老子曰："子所言者，其人与骨皆已朽矣，独其言在耳。且君子得其时则驾，不得其时则蓬累而行。吾闻之，良贾深藏若虚，君子盛德，容貌若愚。去子之骄气与多欲，态色

与淫志，是皆无益于子之身。吾所以告子，若是而已。"(《史记·老子韩非列传》)

老子说："你所说的，其人与骨皆已腐朽，只剩下言论。君子得其时运，则驾车而行；不得其时运，则如飞蓬随风飘转。我听说，善于经商的人把货物藏起来，好像什么也没有，君子内心道德高尚但容貌上却像愚钝的人。去除你的傲气与过多的欲望、弄姿作态与过高的志向吧，这些对你的生命都不好。我能对你说的，就是这些了。"

老子对孔子的批评，是很尖锐的，其中有三层意思。第一，认为孔子重礼学礼，只是固守了礼的形式，却不明白制礼者的隐藏动机，不明白已消失的制礼的价值取向。例如周公制礼，本意是以宗法制来规范统治阶层中各成员的权力与义务的等级关系，凝聚统治集团的力量，以镇压可能的反叛，巩固新建立的西周王朝，而不仅仅是孔子理解的抽象的以礼成德以礼成仁的理念。要与时俱进，因时制礼，而不是固守传统礼的形式。第二，要重实力而不要重表象。无论是财富还是德性，要求实不求虚，不要沉迷于外在虚幻的形式。第三，要反省和限制自己的傲气与私欲，不要将自我欲望外加于社会。

很明显，这是以道家为准则对儒家的批评。老子说过这样的话吗？没有其他证据。我们可以理解成司马迁本人借老子来批评儒家。批评儒家守古礼而不因时制礼，批评儒家重形式不重实质，批评儒家总想积极有为，总想用自己的想法来改造社会，而不是道法自然，保护民众自立自为。

司马迁并不忽视孔子传承六艺的贡献，以此评价孔子为"至圣"之人，他的历史价值远在王侯将相和众贤之上。但是，作为黄老道家信徒，司马迁在《史记》中埋下了贬损孔子的隐晦陷阱，暗示孔子非礼、不仁、不忠、无爱、无信、不孝。

司马迁写孔子的这些细节，有多少是史实？我们已无法考证。这些细节组合出来的孔子，并非一个令人敬重的形象，我们只能理解为司马迁是有意为之，他以春秋笔法来隐晦地表达了自己的看法，深刻塑造了中国人的历史认知。

第 49 讲

秦始皇的思想模型

前 221 年，秦始皇兼并六国，11 年以后（前 210 年）秦始皇去世。前
209 年，陈胜、吴广起义，天下崩叛。前 207 年，项羽破釜沉舟，在巨鹿
之战击败秦军主力。前 206 年刘邦率军攻占咸阳，秦王子婴投降。大一统
的秦王朝从建立到崩溃，仅十四五年的时间。但秦始皇建立的制度，中央
集权的秦制影响深远。

任何一个思想体系都会表现在理念、制度、政策及技术等诸多层面。
周制在思想上以周公—孔子的儒家思想为代表，主要表现在《尚书》《诗
经》《论语》《左传》等文献中。秦制在思想上以商鞅、荀子、秦始皇、韩
非、李斯的法家思想为代表。我之所以把荀子列入法家，是因为荀子的宇
宙观不是天命向善论的，某种程度上，荀子思想才是法家思想的真正集大
成者。学者们可能会有不同看法，但我认为，荀子是不是儒家，要看周
公—孔子的"天命有德"宇宙观和人性论的标准，按周孔标准，荀子不能
算儒家。

秦始皇是秦制的最终创立者，也是秦制文化的代表。了解秦始皇思想
的底层逻辑，最可靠的资料就是《史记·秦始皇本纪》中记载的秦始皇六
篇石刻文。

秦始皇石刻的来历

秦始皇在前 221 年吞灭六国，建立起大一统的君主集权秦制。秦制的特征就是君王直接任免各郡县的官员，各郡县不再是贵族治理的封建王国。

《史记·秦始皇本纪》记载，前 219 年到前 210 年的九年时间中，秦始皇巡狩东方各郡县，在七处山顶"刻石颂秦德"。《史记·秦始皇本纪》里提到了七个石刻：峄山、泰山、芝罘、东观、琅琊、碣石、会稽。但只记载了其中六篇石刻的内容，没有记载峄山石刻的内容。现在传世的峄山石刻全文出现在宋朝，其真实性存疑。

遗憾的是，秦始皇七个石刻的原始石碑，只有琅琊石刻比较完整地留存至今，其余石碑都已残毁。我们今天还能看到的一些石碑，例如在西安碑林的峄山石碑，都已不是原始石碑，可能是宋代所立，难辨真伪。

司马迁的《史记》是伟大的史书，鲁迅先生赞美《史记》是"史家之绝唱，无韵之离骚"。但西方汉学界在引用《史记》的史料时，是小心谨慎的。因为司马迁是西汉的太史令，是政治史家，他负有塑造西汉王朝意识形态合法性的政治责任，司马迁在书写过程中的史料选择和褒贬都难以避免政治动机的影响。但是，没有知名西方汉学家质疑过《史记》所记六篇秦始皇石刻的真实性。因此，其他《史记》资料，我们只能当成辅助资料。

秦始皇石刻的研究成果

关于秦始皇石刻，国内学者容庚先生、赵超先生有很好的研究。但他们的研究主要是从考古学角度出发，从技术上分析石刻文的来龙去脉。在我了解的范围之内，似乎还没有人从秦始皇石刻的思想层面，从思想模型上研究。

西方汉学界最完整的秦始皇石刻文研究出自美国汉学家柯马丁（Martin Kern），2000 年他出版了《秦始皇石刻：早期中国的文本与仪式》，中文译本由上海古籍出版社 2015 年出版。这本书将秦始皇七个石刻的文本译成英文，并做了细致解释，是目前西方研究秦始皇石刻的代表性著作。

理论上，柯马丁主要回应西方汉学史上关于秦始皇的一个争论，就是秦始皇的思想对之前的思想传统是断裂还是继承。柯马丁认为主要是继承，我不完全同意这一观点。柯马丁强调了文字和仪式特征的连续性，但没有深入分析思想是否有连续性。我认为相对于西周政治神学思想来说，秦始皇石刻体现出一种深刻的断裂感。

以色列希伯来大学著名汉学家尤锐（Yuri Pines）等人在 2013 年编辑出版了一个文集，书名为《帝国的诞生：秦国的再讨论》，集中了当前西方汉学界最好的秦国研究专家的文章。尤锐谈秦始皇的文章尤为重要，他认为秦始皇的思想是战国以来思想发展的集成，秦始皇这种一统天下的强力君主的出现，是战国政治思想家们几百年以来追求的结果。

我认同尤锐的看法。我认为秦始皇石刻中的思想，是战国形成的王权至上的思想之集成，是战国思想变化的结果；但我同时认为，秦始皇石刻文的思想，是对战国以前的思想传统的深度叛逆。

琅琊石刻

秦始皇的六个石刻内容结构相似，现取早期的琅琊石刻（前 219 年）和最晚的会稽石刻（前 210 年）作为样本分析，最后再对六个石刻的共同思想做总结。

琅琊石刻的时间是前 219 年，地点在今山东省青岛市黄岛区琅琊镇。

泰山石刻残留字。前半部内容为前219年秦始皇东巡泰山时所刻，后半部为秦二世胡亥即位第一年（前209年）刻制。石刻原立于泰山顶，清乾隆五年（1740年）遭火，石刻遂失。嘉庆二十年（1815年）在山顶搜得残石2块，尚存秦二世诏书10字:斯臣去疾昧死臣请矣臣。现置于泰山岱庙东御座露台前西侧。

秦始皇石刻中唯一留存至今的琅琊石刻。琅琊石刻前半部分刻于秦始皇二十八年（前219年），后半部分二世诏书刻于秦二世元年（前209年）。

从中我们可以看出秦始皇的宇宙观和自我形象定位。

琅琊石刻原文：

维二十八年，皇帝作始。端平法度，万物之纪。以明人事，合同父子。圣智仁义，显白道理。东抚东土，以省卒士。事已大毕，乃临于海。皇帝之功，勤劳本事。上农除末，黔首是富。普天之下，抟心揖志。器械一量，同书文字。日月所照，舟舆所载。皆终其命，莫不得意。应时动事，是维皇帝。匡饬异俗，陵水经地。忧恤黔首，朝夕不懈。除疑定法，咸知所辟。方伯分职，诸治经易。举错必当，莫不如画。皇帝之明，临察四方。尊卑贵贱，不逾次行。奸邪不容，皆务贞良。细大尽力，莫敢怠荒。远迩辟隐，专务肃庄。端直敦忠，事业有常。皇帝之德，存定四极。诛乱除害，兴利致福。节事以时，诸产繁殖。黔首安宁，不用兵革。六亲相保，终无寇贼。欢欣奉教，尽知法式。六合之内，皇帝之土。西涉流沙，南尽北户。东有东海，北过大夏。人迹所至，无不臣者。功盖五帝，泽及牛马。莫不受德，各安其宇。

我翻译如下：

二十八年皇帝创始。端平法律制度，为万物立纲纪。彰明人事秩序，父子联合同心。皇帝圣智仁义，宣明各种道理。亲临东土安抚，慰劳视察兵士。大事业已完毕，巡行滨海之地。皇帝伟大功绩，勤勉于根本事务。实行重农抑商，为使百姓富裕。普天之下同心，顺从皇帝意志。统一器物度量，统一书写文字。日月照耀之处，车船所到之地，无不遵奉王命，意志莫不实现。顺应时机行事，自有伟大皇帝。整顿不同习俗，不辞跋山涉水。怜惜黎民百姓，日夜不愿懈怠。去除疑惑确定法律，人人避免犯法。地方长官分职，各级官署治理，举措必求得当，无不整齐妥当。皇帝如此圣明，亲自视察四方。无论尊卑贵贱，不越等级规定。奸邪一律不容，务求忠贞贤良。公事不分大小，莫敢怠坠荒废。无论远近之人，无论出仕归隐，只能肃清庄重。正直敦厚忠诚，事业方能久长。皇帝伟大德性，四极得以存定。诛除祸乱灾害，兴利而致福利。劳役遵行时令，百业繁荣昌盛。百姓得以安宁，不再动用兵革。六亲相互保卫，从此再无盗寇。臣民欢欣鼓舞，奉行教令，法规都能记住。天地四方之内，尽是皇帝之土。西边越过沙漠，南边到达北户。东边到达东海，北边越过大夏。人迹所到之处，无不称臣归服。功高盖过五帝，恩泽遍及马牛。无人不受其德，人人安家和睦。

读完这段文字，我们可能都会觉得秦始皇自以为是一个巨大闪光的中心，他认为自己伟大到了极点。石刻内容很多，现仅挑三句分析一下。

请看第一句："皇帝作始，端平法度，万物之纪。"皇帝作始，就是皇帝创始，历史开始了。皇帝开创历史，建立公平的法律制度，建立万物的纲纪。历史的开端，万物秩序的来源是谁？是皇帝。

从"皇帝"这个自称看，秦始皇六个石刻中"皇帝"出现了15次，"大圣"一次，"秦圣"一次，显然"皇帝"是秦始皇的核心自称。

关于秦始皇自称"皇帝"的事，《史记·秦始皇本纪》记载，秦初并天下，秦始皇要求丞相、御史讨论用什么来称呼君王。丞相王绾、御史大夫冯劫、廷尉李斯等商议后，建议取名为"泰皇"。但秦始皇自己说："去'泰'，着'皇'，采上古'帝'位号，号曰'皇帝'。"

显然，秦始皇在提问前，早想好了自己想要的名号。"皇帝"指的就是上帝，天地万物之上的最高主宰神。《诗经·大雅·皇矣》有诗："皇矣上帝，临下有赫。"伟大光明的上帝，光明照临下地。

秦始皇取商周时上帝的名号作为自己的称呼，再来看"皇帝作始，端平法度，万物之纪"这句话，就能理解这是把类似上帝的创世记，放到了秦始皇身上。

再来看第二句:"六合之内,皇帝之土。""六合",指上下和四方。"土"指土地,也指领域。这是对天地四方所有权的宣告。上下和东西南北四方都属于皇帝,空间都属于皇帝。

《史记·秦始皇本纪》记载,秦始皇说:"朕为始皇帝。后世以计数,二世三世至于万世,传之无穷。"秦始皇把自己定位为历史的开始,"二世三世至于万世,传之无穷",这说明他认定自己的力量可以控制时间。也就是说,秦始皇的所有权,不仅是上下和四方空间,也是万世无穷的时间。秦始皇是时间与空间之主。

再来看第三句:"人迹所至,无不臣者。"意思是,凡人迹所至之地,没有不俯首称臣的。皇帝以超常的意志与智慧,缔造了万物的法纪,皇帝拥有六合之内的所有权,所有人都臣服于皇帝。

会稽石刻

会稽石刻是秦始皇去世当年刻写的,时间是前210年。

会稽石刻原文如下:

皇帝休烈,平一宇内,德惠攸长。卅有七年,亲巡天下,周览远方。遂登会稽,宣省习俗,黔首斋庄。群臣诵功,本原事迹,追道高明。秦圣临国,始定刑名,显陈旧章。初平法式,审别职任,以立恒常。六王专倍,贪戾傲猛,率众自强。暴虐恣行,负力而骄,数动甲兵。阴通间使,以事合从,行为辟方。内饰诈谋,外来侵边,遂起祸殃。义威诛之,殄熄暴悖,乱贼灭亡。圣德广密,六合之中,被泽无疆。皇帝并宇,兼听万事,远近毕清。运理群物,考验事实,各载其名。贵贱并通,善否陈前,靡有隐情。饰省宣义,有子而嫁,倍死不贞。防隔内外,禁止淫泆,男女洁诚。夫为寄豭,杀之无罪,男秉义程。妻为逃嫁，子不得母，咸化廉清。大治濯俗，天下承风，蒙被休经。皆遵度轨，和安敦勉，莫不顺令。黔首修絜，人乐同则，嘉保太平。后敬奉法，常治无极，舆舟不倾。从臣诵烈，请刻此石，光垂休铭。

我翻译如下：

皇帝美好功业，平定统一天下，恩德惠政悠长。三十七年，亲巡天下，周游观览远方。登临会稽之峰，考察当地习俗，百姓恭敬庄重。群臣齐颂功德，推原皇帝事迹，追溯高大光明。秦国圣王登位，创制刑法，阐明已定规章。建立公平法则，审慎区分职责，确立恒久纲纪。六国之王专横悖逆，贪婪暴躁傲慢凶狠，率领众人逞强。暴虐横行，武力骄横，数动甲兵。暗中间谍使臣相通，联合六国合纵，行为猖狂。对内行使诈谋，向外侵我边境，由此引发祸殃。仗义扬威诛讨，消灭凶暴叛逆，乱贼终于灭亡。圣德广博细密，天地四方之内，恩泽覆盖无疆。皇帝兼并宇内，一人兼听万事，远近全部清明。运转治理万物，考察验证事实，分别记录其名。贵贱都能相通，好坏陈列在前，无人隐瞒实情。装饰减省，宣扬大义。携子而嫁，背叛死去的丈夫为不贞。以礼分隔内外，禁止纵欲放荡，男女皆为贞洁。丈夫寻花问柳，杀了没有罪过，男子须守规程。妻子若是逃嫁，子不认她为母，都要廉净贞洁。大大洗净恶俗，天下承受教化，全都承担经纬，人人遵守法度，和好安定互勉，无不顺从政令。百姓修身洁净，人人以同法为乐，得保太平生活。后人敬奉国法，常法治理无边，车船不翻不倾。从臣颂扬功业，请求刻石作铭，光辉永垂后世。

会稽山位于浙江绍兴，越人腹地，风俗与中原不同。会稽石刻宣告皇帝明察秋毫，事必躬亲，以超常的力量兼灭六国坏王，一统宇内。全民必须严格遵守统一法律，移风易俗，建立道德贞洁的国度。

我们来看其中几个句子。

第一句："皇帝休烈，平一宇内，德惠攸长。"伟大的皇帝，一统宇宙之内，留下悠长的道德和恩惠。这意味着，伟大的皇帝是天下一统和道德、恩惠的源头。

第二句："秦圣临国，始定刑名。"秦国圣君治国，开始订立刑法。讲的是建立刑法秩序。

第三句："义威诛之，殄熄暴悖，乱贼灭亡。"仗义扬威诛讨，消灭凶暴叛逆，乱贼终于灭亡。一切不服从的乱臣贼子，全部诛杀干净。借消灭六国来震慑边疆越人。

第四句："后敬奉法，常治无极，舆舟不倾。"敬奉国法，常法无边，车船不翻不倾。这是告诫越地之人敬奉国法，国法无边，这样才不会翻船。

皇帝以超越的意志和智慧，建立了严格的法律秩序，不服从者会被消灭。在皇帝严格统一的法律秩序中，大家必须过服从和贞洁的生活，这样才不会翻船破灭。以皇帝为中心，服从者得享太平，不服从者将被消灭。

面对会稽石刻中的秦国圣君，你该怎么办？服从始皇严法，生活贞洁，这样可以过太平日子，不然就会"乱贼灭亡"。

秦始皇六篇石刻文的思想结构

秦始皇六篇石刻文的思想结构是统一的，只是文句形式和侧重点有所不同，可称为"秦始皇规矩"：

第一，皇帝作始，皇帝开创历史，皇帝是创世者。

第二，皇帝平定叛逆一统天下，皇帝占有暴力优势。

第三，皇帝建立严格法制，为万物、万民建立纲纪秩序。

第四，皇帝有无限所有权，六合之内皆为皇帝之土、皇帝之臣民。

第五，不服从皇帝者死。

以皇帝为中心为来源的法制秩序，就是对天下人最好的太平秩序。

"秦始皇规矩"就是秦始皇六篇石刻文的思想结构。而这个思想结构的基石，是"皇帝"这个概念。凡人升为皇帝，皇帝等于万物万民道德法律秩序，等于惩罚的暴力，等于天下太平的根本依靠。

不敬天不法祖

秦始皇石刻有几个非常突出的特征，首先是"无天无帝"，没有上天，没有天命，没有上帝，没有商朝主宰神"上帝"和周朝以来的主宰神"帝"或"天"的痕迹。也就是说，秦始皇石刻文的宇宙观中，没有宗教性主宰神的存在，这是秦始皇向天下人描述的自我形象。

秦始皇石刻文中的世界，没有宗教色彩。秦始皇没有把自己一统天下的功业归功于上帝和上天，而是归功于自己的伟大。《史记·秦始皇本纪》记载，前219年，秦始皇巡游琅琊时，在船上召开过"海上会议"，会议形成这样的结论："古之五帝三王，知教不同，法度不明，假威鬼神，以欺远方，实不称名，故不久长。"意思是，古代的五帝三王，他们的知识和教化不同，法制不明确，他们假借鬼神的力量，去欺骗远方之人，名不副实，所以他们不长久。

可能有人非常赞同秦始皇的观点。秦始皇及其重臣们否定了鬼神的真实性，否定了超自然力量的存在和作用，这与秦始皇六个石刻的逻辑是统一的。秦始皇的非宗教宇宙观，与商周政治神学传统截然不同。

商朝甲骨文第一期到第三期中，尤其是第一期武丁时期，宇宙观的世界中有至上神上帝，决定风雨雷电等自然气候，决定年成好坏，决定战争成败，决定城邑安全和君主身体健康。

从西周利簋、何尊等青铜器铭文及《尚书》中十二篇西周文献以及《诗经》等资料中，我们能看到上天、上帝是至高的主宰神，以有德无德为奖罚的标准，决定王权的更替。

从秦公簋等秦国青铜器铭文中，我们能看到秦的先公们将秦国政权的来源归于天命。商的帝令、周和秦的天命神学传统，在秦始皇的石刻中消失了。秦始皇石刻并不想假借帝、天和鬼神之威，并不倡导某种政治神学。

秦始皇这种以君主为皇帝，为万物和社会中心的思想，与周王朝的政治神学全然背离。周王朝政治思想，集中表现在《尚书》和《诗经》中，也表现在众多金文中，核心是天命论政治神学，认为上帝、上天主宰天地万物和国家命运。上天对人有要求，这就是要有德性，行德政。上天把天命降临在有德之君上，使其有国，以敬天爱人，治理天下。道德的宇宙、道德的政治、道德的君主、道德的民众，从天命到人德。近几年，中国儒学界有一个可喜的更新，优秀学者如赵法生、梁涛、黄玉顺、任剑涛、张曙光等人，认清了儒家"外在超越"这个根本，逐渐返本归源，为往圣继绝学，将对儒家德礼的理解回归到上天—天命的信仰之下。

君主在上帝、上天面前，只能自称"小子"，即不懂事的小孩子。《尚书·大诰》："予惟小子，若涉渊水。"我就是一个不懂事的小孩子，如同要涉过深渊之水。周公说这话的时候，他是西周王朝的摄政王。他是把自己当成小子，如同过深渊一样危险，不得不敬畏天罚、小心翼翼。

《尚书·洛诰》记载周成王对周公说："公称丕显德，以予小子扬文武烈，奉答天命，和恒四方民。"意思是，周公您声明要我大大彰显德性，以小子我来弘扬文王武王的功业，好好履行天命，使四方民众和谐团结。

周秦之变的核心，是天人关系的改变。周制的天人关系，是把上天视为天地万物和人类秩序之源，要求人敬畏天命，修德以配天。君主在上天面前，只敢称"小子"。秦始皇石刻的天人关系，只字不提上天，而把君主提升为皇帝。秦始皇眼中的世界，没有主宰神，没有任何客观的伦理性。伦理性是万民万物之主皇帝所创造的。所以，周秦之变的精神根本，是从以上天为中心，变为以皇帝为中心。

秦始皇否定了上天的宗教性宇宙观，那他的宇宙观是什么呢？琅琊石刻文中有"圣智仁义，显白道理"的句子，称秦始皇有圣智仁义的品德能力，能使大道之理得以显明出来。很显然，秦始皇是"道"的宇宙观，认为世界运行的原则是"道"。东观石刻中还有"原道至明"，本源之道得以彰明出来。

《史记·秦始皇本纪》和《史记·封禅书》皆记载，秦始皇采用了战国思想家邹衍的五德说。五德说认为王权的历史更替变迁，是土、木、金、火、水五德力量周期性替代所决定的。五德说是一种自然主义的历史观，王朝的更替变化是五种物质性力量相互替代的自然结果，没有什么上天意志的干预。例如：秦始皇认为周是火德的力量，秦是水德的力量，水胜火，所以，秦取代周。这说明秦始皇否定了周朝的天命历史观，而以五德历史观代替，以物质性的自然之道代替了上天的天命，或曰天道。

邹衍的五德说今天仍然在风水学中流行

这个世界是按照物质的自然之道运行的，唯有圣人能明了自然之道，将自然之道的阶段性变化特征体现于当下严格的法律秩序中。

琅琊石刻文中说："应时动事，是维皇帝。"皇帝具有随机应变的智慧，法律随着皇帝的随机应变而改变。这个自然之道无形而具有主宰性，管制一切，圣人为皇帝，成为自然之道的肉身表现，具有占有一切、管制一切的力量。圣人掌握自然之道，是人间和万物秩序之根源，圣人等于秩序，想动圣人就是想动秩序。

战国以来，天命宇宙观逐渐被"道"的自然宇宙观所替代，中间还经过一个春秋时期过渡性的"天道"宇宙观的阶段。"天道"宇宙观中的"道"，仍然是被"天"所规定的，是伦理性的"道"，"道"是"天"的法则。这种思想表现在老子的思想中，如《道德经》中说："故天之道，利而不害"，"天网恢恢，疏而不失"。

但老子以后，"天"的规定性渐渐消失了，没有伦理性、不确立善恶的自然之"道"渐渐形成，"天"也被重新定义为自然法则，这种观点集中表现在《荀子》中："天行有常，不为尧存，不为桀亡。应之以治则吉，应之以乱则凶。"

上天之行被定义为无善无恶的自然规律。在宇宙无善恶的宇宙观下，圣人的地位被凸显出来，认为圣人明白道的运行奥秘，因此可以参与到天地秩序的建构之中，赋予万物和人类社会以善的秩序。例如《中庸》中说："能尽物之性，则可以赞天地之化育。可以赞天地之化育，则可以与天地参矣。"意为圣人可以与天地并列为三，成为天地秩序形成的一个重要环节。

总的来说，战国思想的变化趋势是，神性的上天和上帝逐渐从宇宙背景中退隐，宇宙开始被理解为一个自然之道运行的宇宙，圣人的地位不断上升，最后成为自然化宇宙的一个秩序依托环节。简单说，就是上天退隐，宇宙自然化，君主圣人化、皇帝化。

哈佛大学中国哲学教授普鸣（Michael Puett）有一本书，书名是《成神：早期中国的宇宙论、祭祀与自我神化》（*To Become a God: Cosmology, Sacrifice, and Self–Divinization in Early China*），这本书的中译本已由三联书店在 2020 年出版。

《成神》这本书抓住了从战国到秦汉思想变化的一条隐秘主线，这就是"人的自我神化的历史运动"，亦即圣人—君王—皇帝僭越上天和代替上天的历史运动。在宇宙观上，这是皇帝开始占有上天位置的过程。秦国青铜器商鞅方升，是皇帝概念用到秦始皇身上最早的考古证据。

从思想深处看，君主的自称从"小子"到"皇帝"，这对中国政治思想史的影响极为深远。

令人吃惊的是，秦始皇不仅不敬天，也不法祖。秦始皇六个石刻中，不仅没有上天的影子，也完全没有祖先的影子。祖先崇拜是商周的重要政治传统，是凝聚家族的核心方式。商朝甲骨文、周朝金文充满了祖先祭祀的记载，表达继承祖先之德，但这样的传统在秦始皇六个石刻中消失了。

在此有必要提到峄山石刻。与其他六个石刻不同，峄山石刻提到了祖先，内容如下："上荐高号，孝道显明。"意思是，向上献祭高上之名号，孝道得以显明。这不是把功劳归于祖先，而是说秦始皇以其功业，使他的祖先有了名誉和荣耀，强调的是秦始皇孝道的伟大。

峄山石刻提到祖先，这是秦始皇石刻中唯一与孝道传统有关联的地方。如果传世的峄山石刻可信，我们可以猜测这是司马迁不采录峄山石刻的可能原因。司马迁不愿后人认为秦始皇是传统孝道的代表。

西安碑林所存峄山石刻宋代摹刻碑。

另一种可能就是峄山石刻并不可信，因为强调祖先和孝道，是强调对传统的继承和成就，这与秦始皇的自我形象定位是矛盾的。秦始皇并不认为自己是历史的继承者，相反认定自己是历史的开创者。

《史记·秦始皇本纪》中记载，前221年，秦始皇也曾将统一天下之功归于祖先宗庙的护佑力量，"赖宗庙，天下初定"，但这样的内容在秦始皇六篇石刻文中不存在。

从宇宙观上看，因为秦始皇的宇宙观是变动不已的自然之道的宇宙观，因此强调"应时动事，是维皇帝"，强调与时俱进、随机应变，这当然就不会遵循传统，就没有兴趣去法祖了。

《商君书·更法》中强调："治世不一道，便国不必法古。"治理世界可以不按同一种办法，为了有利于国家，不必取法古代传统。不法古，当然就不法祖了。

中国法家的本质，是将君主定位在变法上，而将臣民定位在守法上。君主要变法，因为自然之道在变，所以必须随机应变，身为皇帝，就是要"应时动事，是维皇帝"；臣民则只能是法律的接受者和遵从者，因为臣民非圣人非皇帝，不懂大道之变化。如果不变而守成，就不是皇帝，因为"皇帝作始"。

《荀子》中说："圣人也者，道之管也。"圣人是道的管道。道在变，圣人当然也在变，法律政策就随之而变。

《史记·封禅书》记载，"于是始皇遂东游海上，行礼祠名山大川及八神"，这些内容不见于秦始皇石刻文，也与秦始皇自称皇帝有矛盾。

秦始皇的宇宙观、自我定位与秦制的关联

秦始皇石刻文的思想，与商鞅、韩非的法家思想同出一源。但重要的是，秦始皇石刻文突出了"皇帝"至高无上之地位，这能让我们真正明

白，为什么倡导严酷法制的《商君书》与《韩非子》充满了对"圣人—圣王"的迷恋。法家追求的就是"皇帝之法"，法家农战导向的严刑峻法，建立在"皇帝"唯我独尊、自我中心、吞并六合的强大意志之上。

皇帝在身体上仍是一个凡人，但在精神上是超越众神和众民的。秦始皇后期，这种精神上不灭的"皇帝"的自我定位和肉体上会死亡的矛盾，成为秦始皇的深层焦虑。

《史记·秦始皇本纪》记载卢生对秦始皇描述不死之真人："真人者，入水不濡，入火不爇，陵云气，与天地久长。"真人，入水不湿，入火不烧，升于云气之上，与天地同长久。秦始皇说："吾慕真人！"

受方士诱惑，秦始皇耗费巨资寻求不死之药而不得。方士们牵连到其他读书人，这是秦始皇焚书坑儒的重要原因之一。

从宇宙中清除了超自然的意志及其善恶是非的秩序取向，人的主观意志就突显出来了。人不仅是人间善恶道德和法律秩序的来源，也是影响宇宙天地秩序的力量。

皇帝的形象升起在天地和万民之上，皇帝超常的能力成为自然和谐与社会太平的依靠。在这样的情况下，社会制度就必须以皇帝的智慧和意志为中心，没有任何人能阻挡他，没有任何制度能约束他。皇帝的智慧和意志转化为严格的法律，天下臣民必须服从。皇帝依法治理天下，但皇帝又超越在法之上。皇帝可以根据自己对时势变化的理解，进行变法。法律约束除开皇帝之外的所有人，因为皇帝是法律的制定者。

最后，我们做一下完整的总结。秦始皇六篇石刻文思想如下，也可称为"始皇七观"。

宇宙观：以土、木、金、火、水五行力量周期性替代所决定的、无善恶客观标准的自然之道的宇宙观。人间的善恶标准，没有物质世界的客观依据。

历史观：历史是阶段性变化的，制度和价值随之变化。一切都是相对的，没有任何法则超越在历史变迁之上，没有任何制度和价值是固定不变的，重在随机应变，时变时守。

皇帝观：君主为皇帝，是道的管道，变的管道，变化秩序的来源，变化秩序的主宰。皇帝给无善恶的、变化的宇宙和历史带来有善恶的秩序。

王法观：皇帝建立变化的、善恶的秩序，唯以皇帝之变法治世。皇帝立法，臣民守法。皇帝变法，臣民遵法。皇帝在法之上。

极权观：权力集中到皇帝身上，才有法制秩序和天下太平。

暴力观：皇帝以暴力优势维护皇帝之法，不服从者死。

等级观：皇帝为至尊，所有人为臣民，皇帝与臣民之间，唯有严法统治的关系。

"始皇七观"就是秦制的思想基础，秦制的底层逻辑。

刘邦留下的两种精神遗产

刘邦开创汉王朝，汉王朝百姓被称为汉人，刘邦可谓是汉人的"始皇帝"。作为中国历史上第一位极为成功的平民出身的开国皇帝，刘邦成为后代政治家们景仰和模仿的对象。在一定程度上，刘邦定义了后代中国政治家的政治性格。

如何评价刘邦？我选取了一个特定角度：站在未来看刘邦，从中国未来理想秩序的角度看刘邦。

从这样的角度看，会发现刘邦一生中最为突出的，可能不是他屡败屡战从头再来的坚韧，不是他知人善任从谏如流的大度，不是他给人杰以空间、给粗人以实利的用人之道，不是他《大风歌》的率真豪气，而是他留下的两种不同的精神遗产。一种精神遗产，指他的"约法三章"；另一种精神遗产，指他的"鸿沟背约"。

约法三章

前 206 年，刘邦率军进入关中，秦王子婴向刘邦投降。《史记·高祖本纪》记载，刘邦召集各县父老豪杰到霸上，对他们这样说：

"父老们苦于秦朝严苛的法律，已经很久了。秦法把批评朝政者灭族，把相聚议论朝政者在集市斩首。我与诸侯有约，先入关中者为王，我当在关中为王。我与父老们约定，法律三章：杀人者判死刑，伤人及偷盗都量罪而罚。废除秦朝其余全部法律。官吏百姓各安其位。我来是为父老们除害，不会侵暴百姓，不用害怕。我之所以还军驻扎霸上，是等诸侯们来商定条约。"

> 召诸县父老豪杰曰："父老苦秦苛法久矣，诽谤者族，偶语者弃市。吾与诸侯约，先入关者王之，吾当王关中。与父老约，法三章耳：杀人者死，伤人及盗抵罪。余悉除去秦法。诸吏人皆案堵如故。凡吾所以来，为父老除害，非有所侵暴，无恐！且吾所以还军霸上，待诸侯至而定约束耳。"（《史记·高祖本纪》）

刘邦的"约法三章"，设定了政治权力的合理性边界，将朝廷的职能确定在禁止杀人、伤人和偷盗上，确立在保护人身权和财产权上，明确在"为父老除害"上，限定在维持社会安全秩序上。刘邦式朝廷，是以维护基本权利为目标，是一个职权有限但有效的小朝廷。

这样的朝廷，除保护民众的人身和财产安全外，不干预民众的人生选择，不干预民众的生产、教育和言论。朝廷提供的是一个安全而自由的社会秩序。

刘邦在吸取秦王朝灭亡的教训的基础上确立了他的朝廷的职权定位。秦王朝实行商鞅之法。商鞅之法的核心，是用严格的法律规定赏罚，将民众逼向朝廷确定的农战目标，一切服务于战争的胜利。

前面说过，《商君书》强调"壹赏壹刑壹教"的"三统一"。商鞅用严格的"赏刑教三统一"，将民众转化为朝廷的战争工具，使全民服务于朝廷争霸天下的目标。秦法将《商君书》"三统一"的思想细化成刑罚，以严刑峻法来维护政权和确保战争胜利。

商鞅"三统一"与刘邦"约法三章"的核心区别在于，前者是朝廷直接统率百姓，后者是朝廷保护民众自主。

"约法三章"将朝廷的职能定义为为民除害，保护民众的人身权和财产权，而不是要把民众当成实现朝廷目标的工具。

在商鞅主张的制度下，朝廷将荣誉、财富相关的资源集中于朝廷，再由朝廷按政令标准去奖励有功的民众。民众的荣华富贵，只能从服务朝廷战争目标这一渠道而来。

刘邦的"约法三章"之下，财富与荣誉的资源散在社会，民众的荣华富贵不从朝廷的赏赐而来，而是从自主选择和自我努力而来。如老子所言："功成事遂，百姓皆谓：我自然。"（《道德经》十七章）

"约法三章"治下的百姓，有安全与自由，自主自立自治。

从朝廷与民众的关系看，《道德经》与《商君书》正好是相反的；刘邦的"约法三章"与商鞅的"三统一"，也正好是相反的。商鞅的"三统一"之下，百姓是君主的兵，一切行动听指挥；刘邦的"约法三章"之下，百姓是自主的人，一切行动自我决定自我承担，"我自然"。

西汉建国后，萧何参考李悝的《法经》，删减秦法，制定《九章律》。《九章律》一共九章：前六章是盗律、贼律、囚律、捕律、杂律、具律，是犯罪和刑罚方面的规定；后三章是户律、兴律、厩律，是关于户口、赋役、兴造、畜产、仓库等事项的规定。

《九章律》的制定原则是"约法省禁"，简约法律，减少禁令。《九章律》是刘邦"约法三章"的法治保障。

刘邦式朝廷是自我限权的小朝廷。维持国库开支，不需要从民众手中征收太多赋税。西汉前期，长期维持了十五税一的低税率，留利于民，让民休息。

《史记·平准书》记载："汉朝兴起七十余年之间，国家无事。如果不遇水旱之灾，家家户户生活富足，衣食充裕，城乡粮仓充满，国库财货有余。"

> 汉兴七十余年之间，国家无事，非遇水旱之灾，民则人给家足，都鄙廪庾皆满，而府库余货财。(《史记·平准书》)

朝廷不严密禁锢经济活力，市场经济自然繁盛。《史记·货殖列传》记载：汉朝兴起，海内统一，打开收税的关卡，放开山川湖泊资源开发的禁令，所以富商大贾周流天下，交易的商品莫不通畅，人能得其所欲。

> 汉兴，海内为一，开关梁，弛山泽之禁，是以富商大贾周流天下，交易之物莫不通，得其所欲。(《史记·货殖列传》)

这是文景之治的场景，这样的盛世来源于朝廷清静守法、无为而治，百姓自立自为，自主自治。也就是说政府守法，百姓自由。

从治国哲学上看，秦法遵行的是《商君书》，刘邦遵行的是《道德经》。我们可以总结出中国历史上两种治国模式：一种是商鞅—秦始皇模式，以秦朝严刑峻法来实现；一种是老子—刘邦模式，以无为而治来实现。

两者的核心差别，在于对权力本质有不同认识。

商鞅—秦始皇模式将权力视为解决一切问题的依托，把君主设定为民众统帅，以朝廷目标来统率民众，把民众变成君主的兵，把百姓变成朝廷的军队。这样的做法使秦国统一中国，也使秦朝迅速崩溃。

老子—刘邦模式看到了权力内在的危害，对权力的扩大有担忧。把君主设定为治安官，以朝廷法律来防止民众相互伤害，保障民众的安全和自由，这样的思路造就了文景之治。

"约法三章"既无商鞅的农战目标，也无孔子的礼教要求，而是老子无为而治思想的运用。

刘邦的"约法三章"设定了有限的朝廷角色，认定朝廷的任务不是领导民众向前进，而是为自主的民众提供安全保障。执政者不是率领民众的先锋队，而是为民众服务的治安官。

在这个意义上，刘邦可能是中国历史上把政治权力划定在合理边界内的最有政治智慧的政治家。历史上最能实践刘邦治国哲学的，也许是刘邦的儿子汉文帝刘恒（前180年—前157年在位）和唐朝的唐太宗李世民（626年—649年在位），两人都是少有的盛世的开创者。

强者自定目标，弱者追随他人。刘邦"约法三章"，能使民众自主自立从而向强者生长。商鞅"赏刑教三统一"，使民众顺服君主从而德性衰弱。"三统一"试图通过弱民以强国，最终弱民带来弱国。"约法三章"试图通过强民以强国，最终强民带来强国。

鸿沟背约

讲完刘邦"约法三章"的精神遗产，我们要来讲刘邦精神中的黑暗面：刘邦违背鸿沟之约。

前203年，楚汉相持不下，刘邦多次派使臣说服项羽，双方订立鸿沟之约，"中分天下，割鸿沟以西者为汉，鸿沟而东者为楚"，双方宣布停战，军队欢呼万岁。项羽依约东撤，解散大部军队。

刘邦也计划西撤，但被张良、陈平劝住了。《史记·项羽本纪》记载：汉王想西归，但张良、陈平劝谏说："现在汉已占有大半天下，诸侯皆归附汉。楚兵疲惫，粮食已尽，这是上天要楚灭亡的时候，不如趁机攻取楚，不然是养虎自留祸患。"刘邦听从了他们的劝谏。

汉欲西归，张良、陈平说曰："汉有天下太半，而诸侯皆附之。楚

兵罢食尽，此天亡楚之时也，不如因其机而遂取之。今释弗击，此所谓'养虎自遗患'也。"汉王听之。（《史记·项羽本纪》）

双方刚商定鸿沟之约，但刘邦军队暗地违背条约，对依约撤军的项羽发动了突然袭击。

前202年，刘邦联军将项羽围困在垓下，项羽突围失败自刎而死，刘邦统一了天下，登基称帝，定国号为汉，建立汉王朝。

在刘邦、项羽力量均衡相持不下的状态下，刘邦主动劝说项羽接受鸿沟之约，双方停战。随后刘邦趁项羽大规模撤军之际，毁约袭击，赢了天下。

在刘邦毁约灭楚建国的血的历史面前，孔子"人而无信，不知其可也"（《论语·为政》）的说教就显得轻飘飘了。刘邦的历史似乎表明"人而无信，可以成功"。似乎讲信用是对普通人的要求，不是对大人物的要求。大人物可以破除一切规则，不择手段地追求成功。

刘邦对项羽无信用，难道会对其他人讲信用？人而无信，就可能对所有人无信。追随刘邦毁掉鸿沟之约灭除项羽的韩信、彭越、英布这些汉初诸侯王，为什么就不明白这个道理？不仅他们不明白，以后王朝更替时与君主共同打天下的将相们，似乎都不明白。

人人讲信用，才是全体人最大的安全公约数。

可能会有读者说，少点书生的酸气，难道刘邦不对吗？刘邦关键时刻敢于毁约，灭了项羽，安定了天下，有什么错吗？生死之战，胜利才是一切。别讲什么程序正义，要讲实质正义。许多历史人物正是基于这种想法看待刘邦。

历代君主不可能不研究刘邦，不可能不受刘邦影响。不仅君主如此，普通百姓也是如此。条约是什么？打不过的时候才签条约。条约不过是一时的权宜之计。为了胜利，别受条约约束。人生只是输赢两个字，只要能成功，有了取胜条件，还管什么条约？

刘璋热情收留了避难的刘备，庞统劝刘备趁势拿下益州，刘备担心行为不义，"以小利而失信义于天下"，庞统就用"逆取顺守"的道理来劝说刘备：夺取天下时可以采取违逆道义的做法，得到天下后再以道义治国。刘备恍然大悟："金石之言，当铭肺腑。"

"逆取顺守"的说法流传于世，解除了人们采取不义行为时的心理障碍。

刘邦精神中有内在的矛盾。刘邦的不守信，使他"约法三章"的限权秩序难以形成强大的传统。刘邦有好的限权政治哲学，却没有好的诚信德性来支撑。

自由者无诚信必跌倒，不诚信者无法驾驭自由。自由与诚信，犹如鸟儿的双翅，两者相互支撑。自由秩序的运行，建立在诚信守约的德性之上。